Lovica von Pröpper
Fasten: Die Fastenküche von 1878.
Rezeptideen zum Heilfasten

SEVERUS Verlag

von Pröpper, Luvica: Fasten: Die Fastenküche von 1878. Rezeptideen zum Heilfasten.
2017
Neuauflage der Ausgabe von 1878
ISBN: 978-3-95801-705-4

Korrektorat: Christine Marianne Frieling
Satz: Christine Marianne Frieling

Umschlaggestaltung: Annelie Lamers, SEVERUS Verlag

Bibliografische Information der Deutschen Nationalbibliothek: Die Deutsche Nationalbibliothek verzeichnet diese Publikation in der Deutschen Nationalbibliografie; detaillierte bibliografische Daten sind im Internet über https://dnb.de abrufbar.

Der SEVERUS Verlag ist ein Imprint der Bedey & Thoms Media GmbH,
Hermannstal 119k, 22119 Hamburg
_____
SEVERUS Verlag, 2017
http://www.severus-verlag.de
Gedruckt in Deutschland
Der SEVERUS Verlag übernimmt keine juristische Verantwortung oder irgendeine Haftung für evtl. fehlerhafte Angaben und deren Folgen.

Lovica von Pröpper

Die Fastenküche von 1878
Rezeptideen zum Heilfasten

MIX
Papier aus verantwortungsvollen Quellen
Paper from responsible sources
FSC® C105338

Inhaltsverzeichnis

Vorwort 3

Maß und Gewicht 7

I. Suppen 8

    Fischsuppen 15

    Gemüse-Suppen 19

    Süße Suppen 28

    Obstsuppen 31

    Kaltschalen 33

II. Klößchen und Beigaben zu Suppen 37

III. Vorspeisen 44

    Kalte 44

    Warme 49

IV. Fische 58

V. Gemüse 103

VI. Beilagen 138

VII. Mehlspeisen. Süße Hauptspeisen 147

VIII. kalte süße Speisen 176

IX. Eierspeisen 186

X. Pudding ... 194

XI. Aufläufe ... 201

XII. Cremes ... 207

XIII. Pasteten ... 213

XIV. Torten und Kuchen ... 224

XV. Backwerk ... 240

XVI. Kompotts ... 260

XVII. Salat ... 272

XVIII. Getränke ... 287

X. Saucen ... 294

    Warme ... 294

    Kalte Saucen ... 304

    Süße Saucen ... 308

XX. Brühen ... 312

XXI. Teige ... 314

XXII. Verschiedenes ... 316

XXIII. Eingemachte Gemüse ... 319

Speisezettel für alle Fest- und Abstinenz-Tage der Jahres ... 322

Speisezettel für Festtage, welche auf einen Freitag fallen ... 330

Register ... 333

Vorwort

Darum sollet Ihr nicht sorgen und sagen:
Was werden wir essen? Was werden wir trinken?

Und nun ist es gerade in der hl. Fastenzeit, in einer Zeit der Entbehrung und Enthaltsamkeit, wo diese verbotenen Fragen oft so recht an uns herantreten – aber unser Herr, der so barmherzig die Tausenden in der Wüste speiste, der so gütig auf der Hochzeit zu Kanaan, das Wasser in Wein verwandelte und selbst das Ostermahl anordnete, hat ja wohl nur vor der übermäßigen Sorge warnen und gewiss nicht verbieten wollen, dass man, und auch zur Fastenzeit, in vernünftiger, mäßiger Weise und im Geiste der Kirche für die nötige Leibespflege sorge und sich weder an den größten Leckerbissen mäste, falls sie nur nicht aus Fleisch bestehen, welches, wie ein Kirchenfürst unserer Tage sagt, „Kein Fasten, sondern ein Spiel, wenn nicht gar ein Spott mit den Geboten der Kirche ist," noch, aus missverstandener Frömmigkeit oder aus Unwissenheit, schlechte, ungesunde Speisen vorsetze und genieße, oder keine den Verhältnissen angemessene Anordnung zu treffen wisse und so, in einer oder andern Weise, die vom Herrn verbotene Sorge nun erst recht zu Platz komme und ich glaube daher, dass die Fastenküche, deren Rezepte vielfach aus alten Klosterküchen stammen und die Speisezettel, welche ich meinen, an der Spitze eines Haushaltes stehenden, katholischen Mitschwestern hier darbiete, nicht ohne Nutzen sein werden.

Abgesehen von diesen Speisezetteln möchte ich für die Fastenzeit noch raten, außer den so nützlichen und gerade für diese Winterszeit nicht genug zu empfehlenden *Büchsen-Gemüsen* und *Kompotts*, auch marinierte, gesalzene und geräucherte Fische, Fischwürste, Fischkonserven, die man jetzt überall wohlfeil haben kann, dann vielleicht auch eine kalte Fisch-Pastete, vorrätig zu halten, welches manche Mühe und manche andere Ausgabe, namentlich bei unerwarteten Besuchen, erspart und durch Abwechslung in den Speisen der Gesundheit zuträglich ist.

Es empfehlen sich da besonders die *Amerikanischen Konserven*, wo selbst Delikatessen, wie Austern, Hummer und dergleichen, nicht teuer sind; auch hat man ganz billigen und doch recht schmackhaften Kaviar, das Pfund zu 1 Mk. 80 Pf. (während von der besten Sorte, das Pfund 6 Mk. kostet), der in der Fasten auch oft recht nützlich und erfrischend kommt und von dem wir alle Jahre ein paar kleine Fässchen aus Hamburg beziehen.

Ferner sind *Froschschenkel* und *Schnecken* eine sehr gute Fastenspeise und wie der rheinische Antiquarius (Herr von Stramberg zu Coblenz) berichtete, so waren besonders die Karmeliter-Klöster wegen deren Zubereitung berühmt, aber klagt er „die große Weinbergschnecke, gebacken und in dem Gehäuse oder in Gestalt von Ragout, welche regelmäßig als die Perle des Gründonnerstag-Essens bei den Carmeliten zu Coblenz aufgetischt wurde, sei seit Aufhebung der Carmeliten (1794) von den rheinischen Küchenzetteln verschwunden" und wirklich scheint man hier zu Lande ein aber sehr ungerechtes Vorurteil gegen Schnecken und auch gegen Froschschenkel zu hegen, die doch beide eine sehr gute und gesunde Speise bieten und namentlich die Schnecken, welche in vielen Ländern so sehr beliebt sind und einen sehr bedeutenden Handelsartikel ausmachen. Ob Froschschenkel auf unsern rheinischen Märkten zu haben sind, weiß ich nicht und habe sie nur in Schwaben gegessen (sie schmecken wie das feinste Kalbfleisch), die Schnecken aber kann man sich mit wenig Mühe und wenig Kosten, ganz leicht selbst verschaffen. S. *Schnecken-Suppe*.

Dann will ich, da Suppen und Mehlspeisen einen so großen Bestandteil der Fastenspeisen ausmachen, noch die *Suppenstoffe, Eiernudeln* und das *Mehl* aus der Fabrik des Herrn *C. G. Knorr, in Heilbronn am Neckar*, aufs angelegentlichste empfehlen und unter den, in großer Auswahl und zierlicher Ausstattung vorhandenen Suppenstoffen, ganz besonders *Riz Julienne* und *Riz Crecy*, (mit Gemüsen vermischt), *Grünkern-Mehl, Tapioka*, welch' letzteres auch einen vortrefflichen Pudding liefert, die ebenso feinen als kräftigen Eiernudeln und dann das ganz ausgezeichnete *Mehl*, doppelt wertvoll heutzutage, wo man so sehr über Mehlverfälschung zu klagen hat, und dieser Tage noch schrieb mir eine befreundete Dame, welche Labsal ihr in Krankheit die Suppen aus Knorr'schen Suppenstoffen gewesen seien. Herr Knorr hat in den meisten bedeutenderen Städten Niederlagen und das Mehl aus seiner Fabrik wird nach allen Weltteilen versendet; sämtliche Fabrikate sind mit seiner Firma bezeichnet.

Während der Fastenzeit lässt man abends die Kollation häufig nur aus Tee Kaffee oder Schokolade nebst Brot oder Backwerk bestehen oder aus Butterbrot oder aus einer Suppe oder begnügt sich wenigstens an den Samstagen damit und so wollen wir hier, während der vierzigtägigen Fasten für die Samstage neben anderer Speise zur Auswahl auch immer eins der oben genannten Getränke mit einem selbst zu bereitenden Backwerk geben und für einen andern Wochentag nur Suppe oder Butterbrot, da, wo dies nicht beliebt werden sollte, man dann leicht aus den anderen Speisezetteln eine Änderung treffen kann und ebenso, wo die Speisezettel zu reichlich oder zu spärlich erscheinen möchten. Feinere Fastenspeisen finden sich aber auch in den Speisezetteln für die *Feiertage*, welche auf Freitage fallen und auch habe ich *jeden Monat* einen feineren Speisezettel gegeben.

Am hl. Karfreitag wird in vielen Familien nicht zu Mittag gegessen, sondern man nimmt nur das Nötigste, meistens Kaffee mit Brot (so stets bei meinem Großvater hier, dem letzten Kurkölnischen Vogt der Herrschaft Hülchrath) oder man verlegt die Mahlzeit auf den Abend und richtet auch diese auf das einfachste ein oft nur eine Schüssel, aber nur wenige noch so eifrige *Katholiken* möchten wohl geneigt sein einem *Protestanten, Landgraf Ludwig von Hessen-Darmstadt*, † 1823, dem mein Vater viele Jahre als Hofkavalier diente, nachzuahmen, denn er genoss in den drei letzten Tagen der Karwoche niemals auch nur das *Mindeste* außer *Tee*.

Bekanntlich ist, wenn der heil. *Christtag* auf einen Freitag fällt, alsdann das Fastengebot aufgehoben, welches, als die Heiligkeit dieses gesegneten Festes, ganz besonders bezeichnend immer eine große Freude für das ganze Haus ist, wo man für Herrn und Knecht auftischt, was das Haus nur vermag.

Fällt *Sylvester*, wo man ja gewöhnlich bis zum Eintritt des neuen Jahres bei Punsch oder dergleichen zusammen bleibt, auf einen *Freitag*, so kann man, wie das in früheren Zeiten nach Festtagen sehr gebräuchlich und namentlich am Hofe des Allerchristlichsten Königs Ludwig XIV im Schwunge war, *Medianoche* halten, nämlich nach *Mitternacht* noch *Fleischspeisen* genießen, welches ich hier übrigens nur als eine kleine historische Merkwürdigkeit erwähne.

Die Speisezettel habe ich hauptsächlich für einfache Verhältnisse zusammen gestellt und bin in diesen teuren Zeiten auch bemüht gewesen, sie möglichst wohlfeil und mit Benutzung der *Reste* zu geben und, dass nicht eine Speise unverhältnismäßig viel Zeit gegen eine andere derselben Mahlzeit in Anspruch nehme, wodurch in so vielen Küchen so viel Zeit und so viel Feuerung ganz unnütz vertan wird und in Bezug auf die *Reste* empfehle ich, wie schon in meinen früheren Haushaltungs-Schriften, im Allgemeinen *größere Portionen* bereiten zu lassen, die zu neuen Speisen verwendet oder bisweilen auch nur aufgewärmt dann viele Mühe, Zeit und Kosten ersparen.

Wo strenge Fasten-Ordnung ist, da muss man statt Fleischbrühe *Fastenbrühe* oder *Erbsen-Absud* nehmen (*S. Brühen*).

Maß und Gewicht

Wir haben bekanntlich neues Maß und Gewicht, welches sich zum alten folgendermaßen verhält:
Liter, sonst preußisches Quart, etwa 8 gewöhnliche Weinglas.
Kilo, 2 ehemalige Pfund.
Gramm, 15 Gramm ein ehemaliges Loth.

Was sonstige Ausdrücke über Maß und Gewicht anbelangt, wie man sie manchmal besonders bei den alten Rezepten nicht gut vermeiden kann, so ist:
Schöpflöffel, gleich 2 Weinglas.
Glas, stets 1 Weinglas, deren 6 auf die gewöhnliche Weinflasche gehen.
Tasse, gewöhnliche Obertasse, etwa wie Weinglas.
Stück Butter 60 Gramm, *gutes Stück* 90 Gramm, *Stückchen* 20–30 Gramm.

I. Suppen

1. Weißbrotsuppe: Man schneide einige Weißbrötchen zu Stücken, setze sie mit Wasser und einem Stück frischer Butter aufs Feuer, verklopfe, wenn dies gut verkocht ist, ein paar Eidotter, ein paar Esslöffel sauren Rahm und ein wenig Muskatblüte in der Terrine und rühre die Suppe hinein.

Oder Wiener Fastenpanadel, man röste 1 Liter sehr fein geschnittenes Weißbrot in 90 Gramm Butter, gieße 1 ½ Liter kochendes Wasser daran, würze mit Salz und Muskatnuss und lasse es gut verkochen, während man es fleißig mit einem kleinen Besen klopft.

2. Schwarzbrotsuppe: Man breche ein Stück trockenes Schwarzbrot, am besten eine Kruste, in Stücke und bringe sie mit *wenig* Wasser zu Feuer und, wenn es zu Brei verkocht ist, so tue man ein Stück Butter oder gutes Fett dazu und fülle es nach und nach mit kochendem Wasser auf. Beim Anrichten verklopfe man in der Terrine ein Eigelb und etwas sauren Rahm, gieße die Suppe daran und gebe nach Belieben verlorene Eier hinein.

Oder man schneide feine Schnittchen in die Schüssel, worin aufgetragen werden soll und die mehr flach als tief sein muss, bestreue sie mit Salz und gieße so viel kochendes Wasser darüber, dass die Schnittchen schwimmen, setze die Schüssel nun auf den Herd, decke sie zu und lasse sie so eine halbe Stunde ziehen, röste dann fein geschnittene Zwiebeln in Butter und gebe es eben vor dem Auftragen über die Suppe.

3. Pfannkuchensuppe: Man backe aus 60 Gramm Mehl, ⅜ Liter Milch und drei Eiern ganz dünne Pfannkuchen, das Mehl wird zuerst mit etwas von der Milch angerührt, dann kommen die Eier dazu und zuletzt die übrige Milch. Beim Backen tut man nur das erste Mal etwas Butter in die Pfanne und überfährt sie hernach jedes Mal nur mit einer

Speckschwarte und, wenn sie alle gebacken sind, so schneidet man sie wie Nudeln kleinfingerbreit und lässt sie in Bouillon oder sonst guter Brühe eben aufkochen.

4. Nudelsuppe: Man bereite einen Nudelteig (*S. Teige*), jedoch nur die Hälfte der dort angegebenen Portion, rolle ihn zu zwei Kuchen aus und lasse sie etwas abtrocknen, rolle sie dann zusammen und schneide sie zu feinen Nudeln, die man mit den Fingern auflockert und auseinander bringt, damit sie nicht zusammenkleben, worauf man sie in 1 Liter kochende Fleischbrühe, am besten Hühnerbrühe, streut, eine Viertelstunde kochen lässt und mit Muskatnuss würzt; auch kann man geriebenen Käse dazu servieren.

5. Makkaronisuppe: Man breche 60 Gramm Makkaroni in gleich lange Stückchen, koche sie in gesalzenem Wasser, gebe sie in einen Seiher und übergieße sie mit kaltem Wasser, lasse sie dann in 1 Liter brauner Fleischbrühe (*S. Brühen*) aufkochen und serviere geriebenen Parmesan- oder Schweizerkäse dazu.

6. Sagosuppe: Man weiche 45 Gramm echten Sago mehrere Stunden vor dem Gebrauch in kaltem Wasser ein, bringe ihn dann mit frischem Wasser zu Feuer und, wenn er einmal aufgekocht hat, auf ein Sieb und überspüle ihn mit kaltem Wasser, gebe ihn hierauf in 1 ½ Liter Bouillon, lasse ihn zwanzig Minuten gelinde kochen, wobei man wohl abschäumt, und würze mit einer starken Prise Zucker, etwas Salz, Pfeffer, Muskatnuss und fein gehackter Petersilie, verklopfe nun zwei recht frische Eidotter mit acht Esslöffeln Rahm, gieße es durch ein Sieb und im Moment des Anrichtens in die vom Feuer genommene Suppe, welche man dann noch eine Minute lang aufziehen muss (mit einem großen Löffel aufnehmen und wieder zurück gießen), damit sie nicht gerinne.

Es soll dies die Lieblingssuppe der berühmten Sängerin *Jenny Lind* und sehr wohltätig für Brust und Stimme sein.

7. Grünkernsuppe: Man wasche ¼ Kilo Grünkern (unreif getrockneten Dinkel) und, wenn er wieder ganz trocken geworden, so stoße man ihn gröblich in einem Mörser, dämpfe zwei Esslöffel Mehl in ⅛ Kilo heißer Butter, gebe den Grünkern hinein und rühre es mit so viel Bouillon als man zur Suppe nötig hat (2 Liter etwa) an, koche es so lange, bis die Kerne gehörig weich sind und ziehe die Suppe mit zwei Eigelb und zwei Esslöffeln saurem Rahm ab.

Man hat jetzt aber auch Mehl von grünem Kern, welches die schon im Vorwort erwähnte und empfohlene *Knorr'sche Fabrik in Heilbronn* in vorzüglicher Güte liefert: man rührt davon 60 Gramm mit etwas kalter Fleischbrühe an, gibt es in 1 Liter kochende Fleischbrühe und rührt es fort, bis es kocht; lässt es zwanzig Minuten kochen und zieht es zuletzt mit einem Eigelb und etwas saurem Rahm ab. Auch in Würfel geschnittener Sellerie ist gut darin und besonders gut wird die Suppe, wenn man statt Fleischbrühe *Fastenbrühe (S. Brühen)* nimmt.

8. Reissuppe: Man koche ⅛ Kilo mehrmals in warmem Wasser gewaschenen Reis in 1 Liter Wasser weich, tue ein Stück Butter daran und ziehe die Suppe mit einem Eigelb reichlich fein gehakter Petersilie ab.

Oder man nehme nur eine Tasse Reis auf den Liter Wasser, koche ihn ganz weich, streiche ihn durch ein Sieb, gebe Butter und Salz dazu, ziehe mit einem Eidotter ab und serviere Käse-Croutons dabei.

Hat man Bouillon, so übergieße man ¼ Kilo Reis mit 1 ½ Liter derselben und koche es zugedeckt langsam eine Stunde lang, schlage den Reis dann mit einem kleinen Besen, bis die Suppe schleimig wird, wobei man ein paar Eigelb hinzufügen kann, und beim Anrichten gibt man noch fein geschnittene Petersilie und fein geriebene Muskatnuss daran.

9. Reissuppe mit Krebsschweifchen: Man gebe ⅛ Kilo rein gewaschenen Reis mit 1 Liter Bouillon und etwas Salz in eine Kasserolle und koche ihn langsam weich, verdünne ihn dann beim Anrichten nach Bedarf mit Bouillon, würze mit Salz und etwas Muskatnuss und gieße die Suppe in die Terrine, wo man 60 Gramm Krebsbutter darunter rührt, die Krebsschweifchen hineinlegt und sie gleich zu Tisch bringt.

10. Suppe von Buchweizengrütze mit Fisch: Man koche Buchweizengrütze (Heidegrütze) in Bouillon oder in Wasser mit einem

Stück Butter (ungefähr eine Handvoll Grütze auf den Liter Brühe) ziemlich dick und serviere Sardellen oder sonst kleine Fische, z.B. Kräuter-Anchovis oder Maipieren (Rümpchen) dazu, welche man auf einer Untertasse oder Ragoutmuschel (Coquille) neben jedes Couvert stellt.

In Ermangelung von Buchweizengrütze kann man *Hafergrütze* nehmen, doch ist die ebenso kräftige als gesunde Buchweizengrütze für die Küche sehr zu empfehlen.

11. Gerstensuppe: Man tue ein Stück Butter in eine Kasserolle, lasse einen Esslöffel Mehl darin aufgehen, gebe ⅛ Kilo gewaschene Gerste dazu und dämpfe sie eine Weile, gieße dann etwas kochendes Wasser oder Fleischbrühe daran und koche sie langsam und, wenn sie eingekocht ist, so fülle man immer etwas Fleischbrühe darauf, nicht zu viel auf einmal, weil bei öfterem Nachgießen die Gerste sich besser kocht. Vor dem Anrichten wird ein wenig Muskatblüte und auch zwei bis drei Esslöffel süßer Rahm daran getan.

12. Gerstenschleim: Man wasche ⅛ Kilo beste Gerste in kaltem Wasser, setze sie mit so viel kaltem Wasser auf, dass es Hand hoch darüber stehe und koche sie langsam und nur halb zugedeckt, weil sie sonst gern steigt und, wenn nun alles Wässerige verdunstet ist, so nehme man die Kasserolle vom Feuer, schneide 30 Gramm ganz frische Butter auf die Gerste, stäube einen gehäuften Esslöffel Mehl darauf und rühre es zehn Minuten lang, bringe die Kasserolle dann wieder zu Feuer, gieße langsam warme Fleischbrühe zu und rühre die Gerste öfters um und fahre so mit Zugießen und Umrühren fort, bis der Gerstenschleim so ist, dass er durch ein feines Sieb läuft und gibt ihn durch ein solches; er bedarf drei bis vier Stunden zum Kochen und man muss sorgen, dass kein unverzinntes Blech daran komme, sonst wird er blau.

Oder auf Wiener Art und für strenge Fastenordnung, koche man ½ Liter feine Gerste mit 3 Liter Wasser und ⅛ Kilo Butter ungefähr drei Stunden ganz langsam, gebe, dann ein Glas Weinessig, ¼ Liter sauren Rahm, Salz und etwas Muskatblüte daran und lasse es noch einige Zeit kochen, klopfe es hierauf mit der Schneerute und seihe es durch ein Haarsieb.

Man gibt den Gerstenschleim meistens zu Anfang des Nachtessens in großen Tassen mit geröstetem Weißbrot oder Zwieback dabei.

13. Haferschleim, auf englische Art: Man wasche vier Esslöffel Hafergrütze in warmem Wasser, übergieße sie mit kochendem Wasser, seihe dasselbe wieder ab und lasse die Grütze nun mit 1 Liter Wasser eine Stunde langsam kochen, gebe es dann durch ein feines Sieb in eine andere Kasserolle und tue ein wenig Salz und Zucker und etwas frische Butter daran, womit es noch einmal aufkochen muss und meistens, gleich dem Gerstenschleim, oder für Kranke gegeben wird, denn in England gilt der Haferschleim für äußerst heilsam, besonders bei Erkältungen, und auch wir Deutsche haben ja ein Sprichwort:

Geduld und Hafergrütze
Ist zu allen Dingen nütze.

14. Braune Mehlsuppe (Gebrannte Suppe): Man lasse einen Esslöffel Fett oder Butter heiß werden und rühre dann vier Esslöffel Mehl so lange darin, bis es schön braun ist, gieße 1 Liter kaltes Wasser zu und wenn es gehörig ausgekocht hat, so richte man gleich an, weil sonst das Fett durchschlägt und gebe in Butter gebratene Weißbrotbröckchen hinein, kann auch etwas Kümmel mitkochen, wodurch diese sehr gesunde und magenstärkende Suppe noch kräftiger wird.

15. Maismehlsuppe: Man rühre 60 Gramm Maismehl in 1 Liter kochende Bouillon oder Jus (*S. Brühen*, besonders Nr.3), füge Salz und ein wenig geriebene Muskatnuss hinzu, lasse es eine halbe Stunde langsam kochen und ziehe es beim Anrichten mit etwas Rahm und ein paar Eigelb ab.

Die Speisen aus *Maismehl*, ebenso wohlschmeckend als nahrhaft (leben doch viele Völker, kräftiger als wir, fast allein davon), sind sehr zu empfehlen und Maismehl ist jetzt fast überall zu kaufen; wo man aber den in vieler Weise so überaus nützlichen Mais selbst zieht, kann man das Mehl auch in jeder Mühle bereiten lassen, nur müssen die Körner sehr trocken sein und vor dem Mahlen geschält werden.

16. Grießmehlsuppe: Man gebe 60 Gramm Grießmehl mit Salz und etwas Butter in 1 Liter kochendes Wasser und lasse es eine Viertelstunde kochen, habe unterdessen auch einen halben Selleriekopf zu feinen, kurzen Streifchen geschnitten und in gesalzenem Wasser abgekocht und tue dies beim Anrichten in die Suppe, kann aber statt dessen auch sonst etwas feines in Salzwasser abgekochtes Gemüse nehmen, z.B. Blumenkohlröschen, Spargelstückchen, grüne Erbsen, Möhrchen und dergleichen, oder Reste von passenden Gemüsen.

17. Carthäuser Suppe: Man nehme ½ Kilo Butter, ⅛ Kilo weiße Bohnen, ⅛ Kilo trockene Erbsen, sechs schöne gelbe Rüben, zwei Zwiebel, drei Porree, drei Sellerieköpfe (diese vier Teile alle zerschnitten), ein Sträußchen Petersilie, etwas Thymian und ein Lorbeerblatt, lasse die Butter zergehen, gebe alles hinein und dämpfe es, unter beständigem Umrühren ein wenig an, worauf man 2½ Liter Wasser daran tut, nebst Salz, ein wenig Pfeffer und Muskatnuss und drei Gewürznelken und es nun drei Stunden lang ganz langsam kochen lässt und hierauf durch ein Haarsieb gießt, die Suppe jetzt wieder aufsetzt, Fadennudeln hinein gibt und geriebenen Parmesan- oder Schweizerkäse dazu serviert oder auch einen *Reisring, Garbüre* oder *Makkaroni* (*S. 2. Abschnitt*), wo dann Fadennudeln und Käse wegbleiben.

Diese vorzügliche, kräftige Suppe hat ganz das Ansehen und den Geschmack von Fleischsuppe und wird auch, mit weniger Butter bereitet, schon recht gut, und ist auch statt Butter reines Suppenfett sehr wohl anzuwenden.

Die beim Durchgießen zurückgebliebenen Ingredienzen geben andern Tages oder Abends ein sehr gutes Püree, indem man sie durch ein Sieb treibt, mit etwas Bouillon oder Rest der Suppe anrührt, aufkochen lässt und beim Anrichten mit Croutons und nach Belieben auch mit Spiegeleiern umlegt.

18. Suppe von Fleischextrakt: durch Dr. von Liebig selbst angegeben: Man gebe in 2 Liter Wasser ¼ Kilo grob zerschlagenes Knochen von rohem Fleisch oder statt deren 30 Gramm gutes Suppenfett oder 30 Gramm Ochsenmark und was man von Suppengrün gerade zur Hand hat (Porree, Sellerie, Zwiebel, Gelbrübe, ein paar Weißkohlblätter) und koche sie bis zum Weichwerden der Gemüse, seihe die Brühe dann durch, tue Reis, Gries, Nudeln oder was sonst beliebt hinein und zuletzt 15–18 Gramm Fleischextrakt, nicht mehr, weil sonst die Suppe einen strengen, unangenehmen Geschmack erhält

Man kann auch Knochen von gebratenem oder gekochtem Fleisch benutzen, muss dann aber ½ Kilo davon nehmen, weil sie nicht so kräftig sind.

Ich empfehle diese vortreffliche und für das Budget der Hausfrau sehr nützliche Suppe aufs angelegentlichste.

19. Einfache Jussuppe mit Schneeballen: Man schneide ¼ Kilo Rindfleisch zu groben Würfeln und gebe es nebst dem nötigen Salz in einen trockenen, sehr erhitzten eisernen Topf, decke ihn fest zu und lasse das Fleisch etwa zehn Minuten lang unter öfteren Umschütteln dämpfen, wonach es in seinem eigenen Saft liegen wird und man den Topf nun offen lässt, auf dass der Saft verdampfe und sich eine braune Masse am Boden des Topfes bilde; während dieses Abdampfens muss die Masse beständig (auch etwa zehn Minuten) mit einem Löffel umgerührt werden, damit sie nicht anbrenne. Ist es nun schön braun, so gieße man 1½ bis 2 Liter kochendes Wasser daran, füge Suppengrün hinzu und lasse es eine halbe Stunde kochen, verdicke die Suppe mit einem Esslöffel Weizen- oder Kartoffelmehl, gebe sie durch ein Sieb in die Terrine und serviere Schneeballen dazu.

Schneeballen: Man koche eine Tasse Milch mit 15 Gramm Butter, und wenn dies in vollem Wollen ist, so ziehe man die Kasserolle auf den Rand des Herdes, rühre schnell einen gehäuften Esslöffel feinstes Mehl hinein, stelle die Kasserolle wieder auf die heiße Platte und rühre den Inhalt so lange, bis sich der Teig von der Kasserolle ablöst, setze ihn nun ab, verrühre ihn schnell und kräftig mit einem Ei und lasse ihn erkalten, wonach man walnussgroße Klößchen daraus formt und in voller Schmelzbutter schön hellbraun ausbackt.

20. Fastensuppe von Kaninchen: Man kann dazu die Knochen, Köpfe und sonstige Teile der Kaninchen, die man in anderer Weise nicht zu verwenden vermag, benutzen, hacke sie klein, bringe sie in gesalzenem Wasser zu Feuer und schäume es rein ab, gebe dann Zwiebeln, Lorbeerblatt und etwas Gewürz dazu, lasse es zwei Stunden lang stark kochen und gieße die Brühe durch ein Sieb. Nun dämpfe man etwas Mehl in einem Stück Butter gelb, tue die Brühe dazu, so wie einige in Stücke geschnittene Gelbrüben und Petersilienwurzeln oder Sellerie und richte, wenn diese weich gekocht sind, an. Je nach der Saison kann man auch Möhrchen, Spargeln und Schwarzwurzeln hinein tun.

Fischsuppen

21. Fischsuppe: Man schneide ½–¾ Kilo beliebigen Fisch in schöne Stückchen, paniere sie mit Ei und geriebenem Weißbrot, backe sie in Schmelzbutter schön gelb und lege sie in die Terrine. Dann dämpfe man gelbe und weiße Rübe, Sellerie, Petersilienwurzel, Porree und Savoyerkohl, von jedem ein gutes Stück und alles zerschnitten, in Butter, gebe Kopf, Schwanz, Gräten, kurz alle Fisch-Abfälle, ein paar zu Scheiben geschnittene Kartoffeln und 1–1½ Liter Wasser dazu, lasse alles zusammen gut kochen und gieße es durch ein feines Sieb über den gebackenen Fisch.

22. Braune Fischsuppe: Man dämpfe eine gelbe Rübe, eine Petersilienwurzel, einen Selleriekopf und eine große Zwiebel, alles zu Scheiben geschnitten, in 60 Gramm Butter, schneide ½ Kilo beliebigen Fisch (man kann sehr gut kleine Fische verwenden) in Stücke gebe sie mit Ausnahme des Kopfes zu den gedämpften Wurzeln, salze es und lasse es so lange dämpfen, bis alles braun geworden ist, streue einen Esslöffel Mehl darüber und dämpfe es ein wenig mit, jedoch ohne darin zu rühren, gieße nun 1 Liter gesalzenes Wasser dazu und koche es noch eine Stunde lang, treibe die Suppe durch ein Sieb, mache sie wieder heiß und tue Klößchen oder geröstete Weißbrotwürfel hinein.

23. Schellfischsuppe: Man habe ein paar recht frische, mittelgroße Schellfische, häute und entgräte sie und schneide sie in zwei Querfinger breite Stücke; Köpfe, Häute, Gräten und sonstigen Abfall koche man dann mit ein paar ganzen Zwiebeln in 2 Liter Bouillon (oder Wasser und einem Stück Butter darin) eine Stunde lang und gebe es durch ein Sieb und lasse es mit einer sehr fein gehackten Zwiebel, einer halben Gelbrübe und halbem Kohlrabi fünf Minuten kochen, worauf man Gelbrübe und Kohlrabi herausnimmt, die Fischstücke und reichlich gehackte Petersilie hinein tut, es noch acht Minuten kocht und mit Salz und Pfeffer würzt.

Da *Schellfischschwänze* gebacken eine sehr beliebte Speise sind, so kann man für einen kleinen Tisch die Schwänze der Schellfische wohl für den Abend verwahren oder je nachdem einen Schellfisch mehr nehmen.

24. Feine Fischsuppe (Potage à la Reine): Man koche ⅛ Kilo reingewaschenen Reis mit 60 Gramm Butter in Wasser sehr weich, brate 1 Kilo Hecht in Butter halb gar und stoße es mit sechs hart gekochten Eidottern sehr fein, verrühre dies nun wohl mit dem Reis, indem man es, wenn nötig, noch. mit etwas kochendem Wasser verdünnt und treibe das Ganze durch ein feines Sieb, lasse es noch einmal aufkochen und richte die Suppe, welche dickflüssig sein muss über in Butter geröstete Weißbrotschnitten an.

Wenn man statt Hecht Zander (Schill) nimmt, so wird die Suppe noch feiner.

25. Aalsuppe: Man lasse Wasser mit einem Stück Butter und Salz aufkochen, gebe länglich geschnittenes Wurzelwerk, beliebige, fein gehackte grüne Kräutchen und je nach der Saison auch etwas Gemüse, grüne Erbsen, Möhrchen, Spargeln, Blumenkohl oder was denn gerade da ist, hinzu und koche es gar, jedoch nicht zu weich. Der Aal wird in Stücke geschnitten, in gestoßenem Zwieback gewälzt, mit Salbeiblättern umbunden, in Butter gelb und gar gebraten und auf eine Schüssel gelegt; in der Butter macht man dann etwas Mehl gelb, rührt es nebst Salz und Muskatnuss an die Suppe, tut den Aal auch hinein, lässt sie damit aufkochen und zieht sie mit ein paar Eigelb oder einem Esslöffel dickem, saurem Rahm ab.

Man kann zu dieser Suppe sehr gut kleine Aale benutzen.

26. Feine Aalsuppe: Man schneide einen mittelgroßen, abgezogenen und gereinigten Aal in längliche Stücke, röste ihn mit klein geschnittenen Zwiebeln, fein gehackten grünen Kräutchen, Salz, englisch Gewürz und Gewürznelken ein wenig in geschmolzener Butter und koche ihn dann mit Fleischbrühe, so viel man Suppe haben will, ferner mit eingemachten Champignons, Zitronenscheiben und Krebsschweifchen (von zwei bis drei Dutzend Suppenkrebsen etwa) vollends gar. Das Fleisch aus den Krebsscheren und die Leber des Aals werden fein gehackt und man verrühre ein Stück Butter mit drei bis vier Eigelb, füge auch das zu Schnee geschlagene Weiße der Eier, das Gehackte und viel geriebenes Weißbrot hinzu, dass es eine gute Masse gibt, forme Klößchen daraus und koche sie in der Suppe. Beim Servieren lege man die Aalstücke auf eine flache Schale, drücke Zitronensaft darauf und lasse sie zur Suppe reichen.

27. Austernsuppe: Man nehme zu einer Suppe für sechs Personen zwei bis drei Dutzend Austern aus ihren Schalen und die sogenannten Bärte ab, fange das Wasser sorgfältig auf und stelle die Austern *zugedeckt* an einen *kühlen Ort*. Das Austernwasser koche man mit den Bärten eben auf und gebe es durch ein Siebchen und verfahre übrigens ganz wie bei der *Garnelensuppe*, nur dass man auch das Austernwasser zu der Bouillon geben muss.

28. Muschelsuppe: Man dämpfe zwei Esslöffel feines Mehl in ⅛ Kilo Butter eine halbe Stunde lang weiß, rühre es mit Fleischbrühe an, dass es wie eine dünne Sauce ist, und kocht es noch eine Stunde; auch koche man zwei bis drei Dutzend Muscheln, wie gewöhnlich nehme sie aus den Schalen und die Bärte ab, lege sie in die Terrine und gieße die wohl abgefettete Suppe darüber.

29. Krebssuppe: Man koche zwei bis drei Dutzend Suppenkrebse in Wasser mit Salz gar, breche die Schweife auf, schäle sie und bewahre sie zugedeckt auf, stoße dann alles Übrige, nachdem man die Galle entfernt hat, nebst den Schalen der Schweife in einem Mörser recht klein und streue während des Stoßens nach und nach zwei Esslöffel feines Weizenmehl darüber, lasse nun ⅛ Kilo Butter zergehen, dämpfe das Gestoßene eine Viertelstunde darin, gieße das Wasser, worin die Krebse gekocht wurden, daran und koche alles zusammen noch eine Viertelstunde, gebe die Suppe jetzt durch ein Sieb, ziehe sie mit drei Eidottern ab und richte sie über die Krebsschweife und geröstete Weißbrotschnitten an, kann nach Belieben auch. noch Morcheln, Spargeln und Blumenkohlröschen in die Suppe tun.

30. Garnelensuppe: Man habe gute Bouillon, verrühre dann, zu Suppe für sechs Personen, drei rohe Eier mit einem Esslöffel Mehl, 60 Gramm Butter, dem Saft einer halben Zitrone und ein wenig Muskatblüte, und ziehe damit die kochende Bouillon ab, gebe dann reichlich geschälte Garnelen hinein und lasse sie darin recht heiß werden, aber nicht kochen, richte an und serviere geröstete Weißbrotschnitten dazu.

Zum Schälen der Garnelen, welche man immer schon abgekocht bekommt, gehört ein kleiner Vorteil: Man muss den Kopf und einen Teil des Rumpfes zwischen den Daumen und Zeigefinger der rechten Hand nehmen und mit der linken Hand drei Ringe des Schwanzes leicht anfassen, ihn ein wenig zurückbeugen und die Schale abnehmen, was sich bei dem dritten Ringe bewerkstelligen lässt. Dann nehme man den Leib und ziehe ihn heraus. Die meisten Personen fassen Kopf und Schwanz zugleich an, wodurch sie die Schale zerreißen, welche dann in ungeschickter Weise abgelöst werden muss.

31. Schneckensuppe: Man werfe 50 Schnecken in kochendes Wasser, lasse sie zehn bis fünfzehn Minuten darin kochen, wo die Deckel dann gelöst sein werden, nehme sie aus dem Wasser und ziehe sie mit einer Spicknadel aus den Häuschen, entferne die schwarze Haut, schneide Kopf und Hinterteil weg und wasche sie einige Mal aus warmem Wasser, koche sie nun in Bouillon weich, wozu gewöhnlich eine Viertelstunde genügt, hacke zwei Drittel der Schnecken ganz fein und dämpfe dies ein wenig in Butter, gieße so viel Bouillon daran, als zur Suppe notwendig ist, koche es mit ein wenig Muskatblüte noch eine Viertelstunde, ziehe die Suppe mit ein paar Eigelb ab, lege geröstete Weißbrotschnitten und die ganz gebliebenen Schnecken in die Terrine und gebe die Suppe darüber.

Nur die große Weinbergschnecke (Helix pomatia) ist essbar und auch dies nur in der kalten Jahreszeit, wenn die Häuschen geschlossen sind und wo diese vortreffliche Fastenspeise, die in vielen Ländern einen *großen Handelsartikel* bildet, nicht käuflich zu haben ist, da kann man sie, wie bei uns geschieht, durch Kinder suchen lassen und an einem kalten, doch frostfreien Ort in Kleien aufbewahren; sehr häufig findet man sie an Hecken.

32. Suppe von Froschschenkeln: Man bekommt die Froschschenkel schon ganz fertig geputzt zu kaufen, bringe dann etwas vier Dutzend davon mit einem guten Stück Butter, Salz, grob gestoßenem weißen Pfeffer und ein wenig Muskatblüte zu Feuer, schwinge sie zehn Minuten lang und lasse sie auf gelindem Feuer noch eine halbe Stunde kochen, dann abtropfen und stoße sie in einem Mörser, nebst 120 Gramm in Bouillon getauchtem Weißbrot ohne Kruste eine Viertelstunde, dass sich alles gut vermische, treibe das Ganze nun durch ein Haarsieb und gebe so viel Bouillon daran, dass es eine dickflüssige Suppe wird, die man wieder zu Feuer bringt, aber nicht mehr kochen lässt. Kurz vor dem Servieren lege man geröstete Weißbrotschnitten in die Terrine, gieße etwas kochend heiße Bouillon darüber und lasse es so weichen bis zum Auftragen, wo dann die Suppe darüber gegossen wird.

Oder man koche die etwas gesalzenen Froschschenkel mit einem Stück Butter, Sellerie, Petersilienwurzel Porree, gelber Rübe und Wasser so lange, bis sie recht gar sind, gebe dann die Brühe durch ein Sieb in eine andere Kasserolle und tue Reis oder Suppennudeln hinein. Diese Suppe schmeckt wie Hühnersuppe und ist sehr gesund.

Gemüse-Suppen

33. Feine Gemüsesuppe (Julienne): Man nehme dazu zwei gelbe Rüben, eine weiße Rübe, zwei Porree, zwei mittelgroßes Zwiebeln, einen Sellerie, ein Stück Kopfsalat und einen halben kleinen Savoyer Kohl, welches alles man halbfingerlang, halbquerfingerbreit zerschneidet, mit Ausnahme der Zwiebeln, die erst halbiert und dann zu Scheiben geschnitten werden. Hierauf lässt man 60 Gramm Butter heiß werden, dämpft darin alles ein wenig an, fügt noch etwas klein geschnittenen Sauerampfer und Kerbel hinzu und dämpft nun alles zusammen eine Viertelstunde lang, sorgt aber, dass es ja nicht braun werde, gießt 2 Liter Bouillon daran und koche es auf gelindem Feuer eine Stunde lang, röste dann fein geschnittene Brotscheibchen ohne Butter, tue sie in die Terrine und ein wenig Brühe von der Suppe darüber, decke es zu, dass das Brot ein wenig weiche und gebe die Suppe hinein.

34. Frühlingsuppe: Man koche Spargeln, Blumenkohl, grüne Erbsen und grüne Bohnen, jedes für sich, in gesalzenem Wasser und lege jedes auch für sich wohl abgetropft auf Teller. Die Spargeln hat man in kleine, gleiche Stückchen geschnitten, am besten nur die Köpfe, 2–3 Zentimeter lang, die Bohnen in kleine Rauten, den Blumenkohl in Röschen geteilt. Beim Anrichten lege man dann den Blumenkohl in Form einer Rose in die Mitte eines großen Tellers und umgebe ihn mit einem Kranze, von einem der grünen Gemüse, lasse diesem einen Kranz von Spargel folgen, schließe mit einem von dem andern grünen Gemüse und serviere diese einem Strauße ähnliche, hübsche Schüssel Bouillon oder Jus, kann auch statt Spargeln junge Kohlrabi der junge Möhrchen nehmen.

In Ermangelung von Brühen koche man reichlich Petersilie, Kerbel und Schnittlauch fünf Minuten in Wasser, seihe die Brühe durch und ziehe sie mit einem Stück frischer Butter und ein paar Eiern ab.

35. Sommersuppe: Man gebe ⅛ Kilo Butter in eine Kasserolle und füge, wenn sie steigt, folgendes hinzu: Fünf große in Scheiben geschnittene Gurken, das Zarte von sechs zerschnittenen Salatköpfen, zwei bis drei Zwiebeln, ½ Liter junge, grüne Erbsen, etwas Krauseminze, Majoranblättchen, gehackte Petersilie, Kerbel, Pimpinelle, Salz, weißen Pfeffer und ein wenig Ingwer und. lasse alles zusammen anderthalb Stunden lang dämpfen. Unterdessen koche man 1 Liter grüne Erbsen, die nicht jung zu sein brauchen, in Wasser ganz weich, streiche sie durch ein Sieb und gieße noch so viel Wasser zu, dass man 1½ Liter Brühe habe, die man, nachdem sie noch einmal aufgekocht hat, mit ein paar Eigelb abzieht und das Gemüse hinein gibt.

36. Herbstsuppe: Man nehme dazu grüne Bohnen, Schwarzwurzeln, gelbe Rüben, Sellerie, Blumenkohl-Röschen und Körbelrüben, welches jedes für sich bereitet werden muss: Bohnen und Schwarzwurzeln schneide man in 3 Zentimeter lange Stücke und dämpfe sie mit Wasser und Butter weich; die gelben Rüben und der Sellerie werden 3 Zentimeter lang und federkieldick geschnitten und so wie die Blumenkohl-Röschen in Salzwasser weich gekocht; die Körbelrüben wie Kartoffeln abgekocht und geschält; sollte ein oder anderes fehlen, so hat es nichts zu sagen. Dies alles lege man dann mit gerösteten Weißbrotschnitten in die Terrine und gieße Bouillon, Jus oder sonst gute Brühe (*S. Nr.18 oder 19*) darüber.

37. Wintersuppe: Man schneide wohl gereinigte Petersilienwurzeln, Sellerie, einige große Pastinaken, weiße Rüben und gelbe Rüben in Stücke, tue alles in einen Topf mit kochendem Wasser, koche es recht weich und treibe es durch ein Sieb, indem man das Wasser, worin die Wurzeln gekocht worden zum Verdünnen allmählich zugießt, bringe es dann mit einem Stück Butter und, wenn nötig noch etwas Wasser, wieder zu Feuer, lasse es kochen, ziehe die Suppe mit ein paar Eiern ab und richte sie über in Butter geröstetes Weißbrot an.

38. Rhabarbersuppe: Man schäle und wasche ein Dutzend Rhabarberstängel, blanchiere sie drei bis vier Minuten lang und dämpfe sie, wenn sie abgetropft sind mit zwei zerschnittenen Zwiebeln, einer Gelbrübe und einem Stück Butter langsam über gelindem Feuere bis sie weich sind, gebe dann 120 Gramm Weißbrot und zwei Liter Fleischbrühe daran, koche es fünfzehn Minuten und nehme das Fett ab, würze mit Salz und Cayennepfeffer, treibe es durch ein Haarsieb und lege geröstete Weißbrotschnitten hinein.
Englische Küche und in England als sehr gesund, sehr beliebt.

39. Sauerampfersuppe: Man habe dazu 1 Liter Knochen-Kartoffel- oder ähnliche Brühe, sonst 1 Liter Wasser mit einem Stück Butter oder Suppenfett und lasse darin zwei in Stücke gebrochene Weißbrötchen (etwa 60 Gramm) recht verkochen und mit einem kleinen Besen verklopfen, dämpfe dann eine Handvoll Sauerampfer und eben so viel

Kerbel oder noch besser halb Kerbel, halb Petersilie in einem Stückchen Butter (der Sauerampfer nur von den Stielen gestreift, Kerbel und Petersilie gehackt), tut einen Esslöffel Mehl daran, rühre es wohl um und gieße nun die Brühe dazu, welche man wieder gehörig verklopfen muss, lasse es durchkochen und würze mit Salz und ein wenig geriebener Muskatnuss, gebe einen Eidotter und zwei Esslöffel sauren Rahm in die Terrine, verklopfe dies gut und rühre die kochende Suppe nach und nach hinein.

Wenn man keinen frischen Sauerampfer haben kann, so nehme man *zwei Esslöffel eingemachten.*

40. Kerbelsuppe: Wie *Sauerampfersuppe*, nur dass der Kerbel, den man mit etwas Petersilie vermischen kann, gehackt werden muss.

In beiden Suppen, die dann aber etwas dünn gehalten werden müssen, sind *verlorene Eier* sehr passend.

41. Suppe mit Spinatklößchen: Man rühre 60 Gramm Butter zu Schaum, menge 60 Gramm in Milch geweichtes, ausgedrücktes Weißbrot ohne Kruste, ein wenig Muskatblüte und zwei Eidotter wohl darunter und ziehe zuletzt den Schnee von zwei Eiweiß leicht hinein. Vorher hat man große Spinatblätter gewaschen, sie am Stielende anfassend zwei Minuten in kochendes Wasser gehalten, hierauf in kaltes Wasser und sie danach auf einem trockenen Tuch aus einander gebreitet. Von der Farce wickelt man nun immer einen gehäuften Teelöffel voll, in einem Spinatblatt länglich rund zusammen, sodass die Farce ganz eingeschlossen ist, wickelt um jedes noch einige Blätter und legt sie neben einander in sehr heiße Butter, tut einige Esslöffel Fleischbrühe daran und lässt sie eine Viertelstunde langsam kochen, gibt sie dann mit dem Schaumlöffel in die Terrine und gießt Fleischbrühe darüber.

42. Spargelsuppe: Man schneide Suppenspargel, d.h. die; dünneren Stängel, soweit er nicht hart ist, in kleine gleiche Stückchen, setze sie mit kochendem Wasser und Salz zu und koche sie einige Minuten. Dann lasse man 60 Gramm Butter in einer Kasserolle zergehen, tue den wohl abgelaufenen Spargel nebst ein wenig fein gehackter Petersilie dazu, streue einen Esslöffel Mehl darüber, gieße Bouillon daran und koche es so eine Weile, bis der Spargel vollkommen gar ist.

Oder man koche einen Bund in erbsengroße Stückchen geschnittenen Suppenspargel in gesalzenem kochenden Wasser fünf Minuten, gebe ihn, wenn er abgelaufen ist, in 2 Liter gute Brühe (*S. Brühen, besonders Nr.3*) und koche ihn darin vollends weich, salze gehörig und richte über geröstetes Weißbrot an. Es lassen sich zu diesen Suppen aber auch sehr gut die *in Flaschen eingemachten* Spargeln (*S. Eingemachte Gemüse*) benutzen und man wässert sie, nachdem sie gut abgetropft und in reichlich Wasser gewaschen sind, einige Minuten und wendet sie dann wie frische Spargeln an, muss sich aber beim Salzen in Acht nehmen, weil die Spargeln mit Salz eingemacht sind.

43. Suppe von Spargelwasser: Man dämpfe zwei Esslöffel feines Mehl in einem eigroßen Stückchen Butter weiß und recht glatt und rühre dies mit dem Wasser, worin Spargel gekocht wurden, zu einer sämigen Suppe, in welche man Salz, ein Stückchen Zucker und recht viel gehackte Petersilie oder Kerbel tut und sie über geröstete Weißbrotschnitten anrichtet.

44. Suppe von grünen Erbsen: Man gebe in gute Knochenbrühe (*S. Brühen*) ½ Liter Erbsen, die nicht jung zu sein brauchen, aber noch grün sein müssen, eine Zwiebel und einen Porree, koche es weich und treibe es durch ein Sieb, lasse dann ein wenig Mehl in Butter aufgehen, dämpfe ein wenig fein geschnittene Zwiebel darin und gieße die Erbsenbrühe hinein, koche es eine halbe Stunde und tue kurz vor dem Anrichten etwas fein gehackte Petersilie dazu; in der Terrine verrühre man ein Eigelb und ein paar Esslöffel sauren Rahm, rühre die Suppe daran und streue in Butter geröstete Weißbrotwürfelchen darüber, oder man schlage ein bis zwei Eiweiß zu einem sehr steifen Schnee, steche davon mit einem Esslöffel eigroße Klößchen ab, lege sie auf die angerichtete Suppe und decke diese schnell zu, wodurch die Klößchen gerade die rechte Festigkeit erhalten; auch kann man *Hering* zur Suppe servieren, wie zu der *Suppe* von *gelben Erbsen*.

Hat man keine Knochenbrühe, so nehme man Wasser und etwas Butter.

Oder von den *ersten grünen Erbsen* koche man einen Suppenteller voll, mit einem Stückchen Zucker, in schwacher Fleischbrühe oder in Wasser mit etwas Butter und ein wenig Salz gar, verdicke dann die Suppe mit etwas weißer Einbrenn oder Kartoffelmehl und gebe geröstete Weißbrotwürfel und gehackte Petersilie hinein.

45. Suppe von Erbsenhülsen: Man setze 2–3 Liter Wasser mit einem Stück Butter oder Suppenfett, Pfeffer und Salz zu Feuer und tue so viele ganz frische Erbsenhülsen (von grünen Erbsen) hinein, als das Gefäß fassen kann, nebst Suppengrün und etwas Estragon, koche die Hülsen recht weich und schütte sie auf ein feines Sieb und wenn die Brühe rein abgelaufen ist, so stoße man das im Sieb Zurückgebliebene in einem Mörser zu Brei, bringe es wieder in das Sieb und drücke es leicht durch zu der Brühe, füge nun noch einen Teller voll ausgeschotete grüne Erbsen, zwei fein geschnittene gelbe Salatstauden und einige Möhrchen dazu, lasse das Ganze noch etwas auskochen und man wird eine ganz vorzügliche Suppe haben und besonders empfehlenswert, so lange die grünen Erbsen noch selten und teuer sind und man kann dann auch die Erbsen selbst weglassen und statt deren geröstete Weißbrotwürfelchen in die Suppe tun.

46. Suppe von Zuckererbsen: Man bereitet sie wie die von *Erbsenhülsen*, aber von den Erbsen selbst und gebe keine grünen Erbsen hinein, sondern nur kleine Möhrchen und Perlzwiebelchen.

47. Blumenkohlsuppe: Man teile ihn in kleine Röschen, koche ihn drei Minuten lange in kochendem, gesalzenem Wasser und seihe ihn ab, röste dann zwei Esslöffel Mehl in einem Stück zerlassener heißer Butter ein paar Minuten lang, gieße 2 Liter Bouillon nach und nach dazu, salze es und lasse den Blumenkohl darin vollends weich kochen, wonach man die Suppe mit vier Eiern, die mit etwas Rahm verklopft wurden, abzieht und über geröstete Weißbrotschnittchen anrichtet.

48. Champignonsuppe, braun: Man röste in ⅛ Kilo Butter oder noch bessere Schmelzbutter drei Esslöffel Mehl langsam dunkelbraun, gieße unter fleißigem Rühren und nach und nach 2 Liter kochendes Wasser daran, füge Salz und Muskatnuss hinzu und lasse es eine Stunde ganz langsam kochen. Unterdessen wird etwa 1 Liter geschälte, geputzte und gewaschene Champignons feinblätterig geschnitten und mit 60–90 Gramm Butter, Petersilie, weißem Pfeffer und Salz über gutem Feuere so lang gedämpft, bis ihre Brühe wieder verdampft ist und dann mit der Suppe vermischt.

Oder weiß, lasse man zwei Obertassen voll Champignons, wie oben vorgerichtet und dann aber klein gehackt, mit ein wenig Salz in ihrem eigenen Saft dämpfen, bis dieser ganz eingegangen ist, tue dann ein Stück Butter, zwei Esslöffel blanchierte, gehackte Petersilie und zwei Messerspitzen weißen Pfeffer dazu und dämpfe es zusammen noch ein wenig, dämpfe auch zwei gehäufte Esslöffel Mehl in 60 Gramm heißer Butter ganz weiß, rühre es mit 1½ Liter lauwarmen Wasser an und koche es eine halbe Stunde lang, worauf man die Champignons hinein gibt, die Suppe mit ein paar Eigelb oder etwas Rahm abzieht und geröstete Weißbrotschnitten dazu reicht.

49. Tomatensuppe: Man nehme ein paar Dutzend Tomaten (Liebesäpfel), breche sie in zwei bis drei Stücke und entferne die Kerne, schneide ein paar Zwiebeln in Scheiben, füge Petersilie, eine Gewürznelke und Salz hinzu und lasse es mit 60 Gramm Butter und ein wenig Weißbrot gelinde dämpfen, treibe es dann durch ein Sieb, bringe es wieder zu Feuer, verdünne es mit Bouillon und gebe Suppennudeln oder Suppensternchen hinein.

50. Kartoffelsuppe: Man zerhaue kreuzweise die Knochen von gekochtem oder gebratenem Fleisch, z.B. von einem gebratenen Kalbsschlegel oder was man sonst noch gerade hätte, setze sie mit Wasser auf und koche sie tüchtig aus, wobei man sie abschäumt und, wenn nötig, abfettet, dann durch ein Sieb gießt, mit rohen geschälten Kartoffeln wieder aufsetzt und diese ganz verkochen lässt. Von der Knochenbrühe hat man ein wenig zurückbehalten und darin Porree und Sellerie in nette Stückchen geschnitten, abgekocht, dämpft nun etwas Mehl in ein wenig Butter oder gutem Fett, rührt dies an die Suppe, lässt es durchkochen und gibt beim Anrichten den Sellerie, Porree und in Butter gebratene Weißbrotwürfelchen hinein oder man lasse Porree und Sellerie weg und füge der Suppe statt deren beim Anrichten zwei Esslöffel sehr fein gehackten Kerbel bei.

Oder mit Reis, koche man einige Kartoffeln mit einer Handvoll Reis und etwas Butter oder Fett in dem zur Suppe nötigen Wasser (1–1½ Liter) und drücke vor dem Anrichten Kartoffeln mit einem Löffel klein. Kann man anstatt Wasser Knochenbrühe wie zu der vorhergehenden Suppe nehmen, so ist es umso besser.

Oder mit Fisch, stoße man Reste von Fisch mit heißen, rein abgelaufenen, frisch gekochten Kartoffelschnitzen im Mörser, bringe sie mit Knochenbrühe oder Wasser mit einem Stück Butter zu Feuer und lasse sie aufkochen, treibe es durch ein Haarsieb, koche es nochmals auf und gebe in Butter gebratene Weißbrotwürfelchen hinein.

51. Suppe von Kartoffelbrühe: Man lasse etwas Mehl in Butter aufgehen, gieße die Kartoffelbrühe daran, tue Grünes hienein wie in eine Fleischsuppe und hernach geröstete Weißbrotschnitten oder Bröckchen, kann die Suppe auch mit Ei und saurem Rahm abziehen.

Man sollte überhaupt die *Kartoffelbrühe nie wegschütten,* da sie auch zu Saucen, Gemüsen und dergleichen so viel besser ist als bloßes Wasser wegen ihres Kartoffel- und Salzgehaltes.

52. Zwiebelsuppe: Man dämpfe einen Suppenteller voll zu Scheiben geschnittene Zwiebeln in einem Stück Butter weiß, stäube etwas Mehl darüber und lasse sie damit auch noch ein wenig dämpfen, gieße 1 Liter Wasser zu und ziehe die Suppe, nachdem sie wohl verkocht ist, mit einem Eigelb und einem Esslöffel saurem Rahm ab, kann sie aber vor dem Abziehen auch durch ein Sieb schlagen und in Butter geröstete Weißbrotbröckchen darauf geben.

Oder man blanchiert 1½ Liter kleine weiße Zwiebelchen (Perlzwiebeln) und koche sie mit einem kleinen Stückchen Zucker Fleischbrühe oder sonst guter Brühe so viel man zur Suppe bedarf, lege dann geröstete Weißbrotschnitten in die Terrine, gieße etwas von der Brühe darauf und, wenn sie damit ein wenig geweicht haben, die übrige Brühe mit den Zwiebelchen. Auch kann man in der Saison ½ Liter grüne Erbsen hinzufügen und umso viel weniger Zwiebelchen nehmen, die Erbsen werden mit Butter wie zu Gemüse bereitet, aber ohne alte Brühe auf die Weißbrotschnitten getan und dann erst die Brühe mit den Zwiebelchen darüber gegossen.

53. Suppe von roten Rüben: Man koche rote Rüben in Wasser halb weich, schäle sie und schneide sie zu Scheiben, füge Bouillon und Salz hinzu und lasse sie damit ganz weich kochen, treibe sie dann durch ein Haarsieb, ziehe sie mit etwas saurem Rahm ab und richte sie über in Butter geröstete Weißbrotschnitten an oder reiche frisch abgekochte Kartoffeln dazu.

54. Bohnensuppe: Man koche 1 Liter weiße Bohnen mit kaltem Wasser und Salz aufgesetzt weich, stelle einen kleinen Schöpflöffel davon bei Seite und treibe das übrige mit Fleischbrühe oder Wasser durch einen Seiher, dämpfe dann eine kleine, gehackte Zwiebele mit einem halben Esslöffel Mehl in einem Stück Butter, rühre die durchgetriebenen Bohnen dazu und gebe auch die zurückbehaltenen ganzen Bohnen und etwas weißen Pfeffer daran, kann aber auch alle Bohnen durchtreiben und dann Weißbrotbröckchen in die Suppe tun.

55. Erbsensuppe mit Hering: Man setze ½–¾ Liter trockene gelbe Erbsen mit kaltem Wasser auf lebhaftes Feuer, damit sie schnell ins Kochen kommen und treibe sie, wenn sie weich gekocht sind, durch einen Seiher, röste ein bis zwei Esslöffel Mehl in einem Stück Butter oder Fett gelb, dämpfe eine fein geschnittene Zwiebel darin und rühre die durchgetriebenen Erbsen dazu, lasse es durchkochen und gebe beim Anrichten in Butter gebratene Weißbrotbröckchen hinein oder auch etwas Reis, den man vorher in Bouillon oder Wasser mit ein wenig Butter weich gekocht hat, wo dann aber die Suppe um so viel dünner gehalten werden muss.

Die Heringe werden, nachdem sie in gewöhnlicher Weise zugerichtet und Kopf und Schwanz entfernt wurden, in Streifen wie *Sardellen* geschnitten, über den Finger gerollt und immer etliche solcher Röllchen auf eine Untertasse oder eine Ragoutmuschel (Coquille) gestellt, in der Mitte einen kleinen Raum lassend, worin man etwas von dem Roggen oder Milchner kleinwürfelig geschnitten aufhäuft.

Ist Zwiebel beliebt, so kann man in die Mitte jedes Röllchens etwas fein gehackte Zwiebel füllen und stellt nun den Hering vor jedes Couvert mit einer kleinen Gabel dabei, denselben so zur Suppe zu nehmen.

56. Linsensuppe: Man setze ½–¾ Liter Linsen mit kaltem Wasser auf und sorge, dass sie schnell ins Kochen kommen und wenn sie weich gekocht sind, so treibe man sie durch einen Seiher, röste ein bis zwei Esslöffel Mehl in einem Stück Butter oder Fett gelb, dämpfe eine fein geschnittene Zwiebel und danach noch zwei bis drei Esslöffel geriebenes Schwarzbrot darin, rühre die durchgetriebenen Linsen dazu und lasse es aufkochen, kann die Linsen aber auch ganz lassen.

Hat man gerade etwas geräucherte und abgekochte Fischwurst und gibt sie zu Scheiben geschnitten beim Anrichten in die Suppe oder auch etliche abgekochte Muscheln, so verbessert dies die Suppe sehr.

Süsse Suppen

57. Weinsuppe: Man röste zwei Esslöffel Mehl in 60 Gramm frischer Butter, rühre dies mit einer Flasche weißen Wein und halb so viel Wasser, 90 Gramm Zucker und einem Stückchen Zimt an und koche es unter beständigem Rühren, bis es recht glatt ist, schneide dann aus feinem Weißbrot Würfel und röste sie in Butter schön gelb, verrühre zwei Eidotter mit etwas Zitronensaft in der Terrine und gebe Suppe und Brot hinein.

Ebenso von *rotem Wein*, doch bleiben dann Eidotter und Zitronensaft weg.

58. Biersuppe: Man lasse 1–1½ Liter gutes Bier mit ⅛ Kilo Zucker und einem Stückchen Zimt aufkochen, verrühre dann sechs Eidotter mit einer Tasse süßem Rahm oder guter Milch und gieße diese unter fortwährendem Schlagen mit der Schneerute in das Bier, welches man über im Backofen geröstete Weißbrotschnitten anrichtet oder in großen Tassen mit Zwieback oder auch mit geröstetem Weißbrot dabei serviert.

59. Bergsuppe: Man lasse geriebenes Schwarzbrot mit etwas abgeriebener Zitronenschale, Zucker und Korinthen in heißer, sehr frischer Butter durchbraten und fülle es in einen hohen, nicht zu spitzigen Trichter und während dies erkaltet, koche man 1 Liter halb weißen Wein, halb Wasser oder auch halb Wein, halb Bier mit Zucker und ziehe es mit vier Eidottern und einem halben Esslöffel Mehl ab, stürze den Berg behutsam auf eine Schale und gieße die Suppe vorsichtig darum. Statt Wein kann auch nur Bier, aber ohne Wasser genommen werden oder man gießt eine passende Kaltschale um den Berg.

60. Rahmsuppe: Man schneide drei bis vier Weißbrötchen zu Scheiben, röste sie auf dem Rost oder im Backofen gelb und lege sie in die Terrine, koche dann 1 Liter Wasser mit etwas Salz, vermische es mit $\frac{1}{8}$ Liter saurem Rahm und gebe es gleich zu Tisch.

61. Zwiebacksuppe: Man verkoche einige Zwieback mit Wasser, ein wenig sehr frischer Butter, Salz, ganzem Zimt und Zitronenschale, gebe es dann durch ein Sieb und ziehe es mit ein paar Eidottern, Zucker und etwas Wein und süßem Rahm ab, kann auch vorher in Wasser ausgequellte Korinthen hineintun.

62. Hafergrützsuppe: Man koche $\frac{1}{8}$ Kilo Hafergrütze in 1½ Liter Wasser eine Stunde und streiche sie durch ein Sieb, tue dann Zuckere Zimt, ein wenig Salz, ein paar Zitronenscheiben, 60–90 Gramm in Scheiben geschnittene Brunellen oder Rosinen oder Korinthen hinein, gebe, wenn diese weich sind, ein bis zwei Glas weißen Wein zur Suppe und ziehe sie mit ein bis zwei Eigelb ab.

Oder man gebe beim Kochen der Grütze ein Stückchen Butter zu und, wenn sie durch das Sieb gestrichen, in Wasser vorher abgekochte, getrocknete Zwetschgen oder Mirabellen, die man dann noch etwas mitkochen lässt und tut zuletzt Zucker und ein wenig Salz an die Suppe. Auf jeden Tischgenossen werden 45 Gramm Grütze und ein Dutzend Zwetschgen oder Mirabellen gerechnet.

63. Kartoffelmehlsuppe: Man verrühre zwei Esslöffel Kartoffelmehl und ein wenig Salz mit etwas kaltem Wasser, gieße dann 1 Liter warmes Wasser daran, koche es unter beständigem Rühren zehn Minuten lang und füge zuletzt ein wallnussgroßes Stückchen sehr frische Butter und ein wenig Zucker hinzu.

Diese Suppe eignet sich sehr für Kinder oder schwächliche Personen.

64. Maismehlsuppe: Man lasse in 1 Liter halb Milch, halb Wasser, 60 Gramm Maismehl unter beständigem Rühren einlaufen, gebe etwas Salz oder Zucker daran und koche es langsam eine halbe Stunde lang.

Statt Maismehl kann Grießmehl genommen werden.

65. Schokoladensuppe: Man gebe 60 Gramm in kleine Stückchen gebrochene Schokolade in einen Topf, rühre sie mit 1 Liter Milch oder auch halb Milch, halb Wasser nach und nach an und lasse es eine halbe Stunde kochen, ziehe die Suppe dann mit zwei Eidottern ab und richte sie über feine Scheibchen Weißbrot an.

Statt Milch kann man auch halb weißen Wein, halb Wasser nehmen und über geröstete Weißbrotschnitten anrichten.

66. Falsche Schokoladensuppe: Man röste $\frac{1}{8}$ Kilo feines Mehl ohne Butter unter beständigem Rühren langsam auf gelindem Feuer, bis es kastanienbraun ist und reibe es hernach mit der Hand durch ein Haarsieb, rühre nun von diesem Mehl vier Esslöffel in 1 Liter kochende Milch, füge 30 Gramm Zucker, Gewürznelken und ein Stücken Zimt hinzu, lasse es eine Viertelstunde kochen und richte es über in Butter geröstete Weißbrotschnitten an oder reiche Zwieback dazu, kann die Suppe auch mit ein paar Eidottern abziehen, doch ist es nicht nötig.

67. Milchsuppe: Man rühre 60 Gramm Mehl mit 1 Liter Milch an, lasse es unter beständigem Rühren aufkochen und richte über fein geschnittene Weißbrotscheibchen an; sie darf nicht zu dick sein und wenn die Milch gut ist, so kann sie mit der Hälfte oder einem Drittel Wasser vermischt werden.

Oder kalt zu geben, brocke man in die Terrine gutes Weißbrot und eben so viel feineres Backwerk, z.B. Zuckerbretzelchen, süßen Zwieback oder dergleichen und gieße recht gute, am besten frisch gemolkene Milch darüber.

68. Buttermilchsuppe: Man verkoche eine Kruste Schwarzbrot mit etwas Wasser zu Brei, gieße dann die Buttermilch dazu und rühre kurz vor dem Anrichten etwas süße Milch mit ein wenig Mehl daran.
Oder man koche Gerste, 60–90 Gramm auf den Liter Buttermilch, in derselben weich.

OBSTSUPPEN

69. Johannisbeersuppe: Man setze ½ Kilo rote Johannisbeeren mit ein wenig Wasser zu Feuer und gieße sie, wenn sie aufgesprungen sind, auf ein Sieb, darf sie aber nicht drücken. Zu dem durchgelaufenen Saft nehme man den vierten Teil Wasser und reichlich Zucker, koche Reis oder Fadennudeln darin und ziehe die Suppe mit ein paar Eigelben ab.

70. Heidelbeersuppe: Man koche ¾ Liter Heidelbeeren mit Wasser, koche auch etwas Weißbrot in Milch recht sämig, vermische dies mit den Heidelbeeren und rühre die Suppe mit Zucker, Zimt und ein paar Eidottern gut ab.

71. Kirschensuppe: Man lasse 60 Gramm sehr frische Butter in einer Kasserolle schmelzen, gebe 1 Kilo schwarze süße Kirschen hinein und rühre sie darin um, bestäube sie mit Mehl und dämpfe sie so eine Weile, füge nun ein Glas Wasser und ⅛ Kilo Zucker hinzu und koche die Suppe damit gar. Beim Anrichten lege man in Butter gebratene Weißbrotwürfelchen in die Terrine, gieße die Suppe darüber und serviere gleich, damit das Weißbrot nicht weich werde.

72. Apfelsuppe: Man schäle einige große saure Äpfel, schneide sie von einander und das Kernhaus heraus, koche sie mit ⅜ Liter Wasser, einem Stückchen ganzen Zimt und einem Stückchen Zitronenschale schnell weich und treibe sie durch einen engen Seiher; röste dann drei Messerspitzen Mehl in 30 Gramm frischer Butter hellgelb, füge 15 Gramm Zucker und ½ Liter weißen Wein hinzu, lasse dies mit der Apfelmasse durchkochen und richte über mit Butter geröstete Weißbrotbröckchen an.– *Sehr gut.*

73. Quittensuppe: Man koche drei bis vier schöne Quitten siedendem Wasser weich, nehme sie heraus und wenn sie erkaltet sind, so schäle man sie und schabe das Mark bis auf das Kernhaus ab, treibe es dann mit einer halben Flasche weißen Wein und halb so viel Wasser durch einen Seiher und koche es mit einem Stück Zucker auf, verrühre nun zwei Eidotter in der Terrine, gieße die Suppe langsam daran und gebe in Butter geröstete Weißbrotwürfelchen darüber.

71. Birnsuppe: Man schneide Birnen, die sich nicht sehr verkochen (vorzüglich ist die *Bon-Chrétien*) in 3 Zentimeter lange Stückchen und dämpfe sie in Butter schön bräunlich, füge dann Bouillon und in feine Scheibchen geschnittene Kartoffeln hinzu, lasse es zusammen kochen und richte über geröstete Weißbrotschnitten an.

75. Mirabellensuppe: Man setze ¼ Kilo feine Gerste mit ein wenig kochendem Wasser auf und koche sie gar, indem man immer nach und nach etwas kochendes Wasser nachgießt, auch koche man ⅛ oder ³⁄₁₆ Kilo getrocknete Mirabellen in Wasser weich und gebe sie zu der Gerste (kann sie aber auch mit der Gerste kochen, jedoch erst hinzutun, wenn diese schon eine Weile gekocht hat) nebst Zucker, ein paar Zitronenscheiben und einem Guss weißen Wein, lasse es zusammen aufkochen und ziehe die Suppe mit ein wenig Kartoffelmehl ab.

76. Zwetschgensuppe: Man setze dreißig bis vierzig recht reife Zwetschgen mit ½ Liter Wasser, einem Stück ganzen Zimt oder dementsprechend Gewürznelken und 60 Gramm gestoßenem Zwieback oder geriebenem Weißbrot auf schwaches Feuer und dämpfe sie weich, treibe sie mit 1 Liter weißem Wein oder halb Wasser und Wein durch einen Seiher, indem man beim Durchtreiben die Flüssigkeit nach und nach zugießt und gebe dann nach Geschmack den nötigen Zucker hinein, schneide Weißbrot in fingerlange, fingerbreite und anderthalb fingerdicke Stücke, backe sie in Schmelzbutter goldgelb und richte die Suppe darüber an.

77. Hagebuttensuppe: Man koche ½ Liter frische oder getrocknete Hagebutten mit ½ Liter weißem Wein und ½ Liter Wasser, treibe sie, wenn sie weich sind, durch ein Haarsieb, gebe Zucker, fein geschnittene Zitronenschale und gestoßenen Zimt daran und richte über geröstetes Weißbrot an.

78. Kastaniensuppe: Man löse an vier bis fünf Dutzend schönen Kastanien die erste Haut ab, stelle sie dann in einen warmen Ofen, bis man auch die zweite Haut abziehen kann, und koche sie nun in einer kleinen Kasserolle mit guter Fleischbrühe, einem Stückchen Zucker, etwas Butter und Muskatnuss gar. Einige der schönsten Kastanien, ein Dutzend etwa, werden zurückgelegt, die andern zerdrückt, durch einen feinen Seiher getrieben und mit einem Stückchen Butter, fein gehackter Petersilie und ein paar Eidottern abgerührt, hierauf mit der nötigen Fleischbrühe angerührt und nachdem man die zurückbehaltenen Kastanien auch dazu getan hat, lässt man alles zusammen noch ein paar Mal aufwallen.

79. Suppe von Backobst: Man setze ⅛ Kilo getrocknete Birnen und ⅜ Kilo getrocknete Zwetschgen, vorher wohl gewaschen, mit einem Stück Zimt oder etwas Gewürznelken und 1½ Liter heißem Wasser zu Feuer und koche es weich, füge dann 60–90 Gramm Zucker und zuletzt einen Esslöffel Kartoffelmehl oder etwas geriebenes Weißbrot hinzu, rühre es damit durch und lasse es eben aufkochen.

80. Suppe von Pflaumen-Mus: Man löse ½ Kilo Mus mit 1½ Liter Wasser auf, füge Zimt oder Gewürznelken, einen Esslöffel Rum und Zucker nach Geschmack hinzu, lasse es aufkochen und rühre es mit einem Esslöffel Kartoffelmehl an.

Kaltschalen

Um Wiederholungen zu vermeiden, bemerke ich, dass zu den Kaltschalen, falls sich nicht schon Brot oder Backwerk darin befindet, meistens kleines Backwerk, Zwieback oder Croutons serviert werden.

Eine Hauptsache bei den Kaltschalen ist, dass sie recht kalt seien und es ist daher sehr gut, wenn man die Terrine in Eis graben und etwa vier Stunden darin lassen kann oder man setze sie wenigstens in sehr kaltes Wasser und mit diesem in den Keller.

81. Wein-Kaltschale: Man nehme eine Handvoll geriebenes Schwarzbrot, dann Zucker, Korinthen und abgeriebene Zitronenschale nach Geschmack und rühre dies mit 1 Liter halb Wein halb Wasser untereinander, kann auch anstatt Wasser gutes Braunbier nehmen.

82. Bier-Kaltschale: Man bereite sie wie die Wein-Kaltschale, jedoch nur aus Bier ohne Wasser.

83. Wasser-Kaltschale: Man reibe die Schale einer Zitrone auf 150 Gramm Zucker ab und lege ihn in die Terrine, presse den Saft der Zitrone darüber und füge ein Glas Wein, geriebenes Schwarzbrot, ⅛ Kilo Korinthen und 1 Liter frisches Wasser dazu.

Statt Korinthen kann man Erdbeeren oder andere Beeren nehmen.

84. Erdbeer-Kaltschale: Man bestreue recht reife Erdbeeren mit gestoßenem Zucker, gieße weißen Wein darüber (auf ½ Liter Erdbeeren etwa ½ Liter Wein und ⅛ Kilo Zucker) und lasse es etwas ziehen, kann auch anstatt Wein süßen Rahm oder Milch nehmen.

Ganz vorzüglich ist eine Kaltschale von Ananas-Erdbeeren mit Xeres.

85. Johannisbeer-Kaltschale: Man zerdrücke 1 Liter rote Johannisbeeren, gieße 1 Liter frisches Wasser darauf, presse es durch ein Tuch und füge nach Geschmack Zucker und etwas weißen Wein hinzu.

86. Himbeer-Kaltschale: Man zerquetsche 1 Liter Himbeeren, gieße 1½ Liter kochendes Wasser darauf, lasse es so mehrere Stunden ziehen und drücke es durch eine Serviette, bringe es dann mit Zucker und Vanille zu Feuer und rühre, wenn es kocht, einen Esslöffel Kartoffelmehl und etwas Rotwein daran.

Oder man bestreue die Himbeeren mit Zucker und übergieße sie mit süßem Rahm oder mit guter Milch; ein kleiner Zusatz von feinem Liqueur, z.B. Vanille oder Maraschino, ist auch sehr gut.

87. Heidelbeer-Kaltschale: Man verkoche ¾–1 Liter Heidelbeeren mit etwas Wasser, schlage sie durch ein Sieb und bringe die Brühe dann wieder aufs Feuer, füge Zucker und einen Esslöffel Kartoffelmehl, wodurch sie ganz klar wird, hinzu und gebe sie kalt mit Reisküchlein dabei.

Reisküchlein: Man koche ¼ Liter Reis in ¾ Liter Milch ganz dick ein, gebe Zucker und 30 Gramm geschälte, fein gestoßene bittere Mandeln dazu und rühre alles wohl untereinander, fülle es dann in nassgemachte Förmchen oder in deren Ermangelung in Tassen, lasse es erkalten und stürze es.

88. Kirschen-Kaltschale: Man stoße 1 Liter schwarze saure Kirschen oder halb saure, halb süße, in einem Mörser so, dass nicht alle Kerne aufgestoßen werden, gieße 2 Liter Wasser darauf und lasse es eine Viertelstunde gelinde kochen, gebe dann den Saft durch ein feines Haarsieb und den nötigen Zucker hinzu.

89. Aprikosen-Kaltschale: Man schneide zwanzig Aprikosen auf, füge die aufgeschlagenen Kerne hinzu, koche beides in Wasser recht weich und treibe es durch ein Sieb, tue es dann in eine 2 Liter haltende Kasserolle, fülle sie mit weißem Wein an und gebe Zucker und, wenn es ausgekocht hat, einen starken Teelöffel mit Wasser angerührtes Kartoffelmehl daran.

90. Pfirsich-Kaltschale: Man schäle schöne, reife Pfirsiche, schneide sie in Scheiben, überdecke sie ganz mit zerstoßenem Zucker und lasse sie so eine Stunde stehen, vermische dann halb weißen Wein, halb Wasser mit dem noch nötigen Zucker und gieße dies über die Pfirsiche. Ein Zusatz von Erdbeeren (sogenannten ewigen), ebenfalls vorher eingezuckert, ist sehr gut und sieht sehr hübsch aus.

91. Zwetschgen-Kaltschale: Man übergieße recht reife Zwetschgen mit kochendem Wasser, ziehe die Haut ab, schneide sie der Länge nach durch und nehme die Kerne heraus. Hat man einen gehäuften Suppenteller voll Zwetschgen, so bringe man sie mit ein paar Liter Wasser, Zucker, einem Stückchen Zimt, Zitronenschale und ein paar

Gewürznelken zu Feuer und koche sie weich. Einige von den Kernen stoße man im Mörser klein, lasse sie in einem besonderen Töpfchen mit etwas Wasser durchkochen und gebe dann diese Brühe durch ein feines Siebchen zu den Zwetschgen, an welche man zuletzt noch einen Esslöffel Kartoffelmehl und zwei Glas Rotwein rührt.

92. **Milch-Kaltschale:** Man nehme auf zwei Liter Milch zwanzig geschälte Mandeln und stoße sie in einem Mörser, indem man hin und wieder einen Esslöffel von der Milch daran gießt, bis das ganze einen dünnen Brei bildet, dem man nun die übrige Milch beifügt, es ziemlich lange kochen lässt und durch ein nicht zu dichtes Sieb gibt. Dann tue man einen Esslöffel Orangeblütenwasser, einen Esslöffel gesiebten Zucker und einen Esslöffel Kartoffelmehl dazu, ziehe es mit vier Eigelb ab und lasse es noch einmal aufkochen oder man gebe statt der Eigelbe den Schnee von vier Eiweiß in die kochende Milch und falls man das Orangeblütenwasser nicht liebt, so koche man ein Stückchen Zimt oder Vanille mit der Milch. Angenehm und sehr erfrischend ist die Kaltschale auch von *Buttermilch,* welche man mit etwas süßer Milch oder süßem Rahm vermischt und wenn sie recht kalt geworden ist, so gibt man eben vor dem Servieren Zwieback oder gutes Weißbrot in Stücke gebrochene hinein und streut mit Zucker geröstetes Schwarzbrot darüber, wozu man vier Esslöffel geriebenes Schwarzbrot in einer flachen Pfanne etwas röstet, dann zwei Esslöffel gestoßenen Zucker dazu tut und es unter beständigem Rühren mit einem Löffel so lange röstet, bis das Brot etwas härtlich ist.

II. Klößchen und Beigaben zu Suppen

Vorläufig will ich hier bemerken, dass es bei den Klößchen meistens geraten ist, eins versuchsweise zu kochen, ob es nicht zu leicht oder zu schwer sein möchte und die meisten der nachfolgenden Klößchen können auch in den Suppen selbst gekocht werden, falls diese klar sind, sonst in gesalzenem Wasser oder in Bouillon, aber immer kochend, ehe die Klößchen hinein gegeben werden.

1. Reisklößchen: Man koche ¼ Liter Milch mit einem Esslöffel Butter auf, gebe 90 Gramm blanchierten Reis (*S. Reisring*) hinein und lasse ihn langsam recht dick einkochen, dann in einer Schüssel verkühlen und wenn er noch eben lauwarm ist, so rühre man drei Eidotter daran und stelle ihn kalt, worauf man ihn mit etwas fein gesiebtem Weißbrot zu eidottergroßen Klößchen formt und sie zugedeckte zehn Minuten langsam kocht.

2. Kartoffelklößchen: Man rühre 60 Gramm Butter zu Schaum, dann ein ganzes Ei, einen Eidotter und einen gehäuften Teelöffel feines Mehl hinein und wenn dies recht glatt ist, etwa ein halbes Dutzend mittelgroße Kartoffeln, Tags vorher abgekocht, aber eben vor dem Gebrauch geriebene dazu nebst Pfeffer, Salz, und Muskatnuss, mache vermittelst etwas Mehl Klößchen daraus und koche sie sechs bis acht Minuten ganz langsam.

Neben diesen Klößchen gibt man häufig auch noch schöne Kastanien in Suppen besonders in *Jussuppe*. Die Kastanien (drei bis vier auf die Person) werden wie gewöhnlich in einer Kaffeetrommel geröstet oder man kann sie auch auf einem Blech in den Backofen stellen, bis sie aufplatzen.

3. Mehlklößchen: Man rühre zwei Esslöffel feines Mehl mit kalter Milch an, salze es und füge zwei Eier hinzu, verklopfe es wohl und gieße es in einen hohen Topf, den man so lange in eine Kasserolle mit kochendem Wasser stellt, bis der flüssige Teig fest geworden ist, breche nun mit einem eisernen Löffel ganz kleine Klößchen heraus, lege sie in gesalzenes Wasser und, wenn sie hoch aufgegangen sind, in die Suppe.

Oder man streue in ¼ Liter kochende Milch so viel Mehl, dass es ein dicker Teig ist und rühre ihn auf dem Feuer so lange, bis er sich vom Topf losschält, rühre dann zwei bis drei ganze Eier und Salz daran, forme mit etwas Mehl lange Würstchen daraus, schneide Stückchen davon, rolle sie zu runden Klößchen und backe sie in voller Schmelzbutter oder Ausbackfett.

4. Weißbrotklößchen: Man knete unter ⅛ Kilo frische Butter so viel geriebenes Weißbrot, dass es ein dickere geschmeidiger Teig wird, arbeite noch ein ganzes Ei und ein Eigelb hinein und würze mit Salz und Muskatnuss, mache kleine, runde Klößchen und lege sie in kochendes, gesalzenes Wasser; so wie sie in die Höhe kommen, sind sie gar.

5. Eierklößchen: Man streiche vier hartgekochte Eidotter durch ein Sieb, rühre sie mit zwei rohen Eidottern, einem haselnussgroßen Stückchen Butter, geriebener Muskatnuss, einer Prise Salz und einer Prise Mehl zusammen, forme wallnussgroße Klößchen daraus und koche sie in Wasser gar.

6. Fischklößchen: Man hacke ½ Kilo abgehäutete und entgräteten (rohen) Fisch mit einer halben kleinen Zwiebel und etwas Petersilie recht fein, rühre 45 Gramm Butter zu Schaume dann zwei ganze Eier, eins nach dem andern daran, verrühre es gut und gebe den Fisch dazu und hierauf eine Tasse Milch, rühre ständig fort und füge nach und nach so viel Milch hinzu, bis stark ¼ Liter darin ist, im Ganzen etwa eine Viertelstunde; zuletzt tue man zwei Esslöffel geriebenes Weißbrot, einen Teelöffel Salz und ein wenig Muskatnuss hinein, steche mit einem Esslöffel Klößchen aus, wende sie in Mehl um und backe sie in heller Schmelzbutter unter beständigem Umrühren mit einem Blechlöffel braun.

Oder man nehme abgekochten oder gebratenen Fisch (Reste sind sehr gut zu verwenden, auch fast alle Fischarten), entferne Haut und Gräten und hacke ihn mit etwas Petersilie und Zitronenschale tue ihn dann, wenn es ½ Kilo wäre, mit einer Handvoll geriebenem, mit Mehl vermischtem Weißbrot in eine Schüssel, gieße 60 Gramm zerlassene Butter darüber und verrühre es mit einem Ei, zwei Eidottern, Salz und Muskatnuss, forme kleine Klößchen, wende sie in Mehl um und koche sie in gesalzenem Wasser oder Bouillon.

Anstatt Klößchen kann man aber auch *Würstchen* machen, indem man von einer oder der andern Masse in die feinsten Hammeldärme füllt, solche hierauf in der Länge des kleinen Fingers unterbindet und so aneinander hängend in einer Schüssel mit gesalzenem Wasser aus dem heißen Herde langsam gar macht und erst beim Servieren die einzelnen Würstchen trennt.

7. Muschelklößchen: Man nehme von wie gewöhnlich abgekochten Muscheln (*S. Fische*) etwa ⅜ Kilo und hacke sie fein, rühre 60 Gramm Butter schaumig, gebe zwei ganze Eiere 60 Gramm Weißbrot in Milch geweicht und gut ausgedrückt, Salz, Zitronenschale und Muskatblüte daran, dann die gehackten Muscheln, forme Klößchen und koche sie wie gewöhnlich in gesalzenem Wasser ab. Sie sind vorzüglich in dünn gehaltenen *Erbsen-* und *Linsensuppen*, in die man übrigens auch häufig die bloß abgekochten Muscheln gibt.

Auch füllt man diese Farce wohl in rein gemachte Muschelschalen, streut ein wenig geriebenes Weißbrot darauf, legt ein ganz kleines Bröckchen Butter darüber, macht es im Backofen gar und benutzt es um Ragouts damit zu garnieren.

8. Krebsklößchen: Man rühre 60 Gramm Krebsbutter zu Schaum und nach und nach vier Eier hinein, reibe dann Weißbrot (drei bis vier Brötchen etwa) aus dem Reibeisen und gebe davon so viel in die Butter, dass die Masse sich zu Klößchen formen lasse, so wie Petersilie, eine kleine halbe Zwiebel und etwas Zitronenschale, alles sehr fein gehackt und die ebenfalls sehr fein gehackten Schweife und Scheren von acht abgekochten Krebsen, forme Klößchen und koche sie in gesalzenem Wasser oder noch besser in Bouillon.

9. Kräpfchen: Man bereite und rolle etwas Teig wie Schneidnudeln (*S. Teige*), schneide ihn in viereckige Stücke so groß wie die Handfläche und mache etwas Farce von einem Stück gekochtem oder gebratenem Fisch, den man abhäutet, entgrätet und hackt und wenn es ½ Kilo wäre, so vermischt man ihn mit 60 Gramm Butter, einem geriebenen Weißbrötchen, etwas geriebener Zwiebel, Salz, Pfeffer, englisch Gewürz und zwei Eiern und rührt es recht glatt. Von dieser Farce gebe man dann etwas in die Mitte von jedem Stückchen Teig, lege die eine Spitze desselben hinüber auf die entgegengesetzte, sodass das Ganze ein Dreieck bildet und kneife die beiden Seiten etwas um, sodass die Fülle eingeschlossen ist, tue diese Kräpfchen nun in die kochende Suppe und lasse sie darin kochen, bis der Teig ganz weich und locker ist.

Man kann aber auch sonst eine Fischfarce oder die Masse der *Muschelklößchen* zum Füllen der Kräpfchen gebrauchen.

10. Eierkäse: Man verklopfe in einem hohen Topf vier Eier, tue ein Stückchen Butter, Salz, Muskatblüte und ⅜ Liter gute Bouillon daran, binde den Topf zu und stelle ihn in kochendes Wasser, wo die Masse eine Stunde langsam kochen muss und man sie dann mit einem Löffel in möglichst gleichen Stücken aussticht und in gute Bouillon oder Jus legt.

Oder auf feinere Art, verrühre man das Gelbe von zehn ganz frischen Eiern mit ½ Liter guter, kalter Bouillon und gieße es mehrmals hin und her, damit es sich wohl vermische, würze mit Salz und Muskatnuss, gebe es in eine mit frischer Butter gut ausgestrichene, glatte, flache Form und lasse es in Bain-Marie langsam gar werden. Wenn es dann gestockt und hernach halb kalt ist, so wird es gestürzt und in 3 Zentimeter große Würfel geschnitten, in die Terrine gelegt und die Suppe recht heiß darüber gegossen.

11. Wiener Suppenpfanzel: Man bereite diese in der süddeutschen Küche so sehr beliebten Pfanzel in verschiedenster Art, doch sind die Kartoffel-, Weißbrot- und Mehl-Pfanzel die gewöhnlichsten.

Man reibe zum *Kartoffelpfanzel* tags vorher gekochte Kartoffeln auf dem Reibeisen und nehme davon 180 Gramm; rühre 90 Gramm

Butter zu Schaum, nach und nach drei Eier hinein, dann sechs Esslöffel süßen Rahm, Salz, Muskatnuss, weißen Pfeffer und die Kartoffeln, welche man recht kräftig einrühren muss, zuletzt den steifen Schnee von drei Eiweiß, lasse nun in einer flachen Form oder Pfanne 80 Gramm Butter heiß werden, gieße die Masse daumenhoch hinein und backe sie in einem mäßig heißen Ofen wie einen Auflauf etwa eine halbe Stunde, würze es und schneide es, wenn es etwas abgekühlt ist in nette Stückchen, die man in die Terrine legt und die heiße Suppe darüber gießt.

Zum *Weißbrotpfanzel* schneide man 300 Gramm tags vorher gebackenes Weißbrot in kleine Würfel, verklopfe zwei Eier in einer Tasse süßem Rahm oder guter Milch, gieße dies über das Weißbrot und rühre es damit vorsichtig um, gebe Salz, Muskatnuss und weißen Pfeffer daran und verfahre übrigens wie bei den *Kartoffelpfanzel*.

Mehlpfanzel: Man rühre 120 Gramm Butter mit drei Eigelb recht flaumig ab, gebe dann 60 Gramm feines Mehl, etwas Salz und zuletzt das Weiße von drei Eiern, zu festem Schnee geschlagen, hinzu und backe und benutze es wie die andern Pfanzel, kann den Mehlpfanzel aber auch mit heißer, gezuckerter Milch oder sonst einer passenden, süßen Suppe übergießen.

Einfacher lässt sich der Mehlpfanzel bereiten, indem man 60 Gramm Butter zu Schaum, dann nach und nach drei ganze Eier und hierauf drei bis vier Esslöffel Mehl hinein rührt.

12. Aufgezogenes Weißbrot (Garbüre): Man schneide einige Weißbrötchen zu feinen Scheibchen und röste sie im Backofen hellgelb, bestreiche dann eine tiefe Schale, welche das Feuer erträgt, gut mit frischer Butter, lege das Brot pünktlich hinein und gieße langsam und unter mehrmaligem Absetzen recht kräftige, fette mit grob gestoßenem weißen Pfeffer wohl gewürzte Boullion darüber, sodass das Brot durch und durch gut angefeuchtet ist, denn Brühe darf es durchaus nicht haben, lasse die Garbüre in einem mäßig heißen Ofen eine Stunde backen, oben schöne braune Farbe nehmen und zu klarer Suppe präsentieren.

Sehr gut ist die Garbüre mit einer Beimischung von Kastanien. Man schäle an diesen (drei bis vier auf die Person gerechnet) die braune

Schale ab, tue sie einige Minuten in kochendes Wasser, nehme sie mit einem Schaumlöffel heraus und reibe die innere Schale mit einem Tuch herunter, dämpfe sie dann in einer flachen Kasserolle mit einer ganzen Zwiebel, Salz und guter Bouillon weich und lege immer eine Lage davon zwischen eine Lage Brot, mit Brot schließend.

13. Aufgezogene Makkaroni: Man koche ⅛ Kilo Makkaroni in guter, fetter Bouillon oder auch in Wasser mit einem Stück Butter gar und dick ein und gebe davon eine Lage in eine Schale, darüber eine Lage geriebenen Parmesan- oder Schweizerkäse und so abwechselnd; die letzte Lage muss von Käse sein und man stellt die Schale nun auf eine heiße Stelle des Herdes, dass die Makkaroni recht heiß werden und bräune sie oben, indem man eine glühende Schaufel darüber hält, kann sie aber auch auf einem Dreifuß in den Backofen stellen und reicht sie am besten zu Jussuppe oder mit Eigelb abgezogener Bouillon.

14. Reisring: Man setze ¼ Kilo Reis mit kaltem Wasser zu Feuer und wenn es anfängt zu kochen, so schüttet man das Wasser ab und wieder kaltes Wasser daran und wenn dies kochte, so schüttet man es abermals ab, tut den Reis in einen Seiher und übergießt ihn mit kaltem Wasser, worauf er mit ⅜ Liter Fleischbrühe, 90 Gramm frischer Butter, einigen Scheiben Zwiebel, Salz und sechs weißen Pfefferkörnern weich und dick eingekocht wird. Dann bestreiche man eine glatte Ringform aus Blech oder Kupfer (oben 20 Zentimeter Durchmesser, unten 17 Zentimeter, Öffnung in der Mitte, unten 11, oben 10 Zentimeter) mit frischer Butter, drücke den Reis fest hinein, stelle ihn zehn Minuten in den Backofen, stürze ihn und serviere ihn zu Jussuppe oder sonst kräftiger Suppe.

Man kann den Reis nach dem Aufquellen aber auch bloß in Bouillon oder in Wasser mit einem Stück Butter oder gutem Suppenfett kochen, in den mit Butter bestrichenen Ring fest eindrücken und gleich umstürzen und diese Ringe sind auch sehr dienlich, um Ragout hinein zu füllen oder sie zu Ragouts zu geben.

15. Croutons: Man bereitet sie in verschiedener Weise und gibt sie sowohl in die Suppen als auch zu den Suppen, z.B. die *Käse-Croutons*, und zu süßen Suppen, die mit Zucker *glacierten Croutons* und ebenfalls dienen sie zum *Umlegen von Gemüsen* und zu Butterbrot (*Toasts*).

Die ganz einfachen Croutons werden messerrückendick aus Weißbrot geschnitten und entweder über dem Rost oder auch in einer flachen Pfanne auf beiden Seiten geröstet oder je nach ihrer Verwendung in Butter gebraten. Will man sie recht hübsch haben, so schneide man die Weißbrötchen von oben herunter in tief gekerbten Streifen aus, sodass die nachher davon geschnittenen Scheiben gezackt erscheinen.

Zum Umlegen von *Gemüsen* oder als Beilagen zu solchen legt man die Weißbrotscheiben auf eine flache Schüssel, verklopft ein paar Eier mit Milch oder Rahm, gießt es über die Scheiben, paniert sie hernach mit geriebenem Weißbrot und backt sie in voller Schmelzbutter oder Ausbackfett auf beiden Seiten schön gelb. Oft nimmt man auch zum Umlegen namentlich von Spinat, Endivien und dergleichen nur in Butter gebratene, dreieckig geschnittene Croutons.

Zu den *Käse-Croutons* wird das Weißbrot recht zierlich geschnitten oder auch rund ausgestochen, dann eine Seite in warme Butter getaucht, dick mit geriebenem Parmesan- oder Schweizerkäse bestreute auf ein Blech gelegt und im Backofen goldgelb geröstet oder mit dem glühenden Schäufelchen gebräunt; ähnlich werden die *glacierten Croutons* bereitet, jedoch nicht in Butter getauchte sondern nur stark mit gesiebtem Zucker bestreut und mit dem Schäufelchen glaciert.

Zu den gerösteten englischen Brotschnitten (*Toasts*) haben die Engländer eigene, viereckige Brotlaibchen, welche wenigstens einen Tag alt sein müssen; von denselben wird dann mit einem scharfen Tranchiermesser die untere Kruste weggeschnitten und das Brot selbst zu stark ½ Zentimeter dicken Scheiben geschnitten, eine derselben an die Röstgabel gesteckt und unter öfterem Auf-und Abwenden am Feuer auf beiden Seiten gelbbraun geröstet und so fortgefahrene bis die nötige Zahl der Toasts bereitet ist und so wie eine Scheibe geröstet ist, so wird sie gleich mit Butter bestrichen, die nicht zu hart sein darf, weil sonst das Brot nicht locker bleibt, in passende Stücke geteilt und gleich aufgetragen.

Wo man keine Röstgabel hat, kann man sich zum Rösten des Brotes eines Rostes bedienen, muss dann aber nicht versäumen, es ebenfalls öfters umzuwenden.

III. Vorspeisen

Die kalten vor, die warmen nach der Suppe zu geben

Kalte

1. **Austern:** Die Austern werden zuerst mit einem feuchten, dann mit einem trockenen Tuch von außen recht rein abgeputzt und so kurz wie möglich vor dem Gebrauch rasch und sehr vorsichtig geöffnet, damit kein Wasser verschüttet werde, dann immer ein Dutzend auf einen Teller gestellt und drei bis vier Zitronen-Achtel dazu gelegt, so wie ein Austernmesser, wo solche üblich sind. Da die Austern meistens zu Anfang der Mahlzeiten und vor der Suppe gegeben werden, so stellt man sie gewöhnlich gleich auf die Tafel neben das Couvert und serviert feine weiße Weine als Chablis, Saint-Péran oder Sauterne dazu.

Wir pflegen für zwölf Personen zweihundert Austern zu rechnen und wenn jeder Teller sein Dutzend hat, so werden die übrig gebliebenen auf zwei große Schüsseln gelegt, ebenfalls mit den nötigen Zitronen-Achteln dabei und so noch nachpräsentiert, doch kann man sich natürlich auch mit dem Dutzend begnügen und selbst ein halbes Dutzend soll noch als einigermaßen anständig gelten, aber ich bin der unmaßgeblichen Ansicht, die auch immer in unserm Hause geherrscht hat, dass man solche Delikatessen lieber gar nicht geben soll, wenn man sie nicht reichlich geben kann oder will.

2. **Muscheln:** Man vermische die abgekochten (*S. Fische*), entschalten und erkalteten Muscheln mit einer Mayonnaise-Sauce, besonders mit der Hering-Mayonnaise, und gebe sie entweder in einer Schale oder in Ragoutmuscheln (Coquilles), in welche man die Muscheln gehäuft anrichtet, und die Coquilles über eine achteckig gefaltete Serviette auf eine runde Schüssel stellt.

Hier zu Lande werden meines Wissens keine rohen Muscheln gegessen, die in Frankreich sehr beliebt sind und gerade wie Austern serviert werden und sie sind so sehr wohlschmeckend, wie ich selbst mehrmals versucht habe, doch gibt man dort statt Zitrone auch häufig Verjus dazu, eingekochten Saft von unreifen Weintrauben, der in der französischen Küche sehr geschätzt ist.

3. Kaviar: Hat man den Kaviar in Fässchen bezogene so bringt man ihn im gewöhnlichen Leben auch am besten darin zu Tisch sonst aber in einer Schale stets aber mit gerösteten Weißbrotschnitten und Zitronenvierteln dabei auch wohl noch mit frischer Butter zum Bestreichen der Weißbrotschnitten und je nach Geschmack, Belieben und Vermögen ein Glas Madeira, Rheinwein oder auch sehr feines Bier, welch' letzteres sehr beliebt ist.

In Russland gibt man zum Kaviar anstatt Brot häufig kleine Kuchen (*Blinni*), welche folgendermaßen bereitet werden:

Man tue ½ Kilo Buchweizenmehl in eine Schüssel, mache in die Mitte eine Grube, gebe eine Prise Salz, zwei Esslöffel Branntwein und vier Eier hinein und rühre es zu einem Brei, aus dem man mit Butter in einer flachen Pfanne kleine, dünne Kuchen recht spröde backt und sie unter einer zur Tasche gefalteten Serviette sehr heiß zu dem Kaviar serviert, den man in Russland auch öfters mit fein geschnittenen Zwiebeln und Zitronensaft in einer Schale vermischt.

4. Roher Sander: Man entferne von einem schönen Stückchen recht frischen Sander Haut und Gräten, hacke es, vermische es mit Salz und lasse es eine Stunde stehen, füge dann Öl, Zitronensaft, Pfeffer und Kapern hinzu und serviere wie Kaviar.

5. Sardinen (Sardines á l'huile): Man serviert sie wie bekannt, gewöhnlich ohne Weiteres in ihrer Büchse über eine Serviette gestellt, aber wir und die Mehrzahl unserer Gäste haben besser gefunden, sie in einer Schale nur mit etwas von ihrem Öl und mit Zitronensaft beträufelt zu geben, doch kann man auch, da der Geschmack verschieden, nur Zitrone dazu präsentieren lassen.

6. Neunaugen: Man bekommt sie schon zubereitet, kann sie aber dann auch noch mit Mayonnaise-Sauce vermischen, wo man sie dann aber meistens in Stücke zerschneidet oder als Salat zurichtet. (*S. Salat*).

7. Marinierte Fische: (*S. Fische*), besonders *Heringe*.

8. Gefüllter Aal: (*S. Fische*).

9. Heringsschnitten: Man ziehe gut gewässertem Hering die Haut ab, entgräte ihn und schneide ihn in 8 Zentimeter lange, ganz schmale Streifen, bestreiche dann geröstete Weißbrotschnitten wohl mit frischer Butter, lege fein geschnittene Scheiben von hart gekochten Eiern darauf, streiche Senf darüber und lege zuletzt ein dichtes Gitter von den Heringsstreifen über jede Schnitte.

10. Sardellen-Brötchen: Man reiße ein Dutzend Sardellen der Länge nach auseinander, nehme die Gräten heraus, wasche sie gut, hacke sie sehr fein und vermische sie mit sehr fein geschnittenem Sauerampfer, Petersilie, Raute, Estragon, Pimpinelle, Tripmadam, Thymian, Schnittlauch und Schalotten, stoße beides mit ¼ Kilo frischer Butter in einem Mörser, bis alles gut untereinander ist, und treibe es durch ein Haarsieb Dann schneide man ganz gleiche viereckige Stückchen aus Weißbrot, röste sie auf beiden Seiten über einem Rost, bestreiche sie mit der Butter und bestreue abwechselnd ein Stück mit dem fein gehackten Gelben und ein Stück mit dem fein gehackten Weißen von hart gekochten Eiern und ordne sie dann wie ein Damenbrett auf eine große Schüssel. Größerer Abwechslung wegen kann man zum Bestreuen auch noch gehackte rote Rüben und Kapern nehmen und sie heißen dann *Harlekin-Brötchen*.

Oder einfacher, bestreicht man das geröstete Weißbrot nur mit Sardellenbutter (*S. Verschiedenes*) und bestreut es mit gehacktem Gelb und Weiß von hartgekochten Eiern, Schnittlauch und roten Rüben.

11. Aal-Brötchen: Man schneide Spickaal in feine Streifchen, bestreiche dann geröstete Weißbrotschnitten mit Butter, belege jede der Länge nach mit drei Aalstreifen und zwischen diesen mit einigen Kapern oder ein wenig Kaviar, was man gerade hat, denn für diese Brötchen lassen sich sonst fast unbrauchbare Reste noch gut vernutzen und in ähnlicher Weise Reste von geräuchertem Lachs, Sardinen und dergleichen, und beim Servieren legt man dann Zitronen-Achtel rund herum oder dazwischen, kann die Schnitten auch mit den Streifen überflechten und dazwischen eine Kaper, ein wenig Kaviar oder ein Stückchen Essiggurke legen.

12. Mayonnaise-Brötchen: Man schneide Reste von irgendeinem feinen, gebratenen oder abgekochten Fisch ohne Haut und Gräten in kleine Würfele vermische sie mit Mayonnaise-Sauce und streiche es ziemlich dick über Schnitten von gutem Weißbrot.

13. Garnelen-Brötchen: Man bestreiche Schnitten von frischem Weißbrot mit frischer Butter und belege sie ganz dicht mit geschälten Garnelen.

14. Eier-Brötchen: Man rühre sechs hart gekochte Eidotter mit 15 Gramm Butter, einem Esslöffel feinem Öl, 60 Gramm Ei fein gehackten Sardellen, ein wenig Senf und fein gehackter Petersilie und so viel Kräuteressig, dass es wie eine Creme ist, die man ein paar messerrückendick auf geröstete Weißbrotschnitten streicht.

15. Schnittlauch-Brötchen: Man bestreiche Scheiben von frischem Graubrot oder auch Schwarzbrot mit ungesalzener Butter und bestreue sie dicht mit fein geschnittenem Schnittlauch.

Auch junge, fein gehackte *Gartenkresse* oder *Brunnenkresse* ist passend zu solchen Brötchen, besonders wenn man sie mit etwas Zitronensaft, Zucker und ein wenig Salz angemengt hat.

16. Rettich-Brötchen: Man reibe schwarzen Rettich auf dem Reibeisen, vermische ihn mit Salz und verfahre übrigens wie bei den Schnittlauch-Brötchen, doch kann man auch gesalzene Butter dazu nehmen. Diese Brötchen gelten als sehr gesund und viele Personen nehmen sie daher jeden Tag vor dem Mittagessen.

17. Gefüllte Salzgurken: Man schäle mittelgroße Salzgurken, teile sie der Länge nach durch und entferne mit einem silbernen Löffel das Kerngehäuse. Dann schneide man Hering, Sardellen oder Sardinen zu kleinen Würfelchen oder feinen kurzen Streifchen, fülle die Gurken damit, beträufle die Fülle mit etwas Senf, den man mit Öl und Essig angerührt hat und überlege die Gurken hierauf mit zu Scheiben geschnittenen, hart gekochten Eiern. Hat man Sardinen genommen, wo man Reste einer Büchse gut vernutzen kann, so nimmt man von deren Sauce zum Anrühren des Senfs.

18. Gefüllte Eier: Man koche möglichst große Eier hart, schäle sie und gebe sie zum Erkalten in Salzwasser mit Essig, welches übrigens nicht durchaus nötig ist, schneide sie dann vorsichtig, dass das Weiße nicht leide, der Länge nach auseinander und nehme das Gelbe heraus, verrühre nun Sardellenbutter oder Heringbutter (*S. Verschiedenes*) und nach und nach das Gelbe der Eier hinein, nebst etwas feinem Senf und fein gehacktem Schnittlauch und fülle damit die Eiweißhälften gehäuft an und ordne sie nach Belieben mit kleinen Petersiliensträußchen oder Zweigen dazwischen auf einer flachen Schüssel.

Truthuhneier eignen sich besonders dazu.

19. Truthuhneier: Man koche die Eier hart, je nach ihrer Größe zwölf bis fünfzehn Minuten lang, schäle sie und schneide sie der Länge nach durch, bereite dann nachfolgende Sauce, gieße sie auf eine Schüssel und lege die Eier mit der durchgeschnittenen Seite nach oben darauf.

Zur Sauce treibe man vier hart gekochte ganze Eier (Hühnereier, Gelb und Weiß) durch ein Haarsieb und mische sie mit einem gehäuften Esslöffel Senf, drei Esslöffeln gutem Essig, zwei Esslöffeln Wasser, einem Teelöffel Salz und einer geriebenen Zwiebel wohl durcheinander, füge dann sechs bis acht Esslöffel feines Öl tropfenweise hinzu rühre es glatt, schlage es kräftig und gebe zuletzt einen Teelöffel Zucker und eine Prise weißen Pfeffer daran. Die Sauce muss dick wie eine Mayonnaise sein.

Man kann die Eier aber auch ganz lassen und sie, die Spitze nach oben, aufrecht hinstellen, nachdem man unten ein Stückchen weggeschnitten hat, damit sie fester stehen.

20. Salat: Man kann alle feinen Salate als Vorspeisen geben, man serviert sie dann aber entweder in Ragoutmuscheln (Coquilles) oder in einer flachen Schale.

WARME

1. Muscheln in Coquille: Man bestreiche Ragoutmuscheln (Coquilles) mit frischer Butter, lege in jede einige abgekochte Muscheln (*S. Fische*) und gieße ein wenig Essig und etwas von dem Wasser der Muscheln daran, bestreue sie mit gestoßenem Zwieback, gebe kleine Stückchen Butter darüber und stelle sie einige Minuten in den Backofen.

2. Geräucherter Lachs in Coquilles: Man schneide den abgehäuteten und entgräteten Lachs in kleine Würfelchen und schwinge ihn mit etwas frischer, heißer Butter einige Minuten über dem Feuer, rühre dies nun mit Béchamelsauce an und füge etwas Zitronensaft hinzu, tue es gehäuft in die Muscheln, bestreue es mit geriebenem Brot, träufle Butter darüber und lasse es fünf Minuten lang im Backofen oben Farbe nehmen.

3. Geräucherter Lachs mit Eiern: Man gebe den wie im vorigen Rezepte geschnittenen und geschwungenen Lachs in die mit Sardellenbutter ausgestrichenen Muscheln, schlage dann vorsichtig, dass der Dotter ganz bleibe, ein Ei auf jede Muschel, salze es und setze sie einige Minuten vor dem Anrichten in den Backofen, dass die Eier anziehen, aber ja nicht hart werden und serviere auf der Stelle.
 Ebenso von *Bückingen, Heringen* und *Sardellen*.

4. Fisch in Coquilles: Man zerlege gekochten oder gebratenen Fisch jeder Art, meistens Reste, ohne Haut und Gräten in passende Stückchen, dämpfe dann ein wenig Mehl in einem Stück Butter hellgelb, rühre süßen Rahm daran und koche es eine Weile, gebe nun den Fisch und etwas Kapern dazu, lasse es noch einige Augenblicke kochen und verfahre ferner wie bei Nr.2.

5. Champignons in Coquilles: Man dämpfe die wohl gereinigten und gewaschenen Champignons in Butter mit Zitronensaft und ein wenig Bouillon, schütte sie auf ein Sieb und dämpfe nun in der Brühe fein geschnittene Petersilie und Schalotten weich und kurz ein. Währenddessen werden die Champignons zu feinen Blättchen geschnitten, mit den Kräutern und etwas Salz noch einige Minuten gedämpft und mit der nötigen Béchamelsauce vermischt und übrigens wie Nr. 2 fertig gemacht.

6. Falsche Austern: Man bereitet sie aus Heringsmilchnern, die man über Nacht wässert, mit einem Tuch abtrocknet und aus jedem Milchner drei bis vier den Austern ähnliche Stückchen schneidet. Dann nimmt man so viele wohl gereinigte Austernschalen, als man Stückchen Milchner hat, tut in jede ein Stückchen frische Butter, ein wenig Muskatblüte, klein geschnittene Sardellen, etwas Zitronensaft und eine Prise gestoßenes Weißbrot, legt ein Milchnerstückchen und von allem, was unter dasselbe gelegt worden, auch wieder darüber und noch vier Kapern, stellt die Schalen auf einen Rost, bratet sie langsam und serviert sie mit Zitronenvierteln.

Diese falschen Austern schmecken nun keineswegs auch nur annähernd wie Austern, aber sie sind recht wohlschmeckend.

7. Kaiser-Pastetchen: Man dämpfe ½ Kilo Rindfleisch, ½ Kilo Kalbfleisch und ¼ Kilo Schinken ohne Fett, alles in kleine Stücke geschnitten in ⅛ Kilo Butter gelb, gebe Sellerie, Petersilienwurzel und gelbe Rübe, von jedem zwei Daumen große Stücke, vier Gewürznelken, ein Stückchen Muskatblüte und gute Bouillon daran und koche es, bis das Fleisch weich und die Brühe auf ⅜ Liter eingekocht ist und die man nun durch ein Sieb presst. Dann verklopfe man zwölf Eidotter, gieße die Jus dazu und gebe es durch ein Haarsieb, bestreiche kleine Tassen mit Butter, fülle sie mit der Jus halbvoll und stelle sie in kochendes Wasser mit einem Kohlendeckel darüber, bis sie fest sind und sich stürzen lassen und so wie sie gestürzt sind, bestreue man sie oben mit gehacktem, geräuchertem Lachs und Petersilie und serviere gleich.

8. Römische Pastetchen: Es gehören dazu eigene Formen von gegossenem Messing, etwa 5 Zentimeter hoch, oben 4 Zentimeter breit, unten ein wenig schmäler, damit die Pastetchen gut herausgehen, zwei Messerrücken dick, innen hohl, außen fein gerippt und mit einem Stiel versehen; auch hat man sie in Pilzform.

Man bereitet nun eine etwas dickflüssige Masse, wie zu Pfannkuchen etwa, aus ⅛ Kilo feinem Mehl, zwei Eigelb, einem halben Esslöffel feinstem Öl, etwas Salz und Muskatnuss, rührt sie wohl und gießt, wenn man nur backen will, ein Wasserglas nicht ganz voll damit; die Form wird in heiße Schmelzbutter gehalten und wenn sie gut heiß ist, bis auf 1 Zentimeter vom Rande in die Masse getaucht und so wie diese sich angesetzt hat, gleich wieder in die heiße volle Schmelzbutter gehalten und goldgelb gebacken, von der Form abgenommen und auf Fließpapier gestürzt und wenn alle gebacken sind, so füllt man sie mit einem Klein-Ragout, Nr. 24 oder mit der Krebsfülle Nr. 15 oder mit der Sardellenfülle Nr. 14 und serviert schnell.

9. Gekochte Pastetchen: Man bereite ¼ Kilo Krebsbutter (*S. Verschiedenes*) und bestreiche damit vermittelst eines Pinsels Creme-Tassen oder auch nicht zu große Kaffee-Tassen, dass sie ganz rot aussehen; die dann übrig gebliebene Butter verrührt man mit sechs Eidottern, gibt drei bis vier Weißbrötchen ohne Kruste, in Milch geweicht und gut ausgedrückt dazu und, wenn es wohl untereinander gerührt ist, den Schnee von vier Eiweiß.

Nun macht man ein Klein-Ragout von Fisch (S. Nr. 24), dem man die klein geschnittenen Krebsschweifchen und etwas auch klein geschnittene Morcheln beifügt, füllt hierauf die Tassen mit der gerührten Masse halbvoll, macht in die Mitte eine Höhlung, tut von dem erkalteten Ragout hinein und streicht noch ein wenig von der Masse darüber, setzt die Tassen in kochendes Wasser, einen Deckel mit Kohlen darüber, lässt sie so eine halbe Stunde beständig aber nicht zu stark kochen und stürzt sie um.

Statt Krebsbutter kann man auch gewöhnliche Butter nehmen und statt der dann fehlenden Krebsschweifchen etwas mehr Fisch zum Ragout.

10. Gebackene Pastetchen: Man tue ¼ Kilo Mehl auf das Backbrett und drücke in die Mitte eine Grube, gebe in diese ⅛ Kilo Butter in Stückchen, zwei Eier, eine Messerspitze Salz und eine halbe kleine Obertasse Wasser, mache dies zusammen und verarbeite es rasch zu einem glatten Teig, den man zudeckt und an einem kalten Ort eine Stunde ruhen lässt. Dann wird ein Stück von gebratenem oder gekochtem Fisch ohne Haut und Gräten mit etwas Petersilie, einer kleinen Zwiebel und einem Stückchen Zitronenschale fein gehackt mit einem Stückchen Butter, Salz, geriebener Muskatnuss und einigen Esslöffeln Bouillon oder Jus kurz gedämpft, etwas Zitronensaft daran gepresste gut verrührt und kalt gestellt.

Nun rollt man den Teig messerrückendick aus und besetzt dessen Hälfte mit wallnussgroßen Häufchen von der Farce immer 4 Zentimeter auseinander, bestreicht den Teig zwischen den Häufchen überall mit verklopftem Ei, schlägt die leere Hälfte des Teiges darüber und drückt ihn bei jedem Häufchen mit einem Ausstecher leicht an, wonach man sie mit einem etwas größeren, halbmondförmigen, gezackten Ausstecher aussticht, auf ein mit Mehl leicht bestäubtes Brett legt und aus voller Schmelzbutter rot-gelb ausbackt, dann pyramidenförmig anrichtet, oben drei Pastetchen, zwischen die man ein Sträußchen gebackene Petersilie steckt.

11. Wiener Fasten-Pastetchen (Fasten-Wandeln): Man verrühre 120 Gramm Butter mit ebenso viel geriebenem Weißbrot, gebe sechs Eidotter dazu und hierauf abgekochte Spargelköpfchen, grüne Erbsen und Morcheln wie gewöhnlich zubereitet und die Morcheln in Stückchen geteilt und mische es zu einer nicht zu weichen Masse, belege nun kleine Förmchen mit Blätterteig oder mürbem Teig, fülle sie mit der Masse, mache einen Deckel von Teig darüber, bestreiche sie mit verklopftem Ei und backe sie.

12. Blätterteig-Pastetchen: Man rolle Blätterteig messerrückendick aus und steche ihn mit einem Weinglas zu Blättchen aus, deren immer zwei aufeinander kommen, nachdem das obere noch einmal ausgestochen worden, sodass es einen Ring bildet und das ausgestochene ein Deckelchen; sie werden dann auf ein Backblech gelegte die Deckelchen daneben, beides mit Eigelb bestrichen und gelb schön gebacken, doch muss man, ehe man das obere Blättchen auflegt, das untere, auf den Rand zu, auch mit Eigelb besteichen, welches aber nicht zu nahe an den Rand kommen darf und auch muss man sich beim Bestreichen von Blätterteig hüten, dass nichts an der Seite herunter laufe, sonst geht der Teig da nicht auf. Man fülle die Pastetchen, so wie sie aus dem Ofen kommen, mit einem Klein-Ragout (*S. Nr.24*) oder dergleichen und gebe sie gleich zu Tisch, denn so sind sie am besten, lassen sich aber ungefüllt auch lange bewahren und werden dann aufgewärmt. Die Deckelchen kann man über die Fülle legen oder für sich allein als Garnierung von Ragout oder Spinat; zu letzterem sind auch die Pastetchen eine schöne *Beilage*.

Oder man füllt die Pastetchen mit der Farce wie bei den Pastetchen Nr.10; sticht auch runde Blättchen aus, legt die Hälfte davon auf ein mit Mehl bestreutes Blech, bestreicht sie gegen den Rand hin mit Eigelb, gibt ein haselnussgroßes Stückchen von der Farce darauf, deckt ein anderes Blättchen darüber, drückt es rund herum wohl an und bestreicht es mit Eigelb, macht oben eine kleine Öffnung, backt die Pastetchen in frischer Hitze und trägt sie ganz heiß auf.

13. Sardellenpastetchen: Man lasse 60 Gramm frische Butter mit einem Esslöffel Mehl aufgehen und rühre es mit süßem Rahm zu einer sämigen Sauce, gebe 120 Gramm sehr fein gehackte Sardellen, fein gehackte Zwiebel, Zitronenschale, etwas gestoßenen Zwieback und zwei Eigelb dazu, lasse es zu einer Creme aufkochen und fülle es in Blätterteig-Pastetchen Nr.12.

Es eignet sich diese Creme aber auch sehr, um auf geröstetes Brot gestrichen zu werden.

14. Krebs-Pastetchen: Man belege kleine, mit ungesalzener, zerlassener Butter dünn ausgestrichene Förmchen mit Blätterteig, steche von demselben auch die nötigen Deckelchen aus, fülle die Förmchen nun mit Erbsen und backe sie, so wie die Deckelchen im Backofen, schütte dann die Erbsen aus und hebe die Pastetchen vorsichtig mit einer Gabel aus den Förmchen, fülle sie mit folgendem Ragout, welches recht heiß sein muss und lege die Deckelchen darauf.

Zum Ragout koche man fünfzehn mittelgroße Krebse, breche Schweife und Scheren aus, schäle sie und mache aus sämtlichen Schalen mit 150–180 Gramm Butter, Krebsbutter, verrühre sie, wenn sie erkaltet ist, nach und nach mit vier Eidottern, gebe dann 30 Gramm feinstes Mehl und ½ Liter Rahm daran und rühre es auf dem Feuer zu einer Creme, nehme sie vom Feuer, fahre aber mit dem Rühren fort und füge nun Krebsmassen (*S. Verschiedenes*), welche aus fünfzehn andern Krebsen bereitet werden, so wie die klein geschnittenen Schweife und Scheren, etwas Zucker und Salz hinzu.

Dies vortreffliche Ragout eignet sich auch sehr, um es in die Römischen Pastetchen Nr.8 zu füllen.

15. Karpfenmilchner-Pastetchen: Man nehme die Milchner aus einem oder mehreren Karpfen, je nach Bedarf, blanchiere sie in Salzwasser und schneide sie zu Stücken, in der Grüße einer Auster, hacke nun 60 Gramm gewässerte und ausgegrätete Sardelle, eine Schalotte und ein wenig Petersilie ganz fein, dämpfe dies in einem Stück Butter mit den Milchnern, Salz, Pfeffer, Muskatnuss und dem Saft einer Zitrone und lasse es auf einem Teller erkalten, bereite dann Förmchen wie zu den Krebs-Pastetchen Nr.14, jedoch ohne Deckelchen, bestreiche den Teig inwendig mit verklopftem Ei und tue in jedes Förmchen ein paar Stücke von den Milchnern und etwas Sauce, bestreue sie mit geriebenem Weißbrot, gebe ein kleines Bröckchen Butter darauf backe die Pastetchen schnell und serviere gleich.

Man kann solche Pastetchen auch aus *Hering-Milchnern* zubereiten, die dann aber ein paar Stunden wässern müssen.

16. Fisch-Pastetchen: Man nehme für ein Dutzend Pastetchen ½ Kilo von beliebigem Süßwasser-Fisch, besonders aber Karpfen, ziehe die Haut ab, löse das Fleisch von den Gräten, schneide es in kleine Stückchen und dämpfe es mit ein wenig fein geschnittener Petersilie in einem Stück Butter, nehme es dann mit einem Schaumlöffel heraus und mache in der Sauce aus drei Eiern ein Rührei, tue es zu dem Fisch, nebst einem abgeriebenem in Milch eingeweichten und fest ausgedrückten Weißbrötchen, stoße es zusammen fein im Mörser und rühre es mit drei bis vier Eidotter, Saft einer Zitrone, Salz, Pfeffer und Muskatnuss an und vollende hierauf die Pastetchen, wie Nr.15, kann bei beiden, anstatt Blätterteig, auch *mürben Teig* gebrauchen.

17. Aal-Pastetchen: Man schneide den Aal auf, nehme den Grat heraus und teile den Fisch in Stücke, wovon man die schönsten bei Seite stellt und die andern, etwa die Hälfte, fein hackt, mit gleich viel frischer Butter und eingeweichtem, ausgedrücktem Weißbrot, ein bis zwei Eiern, Salz und Muskatnuss vermischt, im Mörser fein stößt und, wenn es ganz fein sein soll, durch ein Sieb treibt.

Mit dieser Farce nun belegt man die Aalstücke, rollt sie zusammen, umbindet sie mit Faden und kocht sie in weißem Wein mit Gewürz ab, nimmt sie dann aus der Brühe, entfernt die Fäden und wenn sie gut abgelaufen sind, so taucht man sie in verklopftes Eiweiß, wälzt sie in fein geriebenem Weißbrot, brät sie in Butter und richtet sie auf einer flachen Schüssel an mit Petersilie verziert und mit Zitronenvierteln umlegt.

18. Parmesan-Schnitten: Man rühre 60 Gramm sehr frische Butter zu Schaum und nach und nach vier Eigelb hinein, dann 120 Gramm geriebenen Parmesankäse, ein wenig Salz und zuletzt den Schnee von fünf Eiweiß. Nun rollt man Blätterteig zu Strohhalmdicke aus, schneidet ihn zu Blättchen wie eine Spielkarte und bestreicht an der Hälfte der Blättchen den Rand ganz schmal mit ein wenig Eigelb, gibt auf jedes dieser Blättchen einen Esslöffel von der Käsemasse und legt ein unbestrichenes Blättchen darüber, welches man ein wenig dehnt damit es richtig auf das erste passt, drückt die Blättchen da, wo das erste bestrichen ist, ringsum vorsichtig an und bestreicht sie mit verklopftem Ei, wobei man sich in Acht nehmen muss, dass an den Seiten nichts herunter fließe, weil sonst der Teig nicht aufgehen würde. Hierauf bestäubt man ein Backblech mit ein wenig Mehl, legt die Schnitten darauf, stellt das Blech über einen hohen Dreifuß in den gut geheizten Backofen des Kochherdes (Röhre), backt sie etwa fünf und zwanzig Minuten lang zu hochgelber Farbe und gibt sie gleich zu Tisch.

19. Wiener Schnitten (Pofesen): Man schneide aus Weißbrot ohne Kruste runde Scheiben, in der Größe eines Weinglases etwa und immer zwei zusammen gehörig; dann nehme man ein Stück gebratenen oder gekochten Fisch ohne Haut und Gräten ¼ Kilo ungefähr, hacke es, stoße es darauf im Mörser, würze mit Salz, weißem Pfeffer, Muskatnuss, Zitronenschale, Sardellen und Petersilie oder Estragon und vermische es mit etwas Béchamelsauce oder ein paar Eidottern, streiche es durch ein Sieb und bringe es kurze Zeit zu Feuer, dass es nur etwas heiß werde, worauf man es noch mit 30 Gramm Butter legiert und erkalten lässt und nun eins der Weißbrotscheibchen Strohhalmdick mit dieser Farce bestreicht, ein anderes darauf drückt und so fortfährt bis alle gefüllt sind. Dann wendet man sie in verklopftem, gesalzenem Ei um und backt sie in voller Schmelzbutter goldgelb aus, richtet sie gehäuft an und legt ein Sträußchen gebackene Petersilie darauf.

20. Ramequins: Man rühre 105 Gramm frische Butter zu Schaum, dann fünf Eidotter, 45 Gramm Parmesan- und 45 Gramm Schweizerkäse und eine kleine Tasse süßen Rahm hinein, zuletzt den Schnee von acht Eiweiß, fülle die Masse in Papierkapseln und backe sie bei frischer Ofenhitze.

21. Brotkrusten: Man reibe Weißbrötchen an einem Reibeisen etwas ab und schneide sie der Länge nach durch, höhle sie aus, röste sie und fülle sie danach mit Ragout Nr.24 oder der Masse Nr.4 oder auch mit einer kalten Fülle aus klein geschnittenen Fisch-Resten, die man mit etwas grünen Kräutchen, Gewürz, Essig und Öl angemacht hat.

22. Spiegeleier mit Gemüse (à la Jardinière): Man koche *grüne Erbsen* in (wenig) gesalzenem Wasser ab, lasse sie ablaufen und vermische sie rasch mit frischer Butter, in kleinen Stückchen; schneide *Champignons* sehr fein und dämpfe sie in Butter mit etwas fein geschnittener Zwiebel und Zitronensaft; koche kleine *Blumenkohl-Röschen* in gesalzenem Wasser; dies alles darf nicht die mindeste Brühe haben. Dann bereite man die Spiegeleier, lege sie auf eine große, erwärmte Schüssel und mache nun um jedes Ei einen Kranz, abwechselnd von Erbsen, von Champignons und von Blumenkohl und serviere schnell.

23. Schnecken in ihren Häuschen: Man werfe die sehr rein gewaschenen Schnecken (Helix pomatia) in kochendes, stark gesalzenes Wasser, lasse sie eine Stunde kochen und das Wasser dann ablaufen. Die Häuschen sind nun geöffnet und die Schnecken werden mit einer Stricknadel heraus gezogen und folgendermaßen gereinigt: Das schwarze Häutchen oben muss davon, den Ring, der an dem Häutchen um die Schnecke herum geht, schneidet man ab und das Spitzchen vorne weg, wäscht sie dann mehrmals aus lauwarmem Wasser und legt sie zum Abtropfen auf ein Sieb. Die Häuschen werden sehr rein gewaschen und zum Auslaufen auf ein Tuch gestülpt.

Für fünf und zwanzig Schnecken dämpft man einen Esslöffel fein geschnittene Zwiebeln und eben so viel Petersilie in 90 Gramm Butter einige Minuten lang und mischt eine Handvoll geriebenes Weißbrot, 60 Gramm fein gehackte Sardellen oder ein Stückchen Hering, Pfeffer, Salz, Muskatnuss darunter, tut von dieser Fülle etwas in die Häuschen, dann eine Schnecke und darüber wieder Fülle, sodass das Häuschen ganz und etwas erhaben gefüllt ist, streicht es oben glatt und stellt die Häuschen neben einander, die Öffnung nach oben, auf ein Blech, gibt geriebenes Weißbrot darauf und ein wenig zerlassene Butter, setzt sie eine Viertelstunde in den Backofen und richtet sie pyramidenförmig an. Man kann beim Anrichten etwas Zitronensaft in jedes Häuschen drücken oder Zitronenviertel dazu servieren wie zu Austern.

24. Klein-Ragout von Fisch (Salpicon): Man kann dazu die Reste von allen gebratenen oder gekochten Fischen, seien es Süßwasser- oder Seefische benutzen, die man aus Haut und Gräten löst, in kleine Würfel schneidet und mit dicker Béchamel- oder Butter-Sauce vermischt; auch Sardellensauce ist gut dazu und bei Süßwasser-Fisch eine Zutat von klein geschnittenen Krebsschweifchen sehr angenehm. Geräucherter Lachs und Bückinge zum Roh-essen werden roh in die Sauce getan, aber man lässt sie vorher in ein wenig zerlassener Butter aufgehen.

IV. Fische

1. Gebackene Fische im Allgemeinen: Es eignen sich zum Backen fast alle Fische, besonders jedoch Hechte, Karpfen, Schleihen, Barsche, Forellen.

Wenn sie gereinigt und in passende Stücke geschnitten sind, so lege man sie zwischen ein Tuch und presse sie ein wenig mit der Hand, dass sie gut abtrocknen und bestreue sie mit Pfeffer und Salz, stecke jedes Stück an eine Gabel, tauche es in verklopftes Ei und lasse es wohl abtropfen oder bestreiche es mit einem Pinsel und bestreue es nun mit gestoßenem und gesiebtem Weißbrot oder geriebenem, einen Tag altem Weißbrot ohne Kruste, lege die Stücke vorsichtig auf ein Brett und backe sie mit heißer Butter in der Pfanne oder noch besser in voller Schmelzbutter.

Man gibt sie meistens als Beilage zu Gemüse oder zu Salat oder mit einer Essigsauce dabei; auch ist es wohlschmeckend, wenn man beim Anrichten ein haselnussgroßes Stückchen Englische Sardellen- oder Hering-Butter unter jedes Stück legt.

Große Fische müssen gespalten werden, ehe man sie in Stücke teilt.

Man halte darauf, die Fischstücke zu bestreuen, nicht sie im Brote herum zu drehen, wodurch dieses feucht wird und sich nicht mehr schön auflegt.

2. Abgekochte Fische im Allgemeinen: Zum Blaukochen dürfen die Fische nicht geschuppt und nicht viel angerührt werden, weshalb man sie im Wasser oder auf einem nassgemachten Brettchen ausnehmen muss.

Um Fische ganz zu kochen, bedarf man eines Einlegers mit Handgriffen, um den Fisch gut herausnehmen zu können, doch kann man sich in dessen Ermangelung damit helfen, dass man den Fisch über eine Serviette legt, einen Teller darunter stellt und, wenn der Fisch auf seiner Schüssel liegt, die Serviette behutsam unter ihm weg zieht.

Um das Garsein eines Fisches zu erkennen, steche man ihn hinter die Ohren; wenn er dort weiß und nicht mehr blutig ist so ist er fertig.

3. Marinierte Fische im Allgemeinen: Man kann dazu alle Flussfische benutzen: Sie werden, nachdem sie gereinigt und ausgewaschen sind, in dreifingerbreite Stücke geschnitten, in eine Schüssel getan, stark mit Salz bestäubt und durcheinander geschwungen, dann in voller Schmelzbutter gebacken, noch ganz heiß in einen Steintopf gelegt und mit kochendem Weinessig, der gehörig gesalzen und mit einigen Schalotten und Lorbeerblättern gewürzt worden, begossen. Nach dem Erkalten bindet man den Topf zu und stellt ihn in einen Keller oder Eiskeller, wo diese Fische sich Jahr und Tag halten und die Brühe nach und nach wie Sulz wird. Sehr fette Fische, namentlich Aal, werden aber am besten auf dem Rost gebraten, nachdem man die Stücke mit etwas Butter bestrichen hat.

Man gibt die marinierten Fische sowohl vor der Suppe als nach dem Braten oder an Stelle von Braten mit oder ohne pikante Sauce; auch können sie sehr vorteilhaft als Salat oder als Mayonnaise verwendet werden.

4. Gesulzte Fische: Man nehme Fische beliebiger Art, je nach ihrer Grüße, zerschnitten oder ganz gelassen, salze sie und übergieße sie mit heißem Essig, lasse dann weißen Wein, Essig und Wasser, nebst Zitronenscheiben, Zwiebeln, Lorbeerblättern, Thymian, Gewürznelken, Pfefferkörnern und Salz kochend werden, koche die Fische daran gar, lege sie heraus und übergieße sie mit ein paar Löffeln kaltem Essig wodurch sie schöne Farbe bekommen. In die Brühe tue man nun zwei bis drei zerhauene Kalbsfüße und wenn sie ganz weich gekocht sind, so gibt man die Fische auf die zum Auftragen bestimmte Schüssel, gießt die Brühe durch ein Sieb darüber, stellt sie zum Sulzen an einen kühlen Ort und serviert sie mit Essig und Öl, kalter Sauce oder zu Salat, auch zu in der Schale gebratenen Kartoffeln, nebst Salzgurken und Sauce Nr.59. (Sauce à la diable)

5. Bierfische: Man lasse Bier, 1 Liter etwa, mit Zwiebeln, Petersilie, Lorbeerblättern, Zitronenschalen, Pfeffer, englisch Gewürz und Gewürznelken aufkochen, gebe beliebige Fische, die kleinen ganz gelassen, die größeren zerschnitten, hinein, nebst deren aufgefangenem und mit ein wenig Essig verrührtem Blut und fein geriebenem Pfefferkuchen und wenn sie beinahe gar sind, so füge man noch ein Stück Butter hinzu.

Zu Hecht und ihm ähnlichen Fischen ist Weißbier am besten zu Schleihen, Karpfen und dergleichen Braunbier. Das Blut kann man auch weglassen und stattdessen ein wenig Essig und einen Guss roten Wein an die Fische geben und statt Pfefferkuchen geriebenes Weißbrot oder Schwarzbrot.

6. Fische mit Guss: Man kann dazu beliebige, nicht zu kleine Fische nehmen, einen Hecht, Sander, Karpfen, Barsch, Schleihe usw., die man, nachdem sie gereinigt und ausgenommen sind, salzt und hierauf abtrocknet. Dann koche man von 120–150 Gramm feinem Mehl mit ⅓ Liter Milch, Bouillon oder saurem Rahm und zwei Eiern einen ziemlich steifen, glatten Brei und gebe, wenn er ausgekühlt ist, noch ein Ei dazu, bestreiche damit den Fisch, bestreue ihn dick mit geriebenem Parmesan- oder Schweizerkäse und beträufle ihn mit Butter, backe ihn in einem mit Butter ausgestrichenen Geschirr im Backofen, gieße während des Backens hin und wieder ein wenig Milch oder Bouillon *darunter*, damit er nicht anbrenne und serviere ihn mit einer warmen, pikanten Sauce oder mit heißer Sardellenbutter.

7. Fische auf holländische Art (Watervisch): Man nimmt dazu meistens kleine Barsche, deren drei bis vier auf das ½ Kilo gehen und die ganz frisch sein müssen, schuppe sie, mache mit dem Messer unter dem Bauche eine kleine Öffnung und ziehe mit der Spitze des Messers das Eingeweide heraus, ohne den Rogen oder den Milchner, die darin bleiben müssen, mit zu fassen und wasche sie gut ab. Dann schneide man einige Petersilienwurzeln in längliche Stückchen, wasche eine Handvoll Petersilie und pflücke die Blätter ab, setze beides in einer Kasserolle mit vollem Wasser auf und lasse es recht weich kochen, gebe nun die Fische nebst Salz hinein und koche sie etwa fünf Minuten. Es muss dann nicht mehr Wasser daran sein, als dass sie eben bedeckt sind; man richtet das Ganze in einer tiefen Schüssel an und serviert Butterbrötchen aus frischem Weißbrot und sehr frischer Butter dazu.

8. Fische auf indische Art (Curry): Man bereitet ihn, meistens aus schönen Fischresten jeder Art, die man in passende Stücke teilt, in folgender Curry-Sauce nur heiß werden lässt und mit Reis dabei serviert.

Man dämpfe für 1 Kilo Fisch etwa zwei mittelgroße, zu seinen Scheiben geschnittene Zwiebeln in 60 Gramm Butter gelb, füge ein bis zwei Esslöffel Curry-Pulver, welches man in jeder Delikatessen-Handlung bekommt, und einen Esslöffel Mehl hinzu und, wenn dies gut untereinander gerührt ist, ½ Liter Bouillon und vier Esslöffel Rahm, koche es unter stetem Rühren zu einer Creme-artigen Sauce und streiche sie durch ein Haarsieb.

Den dazu gehörigen Reis, ½ Kilo, wasche man zwei Mal, gebe ihn in 2 Liter kochendes Wasser, koche ihn halb weich und schütte ihn auf ein Sieb, bestreiche dann eine Kasserolle gut mit Butter, tue den abgelaufenen Reis hinein, lege den Deckel fest auf und stelle die Kasserolle über einem Dreifuß in einen warmen Ofen, bis der Reis vollkommen weich ist, den man dann aus einen Teller stürzt. Diese in England sehr beliebte Speise wird dort wegen des gewürzigen Curry-Pulvers auch für sehr gesund gehalten.

9. Fische auf französische Art (Matelote): Man bereitet sie gern aus verschiedenen Sorten Fisch zusammen, Karpfen, Aale, Forellen, Hechte, Barsche, kann aber auch nur eine nehmen, besonders Karpfen oder Aal. Die Fische werden gereinigt, in Stücke geschnitten und eine Stunde lang etwas eingesalzen. Dann mache man eine braune Einbrenn (*S. Saucen*), rühre sie mit rotem Wein an, tue ein Lorbeerblatt, ein paar Gewürznelken und einige Pfefferkörner daran und gebe, wenn es aufgekocht hat, die mit einem Tuch abgetrockneten Fischstücke in diese Sauce, worin sie fast schwimmen müssen, nebst zwanzig kleinen, in Butter gelb gedämpften Zwiebelchen und vielleicht etwas Salz. Wenn die Fische gar sind und die Sauce gehörig gebunden ist, so werden geröstete Weißbrotschnitten in eine Schüssel gelegt und

Fische, Zwiebelchen und Sauce darüber angerichtet. Haben die Karpfen Rogen, so muss dieser ja zu den Fischstücken getan werden.

Oder man tue die Fische mit kleinen Zwiebelchen und Champignons, beides in Butter gedämpft, einem Sträußchen Petersilie, zwei Lorbeerblättern, ein wenig Thymian, Pfeffer, Salz und so viel roten oder weißem Wein, dass sie darin schwimmen, in eine Kasserolle bringe sie auf starkes Feuer und wenn sie bald gar sind, so verknete man ein gutes Stück Butter mit ein bis zwei Esslöffeln Mehl, gebe dies in kleinen Stückchen zu dem Fisch und bewege es wohl, damit Butter und Mehl sich mit der Sauce gut verbinden, richte dann an, gieße die Sauce über den Fisch und umlege die Schüssel mit Croutons.

10. Fische auf südfranzösische Art: Man lege große und kleine Fische (erstere zerschnitten), Hechte, Karpfen und dergleichen, nachdem sie gereinigt und ausgenommen sind, in einen unten reichlich mit Salz bestreuten Topf und gebe auf jede Lage Pfeffer, Gewürznelke, Salz und etwas Butter, in kleinen Stückchen und auf die letzte Lage reichlicher Salz als auf die andern. Dann setze man einen passenden Deckel auf den Topf, verklebe ihn fest mit Mehlkleister und stelle ihn in einen Backofen, in welchen eben Brot geschossen wird und worin er so lange bleibt als das Brot.

Die auf diese Art zubereiteten Fische haben einen ganz eigenen Wohlgeschmack und die Gräten sind fast ganz aufgelöst und können mit gegessen werden.

11. Fische auf englische Art: Man nehme etwa 2 Kilo Fische, wenn möglich verschiedener Art, Hecht, Karpfen, Schleihe, Forelle, Aal usw. oder auch nur eine einzige, wo aber der Geschmack nicht so fein ist, reinige sie gut, schneide sie in mittelgroße Stücke von gleicher Größe und tue sie in eine Kasserolle mit einem Esslöffel Salz, einem halben Esslöffel Zucker, einem Teelöffel Pfeffer, vier mittelgroßen, dünngeschnittenen Zwiebeln, ½ Liter gewöhnlichem weißen Wein und ¼ Liter Wasser und lasse es unter öfterm Schütteln der Kasserolle dämpfen, bis die Fische weich sind, vermische dann einen Esslöffel Mehl mit 60 Gramm Butter und gebe dies stückchenweise an die Fische, schüttle die Kasserolle ein wenig, um es mit der Fischbrühe gut zu verbinden und koche es noch einige Minuten, richte die Stücke in Pyramidenform an und gieße die Sauce darüber, welche dicklich sein muss und wäre sie noch zu dünn, so lässt man sie noch etwas einkochen. Da einige Fischsorten schneller gar werden als andere, so muss man diese zuerst herausnehmen und warm stellen, bis die übrigen gar sind.

Auf diese sehr gute und kräftige Art lassen die englischen *Angler* sehr häufig ihre Beute gleich nach dem Fange zubereiten.

12. Fische auf spanische Art: Man bringe den gereinigten und in Stücke geschnittenen Fisch (am besten ist Hecht oder Barsch) in gesalzenem Wasser mit Zwiebeln und Wurzelwerk zu Feuer und wenn er kocht, so schäume man ihn und lösche ihn ein bis zwei Mal mit einem Esslöffel Essig oder auch nur kaltem Wasser ab und tue etwas gestoßenen Pfeffer daran, gebe dann einige Knoblauchzehen in heißes feines Öl, nehme sie aber, so wie sie braun geworden, wieder heraus, lasse nun Mehl in dem Öl braun werden, füge dies nebst gehackter Petersilie zu dem Fisch und richte, wenn es aufgekocht hat, recht heiß an.

Oder man lasse einige Esslöffel feines Öl oder Butter heiß werden und gebe eine Zehe Knoblauch oder etwas fein geschnittene Zwiebel dazu und wenn dies gelb werden will, ein paar schöne Stücke gut gewässerten Stockfisch und etwas Salz und dämpfe es zugedeckt eine Weile, tue dann einige geschälte und in Stücke geteilte Tomaten hinein und koche es so lange, bis die Tomaten dicklich werden. Dann mische man ½ Kilo ausgelesenen und gewaschenen Reis und das nötige Wasser darunter und lasse es an der Seite des Feuers langsam aufkochen, wonach man noch etwas gestoßenen Safran, Pfeffer und Gewürznelken hinzufügt, dabei aber in dem Reis so wenig wie möglich rührt; er darf, wenn die Speise fertig ist, keine Brühe haben und nicht verkocht sein. Recht national kommt sie in der Kasserolle auf den Tisch mit Zitronen dazu, von deren Saft man nach Belieben darüber presst.

Man kann auch frische Fische so bereiten, muss diese dann aber erst in Butter anbraten; die Tomaten werden im Öl gedämpft, hierauf Reis und Wasser daran getan und, wenn der Reis zu kochen beginnt, der Fisch.

13. Fisch in Sauce: Man zupfe abgekochten Fisch jeder Art (meist schöne Reste) in nicht zu kleine Stücke, lasse sie in recht heißer Béchamelsauce recht heiß werden (am besten im Bain-Marie) und richte sie in einem Blätterteig-Rande oder in einem Reisring (*S. 2. Abschnitt*) an.

14. Fisch in Mayonnaise: Kalter, abgekochter Fisch, auch so ziemlich von jeder feineren Art, wird in passende Stücke zerlegt und zierlich in einer Schüssel aufgehäuft, dann mit irgendeinem gut angemachten Salat und zu Viertel geschnittenen, hart gekochten Eiern umlegt und der Fisch mit Mayonnaise-Sauce übergossen.

Auch hierzu können schöne Reste benutzt werden und selbst von gebratenem Fisch, wenn man die Haut entfernt.

15. Abgekochter Salm (Lachs) mit Kartoffeln: Man schneide schöne Scheiben davon, wasche sie schnell in frischem Wasser, lege sie in ein passendes Geschirr und übergieße sie entweder mit kochendem Salzwasser oder mit Fischbrühe Nr.125, decke gut zu und lasse sie an der Seite des Feuers ungefähr eine Viertelstunde lang ziehen, kann ihn aber auch fünf Minuten lang kochen lassen, ehe man ihn an die Seite stellt. Man gibt ihn dann recht heiß mit abgekochten Kartoffeln und einer holländischen Sauce oder Buttersauce mit Kapern oder auch nur zerlassener Butter; besonders gut ist Hummersauce.

16. Abgekochter Salm (Lachs), kalt zu geben: Man bereite ihn wie den vorigen, nur jedenfalls in der Fischbrühe, in der er sich auch mehrere Tage hält und Reste immer wieder hinein gelegt werden können und gebe ihn einfach mit Essig, Öl und Senf oder mit einer kalten Sauce, bisweilen auch Salat dabei.

Sehr hübsch macht es sich, wenn man die Scheiben mit feinen Streifen aus gehacktem weißen und roten Aspik belegt und kann dann auch einen Kranz von Aspik um die Schüssel legen oder man lege die Salm-Scheiben über eine etwas feste Mayonnaise-Sauce und bestreue das Ganze dann mit Kapern.

17. Salm (Lachs) in Mayonnaise: Man zerlege abgekochten, kalten Salm in schöne Stückchen mariniere sie einige Stunden mit feinstem

Öl, Zitronensaft, Salz und grob gestoßenem Pfeffer, gebe sie dann Lagenweise mit Mayonnaise-Sauce dazwischen auf eine Schüssel und umgebe sie mit einem Kranz von feinem Salat.

18. Geräucherter Lachs: Man ziehe ihm die Haut ab, schneide ihn mit einem breiten, recht scharfen Messer in dünne Scheiben und lege ihn zierlich auf eine längliche Schüssel, garniere ihn mit Petersilie und gebe ihn als Beilage, als Vorspeise und zu Butterbrot.

19. Lachs-Forelle: Man behandle sie gleich dem Salm und gebe sie warm oder kalt gleich diesem. Wollte man einen ganzen Fisch kochen, so muss man ihn unter dem Kopfe und unter der mittleren Bauchflosse aufschneiden und mit der Hand das ganze Eingeweide heraus ziehen, sodass an der Gestalt des Fisches keine Veränderung sichtbar wird und den Kopf mit Bindfaden überbinden, um im Kochen gute Form zu behalten.

Soll die Lachs-Forelle kalt gegeben werden, so kocht man sie meistens blau ab; sie wird dann nicht geschuppt und beim Ausnehmen auf ein nasses Brettchen gelegt, hierauf in eine Fisch-Kasserolle mit Einleger (in dessen Ermangelung siehe Nr.2) getan, mit kochendem Essig übergossen und zugedeckt, nach einer Weile die kochende Fischbrühe Nr.125 nachgegossen und der Fisch langsam darin gekocht, denn der ganze Fisch bedarf natürlich mehr des Kochens als der zu Scheiben geschnittene. Ist er nachher kalt geworden, so umlege man ihn mit Petersilie und gebe Essig und Öl oder eine kalte Sauce dazu.

20. Lachs-Forelle mit Brunnenkresse und Krebsen: Man lege eine schöne, große, blau abgekochte und erkaltete Lachs-Forelle auf eine lange Schüssel, umgebe sie mit einem rollen Kranze von Brunnenkresse-Salat und stelle über diesen hin und wieder etwas schräg und gegen den Fisch gestemmt, einige recht schöne, rote, gleich große Krebse, den Schweif nach außen und serviere eine Mayonnaise-Sauce dazu. Es ist gut, wenn man den Fisch etwas hoch legt, auf ein Brettchen oder ähnliches, damit er von dem Salat nicht zu sehr verdeckt werde.

Statt Lachs-Forelle kann man auch einen schönen *Karpfen* nehmen.

21. Maräne: Man bereite die Maränen, welche sehr gute feine Fische sind (besonders die Madüe-Maräne aus dem Madüe-See in Pommern), wie *Forellen*.

22. Abgekochter Sander (Schill): Man schuppe einen schönen Sander, nehme ihn aus, stutze die Flossen und salze ihn einige Stunden lang ein, indem man ihn mit Salz bestreut oder in starkes Salzwasser legt, denn dieser feine Fisch ist so zart, dass er sich sonst leicht verkocht. Eine Stunde vor dem Anrichten stellt man ihn dann in gesalzenem Wasser mit etwas Milch kalt über das Feuer, nimmt ihn, wenn er kochen will, davon und richtet ihn auf einer langen Schüssel an, wo man ihn mit abgekochten Kartoffeln bekränzen oder solche, nebst einer holländischen Sauce oder zerlassener Butter, dazu reichen lassen kann und nach alter Sitte, steckt man ihm die Leber und ein Sträußchen Petersilie in den Rachen.

Oder man bringt ihn bloß mit reichlich kaltem Wasser und dem gehörigen Salz zu Feuer, schäumt ihn, sobald er zu stechen anfängt, ab, lässt ihn völlig gar werden und gebe zerlassene oder braune Butter, gehackte Petersilie und gehacktes Gelb und Weiß von hart gekochten Eiern dazu, im Kranze auf einen Teller gelegt, zuerst in der Mitte einen Kranz von Gelb, dann von Weiß und den Schlusskranz von Petersilie. Auch roher, geriebener Meerrettich ist gut dazu und heiße Sardellenbutter.

Kleinere Sander werden zu dreifingerbreiten Stücken geschnitten, ebenso abgekocht und nach dem Anrichten mit in Butter geröstetem Weißbrot und brauner Butter übergossen oder geriebener Meerrettich und braune Butter dazu gereicht.

23. Gedämpfte Sander: Man lasse 120–180 Gramm frische Butter schmelzen, drücke den Saft von ein bis zwei Zitronen hinein und dämpfe den in Stücke geschnittenen und gesalzenen Fisch mit Bouillon und ein wenig weißem Wein darin.

Es können aber auch die Rezepte für *Hecht* und *Barsch* für Sander dienen.

24. Blau abgekochte Forelle: Die Forellen, welche ganz frisch und eben vor dem Abkochen getötet sein müssen, werden im Wasser ausgenommen, vorsichtig, dass der Schleim nicht abgehe, ausgewaschen und in kaltes Wasser gelegt. Unterdessen bereitet man die Fischbrühe Nr. 125, setzt die Kasserolle ab und gibt die Forellen hinein, welche sich dann augenblicklich blau färben, deckt sie mit Papier zu und lässt sie an der Seite des Feuers eine Viertelstunde langsam ziehen, ohne zu kochen und serviere sie warm oder kalt, wenn warm, mit einer holländischen Sauce und Essig und Öl zur Auswahl oder mit in Salzwasser abgekochten Kartoffeln und einem Stück frischer Butter, wenn kalt, mit Essig und Öl.

25. Gespiegelte Forellen: Man lege die blau abgekochten, völlig erkalteten Forellen neben einander auf eine flache Schüssel und begieße sie nach und nach immer mit etwas abgekühltem, aber noch gut flüssigem Aspik, bis sich wie ein Spiegel über den Fischen gebildet hat, garniere sie, wenn der Aspik ganz fest geworden ist, mit Petersilie und gebe eine kalte, pikante Sauce dazu.

26. Gebackene Forellen: Man nehme dazu die kleinsten Forellen und wenn sie recht rein geschuppt, ausgenommen und gewaschen sind, so werden sie auf beiden Seiten messerrückentief eingeschnitten, gesalzen und eine halbe Stunde lang an einen kalten Ort gestellt, dann in einem Tuch abgetrocknet, in Mehl umgewendet und mit verklopftem Ei und geriebenem Weißbrot paniert. Eine Viertelstunde vor dem Anrichten backt man sie in voller Schmelzbutter hellbraun, richtet sie gehäuft, der Länge nach, auf einer langen Schüssel an, umlegt sie mit gebackener Petersilie und serviert sie recht heiß mit zu Viertel geschnittenen Zitronen dabei.

27. Marinierte Forellen: Man nimmt auch hierzu gern kleine Forellen, die man reinigt, ausnimmt, wäscht, salzt und so eine Stunde stehen lässt, dann hat man Wasser mit Essig stark gesäuert und mit Schalotten oder Zwiebeln, Zitronenschalen, einigen Lorbeerblättern, reichlich weißen Pfefferkörnern und dem nötigen Salz eine Viertelstunde lang gekocht, gebe die, mit einem Tuch abgetrockneten Forellen hinein und lasse sie langsam gar werden, lege sie zum Erkalten auf eine Schüssel, hiernach in den dazu bestimmten Topf, gieße die ebenfalls erkaltete Brühe, die sie bedecken muss, darüber und binde den Topf zu.

28. Abgekochter Hecht: Man kann den geschuppten, ausgenommenen und gewaschenen Hecht entweder krümmen, sodass er den Schweif in den Rachen bekommt, oder auch in seiner Länge lassen, tue ihn dann in kochendes, gut gesalzenes Wasser, setze ihn aber, so wie dies wieder kocht, ab, lasse ihn an der Seite des Herdes langsam gar werden und gebe ihn mit geschälten, in Salzwasser abgekochten Kartoffeln und zerlassener Butter oder mit seiner Buttersauce.

29. Gebratener Hecht: Man ziehe einem schönen, großen Hecht die Haut ab, spicke ihn, über den Rücken hin, ganz fein mit Sardellen wie man sonst mit Speck spickt und krümme ihn, alsdann so, dass er den Schweif in den Rachen bekommt, bestreue ihn mit fein gestoßenem und gesiebtem Weißbrot, lasse reichlich Butter in einer Kasserolle heiß werden und lege den Fisch nebst ein paar Zitronenscheiben auf den Bauch hinein, begieße ihn stetig mit der Butter, tue zuletzt sauren Rahm und Kapern daran und richte ihn, mit seiner Sauce umgeben, an.

Kann man ihn an Fleischtagen mit *Speck* spicken, so wird diese sehr gute Zubereitung noch besser.

Man kann den Hecht, statt ihn zu krümmen, aber auch in seiner ganzen Länge lassen und ihm beim Servieren seine fünf Minuten in Wasser abgekochte Leber und ein Sträußchen Petersilie ins Maul geben.

30. Angeschlagener Hecht: Man löse das Fleisch eines schönen Hechtes, vom Rücken aus, mit Vorsicht ab, dass das Gerippe ganz bleibe, lasse aber Kopf und Schweif daran, lege es in eine irdene Pfanne und salze es etwas ein. Das Fleisch wird rein entgrätet, welches man sich erleichtert, indem man es eben in kochendes Wasser wirft, dann fein gehackt, mit einem guten Stück Butter, zwei Eiern, geriebenem Weißbrot, Muskatblüte und Salz zur Farce gemacht und diese, nach der natürlichen Gestalt des Fisches, an das Gerippe gestrichen und wenn es recht glatt ist, mit einem Teelöffel Schuppenartig ein wenig eingedrückt, mit fein gestoßenem Zwieback bestreut, mit zerlassener Butter beträufelt, in einer mit Butter bestrichenen, langen Kasserolle gebacken und mit einer Sardellen- oder Kapernsauce serviert.

31. Hecht mit Petersilienbutter: Man stecke einem hübschen, etwa 2 Kilo schweren Hechte den Schweif in den Rachen, sodass er einen Ring bildet, lege ihn dann in eine Kasserolle, gieße gesalzenes Wasser darüber, bringe ihn damit zu Feuer und ziehe ihn, so wie das Wasser kocht, zurück, richte ihn dann in einer runden Schüssel an, gebe in die Mitte rund geschälte, in Salzwasser abgekochte Kartoffeln und übergieße das Ganze mit fein geschnittener, in heißer Butter eben aufgekochter Petersilie.

32. Hecht auf italienische Art: Man reinige einen schönen Hecht, nehme die Rückgräte heraus, schneide ihn zu drei Querfinger breiten Stücken und salze sie. Für 2 Kilo Fisch lässt man dann 60–90 Gramm Butter in einer Kasserolle zergehen, gibt eine Handvoll fein geschnittene Zwiebeln hinein, dämpft die Hechtstücke darin gar und nimmt sie heraus, in der zurückgebliebenen Butter rührt man einen Esslöffel feines Mehl gelb, gießt unter beständigem Rühren ¾ Liter dicken sauren Rahm daran und diese Sauce nun in eine tiefe Schüssel, wendet die Hechtstücke in fein geriebenem Parmesan- oder Schweizerkäse um, legt sie in die Schüssel, streut noch eine Handvoll Käse darüber und backt es im Backofen lichtbraun.

33. Hecht auf französische Art (En Pot-au-feu): Man nehme dazu gelbe Rüben, Petersilienwurzeln und Sellerie, schneide sie zu runden Scheiben oder länglichen Stücken, dämpfe sie eine Viertelstunde in einem Stück Butter und koche sie mit Bouillon gar gebe alsdann den gereinigten, gesalzenen und zu Stücken geschnittenen Hecht mit Salz und Muskatnuss hinein und lasse ihn darin gar kochen, dämpfe nun eine Handvoll Petersilie in Butter, rühre etwas Mehl daran und hierauf etwas von der Fischbrühe, gieße dies durch ein Sieb zu dem Fisch und den Wurzeln und wenn es durchgekocht hat, so richtet man die Hechtstücke gehäuft an, die Wurzeln zierlich rund herum und serviert geschmolzene Butter und Senf dazu.

34. Hecht auf flamändische Art: Man entgräte den abgehäuteten Hecht, der aber nicht unter 2 Kilo schwer sein darf, weil er sich sonst nicht gut entgrätet, schneide ihn in Stücke, die vier Querfinger lang, zwei Querfinger breit und einen halben Querfinger dick sind und lege diese Schnitten in eine passende Kasserolle, bestäube sie mit feinem Salz und grob gestoßenem weißem Pfeffer und begieße sie mit zwei Esslöffeln Petersilie, eben so viel Kerbel, einem Löffel Estragon und zwei Löffeln Champignons, alles sehr fein geschnitten und zusammen in ⅜ Kilo Butter angedämpft, bringe die Kasserolle nun mit einem Kohlendeckel darüber zu Feuer, dämpfe die Schnitten etwa eine halbe Stunde und gebe in gesalzenem Wasser abgekochte Kartoffeln dazu.

35. Hecht auf englische Art: Man koche den in schöne Stücke geschnittenen Hecht in kochendem Salzwasser mit Zwiebeln, Lorbeerblätter, Pfefferkörnern, einem Stück Butter und etwas Essig, richte dann rasch an, überstreue ihn mit geriebenem Meerrettich und reiche braune Butter dazu.

36. Hecht auf russische Art: Man gebe den in schöne Stücke zerschnittenen Fisch mit Zwiebeln, Salz und Pfefferkörnern in kochendes Wasser und lasse ihn, wenn er gar ist, darin erkalten. Dann zerhacke man Kaviar recht fein, verrühre ihn mit gestoßenem Pfeffer, Zitronensaft und feinem Öl, lege den wohl abgetropften Fisch in eine Schale und gieße die Sauce darüber.

Oder man schneide in Salzwasser abgekochten, abgehäuteten und ausgegräteten Hecht in Stücke, lege sie auf eine Schüssel und gebe eine Remoulade-Sauce darüber, bestreiche dann geröstete Weißbrotschnitten mit frischer Butter, belege sie dick mit Kaviar und garniere den Hecht damit.

37. Schüssel-Hecht: Man zerpflücke in Salzwasser abgekochten Hecht oder auch *Reste* in Stückchen, stelle sie in einer Schüssel mit Butter, gehackter Petersilie und Zitronensaft in den Backofen, lasse ihn dünsten und gebe beim Auftragen einige Esslöffel geriebenes, in Butter geröstetes Weißbrot darüber, kann auch klein geschnittenen

Hering zwischen den Hecht streuen und etwas weißen Wein daran gießen.

38. Salzhecht: Man reibe den Hecht stark mit Salz ein und lasse ihn so drei Tage liegen, wässere ihn dann eine Weile und schuppe und koche ihn wie frischen Hecht, jedoch ohne Salz und gebe ihn mit frisch abgekochten Kartoffeln und brauner Butter oder einer Senfsauce oder zu Teltower Rüben.

Diese Art ist zu empfehlen, wenn man Hechte hat, die sich nicht halten wollen und doch nicht gleich vernutzt werden können.

Es kommt aber auch *Salzhecht* in *Fässchen* eingelegt in den Handel, der ebenso behandelt wird, aber auch in jeder Weise wie *Laberdan* gegeben werden kann.

39. Blau abgekochter Karpfen: Man bereitet auf diese Weise nur sehr schöne große Karpfen, macht einen solchen, ohne ihn zu schuppen, im Wasser auf, nimmt ihn aus und wascht ihn nur von innen rein, wobei man sehr Acht geben muss, dass der äußere Schleim nicht abgewischt werde, weil davon das blau Kochen abhängt. Der Kopf wird mit Bindfaden überbunden, dass er seine Form behalte, der Fisch in eine passende Kasserolle gelegt, mit ¼ Liter kochendem Essig und danach mit der Fischbrühe Nr. 125 übergossen und so langsam eine Stunde gekocht, dann über eine gebrochene Serviette, auf eine große Schüssel angerichtet, außen herum mit Petersiliensträußchen garniert und mit einer Buttersauce, wozu man von der gut abgefetteten Fischbrühe verwendet, zur Tafel gegeben und noch Essig und Öl dazu serviert.

40. Abgekochter Karpfen, kalt zu geben: Man lege den-; Karpfen, nachdem er geschuppt, ausgenommen, rein gewaschen und eine Stunde lang eingesalzen war, in eine Kasserolle, gieße ½ Liter weißen Wein oder Weißbier darüber, füge etwas Gewürz, Estragon, Petersilie und 90 Gramm Butter hinzu, kocht ihn unter fleißigem Begießen langsam gar und lasse ihn erkalten, gieße nun irgendeine pikante kalte Sauce in eine Schüssel, gebe den Karpfen darauf und umlege ihn mit Petersilie und hartgekochten Eiern oder mit Salat.

41. Gefüllte Karpfen: Man salze einen schönen, wohl gereinigten Karpfen und bereite folgende Fülle: ein paar Weißbrötchen werden gerieben und mit dem gehackten Milchner oder Rogen des Fisches in Butter geröstet; dazu gibt man dann zwei ganze Eier, etwas fein geschnittene Zitronenschale und ein wenig Salz, füllt den Fisch damit, näht ihn zu und wickelt ihn in Lorbeerblätter, Salbei, und Rosmarin ein, legt ihn in eine Brat-Kasserolle, begießt ihn stark mit Butter, bratet ihn eine halbe Stunde im Backofen, nimmt die Kräuter ab und serviert.

42. Karpfen auf polnische Art: Man kann ihn nach Belieben schuppen oder ungeschuppt lassen und wenn er ausgenommen, gewaschen und in Stücke zerteilt ist, so legt man ihn in ein Geschirr und gießt ein Glas Essig darüber. Dann schneidet man drei gelbe Rüben, drei Selleriewurzeln und die Schale einer Zitrone klein und ein paar Zwiebeln in feine Scheiben, tue dies zusammen mit einem Lorbeerblatt in eine Kasserolle, gieße eine halbe Flasche weißen Wein und halb so viel Fleischbrühe daran und koche es so lange, bis die Wurzeln weich sind, rührt nun einen Esslöffel Mehl mit dem über den Fisch gegossenen Essig an, gibt den Fisch in eine Kasserolle, das Mehl, Salz und Muskatnuss darüber und schneidet ½ Kilo Butter darauf, fügt die gekochten Wurzeln und ihre Brühe hinzu und lässt das Ganze noch eine Viertelstunde auf mäßigem Feuer kochen, wobei man, wenn nötig, der Sauce noch etwas Fleischbrühe zusetzt.

43. Karpfen auf russische Art: Man salze einen mittelgroßen Karpfen, bestreue ihn mit Mehl und koche ihn, mit einem Stück Butter, in weißem Wein gar, lege ihn dann über eine Unterlage von Sauerkraut und umgebe ihn mit glacierten Zwiebeln.

44. Karpfen auf böhmische Art: Man röste für einen 2 Kilo schweren Karpfen drei Esslöffel Mehl in ¼ Kilo Butter sehr langsam hochbraun, rühre es mit 6 Liter starkem Bier und einem starken Glas Weinessig an, gebe drei Zwiebeln, zwei gelbe Rüben, zwei Petersilienwurzeln, einen Kopf Sellerie, vier Lorbeerblätter, Thymian, ein Viertelgliedchen Knoblauch, die Schale einer Zitrone, Salz, Pfeffer, Muskatblüte, einige Gewürznelken, etwas Zimt, einen Schöpflöffel weißen und einen

Schöpflöffel schwarz gebrannten Honig dazu und lasse dies anderthalb Stunden kochen, tue dann den zu schönen Stücken geschnittenen Karpfen hinein, koche ihn über mittelstarkem Feuer, etwa anderthalb Stunden und lege ihn, wenn er etwas abgekühlt ist, in eine andere Kasserolle. Die Sauce presse man durch ein Haarsieb, koche sie über starkem Feuer auf ¾ Liter ein, füge noch Zitronensaft und grob gestoßenen, weißen Pfeffer hinzu und gieße sie so, vom Löffel spinnend, schwarz, glänzend und süßlich pikant, über den angerichteten Karpfen.

Anstatt Honig und Mehl kann man auch geriebenen Pfefferkuchen mit dem Bier einkochen.

Dieses nationale böhmische Gericht ist kalt ebenso wohlschmeckend als warm.

45. Karpfen auf norddeutsche Art: Man nehme den nicht geschuppten Karpfen sehr vorsichtig aus (*S. Blau abgekochten Karpfen*), schneide ihn zu schönen Stücken, übergieße ihn mit ¼ Liter kochendem Essig und koche ihn in der Fischbrühe, Nr. 125, langsam gar, richte ihn rasch und gehäuft an und bringe ihn so heiß wie möglich zu Tisch, nebst geriebenem rohen Meerrettich, zerlassener Butter und roh geschälten, in Salzwasser abgekochten Kartoffeln.

46. Bier-Karpfen: Man schuppe die Karpfen, spalte sie der Länge nach und schneide beide Hälften in handgroße Stücke das Eingeweide, von dem Galle und Darm vorsichtig entfernt worden (das Übrige bleibt beisammen), sowie Blut und Rogen, wird gesalzen und bis zum Kochen stehen gelassen, doch muss dies, das Kochen nämlich, denselben Tag geschehen. Man setzt es dann mit Bier, einem Esslöffel Butter, englisch Gewürz, großer, mit Gewürznelken besteckter Zwiebel, Selleriewurzeln und dem Fisch zu Feuer, lasse alles zusammen etwa eine halbe Stunde stark kochen und füge zuletzt ziemlich viel Zucker und so viel geriebenen Pfefferkuchen hinzu, dass es eine gebundene Sauce wird.

47. Karpfen mit Gurken-Salat: Man backe den Karpfen nach Nr. 1 und serviere ihn recht heiß, mit Gurken-Salat dabei, der überhaupt zu allen Sorten von gebackenem Fisch sehr zu empfehlen ist und zwar besonders zu den fetten Fischen, so auch zu gebratenem *Aal*.

48. Böhmische Karpfen-Kuchen: Man gieße in eine passende, glatte, runde Form, halb Querfinger hoch, Aspik ein, lege, wenn dies gesalzt ist, den auf böhmische Art bereiteten Karpfen, Nr.44, oder auch schöne Reste, nebst seiner Sauce, so ein, dass an den Seiten und auch von oben, ein halb Querfinger hoher Raum bleibt, den man mit Aspik ausfüllt und, wenn es fest geworden ist, diesen sehr guten und schönen Kuchen umstürzt.

49. Abgekochter Aal auf niederrheinische Art: Man biege ihn rund wie den Hecht mit Petersilienbutter, salze ihn etwas, koche ihn in gesalzenem Wasser ab und gebe ihn sehr heiß mit abgekochten Kartoffeln und geschmolzener Butter.

Diese Art ist, glaube ich, wenig bekannt, aber sehr gut und auch gar nicht so mächtig, als man vielleicht glauben sollte.

50. Grüner Aal: Man koche den, zu Stücken geschnittenen Aal in starkem Salzwasser ab, bestreue ihn mit grob gestoßenem weißen Pfeffer und recht viel gehackter Petersilie und umlege ihn mit Zitronenvierteln oder gebe feinen Essig dazu.

51. Abgekochter Aal, kalt zu geben: Man schneide den Aal in hübsche und recht gleiche Stücke, salze ihn und übergieße ihn mit heißem Essig, gebe ihn dann in eine kochende Brühe von weißem Wein, Essig, Wasser, nebst Zitronenscheiben, Zwiebel, Thymian, Lorbeerblatt, Gewürznelken, Pfefferkörnern und Salz und koche ihn gar, nehme ihn alsdann heraus und gieße ein paar Esslöffel kalten Essig darüber wodurch er eine schöne Bläue erhält.

Oder einfacher, koche man den ebenfalls in Stücke geschnittenen Aal, in halb Essig, halb Wasser, mit Salz, Lorbeerblättern, Zitronenscheiben, Schalotten, Pfefferkörnern und Gewürznelken langsam, etwa eine Viertelstunde.

Beide Arten halten sich in ihrer Brühe bewahrt über acht Tage und werden mit *Essig* und *Öl*, mit *pikanter Sauce*, zu *Salat*, als *Mayonnaise* oder in *Aspik* gegeben.

Man kann ihn aber auch ganz abkochen, wo dann Kopf und Schweif daran bleiben; man macht in den ganzen Aal kleine Schnitte, legt ihn rund, befestigt Kopf und Schweif, durch Bindfaden an einander und kocht ihn, in Art der vorhergehenden. Er gibt so eine hübsche Schüssel, wenn man ihn über einer Mayonnaise-Sauce anrichtet und in die Mitte Salat häuft.

52. Gebratener Aal mit Salbei: Man schneide den Aal in zwei Querfinger breite Stücke, reibe sie von innen und außen mit Salz und weißem Pfeffer ein, wickele sie in große, ganz trockene Salbeiblätter und umbinde sie mit Faden. Dann mache man reichlich Butter in einer flachen Pfanne (Kuchenpfanne) heiß und brate den Aal auf beiden Seiten rasch darin ab, wozu gewöhnlich eine Viertelstunde genügt, nehme die Fäden noch in der Pfanne ab, damit der Fisch nicht dadurch erkalte, lasse den Salbei aber darum, richte möglichst rasch an und serviere mit Zitronenvierteln dabei oder man entferne den Salbei und umlege den Aal mit sogenannten *Mäuslein*, einer, auch als selbstständiges Backwerk, sehr beliebten Schweizer Speise.

Um die *Mäuslein* zu bereiten, nehme man recht schöne, große, frische Salbeiblätter mit möglichst langen Stielen, tauche sie in gebrühten Teig oder in Backteig, backe sie schnell in voller Schmelzbutter und lege sie im Kranze um den gehäuft angerichteten Aal und außen herum die Zitronenviertel.

Der gebratene Aal ist aber auch eine sehr gute Beilage zu Sauerkraut, Rotkraut, Teltower Rüben, jungen Gemüsen und Kartoffel-, Kastanien- oder Reis-Püree, dann natürlich ohne Zitronen und auch pflegt man wohl den Salbei abzunehmen, je nach Geschmack.

53. Gebratener Aal mit Polenta: Man gebe, unter beständigem Rühren, 1¼ Liter kochendes, gut gesalzenes Wasser ½ Kilo Maismehl und rühre es über starkem Feuer, bis es ganz dick ist, etwa eine halbe Stunde, steche nun mit einem Löffel kleine Klöße heraus, lege sie in eine Schale, bestreue sie mit geriebenen Parmesankäse und übergieße sie im Moment des Servierens mit 180 Gramm zerlassener Butter; in der Mitte hat man einen leeren Raum gelassen und füllt ihn mit in Salbei gewickeltem und in Butter gebratenem Aal (*S. voriges Rezept*).

54. Gefüllter Aal mit Blätterteig: Man bereite etwas Farce aus einem Stückchen Fisch oder einigen Krebsschweifchen, welches man mit Kapern, ein wenig Zitronenschale und Butter fein hackt, mit in Milch geweichtem und gut ausgedrücktem Innern von ein paar Weißbrötchen und drei Eigelb im Mörser stößt und mit Salz und Muskatnuss würzt. Damit wird nun ein schöner Aal, wie gewöhnlich abgestreift und ausgenommen, gefüllt, von außen wohl mit Pfeffer, Salz und ein wenig gehacktem Salbei eingerieben und der Länge nach auf das Backbrett gelegt, wo man schon Blätterteig aus ⅛ Kilo Butter bereit haben muss, der ausgerollt und zu zwei Querfinger breiten Streifen geschnitten oder gerädelt ist und mit diesen Streifen umwickelt man den ganzen Fisch (Kopf und Schwanz muss daran geblieben sein) von oben an, sodass er immer fingerbreit zwischen dem Teig heraussieht, bestreicht eine passende Schüssel oder Form mit Butter, bestreut sie mit fein gestoßenem Weißbrot und legt den rund gedrehten Aal hinein, bestreicht die Teigstreifen mit verklopftem Ei und streut über die sichtbaren Teile des Aals auch Weißbrot, belegt es mit kleinen Stückchen Butter, backt es im Backofen und umstellt den Aal beim Servieren mit halb aufgeschnittenen Zitronen.

Wenn pünktlich bereitet und gut gebacken, ist es eine besonders hübsche und gute Schüssel und auch ohne Fülle, hübsch und wohlschmeckend.

55. Aal in Madeirasauce: Man dämpfe zwei Esslöffel Mehl in Butter, rühre es mit Bouillon zu einer sämigen Sauce an und würze es mit Salz, gebe dann den in schöne Stücke geschnittenen Aal hinein und koche ihn gar, worauf man ihn mit dem Schaumlöffel vorsichtig heraus nimmt und auf die zum Servieren bestimmte Schüssel legt, nach Belieben und Geschmack, mit Morcheln, Champignons, Fischklößchen und Krebsschweifchen dazwischen. Zur Sauce kommt noch ein Glas Madeira und, wenn nötig, etwas Kartoffelmehl, man gießt sie über den Aal und umlegt die Schüssel mit Schnitten von Blätterteig (Fleurons).

56. Aal mit Hering: Man nehme zu einem großen Aal, einen Hering, den man wässert, reinigt, entgrätet und klein hackt, dann mit dem zu

Stücken geschnittenen Aal, Pfefferkörnern, Neugewürz (Piment), Lorbeerblättern, Salbeiblättern und einigen, je mit ein paar Gewürznelken besteckten Zwiebeln, schichtweise in eine Kasserolle legt, diese mit Wasser füllt und aufs Feuer setzt, so wie dies aber zu kochen beginnt, so gießt man es ab und statt dessen Weißbier an den Fisch, nebst einem Esslöffel frischer Butter, lässt ihn mit dieser Brühe kurz einkochen, schüttelt aber die, wohl zugedeckte Kasserolle, bisweilen, damit der Aal nicht anbrennt und zieht die Sauce zuletzt mit ein wenig Kartoffelmehl ab.

57. Frikassee von Aal: Man schneide den Aal in zwei Querfinger breite Stücke, tue sie in eine Schüssel und übergieße sie mit einem halben Glas weißen Wein und ein paar Esslöffeln Essig, dämpfe dann in einer flachen Kasserolle, einen kleinen Esslöffel Mehl in 60 Gramm Butter weiß, gebe die Brühe, worin der Aal gelegen, einen kleinen Teelöffel fein geschnittene Petersilie, halb so viel Zitronenschale, einen Esslöffel Kapern, Salz, Ei und Muskatnuss dazu und koche es eine Viertelstunde, lege die Aalstücke, eins neben das andere, hinein und lasse sie etwa eine, Viertelstunde kochen, ziehe beim Anrichten die Sauce mit drei Eigelb ab und umlege das Frikassee entweder mit Blätterteigschnitten (Fleurons) oder serviere es in einem Blätterteig-Reif.

58. Maletote von Aal: Man röste in 125 Gramm heißer Butter zu großen Rauten geschnittenes Weißbrot, nehme sie, wenn sie schön gelb geworden, heraus und tue an deren Stelle, etwa zwanzig kleine Zwiebeln, welche man, so wie sie etwas angedämpft sind, ebenfalls herausnimmt und nun den in Stücke geschnittenen Aal hinein gibt, eben anbratet und auch herausnimmt. Mit der zurückgebliebenen Butter und einem Teelöffel Mehl macht man nun eine braune Einbrenn, rührt sie mit einem Glas rotem Wein und einem Glas Fleischbrühe an, fügt Salz und ganz wenig Cayennepfeffer hinzu, hierauf die Zwiebelchen, die man ganz langsam darin mehr ziehen als kochen und nicht ganz gar werden lässt und zuletzt den Aal, der nur einer halben Stunde zum Garwerden bedarf, gieße, während des Kochens, nach Bedürfnis, nach und nach noch etwas Fleischbrühe an die Sauce, richte die Aalstücke pyramidenförmig an, gebe die Sauce, die gebunden sein muss, darum und umlege die Schüssel mit dem gerösteten Brot, welches man vorher im Backofen hat wieder heiß werden lassen.

59. Aal in Makkaroni oder Reis: Man tue ¼ Kilo Makkaroni in eine Kasserolle, heißes Wasser darüber, dass es stark darüber steht, ³⁄₁₆ Kilo Butter, sehr wenig Salz und etwas Muskatblüte, womit man die Makkaroni so lange kocht, bis sie weich und ganz dick eingekocht sind, bestreicht nun eine Form mit Butter, legt eine Lage Makkaroni hinein, darauf eine Lage von in Butter etwas angebratenem Aal, wieder Makkaroni und so fort, bis die Masse verbraucht ist; zu oberst müssen Makkaroni sein und man legt noch kleine Stückchen Butter darüber und backt es eine starke Viertelstunde in Backofen.

Anstatt Makkaroni kann man *Reis* nehmen, wie zu *Bückinge mit Reis* gekocht, und auf beide Arten, ist der Aal sehr gut, weil sein Fett durch die Makkaroni oder den Reis, angenehm gemildert wird.

60. Mayonnaise von Aal: Man streiche zwei Esslöffel Mayonnaise-Sauce auf eine runde Schüssel und gebe darüber eine Lage von, nach Nr.51, abgekochtem und erkaltetem Aal, dann wieder Mayonnaise-Sauce und fährt so fort, bis der Fisch zu Ende und die letzte Lage von der Sauce ist. Außen herum kann man dann Salat und hartgekochte Eier oder gehäckelten Aspik legen.

61. Aal in Aspik: Man kann dazu jede Art von kaltem, abgekochten Aal nehmen und gießt zuerst etwas Aspik in die Form und legt, wenn er fest geworden, nach Belieben und Geschmack, eine Verzierung von roten Rüben, Essiggurken, Zitronenscheiben, hart gekochten Eiern, wie man es gerade hat, darauf, gibt vorsichtig wieder etwas Aspik darüber, damit die Verzierung halte und nun die Aalstücke hinein, die man jedoch weder zu dicht aneinander noch zu nahe an die Seiten der Form legen muss, füllt diese nun vollends mit Aspik und setzt sie an einen kühlen Ort, bis zum Gebrauch, wo sie gestürzt und mit Essig und Öl oder pikanter Sauce gegeben wird.

Eine sehr hübsche Verzierung ist, wenn man unten in die Form nur einen recht schönem roten Krebs legt; auch Garnelen(ungeschält), immer zwischen und außen um die Aalstücke gelegt, machen sich gut.

62. Aal in Aspikreif: Man fülle den Reif, den man in allen Handlungen für Küchengeräte sowohl einfach als schön geformt erhalten kann, mit Aspik, und stürze ihn, wenn die Masse kalt geworden ist, tauche dann schöne, nach Nr.51 abgekochte, erkaltete Stücke Aal in eine dicke Mayonnaise-Sauce und gebe sie, gut abgetropft, in den Reif.

63. Aal in brauner Sauce (à la Tartare): Man drehe den abgestreiften Aal rund oder forme ihn zu einem und befestige ihn in dieser Lage mit Holzspießchen und brate ihn in Butter braun, verrühre unterdessen drei hartgekochte Eidotter mit drei Esslöffeln Baumöl klein, füge drei Esslöffel Essig hinzu, so wie fein gehackte Petersilie, fein geschnittene Schalotten, Senf und Zucker, von jedem auch drei Esslöffel, dann den Saft von anderthalb Zitronen und endlich die Sauce vom Aal selbst, rühre alles wohl untereinander und gieße es über den Aal, der sich so mehrere Wochen hält.

64. Gefüllter Aal, kalt zu geben: Man streife die Haut nicht herunter, sondern scheure den Aal mit Sand ab, wasche ihn sehr sorgfältig und entferne die Flossen, schneide ihn dann am Rücken auf, nehme den Grat heraus und lege den Fisch platt hin wie ein Band, worauf man ihn zuerst mit dem gehackten Weißen von hartgekochten Eiern, hierauf mit dem gehackten Gelben und darüber mit fein gehackter Petersilie bestreut, rollt ihn dann zusammen, bindet ihn zu, kocht ihn mit Wein, Essig und etwas Gewürz, vier bis fünf Minuten lang und presst ihn zwischen zwei Brettchen, die man ein wenig beschwert. Wenn er kalt ist, so wird er in feine Scheiben geschnitten und meistens zu Butterbrot gegeben, kann aber auch als *Vorspeise* oder mit Essig und Öl serviert werden.

Sollte der Aal sehr groß sein, sodass die Rolle zu dick würde, so muss man ihn in der Quere einmal durchschneiden.

65. Marinierter Aal: Man schneide einen schönen, großen Aal zu Stücken, reibe sie mit Salz und Pfeffer ein und umbinde sie, immer eins mit Salbei, das andere mit Lorbeerblättern, bestreiche sie mit feinem Öl, brate sie auf dem Rost, währenddessen man sie auch mit Öl bestreicht und stelle sie, wenn sie gar sind, zum Erkalten hin.

Dann schneide man ein paar Handvoll Zwiebeln fein, dämpfe sie in ⅛ Kilo feinem Öl weich aber nicht braun, gebe eine halbe Flasche guten Essig, die Schale einer Zitrone, 60 Gramm Kapern, Rosmarin, Estragon und Basilikum, alles klein geschnitten dazu, lasse es zusammen aufkochen und auch erkalten. Dann nehme man einen Topf, tue ein Geleg von dem Aal hinein, darüber zwei Esslöffel von der Sauce, hierauf wieder Aal, wieder Sauce und so fort, bis beides zu Ende ist. Sollte die Sauce nicht ganz über den Fisch gehen, so wird noch etwas Essig, vorher abgekocht und wieder erkaltet, darüber gegossen, der Aal mit Lorbeerblättern überlegt, mit einem Brettchen beschwert, gut zugebunden und an einem kühlen, trockenen Ort bewahrt, wo er sich sehr lang hält.

Oder auf einfache Art, koche man Wasser mit so viel Essig, dass es stark sauer schmeckt, Schalotten oder Zwiebeln, einigen Lorbeerblättern, Zitronenschale, Salz und reichlich weißen Pfefferkörnern, eine Viertelstunde, gebe den zu Stücken geschnittenen und eine Stunde lang eingesalzenen Aal hinein, koche ihn gar und lege ihn zum Erkalten auf eine Schüssel, dann in einen Topf, gieße die erkaltete Brühe, die ihn bedecken muss, darüber, binde den Topf zu und bewahre ihn an kühlem, trockenem Ort.

66. Geräucherten Aal zuzubereiten: Man wasche die geräucherten Aale einige Mal mit warmem Wasser ab, weiche sie dann einige Stunden in kaltem Wasser ein, koche sie, nach Belieben abgezogen oder nicht, in Wasser gar und gebe sie als Beilage zu Gemüse, namentlich zu Teltower Rüben, grünen Bohnen, grünen Erbsen, Linsen und roh dergleichen.

Eine Sorte geräucherter Aal, *Speckaal* oder *Spickaal,* wird gleich geräuchertem Lachs gegessen.

Aalraupe (*Quappe, Rutte*): Man kann sie in jeder Weise wie Aal bereiten, muss aber die Leber, welche für eine große Delikatesse gilt, stets mitbenutzen.

Folgende Arten indessen, sind besonders beliebt.

67. Abgekochte Aalraupen: Man schneide sie in schöne Stücke, übergieße sie mit ½ Liter kaltem Essig und lasse sie eine halbe Stunde darin liegen, gieße dann in eine Kasserolle so viel scharf gesalzenes Wasser, dass es den Fisch bedecken könne und gebe denselben nebst Möhren, Zwiebeln, Petersilienwurzeln, ein wenig Thymian, Estragon und Gewürz und dem Essig hinein und lasse ihn zum Kochen kommen und, wenn er zehn bis fünfzehn Minuten sanft gekocht hat, an der Seite des Herdes noch etwas ziehen und serviere ihn über einer Serviette, die Leber in der Mitte, die Fischstücke im Kranz rund herum und zwischen jedes ein Zitronen-Achtel gestellt, mit Essig, Öl, Senf und Meerrettich (*S. Saucen*) dabei.

68. Gebackene Aalraupen: Man reinige die Aalraupen, samt ihren Lebern, schneide sie in Stücke, salze sie und mariniere sie mit Öl, Zitronensaft, Zwiebelscheibchen, Petersilie und grob gestoßenem weißen Pfeffer eine Stunde, nehme sie dann aus der Marinade, worin alles Übrige zurück bleibt, schüttele sie in einem Tuch mit etwas Mehl, um sie abzutrocknen und paniere sie mit Ei und Weißbrot, backe sie hierauf nebst den Lebern in voller Schmelzbutter, richte sie gehäuft an, bekränze sie mit in Schmelzbutter gebackenen, zu Ringchen auseinander gelösten Zwiebelscheiben und reiche Zitronenviertel dazu.

Oder man backe sie auf gewöhnliche Art (*S. Nr.1*) und kann sie dann zu Sauerkraut oder sonst wie gebratenen Aal, Nr.52, geben oder zu Salat.

69. Gebratene Aalraupen: Man brate sie in Butter braun, mache dann eine braune Einbrenn, rühre sie mit rotem Wein und etwas Essig an, lasse sie mit etlichen gestoßenen Gewürznelken, Pfeffer, Zucker, einer Zwiebel und einem Lorbeerblatt durchkochen und gieße sie, nachdem man Zwiebel und Lorbeerblatt herausgenommen, über die Fische.

Hierzu kann man frisch abgekochte Kartoffeln oder Schneidnudeln geben.

70. Gedämpfte Aalraupen: Man dämpfe etliche kleine mit Gewürznelken gespickte Zwiebeln in Butter, gebe die gereinigten und gesalzenen Aalraupen, nebst ihren Lebern, mit geriebenem Weißbrot, Zitronenscheiben und gehackten Sardellen dazu, gieße halb Wasser, halb weißen Wein darauf und lasse es dickfließend eindämpfen.

71. Abgekochte Barsche: Man reiße, um die Barsche auszunehmen, zuerst die Flossen aus und hole mit dem Zeigefinger, das Eingeweide hervor (Milchner und Leber bleiben darin), nehme dann mit einem etwas abgebrauchten Reibeisen, die Schuppen ab, indem man mit demselben gegen die Schuppen fährt und wenn die Fische nun ganz rein geschuppt und gut gewaschen sind, so werden sie gesalzen und in Fischbrühe, Nr.125, oder auch nur in Salzwasser abgekocht und mit einer holländischen Sauce oder mit gerührter Butter (*S. Saucen*), gegeben.

Oder man koche die ausgenommenen Barsche in gesalzenem Wasser einige Minuten lang und streife Schuppen, Haut und Flossen leicht ab, richte sie an und stecke die schönen, roten Bauchflossen hin und wieder in die Mitte der Fische, welche man nun mit einer Eiersauce übergießt.

72. Gebackene Barsche: Man kann sie auf gewöhnliche Art backen (*S. Nr.1*) oder mit Salbei, wie Aal, Nr.52.

Oder man schuppe die Barsche mit dem Reibeisen oder brühe sie in heißem Wasser und streife Haut und Schuppen ab, nehme sie aus und wasche sie, kerbe sie auf beiden Seiten ein und mariniere sie etwa eine Stunde lang in ein wenig Öl mit Salz, Zwiebel, Petersilie und Zitronensaft, lasse sie dann ablaufen, wende sie in Mehl um und backe sie in voller Schmelzbutter.

73. Gebackene Barsche, kalt zu geben: Man backe sie, in Mehl umgedreht, in voller Schmelzbutter aus, lasse sie kalt werden und übergieße sie mit folgender Sauce: Man verrühre drei hartgekochte Eidotter mit ein wenig Essig, gebe eine Zwiebel und vier Schalotten, fein geschnitten, vier abgewaschene, entgrätete und fein nudelartig geschnittene Sardellen, etwas fein geschnittene Zitronenschale, einen Esslöffel Kapern, zwei Esslöffel feines Öl, Salz und Pfeffer dazu und wenn dies alles wohl verrührt ist, so viel Essig, dass es eine dickliche Sauce ist.

74. Barsche auf holländische Art: Man salze die, nach Nr.71, geschuppte und gereinigte Barsche und lege sie in eine Kasserolle mit gut schließendem Deckel, dämpfe dann für 1½ Kilo Fisch, fein geschnittene gelbe Rüben, Sellerie, Petersilienwurzeln und Porree, von jedem eine Untertasse voll, ferner einen Esslöffel Petersilienblättchen und einen Esslöffel Kerbelblättchen in ⅛ Kilo frischer Butter beinahe gar und gebe dies über die Fische nebst ½–¾ Liter kochendem Wasser, Pfeffer und Salz, lasse sie zugedeckt langsam fertig dämpfen und richte alles zusammen einer tiefen Porzellanschale an.

Oder einfacher, koche man eine starke Handvoll kleine Petersilienwurzeln, an denen man einige grüne Blättchen gelassen hat, in 1 Liter leicht gesalzenem Wasser, dem man ein Stück frische Butter beifügen kann, weich, nehme sie dann heraus und bewahre sie bis zum Anrichten. In der Brühe koche man die Fische acht bis zehn Minuten lang, richte sie in einer tiefen Schale an, gebe Brühe und Wurzeln darüber und serviere mit frisch abgekochten Kartoffeln und einer Sauce aus geschmolzener Butter mit etwas Senf vermischt.

75. Abgekochte Schleihen, warm oder kalt zu geben: Man schuppe die Schleihen vom Bauch nach dem Rücken zu, weil es sonst zu schwer geht; dann werden sie ausgenommen, gewaschen, gesalzen und mit etwas Essig begossen und, falls sie sehr große wären, in Stücke geschnitten, nochmals gewaschen, in Wasser mit Pfefferkörnern und reichlich Salz, etwa zehn Minuten gekocht und *warm* mit Kartoffeln, geschmolzener Butter und Senf gegeben oder *kalt* mit Essig, Öl und Pfeffer und mit Petersilie garniert.

Oder einfacher *warm* zu geben, reibe man sie nur mit Salz ab und lasse sie ganz, wenn sie nicht gar zu groß sind, koche sie in gesalzenem Wasser (nicht zu viel Wasser), mit einem Stück frischer Butter, einer Zwiebel, Lorbeerblättern, Gewürznelken, englisch Gewürz und, wenn man den Geschmack liebt, einem Esslöffel Kümmel gar und, gebe sie in ihrer Brühe zu Tisch, mit abgekochten Kartoffeln oder mit Butterbrot.

Oder kalt zu geben, koche man sie, die ganz bleiben müssen und nicht zu klein sein dürfen, in gesalzenem Wasser, mit etwas Essig und Pfefferkörnern ab und serviere sie mit Essig und Öl, meistens mit Salat dabei.

76. Gebackene Schleihe: *Siehe, Nr.2.* – Sie eignen sich vorzüglich zum Backen und sind dann besonders angenehm zu Salat, aber auch als Beilage zu Gemüsen und können übrigens auch wie *Barsch* bereitet werden.

77. Brachsen (Blei) in Weinsauce: Man wasche bei einem großen schönen (oder zwei kleineren) geschuppten und ausgenommenen Brachsen, das Blut mit rotem Wein rein aus und bewahre es, lege den Fisch in eine Kasserolle, gebe eine Flasche Rotwein, ein Stück Butter, sechs bis acht Zwiebeln, den Saft einer Zitrone, acht bis neun gestoßene Gewürznelken und etwas gestoßenen Pfeffer daran und lasse ihn auf starkem Feuer gar kochen, nehme ihn dann heraus und koche die Brühe auf ⅛ Liter ein, gieße das Blut durch ein Sieb dazu und, wenn sie damit aufgekocht hat, zwei bis drei Esslöffel braune Vorratsauce und beim Anrichten die Hälfte der noch etwas eingekochten Sauce über den Fisch und serviere das übrige in einer Sauciere.

Brachsen so wie *Barben* gehören zum Karpfengeschlecht und können wie Karpfen zubereitet werden und ist besonders gut *blau abgekocht*, und auf *polnische Art*.

78. Abgekochte Barben: Man bringe sie, wenn sie gereinigt, zerschnitten und gesalzen sind, mit Zwiebeln, Salz und kochendem Wasser zu Feuer und serviere sie, wenn sie gar sind, mit brauner Butter oder holländischer Sauce.

Oder man koche sie in Salzwasser mit Salbei ab oder in Bier oder in weißem Wein und verspeise sie mit Zitronensaft oder Essigsauce.

Oder wie Karpfen *blau abgekocht* und mit brauner Butter beim Anrichten übergossen oder wie Karpfen auf *polnische Art*.

Der *Rogner* der Barben muss weggeworfen werden, denn er soll giftig sein.

79. Abgekochte Karauschen: Es ist die Karausche ein geschätzter Fisch, der auch *schwächlichen* und *kränklichen* Personen eine gesunde Nahrung bietet, da er nicht sehr fett ist.

Man kocht sie in Salzwasser, dem man noch Zwiebelscheiben und Lorbeerblätter beifügen kann, ab und gebe sie mit einer Petersiliensauce oder sonst passender Sauce.

80. Gebackene Karauschen: Man nehme dazu am besten halbpfündige (¼ Kilo) Fische, lege sie, wenn sie geschuppt, ausgenommen, ausgewaschen und eingekerbt sind, ein paar Stunden in Salzwasser, trockne sie dann ab, paniere sie mit Ei und Weißbrot und backe sie in Schmelzbutter oder Ausbackfett gelbbraun.

81. Karauschen auf holländische Art: Man schuppe sie, nehme sie aus, spalte die großen und schneide sie in Stücke; die kleinen bleiben ganz und werden bloß eingekerbt; man salze sie nun, bedecke und beschwere sie und stelle sie zwei bis drei Stunden an einen kühlen Ort. Hierauf schneidet man eine Petersilienwurzel in längliche Stücke und eine große Zwiebel und einen halben Sellerie in Scheiben, lege dies auf den Boden einer Kasserolle, die Fische darüber, gieße so viel Wasser auf, um die Fische zu bedecken und so wie sie anfangen zu kochen, muss man sie abschäumen und danach wird ein gutes Stück Butter hinzu getan und zuletzt ein Esslöffel Mehl mit saurem Rahm, einem Esslöffel Essig und etwas Pfeffer angerührt, nebst Petersilie und Dill, beides fein gehackt und dann zieht man die Sauce noch mit Eigelb ab.

82. Abgekochte Maifische: Man bringe Wasser mit einem Glase Weinessig, einigen Lorbeerblättern, ein paar Zwiebeln und einer kleinen Handvoll Salz zu Feuer und wenn es recht kocht, so lege man die zu Scheiben geschnittenen Fische hinein, lasse sie kochen, bis sie gar sind, dann in der Brühe erkalten und gebe sie mit Essig und Öl.

Eine Hauptsache ist, dass die Fische recht frisch seien und dass beim Kochen die Brühe recht darüber gehe.

83. Abgekochte Maifische, warm zu geben: Man koche sie wie den Hecht Nr.1 und serviere sie auch so; eine Kapernsauce ist ebenfalls gut dazu.

84. Marinierte Maifische: Man entferne Kopf und Schweif, schneide sie in zweifingerbreite Stücke, wasche sie mehrmals und nehme mit einem kleinen Stöckchen, Mark und sonstige Unreinigkeit aus dem Rückgrate, spicke nun jedes Stück mit ein paar Gewürznelken, bestreue sie mit Salz und gestoßenem Gewürz, schichte sie in einen neuen, glasierten Topf und begieße sie mit zwei Teilen feinem Öl und einem Teil weißem Wein, sodass es zweifingerbreit darüber steht, decke den Topf zu, verklebe den Rand und lasse es so lange kochen, bis die Brühe verzehrt ist, welches man daran erkennt, wenn es beim Kochen im Topf nicht mehr sprudelt, man setzt es dann ab, lässt es kalt werden und bewahrt sie an einem kühlen, trockenen Ort, wo sie sich ein ganzes Jahr halten.

Beim Herausnehmen darf man sich keiner eisernen Gabel bedienen; beim Servieren begießt man sie bloß mit ein wenig Essig. Die Gräten sind ganz zergangen.

Ebenso können *andere Fische* mariniert werden.

85. Gebackene Grundeln: Man tue sie lebendig in einen Topf und übergieße sie mit Milch, welche sie einsaugen, dass sie ganz rund und zugleich getötet werden. Dann lege man sie zum Abtrocknen auf ein Tuch, gebe in ein anderes Tuch eine Handvoll geriebenes Weißbrot, eben so viel Mehl und einen Esslöffel Salz, vermische es wohl und gebe die Grundeln hinein, nehme die vier Enden des Tuches zusammen und schüttete nun alles gut durcheinander, sodass die Fischchen ganz in Brot und Mehl eingehüllt sind, worauf man sie in voller Schmelzbutter lichtgelb backt und gleich anrichtet.

86. Marinierte Grundeln: Man übergieße sie, anstatt mit Milch, mit einen Glas Essig und lasse sie eine Weile darin stehen, gebe unterdessen ⅜ Liter Essig, ¾ Liter weißen Wein, eine Handvoll Petersilie, etwas Basilikum und Estragon, ein paar Lorbeerblätter, ein paar Gewürznelken, etwas ganzen Pfeffer undj Salz in eine Messing-Kasserolle und wenn dies eine Zeitlang gekocht hat, so tue man die Grundeln hinein und lasse sie einmal aufkochen, dann ein wenig abkühlen, lege sie in einen Steintopf, seihe die Brühe darüber und gieße ein wenig Provencer Öl darauf. Sobald sie ganz kalt sind, werden sie zugebunden und in gewöhnlicher Weise bewahrt.

Die so abgekochten Fische eignen sich auch sehr, um in Aspik gelegt und hernach gestürzt zu werden. Sie haben Ähnlichkeit mit unsern rheinischen Rümpchen, nur dass sie um ein gutes Teil größer sind.

87. Grundeln auf englische Art: Man gebe sie in einen Topf mit gesalzenem Wasser und nehme sie, wenn sie zubereitet werden sollen, mit dem Schaumlöffel heraus, denn sie dürfen nicht mit der Hand angefasst werden, lege sie dann auf ein Tuch, welches reichlich mit Mehl bestreut ist, und wälze sie darin, bis sie ganz davon bedeckt sind, gebe sie in ein Sieb, schüttele sie darin, damit alles überflüssige Mehl abfalle und brate sie *gleich* in voller, heißer Schmelzbutter, eine bis zwei Minuten, hebe sie mit dem Schaumlöffel heraus, lasse das Fett ablaufen und serviere sie augenblicklich, nebst dünnen Brotscheiben mit Butter, Cayennepfeffer und Zitronen.

Statt Grundeln kann man auch sonst kleine Fischchen nehmen, namentlich Weißfischchen.

88. Stör: Fleisch von großen Stören, welches meistens durch zu viel Fett nicht wohlschmeckend ist, muss man blanchieren, indem man es zu wiederholten Malen mit kaltem Wasser zu Feuer bringt und, wenn es vor dem Kochen ist, immer wieder abgießt, dann zieht man die Haut ab, kocht das Stück in Salzwasser gar und gibt eine Sauerampfer- oder Senfsauce dazu.

Kleine junge Störe, von 1–1½ Kilo Schwere, sind dagegen sehr wohlschmeckend; man schneidet sie, wenn sie ausgenommen und gereinigt sind, koche sie in Fischbrühe Nr. 125 ab, lasse sie erkalten und richte sie mit einer kalten Sauce, besonders Ölsauce an.

89. Störkopf: Man reinige und wasche ihn, setze ihn mit halb Wein, halb Essig, Salz, Gewürz, Lorbeerblättern, Zitronenschale und Zwiebeln, mit einigen Gewürznelken besteckt, auf das Feuer und koche ihn gar, gebe die Brühe dann durch ein Sieb, vermische sie mit etwas brauner Einbrenn und serviere den Kopf mit abgekochten Kartoffeln oder Schneidnudeln dabei oder umlege ihn mit Spargel-Köpfen, Morcheln und Champignons.

90. Stockfisch: Man sorge zunächst für guten, frischen Stockfisch, der schwer, gelblich und glatt ist; leichter, bräunlicher und krümlicher Stockfisch ist alt und schlecht; zum Wässern muss Regenwasser genommen werden, je frischer, je besser.

Der Stockfisch wird vorerst einige Stunden in Wasser gelegt, damit er beim Klopfen nicht zersplittere, dann gehörig geklopft, in vier bis fünf Stücke zerschnitten und die Haut abgezogen, wonach man ihn in einen tiefen Topf tut; über diesen legt man zwei Stöcke, stellt ein Körbchen oder Seiher darauf und tut ein Tuch, eine Handvoll Stroh und über dieses, einige Handvoll gute Holzasche hinein, schüttet kaltes Regenwasser darauf, bis die Lauge über den Fisch geht und lässt ihn vierundzwanzig Stunden darin liegen, gießt nun die Lauge ab und gibt dem Fisch drei Tage lang, jeden Tag zwei Mal frisches Wasser, wie gesagt Regenwasser, denn ohne Regenwasser ist kein wirklich guter, milder und doch kräftiger Stockfisch zu erhalten, weshalb auch in den alten Klöstern (dies Rezept stammt aus einem alten, schwäbischen Kapuzinerkloster) sich überall Zisternen für Regenwasser befanden.

Beim Gebrauch, setzt man den Stockfisch mit kaltem Wasser auf nicht zu starkes Feuer, lässt ihn nur bis vors Kochen kommen und dann an der Seite des Herdes bloß noch ziehen, richtet ihn über einen Einleger an, bestreut ihn mit feinem Salz und serviert ihn recht heiß, mit geschmolzener Butter in einer Sauciere, in einer andern Sauciere etwas Stockfischwasser, von dem Viele gern unter die Butter mischen, frisch abgekochten Kartoffeln und gelben Rüben, und auch reicht man wohl noch zu Scheiben geschnittene und in sehr heißer Butter braun und spröde gebratene Zwiebeln in einer kleinen Schale dazu.

Bei den Pater Kapuzinern, wurde der angerichtete Stockfisch mit in Butter gelb gerösteten, würflig geschnittenen Zwiebeln übergossen und Erbsen-Püree dazu gegeben (weiter keine Sauce), und in Bayern Sauerkraut und Erbsen-Püree.

Eine gute Art und auf welche man namentlich Reste sehr gut benutzen kann, ist folgende: Man schäle, mit der Schale gekochte Kartoffeln und schneide sie ganz warm zu Scheiben, lege einen Teil davon in eine Schüssel, den in nette Stückchen zerteilten und mit Salz und grob gestoßenem weißen Pfeffer bestreuten Stockfisch darüber, dann die übrigen Kartoffeln, übergieße es mit in etwas reichlich Butter, gebratenen Zwiebelscheiben und stelle es eben in den Backofen, nur um durch und durch heiß zu werden.

Oder auf in Rheinland beliebte Art, lasse man etwas Mehl in einem Stück Butter aufgehen, dämpfe klein geschnittene Zwiebeln darin und

rühre es mit Milch an, gebe, wenn es kocht, Stockfisch und Kartoffeln, wie oben vorgerichtet, nebst weißem Pfeffer hinein, schwinge es unter einander und lasse es recht heiß, werden.
Ebenso von *Laberdan, Kabeljau* und *Schellfisch*.

91. Stockfisch mit Hering: Man hacke einen gewässerten und gereinigten Hering mit einer halben Zwiebel und etwas Petersilie klein, röste zwei Handvoll gestoßenes und durchgesiebtes Weißbrot in ⅛ Kilo Butter gelb, gebe das Gehackte dazu und rühre es einige Mal über dem Feuer. Dann zerlege man, wie gewöhnlich zubereiteten Stockfisch oder auch schöne Reste in Stückchen, gebe in eine tiefe Schüssel zuerst eine Lage von dem Brot, dann eine Lage Stockfisch mit etwas Muskatnuss bestreut und so fort, bis alles verbraucht ist, gieße ¼ Liter Bouillon oder Erbsenbrühe darüber (*S. Brühen*) und bringe es gleich zu Tisch oder halte es zugedeckt an einer warmen Stelle des Herdes heiß.

92. Gefüllter Stockfisch: Man nehme dazu ein schönes, wohl gewässertes Schwanzstück, rein geschuppt, gewaschen und fest ausgedrückt, dass kein Wasser darin bleibe, dann an der Seite noch ein wenig aufgeschnitten, um den Rückgrat und das Fleisch leichter herausnehmen zu können; dies Fleisch wird mit ein paar Zwiebeln und ein wenig Petersilie klein gehackt, in ⅛ Kilo Butter gedämpft und mit ein bis zwei, in Wasser geweichten und fest ausgedrückten Weißbrötchen, Salz und Muskatnuss vermischt und, wenn es etwas erkaltet ist, mit einem Ei und zwei Eigelb angerührt und die Stockfisch-Haut damit gefüllt und zugenäht. Nun vermische man Mehl mit Salz und Pfeffer, bestreue den Stockfisch auf beiden Seiten damit und backe ihn in zerlassener Butter langsam schön gelb, richte ihn an und gieße Erbsenbrühe (*S. Brühen*) darüber oder gebe ihn trocken zu Gemüse und besonders zu Püree jeder Art, namentlich Zwiebel-Püree.

93. Laberdan: Man ritze ihn an der untern Seite hin und wieder ein, wodurch er das Salz besser auslässt und wässere ihn 1–2–3 Tage, je nachdem er salzig ist, indem man ihm täglich zwei Mal frisches Wasser gibt, auch öfters, wenn man ihn schnell brauchen will. Dann wird er mit kaltem Wasser zu Feuer gebracht und so wie er kochen will, an die Seite gestellt. Beim Anrichten bestreut man ihn dicht mit fein gehackter Petersilie und gibt ihn mit abgekochten Kartoffeln und zerlassener Butter, der man noch eine Sauciere voll von dem Fischwasser beifügt, um die Butter nach Geschmack damit zu vermischen. Auch gibt man außer den Kartoffeln wohl noch weiße Rüben dazu, die nicht zu groß sein dürfen, zu runden Scheiben geschnitten und in Salzwasser abgekocht. Gut und fein ist auch eine Buttersauce mit Kapern.

94. Kabeljau: Man lege ein schönes Stück davon, in gut gesalzenes, kochendes Wasser und koche ihn langsam, bei stetem Abschäumen zehn bis fünfzehn Minuten, richte gleich an und gebe frisch abgekochte Kartoffeln und geschmolzene Butter dazu oder statt der Butter, folgende Sauce: Man zerhacke acht hart gekochte Eidotter, vermenge sie mit einem halben Esslöffel fein geschnittener Petersilie, einem Esslöffel Senf, etwas Muskatnuss, Salz, und Zitronensaft, ferner mit etwas von der Fischbrühe und ¼ Kilo frischer, geklärter Butter und rühre es auf dem Feuer kochend heiß.

95. Kabeljau-Kopf mit Kartoffeln: Man wässere ihn ein wenig, setze ihn mit kaltem Wasser und ein wenig Salz auf, lasse ihn bis vors Kochen kommen und dann an der Seite des Herdes bis zum völligen Garwerden ziehen und serviere ihn mit frisch abgekochten Kartoffeln und geschmolzener Butter, In den *Seestädten* ist nachstehende Senfsauce sehr beliebt dazu: Man rühre ¼ Kilo Butter und ⅛ Kilo Senf auf dem Feuer bis nahe vor dem Kochen und füge das nötige Salz hinzu.

96. Schellfisch: Man zerlege sie, wenn sie geschuppt, ausgenommen und gewaschen sind, je nach ihrer Größe, in drei bis, vier Stücke (kann sie aber auch ganz lassen), gebe sie dann in kochendes und, falls sie ganz frisch wären, etwas gesalzenes Wasser, und wenn dies wieder kocht, so ist der Fisch gewöhnlich gar, wo nicht, so lasse man ihn noch ein wenig ziehen und gebe ihn mit abgekochten Kartoffeln, geschmolzener Butter in einer Sauciere und in einer andern Sauciere etwas von seiner Brühe oder mit einer holländischen Sauce.

97. Gebackene Schellfischschwänze: Man salze die 15–20 Zentimeter lang, abgeschnittenen Schwänze, eine Stunde ein, bestreiche sie, nachdem sie gut abgetrocknet worden, mit geschmolzener Butter oder verklopftem Ei, bestreue sie mit geriebenem Weißbrot, und backe sie in einer flachen Pfanne mit reichlich heißer Butter spröde und hellbraun.

98. Steinbutt: Man reinige den Steinbutt sorgfältig, schneide die an der obern schwarzen Haut befindlichen Steinchen weg, haue die Flossen ab und nehme ihn vorsichtig aus, um die Galle nicht zu verletzen, wasche ihn und lege ihn in eine Fischkasserolle (Turbotière) mit Einleger oder, in deren Ermangelung, in eine gewöhnliche, nicht zu kleine Kasserolle, in einer Serviette über einem Teller, die weiße Seite nach oben und übergieße ihn mit kaltem Wasser und Milch, salze gehörig, bringe ihn zu Feuer und schäume pünktlich ab; so wie aber der Siedepunkt eintritt, muss er vom Feuer weggenommen und mit einer Serviette bedeckt an die Seite des Herdes gestellt werden, wo er durchaus nicht mehr kochen, sondern nur noch langsam ziehen darf, damit er nicht zu stark aufreiße. Um das Aufreißen möglichst zu verhüten, schneidet man auch wohl, vom Rückgrate nach dem Kopfe hin, ein 5 Zentimeter langes Stückchen heraus, wodurch das Fleisch sich zusammen ziehen kann, ohne zu zerreißen.

Ein Zeichen des Garseins ist, dass der dünnere Teil des Schwanzes sich hebt und schwimmt; die weiße Seite ist die feinste.

So wie der Fisch gar ist, muss er augenblicklich auf einer erwärmten Schüssel angerichtet und gleich serviert werden und man lasse natürlich auch erwärmte Teller dazu reichen. Ist er ohne Einleger gekocht worden, so hebe man ihn mit seiner Serviette vorsichtig aus der Kasserolle, lege ihn damit auf die Schüssel und ziehe die Serviette behutsam unter ihm weg.

Wenn der Fisch sehr aufgerissen ist, so kann man in die aufgerissenen Stellen, Petersiliensträußchen legen, ihn auch mit Petersilie umlegen, muss sich dann aber mit diesen Verschönerungen sehr beeilen, um den Fisch nicht erkalten zu lassen.

Man gibt ihn meistens mit frisch abgekochten Kartoffeln und zerlassener Butter oder einer Buttersauce; auch Kapernsauce oder Hummersauce ist passend dazu.

99. Turbot: wird ebenso bereitet und serviert, hat aber etwas weicheres Fleisch und muss daher mit noch größerer Vorsicht gar gemacht werden.

100: Gebratene Seezungen mit Kartoffeln: Man schuppe die weiße Seite der Fische und ziehe an der dunkeln die Haut ab, schneide die Flossen weg und nehme Kiemen und Eingeweide heraus, wasche sie, salze sie etwas und lasse sie eine Stunde stehen. Dann trockne man sie ab und drehe sie, erstens in Milch, zweitens in Mehl, drittens in Eiweiß und viertens in fein geriebenem Zwieback herum und gebe sie in heiße Butter oder Schweinefett, worin sie in ein paar Augenblicken gelb werden, worauf man sie herausnimmt und über ein Sieb legt, dass sie ein wenig abtropfen, richtet sie nun gleich auf einer erwärmten Schüssel an, gebackene Petersilie darüber und serviert sie mit Kartoffeln und zu Viertel geschnittenen Zitronen.

Die *Kartoffeln* schäle man und schneide sie roh, zuerst ins Scheiben (nicht zu dünn) und dann in Streifen, wie man Kohlrabi zu schneiden pflegt, trockne sie mit einem Tuch ab lasse Butter oder Schweinefett in einer Kasserolle ganz heiß werden, tue die Kartoffeln hinein, welche mit Butter oder Fett ganz bedeckt sein und während des Backens öfters umgerührt werden müssen; wenn sie nach oben schwimmen und gelb werden, so sind sie gut; man nimmt sie mit einem Schaumlöffel heraus, gibt sie in ein Sieb, stellt sie zum Abtrocknen in den Backofen oder auf den Herd und bestreut sie mit feinem Salz, sie müssen ganz spröde sein.

Die *Petersilie* wird ebenfalls in ganz heißes Fett oder Butter geworfen, etwas umgerührt und nach einigen Augenblicken, herausgenommen. Es muss dies alles in schwimmender Butter oder Fett geschehen, nicht etwa in einer flachen Pfanne. Man kann die Seezungen aber auch auf gewöhnliche Art backen (*S. Nr.1*) und sie geben dann eine sehr feine Beilage zu feinen Gemüsen oder Salat.

101. Abgekochte Seezungen: Man behandle und serviere sie, wenn sie, wie bei dem vorhergehenden Rezepte, vorbereitet sind und gesalzen eine Stunde gestanden haben, wie *Steinbutt*.

102. Gebratene Bückinge: Man ziehe ihnen die Haut ab und brate sie in Butter auf beiden Seiten, umgießt sie auch wohl mit einigen verklopften Eiern, die man etwas fest werden lässt.

Oder man spalte die abgezogenen Bückinge, entgräte sie und brate sie auf beiden Seiten leicht in Butter, richte sie auf einer erwärmten Schüssel an und lege über jeden halben Bücking ein Spiegelei (*S. Eierspeisen*).

103. Maskierte Bückinge: Man schneide Kopf und Schweif davon, gebe sie dann eine Minute lang in kochendes Wasser, ziehe die Haut ab und teile sie der Länge nach in Hälften, wobei man den Grat herausnimmt, die Bückinge in eine Schale legt und sie zuerst mit gehacktem, hartgekochten Eigelb dicht bestreut, hierauf mit gehacktem Eiweiß und zuletzt mit gehackter Petersilie und nun Öl und einige Tropfen Essig darüber gießt.

Sie sind sehr angenehm zu Butterbrot oder auch als Vorspeise und man garniert sie bisweilen mit den platt gedrückten Köpfen und den Schweifen, um zu zeigen, was unter der Maske verborgen ist.

104. Bückinge mit Reis: Man koche ¼ Kilo blanchierten Reis (*S. Reisring, 2. Abschnitt*) in 1 Liter Bouillon weich und steif und vermische ihn dann mit 90 Gramm Butter, Salz und einigen Löffeln fein gehacktem und mit ein wenig Butter und sechs gestoßenen weißen Pfefferkörnern gedämpften Zwiebel, löse nun drei Bückinge aus Haut und Gräten, schneide sie in mundgerechte Bissen und brate sie einige Minuten in Butter, bestreiche die zum Servieren bestimmte Schüssel stark mit Butter und gebe zuerst die Hälfte vom Reis, hierauf die Bückinge und zuletzt die andere Hälfte vom Reis darauf und forme es zu einer Kuppel, die man mit verklopftem Ei bestreicht und stark mit geriebenem Käse und geriebenem Weißbrot bestreut; jetzt gebe man noch kleine Stückchen Butter darüber und backe es, auf einen Dreifuß gestellt, in dem wohl geheizten Backofen des Herdes.

105. Rohbückinge: Wie geräucherter Lachs, nur dass man sie zu zweifingerbreiten Scheiben schneidet.

106. Marinierte Heringe: Man lege sechs Heringe (Milchner), nachdem man sie rein abgewaschen, vierundzwanzig Stunden in frisches Wasser, welches drei bis vier Mal erneuert werden muss und dann noch sechs Stunden in süße Milch, zieht ihnen darauf, die Haut ab und nimmt die Milchner heraus, welche man hackt und mit Essig zu einer dicken Sauce rührt, diese durch ein Sieb streicht und mit einer Handvoll sehr fein geschnittenen Zwiebel, der abgeriebenen Schale einer Zitrone, etwas gestoßenem Gewürz und 60 Gramm zerschnittenen Kapern vermischt. Die Heringe werden nun in einen steinernen Topf getan und mit der Sauce übergossen, die sie bedecken muss. Nach zwei Tagen sind sie essbar und halten sich sechs Wochen.

Beim Gebrauch schneide man sie in schiefe Stücke und lege sie auf eine passende, längliche Schüssel, übergieße sie mit etwas von ihrer, mit etwas feinem Öl wohl vermischten Marinade und garniere die Schüssel mit Petersilie, Mixed-Pickles und ausgezackten Zitronenscheiben, zu denen man eine schöne Zitrone zuerst der Quere nach in zwei Hälften teilt, dann, der Länge nach mit einem scharfen Messer einkerbt und nun strohhalmdicke Scheiben daraus schneidet, sodass sie wie kleine Mühlräder bilden.

In der Zeit der neuen Kartoffeln, gibt man diese Heringe auch gern mit solchen und frischer, harter Butter, nach der Suppe.

Oder in *Tomatensauce,* man stelle völlig reife Tomaten (Liebesäpfel) in einen Backofen, bis sie weich sind, schäle sie und treibe sie durch ein Sieb, füge dann auf das ½ Kilo Tomaten 1 Liter Essig, 8 Gramm weißen Pfeffer, 15 Gramm Salz, 30 Gramm Knoblauch (kann wegbleiben, wenn man den Geschmack nicht liebt, obgleich er sich hier nicht sehr bemerklich macht), 30 Gramm Schalotten und den Saft von drei Zitronen, koche alles zusammen, bis es wie Rahm ist, streiche es durch ein feines Sieb und gieße es erkaltet über die, wie vorhergehend, vorgerichteten Heringe, welche sich, gut zugebunden, sehr lang darin halten und in der roten Sauce, sehr schön aussehen.

Oder auf *gewöhnliche* Art, werden die Heringe, je nachdem sie salzig sind, zwölf bis vierundzwanzig Stunden gewässert, abgezogen, ausgenommen und, nebst ihren Milchnern und Rognern, mit Zwiebelscheiben, Zitronenscheiben, Lorbeerblätter, etwas ganzer Muskatblüte und weißen Pfefferkörnern, nach Belieben auch noch mit Perlzwiebelchen und kleinen Essiggurken in einen Steintopf gelegt und mit abgekochtem und wieder erkalteten Essig übergossen.

Man gibt sie gewöhnlich ganz einfach, verbessert sie aber sehr, wenn man beim Gebrauch ein paar der Milchner mit einem rohen Eigelb, etwas Öl und etwas von der Marinade, worin sie liegen, oder auch nur Essig verrührt und über die Heringe gießt.

107. Hering-Rouladen: Man wässere die abgewaschenen Heringe (Milchner) vierundzwanzig Stunden in kaltem Wasser und lege sie hernach noch eine halbe Stunde in Milch, schneide dann Köpfe und Schwänze weg, ziehe die Haut ab, nehme den Grat heraus, trockne jede Hälfte gut ab und lege sie, die innere Seite nach oben, auf ein Brettchen. Nun verrühre man die Milchner, entferne alles Häutige und vermische sie mit grob gestoßenem Pfeffer und englischem Gewürz, fein gehackten Zwiebeln und Kapern, bestreiche damit die Heringe, rolle sie, vom Schwanze beginnend, fest aus und durchsteche die Rolle mit einem Holzspeilerchen, tue sie in einen Steintopf, gieße so viel abgekochten und wieder erkalteten Weinessig darüber, dass er reichlich darüber stehe und decke sie fest zu. Nach drei Tagen sind sie essbar.

108. Hering mit kalter Senfsauce: Man reinige vier schöne, gut ausgewässerte Heringe, schneide Köpfe und Schweife ab, die Heringe selbst der Länge nach voneinander und löse die Gräten aus; hierauf werden die beiden Hälften wieder zusammen und Kopf und Schweif daran gelegt, dann in fingerbreite Stücke geschnitten und über einer kalten Senfsauce angerichtet.

109. Gebratene Heringe: Man lege sie drei Tage lang in frisches Wasser, welches man jeden Morgen und jeden Abend erneuert, hänge sie dann zwei Tage lang zum Abtrocknen auf, tue in jeden Hering etwas Salbei und brate sie mit Butter in der Pfanne.

Sehr gut zu Erbsen, Linsen, grünen und weißen Bohnen und Kartoffeln.

110. Gefüllte Heringe: Man nehme die gewässerten Heringe (Rogner) aus, indem man, ohne den Hering aufzuschneiden, den Rogen am Kopfe herauszieht und reinige sie wie gewöhnlich. Dann rühre man für jeden Hering, 30 Gramm Butter zu Schaum, dann ein ganzes Ei, 45 Gramm geriebenes Weißbrot, den zerhackten Rogen, ein wenig fein gehackte Zwiebel und Petersilie und etwas weißen Pfeffer daran und fülle nun die Heringe vorsichtig damit, ohne sie aufzureißen, gebe ihnen eine gute Form, paniere sie mit Ei und Weißbrot, brate sie in Butter auf beiden Seiten hochgelb und serviere sie als Beilage zu Gemüsen oder Pürees wie die vorhergehenden.

111. Hummer: Man muss mit einem zugespitzten Hölzchen die Öffnung des Hummers verschließen, weil sonst zu viel Wasser einzieht, gibt ihn dann in gut gesalzenes, kochendes Wasser und lässt die kleinen eine Viertelstunde, die mittelgroßen eine halbe Stunde und die größten drei Viertelstunden kochen und, sollen sie kalt gegeben werden, im Wasser erkalten. Hierauf reibt man ihn mit einer Speckschwarte oder feinem Öl ab, dass er eine recht glänzend rote Farbe bekomme und teilt ihn beim Anrichten mit Messer und Hammer der Länge nach in zwei Teile und auch wohl noch der Breite nach in kleinere Stücke und knickt die Scheren ein; soll er jedoch als Zierde auf die Tafel gesetzt werden, so ist es besser und schöner, ihn ganz, und erst beim Gebrauch, auf einem Nebentische zerlegen zu lassen. Jedenfalls wird er über einer zierlich gebrochenen Serviette angerichtet, mit Petersilie garniert und entweder warm (nach der Suppe) mit Butter und Zitronen-Achteln serviert, oder kalt, mit Essig, Öl und gehackter Petersilie oder mit einer kalten pikanten Sauce, namentlich Remoulade-Sauce, welche man in einer Sauciere dazu reichen lässt und der man, falls der Hummer Eier hatte, diese mit etwas Öl verrührt, beimischt.

Erhält man die Hummer schon gekocht, so muss man sich von ihrer Güte und Frische zu überzeugen suchen, indem man zwischen Schweif und Körper daran riecht und am Schweife etwas zieht und wenn dieser schwer nachgibt und sich wieder zurückzieht, so ist der Hummer frisch; auch muss guter Hummer schwer sein.

112. Krebse: Man werfe die sehr rein gewaschenen Krebse in stark kochendes Wasser, um sie schnell zu töten und nicht zu viele auf einmal, damit das Wasser rasch wieder koche und sie rasch töte und wenn nun alle Krebse etwa eine Minute gekocht haben, so kocht man sie dann erst in kochendem Salzwasser, dem man ein Glas weißen Wein oder einen Guss Essig, etwas Petersilie und eine Zwiebel oder auch Kümmel beifügen kann, auf starkem Feuer fertig, etwa zehn Minuten, richtet sie über eine Serviette gehäuft an, umlegt sie mit Petersilie oder schönen Sellerieblättern und gibt sie, meistens warm, mit frischer harter Butter zu Tisch. Statt Wasser kann man zum Abkochen der Krebse, auch weißen Wein oder Bier nehmen.

Sonst galt als Regel, die Krebse nur in dem Monaten ohne R zu verspeisen, nach dem alten Sprichworte:

„In den Monaten mit R
Sind die Krebse leer."

Doch scheint man jetzt nicht mehr so viel Rücksicht darauf zu nehmen. Je dunkler die Krebse sind, desto schöner rot werden sie beim Kochen.

113. Garnelen: Man bekommt sie immer schon abgekocht und verspeist sie meistens ohne alle Zutat. Um sie hübsch anzurichten, lege man eine achteckig gefaltete Serviette auf eine Schüssel, dass nur der Rand der Schüssel sichtbar bleibe und schiebe irgendwelche geruchlose Kräuter darunter, damit die Serviette ganz gerade liege, stelle eine Handvoll schöne Petersilienzweige in die Mitte und schichte die Garnelen pyramidenförmig rund herum.

Über *Schälen* der Garnelen, *S. Garnelen-Suppe, 1. Abschnitt.*

114. Abgekochte Muscheln: Man wasche sie mit einem kurzen Besen recht rein, lasse sie auf einem Seiher gut ablaufen und bringe sie, mit einer Zwiebel und zugedeckt, auf lebhaftes Feuer, bis alle offen sind, richte sie dann mit ihrem Wasser gleich an, gebe sie in einer zugedeckten Schüssel zu Tisch und serviere frische, kalte Butter dazu. In Frankreich isst man sie mit Butterbrot.

Die Zwiebel wird mitgekocht, weil viele behaupten, es gebe giftige Muscheln, wo dann die Zwiebel schwarz werde, welches wir aber noch nicht erfahren haben.

115. Gebackene Muscheln: Man nehme die, wie vorstehend, abgekochten Muscheln aus den Schalen, tauche sie, wenn erkaltet, in Backteig (*S. Teige*) und backe sie in voller Schmelzbutter oder in Ausbackfett, richte sie gehäuft an und lege ein Sträußchen gebackene Petersilie oben darauf.

Will man die Muscheln besonders wohlschmeckend haben, so gieße man, wenn man sie zum Abkochen aufsetzt, ein Glas weißen Wein daran.

116. Marinierte Muscheln: Man koche sie wie Nr.114, aber mit einem Zusatz von Pfeffer ab, nehme sie aus den Schalen und lege sie in Gläser; dann vermische man von ihrem Wasser mit starkem Weinessig, zu gleichen Teilen, gieße die Gläser damit voll und binde sie gut zu, kann auch einige Schalen spanischen Pfeffer dazwischen legen, wodurch sie sich besser halten.

117. Ragout von Muscheln: Man schneide für fünfzig abgekochte Muscheln (*S. Nr.114*) zwei Zwiebeln in kleine Würfel, drücke sie in dem Zipfel einer Serviette aus und röste sie in $1/8$ Kilo Butter gelb, füge einen kleinen Esslöffel Mehl, die Hälfte des von den Muscheln gekommenen Seewassers, zwei Gläser weißen Wein, grob gestoßenen weißen Pfeffer, vielleicht auch noch ein wenig Salz hinzu und lasse diese Sauce ein wenig einkochen, jedoch nicht dick werden, tue die aus ihren Schalen genommenen Muscheln hinein und gebe, wenn sie darin aufgekocht haben, eben vor dem Anrichten, einen halben Esslöffel Petersilie und den Saft einer Zitrone daran oder ein wenig Essig.

118. Ragout von Garnelen: Man gebe 60 Gramm sehr frische Butter in eine Kasserolle, binde sie auf mäßigem Feuer mit etwas Mehl und füge den Saft einer halben Zitrone hinzu, darauf 1 Liter geschälte Garnelen, nebst noch 30 Gramm Butter, zuletzt ein Eigelb und richte an.

Wird meistens in einem Blätterteig-Rand oder in einem Reisring (*S. 2. Abschnitt*) gegeben.

119. Ragout von Froschschenkeln: Man bekommt sie schon vorgerichtet und braucht nur das runde Häutchen zwischen den Schenkeln wegzunehmen, die Zehen abzuhauen und die Schenkel auseinander zu schneiden; dann salzt man sie ein wenig, lässt sie eine Viertelstunde stehen und trocknet sie in einem Tuch ab, dämpft für fünfzig Froschschenkel zwei Esslöffel Mehl in 90 Gramm Butter weiß, gibt ¼ Liter Bouillon, den Saft einer halben Zitrone, Salz, weißen Pfeffer, Muskatnuss und, wenn es aufgekocht hat, die Froschschenkel hinein, kocht es eine Viertelstunde, rührt vor dem Anrichten drei Eigelb daran und bestreut sie mit sehr fein gehackter Petersilie.

Die Froschschenkel bieten eine sehr gesunde und feine Fastenspeise, ähneln im Geschmack dem Kalbfleisch und sind im Sommer und Spätherbst am besten. In Schwaben, wo sie sehr beliebt sind, gibt man sie häufig abends mit Kartoffeln in der Schale.

120. Ragout von Schnecken: Man schneide zu fünf und zwanzig abgekochten Schnecken (S. 3. *Abschnitt*) ein paar gereinigte und gewaschen Sardellen oder etwas Hering, ein wenig Petersilie und Majoran klein, verknete einen Esslöffel gestoßenes, gesiebtes Weißbrot und ein paar Messerspitzen Mehl in 60 Gramm Butter, tue das Geschnittene dazu und rühre es mit guter Bouillon an, gebe Muskatblüte, ein wenig Pfeffer und die Schnecken hinein und lasse sie eine Viertelstunde kochen.

121. Fisch-Sülze: Man kann dazu die meisten feineren Fische benutzen, besonders gut aber sind Karpfen, Schleihen und Forellen und wenn es sehr fein sein soll, Lachs oder Sander. Der dazu gewählte Fisch oder je nachdem, ein schönes Stück, wird blau abgekocht, wozu man Fischbrühe Nr. 125 verwendet und wenn er völlig erkaltet ist, so nimmt man ihn aus der Brühe, lässt ihn abtropfen und zerlegt ihn in zierliche Stückchen, gebe dann etwas Aspik in eine Form und, so wie er fest geworden, die Fischstückchen darauf und dazwischen und darüber Remoulade-Sauce, der man noch drei Esslöffel flüssigen Aspik beigefügt hat, denn sie darf nicht fließen, und über das Ganze noch eine Lage Aspik; stürze es beim Gebrauch, umlege es mit einem reichen Kranze von Salat und lasse Essig und Öl dazu reichen.

122. Karpfen-Sülze: Man koche einen schönen Karpfen (Milchner), nachdem man den Milchner roh bei Seite gesetzt hat, in Fischbrühe

Nr.125 ab, schneide ihn zu gleichmäßigen, zierlichen Stücken und entferne behutsam Haut und Gräten. Den vorher blanchierten Milchner verrühre man wohl in einem tiefen, schmalen, in Eis oder sehr kaltes Wasser gestellten Gefäß, gebe dann fein geschnittene Schalotten, grob gestoßenen weißen Pfeffer und mehrere Esslöffel feines Öl dazu und rühre es zu einer feinen glatten Sauce. Unterdessen hat man in eine beliebige Form, fingerbreit hoch, Aspik gegossen und fest werden lassen und streicht nun von der Sauce so viel darauf, dass er bedeckt ist, lege darüber von dem Fisch und begieße ihn langsam mit Aspik, der ihn bedecken muss und wenn auch dieser fest geworden, so fülle man wieder Sauce, Fisch und Aspik ein, bis die Form voll ist.

Hat man eine Ringform genommen, so kann man, wenn die Sülze gestürzt ist, in den leeren Raum eine schöne Rose Blumenkohl, welche vorher blanchiert und in Essig gelegt worden, stecken.

123. Sardellen-Sülze: Man lasse etwas Aspik in einer Form fest werden, belege ihn mit schönen gewässerten und ausgegräteten Sardellen und zwischen diesen mit hart gekochten, zerschnittenen Eiern, Zitronen- und Pfeffergurken-Scheiben, zierlich ausgezackt und Kapern, gieße dann wieder Aspik auf, belege ihn mit Sardellen und dem übrigen und wechsle so mit den beiden Lagen ab, bis, die Form gefüllt ist.

124. Fischwurst: Man ziehe einem schönen Aal die erste Haut ab und brühe ihn mit kochendem Wasser, um die zweite Haut besser abnehmen zu können, entferne dann die Flossen und schneide den Aal längs dem Bauche auf, nehme die Rückengräte heraus, kerbe das Fleisch leicht ein, lege ihn in eine Terrine und bestreue ihn mit grob gestoßenem Salz. Nun bereite man eine Farce aus fein gestoßenem und durch ein Sieb getriebenem Hechtfleisch, welches man mit 400 Gramm Butter auf 1 Kilo Hechtfleisch und 25 Gramm gewürztem Salz, im Mörser stößt und während des Stoßens, nach und nach drei Eier hinzufügt und zuletzt mit 300 Gramm wohl gewässerten, gereinigten, entgräteten und zu feinen Streifchen (Filets) geschnittenen Sardellen vermischt. Jetzt lässt man den Aal abtropfen, wischt ihn mit einem Tuch sehr rein ab, dass durchaus kein Salz daran haften bleibe und lege ihn auf eine Serviette, bestreiche ihn mit der Farce, schlage ihn zusammen und rolle ihn fest in der Serviette ein, welche man an den beiden Enden mit Bindfaden zubindet und auch hin und wieder damit überbindet, dass die Wurst recht fest halte, die nun eine Stunde lang, mit halb weißem Wein, halb Wasser, fein geschnittenen gelben Rüben und Zwiebeln, einem Sträußchen aus Petersilie, Thymian und Lorbeerblättern, Salz, Pfefferkörnern und vier Gewürznelken langsam gekocht wird, aber wenn die Wurst eine halbe Stunde lang gekocht hat, so setze man sie ab, lasse sie ein wenig abkühlen und nehme sie aus der Serviette, wasche diese, wickle die Wurst wieder hinein, umbinde sie wieder recht fest, damit innen keine Lücken entstehen und koche sie nun vollends gar, hänge sie zum vollständigen Auskühlen, an einen kühlen, luftigen Ort, entferne dann die Serviette, und serviere diese sehr feine Wurst wie Sülze oder zu Butterbrot.

Zur Farce kann man auch Fleisch von Karpfen oder sonst Fischen mit festem Fleische nehmen.

Oder man habe einen schönen Aal, dessen Haut als Darm dient; das Fleisch, nebst einem Zusatz von anderm Fischfleisch, Hecht, Karpfen, Schleihen oder dergleichen, beides sorgfältig entgrätet, hacke man recht fein und würze es mit fein gehackter Petersilie, jungen Zwiebeln, Basilikum, Pfeffer, Salz, Gewürznelken und Muskatnuss, stoße die Gräten im Mörser mit etwas rotem Wein und gebe dies durch ein Sieb zu dem Gehackten, sowie 180-240 Gramm Butter für 1 Kilo Fülle, vermenge es wohl und fülle es in die Aalhaut, lege die Wurst vierundzwanzig Stunden in weißen Wein und Salz und hänge sie danach etwa vier Tage in den Rauch, aber so hoch, dass er sie nur ganz kalt erreicht; auch muss man sie zum Räuchern in Papier einwickeln oder in Leinwand einnähen.

Beim Gebrauch wird die Wurst in zwei Teil Wasser und ein Teil weißen Wein oder statt letztern, ein wenig Essig und mit grünen Küchenkräutern, gekocht und kalt wie Sülze oder zu Butterbrot oder warm, mit geriebenem Meerrettich dabei gegeben.

125. Fischbrühe: Man nehme 1 Liter Wasser, ⅓ Liter Essig, eine gelbe Rübe und eine große oder zwei kleine Zwiebeln, beides zerschnitten, ein Lorbeerblatt, einen halben Teelöffel Pfefferkörner, zwei

Gewürznelken und das nötige Salz, lasse es eine Viertelstunde kochen und seihe es durch.

Wo die Brühe über die Fische gegossen wird, da kann man sie auch gleich darüber seihen und wenn man sie zu Fischen braucht, die blau abgekocht werden, so darf man nicht so viel Essig nehmen, weil diese schon vorher mit Essig übergossen worden und diese Brühe dient zum Abkochen fast aller Fische, insofern nicht Salzwasser vorgeschrieben ist.

V. Gemüse

1. Rübstiel: Man streife die Blätter von den Stängeln, fasse dann eine Handvoll von diesen zusammen und schneide sie auf einem Brettchen ganz fein, in der Art, wie man grünen Kohl schneidet, worauf man sie in gesalzenem Wasser nicht zu weich abkocht, in einen Seiher tut und mit kaltem Wasser übergießt, und wenn sie gut abgelaufen sind, so gebe man ein gutes Stück recht frische Butter in eine Kasserolle und den Rübstiel gleich dazu, ohne die Butter vorher schmelzen zu lassen, stäube ein *klein wenig* Mehl darüber und lasse es eben durchkochen.

Da in manchen Gegenden dies angenehme Gemüse eins der ersten, die das Frühjahr bringt, nicht bekannt sein soll, so bemerke ich, dass man, um dasselbe zu ziehen, Rübsamen so früh im Jahr als möglich an einer warmen, gut und frisch gedüngten Stelle ziemlich dicht säe, weil der Rübstiel dadurch rascher in die Höhe schießt und feiner bleibt; man benutzt nur die Stängel.

2. Spinat: Man breche die groben Stiele ab, wasche den Spinat und koche ihn in kochendem, gesalzenem Wasser, seihe ihn ab, übergieße ihn mit kaltem Wasser, drücke ihn leicht aus, damit er nicht zu viel Saft verliere und hacke ihn.

Dann dämpfe man eine fein geschnittene Zwiebel in frischer, am besten ungesalzener Butter oder gutem Suppenfett, tue den Spinat hinein und bestäube ihn mit einem halben Esslöffel Mehl, gebe Fleischbrühe und ein wenig Muskatnuss daran und koche ihn so eine Viertelstunde lang zu einem etwas dicken Gemüse, bestreue ihn, nach dem Anrichten, mit fein geschnittenem Schnittlauch oder gehackten, hart gekochten Eiern und umlege ihn mit dreieckig geschnittenen in Butter gerösteten Weißbrotschnitten oder mit feinem Pfannkuchen, den man zusammen rollt, zu zweifingerbreiten Stücken schneidet und einen gedrängten Kranz davon um den Spinat legt. Etwas Sauerampfer unter den Spinat genommen, macht ihn angenehm und auch kann man, statt Fleischbrühe, süßen Rahm nehmen und es wird dann, eben vor dem Anrichten noch ein Stück sehr frische Butter durchgerührt.

Es passen zu Spinat fast alle Beilagen, besonders aber Spiegel-Eier, Omeletten, Croquetten und Schnitten, gebackene Fische und eine sehr feine Beilage sind, gefüllte Blätterteig-Pastetchen.

Wenn der Spinat in Samen geschossen ist, so geben die Stängel noch ein gutes Gemüse, wenn man sie wie Rübstiel putzt, schneidet und abkocht und dann in einer Blumenkohlsauce (*S. Blumenkohl*) aufkocht.

3. Sauerampfer: Man hacke ihn, nach dem Waschen gröblich und drücke ihn ein wenig aus, dass die Säure etwas davon komme, röste dann einen kleinen Esslöffel Mehl in 60 Gramm Butter, dämpfe den Sauerampfer darin, tue ⅛ Liter sauren Rahm oder Fleischbrühe daran, Salz und Muskatnuss und umlege ihn mit halbweich gekochten oder mit verlorenen Eiern, kann aber auch jede zu Spinat passende Beilage dazu servieren.

Oder man hacke ihn nicht, sondern streife ihn nur ab, wasche ihn, tue ihn in kochendes gesalzenes Wasser und koche ihn eine Viertelstunde, gieße ihn dann ab und kaltes Wasser darüber und lasse ihn abtropfen, röste nun für einen gehäuften Suppenteller solchen Sauerampfers 30 Gramm geriebenes Weißbrot in 90 Gramm Butter, fülle es, wenn es härtlich ist, mit ¼ Liter Bouillon auf, gebe den Sauerampfer hinein und lasse ihn eben aufkochen.

Beilage oder Umlage, wie bei dem ersten.

4. Kopfsalat als Gemüse: Man entferne die äußern Blätter, schneide den Salat einige Mal durch und behandle ihn dann ganz wie Spinat, nur dass er nicht gehackt, sondern fein geschnitten wird und man kann auch so die Köpfe, welche durchgehen wollen, noch gut benutzen.

5. Rhabarber als Gemüse: Man wähle die zartesten Blätter, streife Stängel und Adern aus, gebe die Blätter in kochendes Wasser und koche sie zwanzig Minuten lang, drücke sie dann aus und dämpfe sie zehn Minuten mit etwas Butter, Pfeffer und Salz.

Es ist eins der ersten Gemüse im Garten und ebenso gesund als wohlschmeckend.

6. Brennnesseln als Gemüse: Man nehme dazu die ganz jungen Brennnesseln, die, wenn man oft noch nicht viel anderes hat, ein angenehmes Gemüse liefern und später von den ältern nur die Spitzen, wasche sie und lasse sie gut abtropfen, gebe sie in gesalzenes kochendes Wasser und koche sie fünfundzwanzig Minuten lang, hacke sie und bereite sie wie Spinat.

7. Hopfen als Gemüse: Man koche den in Bündchen gebundenen Hopfen in kochendem, gesalzenem Wasser ab, tue ihn in einem Seiher, übergieße ihn mit kaltem Wasser und lasse ihn sehr rein und trocken ablaufen, hacke oder schneide ihn dann fein, dämpfe eine fein geschnittene Zwiebel in frischer Butter oder gutem Suppenfett, gebe den Hopfen hinein und bestäube ihn mit ein wenig Mehl, füge Bouillon und ein wenig Muskatnuss hinzu und eben vor dem Anrichten, ein Eigelb.

8. Hopfen wie Spargel: Man binde die jungen sauber geputzten Sprossen in Bündchen wie Spargel, koche sie in gesalzenem Wasser ab, richte sie dann auch wie Spargel an und serviere eine säuerliche Sauce z. B Eiersauce oder Salatbohnensauce dazu.

9. Spargeln: Man schäle die Spargeln vom Kopfe, der unberührt bleibt, anzufangen mit einem kleinen scharfen Messer leicht und fein ab und greife nur nach unten etwas tiefer ein, weil sie dort weniger zart sind, wasche sie, binde sie in gleich dicke Bündchen, schneide sie zu gleicher Länge ab und gebe sie in reichliches, kochendes Wasser, wobei man auf den Liter Wasser 15 Gramm Salz zu rechnen pflegt, es aber erst daran gibt, wenn die Spargeln beinahe gar sind, denn sonst schadet es ihrem feinen Geschmack und ebenso, wenn man zu viel Salz nimmt.

Sind die Spargeln nun schön gekocht, so nehme man sie mit dem Schaumlöffel heraus und lasse sie gut ablaufen, richte sie auf der dazu bestimmten, erwärmten Schüssel an, entferne die Bündchen und rücke sie auseinander, rund laufend, die Köpfe nach der Mitte, wenn die Schüssel rund ist, oder alle Köpfe nach einer Seite gerichtet, wenn man eine der jetzt beliebten langen, schmalen Spargelschüsseln hat und reiche Spargelsauce, holländische Sauce, Eiersauce oder auch nur geschmolzene Butter dazu, zu welch' letzterer man häufig hart gekochte Eidotter serviert, um sie mit der Butter zu vermischen oder gehackte Eier, wie bei Sander angegeben. Manche lieben sie auch mit Remoulade-Sauce oder mit Essig und Öl.

Sehr gut und dabei netten Ansehens sind die Spargeln mit geröstetem Brot; man lege sie dazu auf eine runde Schüssel und herum, die Köpfe nach der Mitte, lasse aber in der Mitte einen leeren Raum, wie eine Untertasse etwa, schichte auf diesen einen kleinen Berg von recht fett und spröde geröstetem, geriebenen Weißbrot oder auch Schwarzbrot und serviere geriebenen Parmesan- oder Schweizerkäse, recht heiße zerlassene Butter und Zitronen-Achtel dazu.

In anderer Weise kann man den Berg und mithin auch den leeren Raum weglassen, die Spargeln in der Mitte bloß mit geriebenem Käse reichlich bestreuen und braune Butter darüber gießen.

Spargel ist je frischer, je besser; will man ihn aber verwahren, so muss man ihn einen Fuß tief in die Erde vergraben.

10. Gedämpfte Spargeln: Man breche den geputzten Spargel in Stücke, soweit er sich glatt brechen lässt, wasche ihn, koche ihn in Wasser mit Salz weich und lasse das Wasser gut ablaufen, tue ihn dann mit Butter, gehackter Petersilie, einem Glase weißen Wein und etwas Salz in eine Kasserolle und dämpfe ihn damit, streue etwas geriebenes Weißbrot und Muskatnuss darüber, richte ihn gehäuft an und lege zuerst einen Kranz von Rührei (*S. Eierspeisen*) darum und dann einen Kranz von zierlich geschnittenen und in Butter geröstetem Weißbrot.

11. Gebackener Spargel: Man nehme recht schönen Spargel, nicht zu lang, weil er sich sonst nicht gut backt und nicht gut aussieht, koche ihn wie gewöhnlich, jedoch nicht zu weich, lasse ihn gut ablaufen und auf einem Tuch abtrocknen und erkalten, tauche ihn dann in Backteig (*S. Teige*), backe ihn in voller Schmelzbutter oder Ausbackfett, schön gelb und serviere ihn mit einem Sträußchen gebackener Petersilie darauf, sehr heiß, meistens nach der Suppe, wo man ihn vor dem Backen eine Stunde lang in Essig, Salz und Pfeffer legen und marinieren lassen kann, oder mit Zucker bestreut als Mehlspeise.

12. Spargel mit Eiern: Man gebe in die Schüssel, worin die nach Nr.9 abgekochten Spargeln serviert werden sollen, kleine Stückchen Butter, gehackte Petersilie und einen Esslöffel gestoßenes, gesiebtes Weißbrot und lege die Spargeln, mit den Köpfchen nach der Mitte darauf, gieße gute Fleischbrühe darüber und stelle es so lang in den Backofen, bis sie durch und durch heiß sind und die Sauce dicklich wird, wonach man sie heraus nimmt und mit verlorenen Eiern (*S. Eierspeisen*) umlegt.

Oder man schneide die Köpfchen der Spargeln etwa so lang wie ein Fingerglied ab und das Übrige, soweit es zart ist, in ähnliche Stückchen, koche sie in gesalzenem Wasser, seihe sie ab, lege sie auf ein Tuch zum Abtrocknen und schwinge sie danach mit einem Stück sehr frischer Butter über dem Feuer, füge Salz, etwas Muskatnuss, etwas Zucker und einige Löffel Béchamelsauce hinzu, schwingt sie abermals damit, richte sie nun bergförmig an und umgebe sie mit halbhart gekochten ganzen Eiern, die man dicht nebeneinander, aufrecht herum stellt und zwischen jedes Ei halb-, mondförmig oder wie ein Hahnenkamm geschnittene, in Butter geröstete Weißbrotscheibchen.

Oder wozu man dünne Spargel oder auch die ersten, noch wenig vorhandenen Spargeln gebrauchen kann, man mische sie, zu Stückchen geschnitten und in gesalzenem Wasser abgekocht, unter Rührei und umlege es mit Croutons.

13. Spargeln mit Möhrchen: Man schneide den geschälten Spargel in Stücke und koche sie in gesalzenem Wasser, dämpfe die jungen (unzerschnittenen) Möhrchen in Wasser und Butter gar und rühre nun eine leichte, weiße Einbrenn mit etwas von dem Spargelwasser zu einer dicklichen Sauce, gebe ein wenig Zucker und fein gehackte Petersilie daran, tue Spargel und Möhrchen hinein, schwenke alles leicht durch einander und garniere das angerichtete Gemüse mit Spiegeleiern oder mit Scheiben von zusammen gerollten Pfannkuchen.

14. Spargeln, kalt zu geben: Man lege die wie bei Nr.9 abgekochten Spargeln in eine runde Schale, die dicken Enden nach außen, sodass die Schale rund gefüllt ist und gieße, wenn sie erkaltet sind, folgende Sauce darüber: Man verrühre drei hartgekochte Eidotter mit feinem Öl, welches man nach und nach daran gibt, zu dünnem Brei und vermische damit ein wenig Pfeffer, Salz, einige Löffel Senf, etwas Petersilie, einige Blättchen Estragon und Basilikum, und acht Schalotten oder ein paar Zwiebeln, alles fein gehackt.

Oder man koche ausgesucht schönen Spargel, wie gewöhnlich (*S. Nr.9*), doch etwas weniger weich, lasse ihn erkalten, lege ihn danach über eine Serviette, damit das Wasser rein abfließe und ordne ihn aufrecht stehend in ein Gefäß mit geradem Rande, z.B. eine Auflauf-Form von Porzellan, indem man in deren Mitte einen besonders schönen und *langen* Spargelstängel stellt, um diesen herum andere, die um ein Köpfchen kürzer geschnitten sind, wieder andere, um eben so viel kürzer und so fort, in absteigender Linie, bis die Schale gefüllt ist, die natürlich nicht höher sein darf, als dass die Köpfchen der letzten Reihe, noch gut sichtbar bleiben. Man reicht eine Mayonnaise- oder Remoulade-Sauce dazu, sowie eins der Scheren-förmigen Salatbestecke, weil man sonst die Spargeln nicht gut herausnehmen könnte.

15. Frische Morcheln als Gemüse: Man reinige sie sehr sorgfältig, lasse dann Butter zergehen, dämpfe die Morcheln, nebst einer fein gehackten Zwiebel und, wenn nötig, etwas Bouillon darin und füge zuletzt ein wenig gestoßenen Zwieback, gehackte Petersilie und Zitronensaft hinzu.

16. Möhren (gelbe Rüben): Man schabe die Möhren, so lange sie noch jung sind und nicht zerschnitten zu werden brauchen, nur ab, gebe ein gutes Stück frische Butter in eine flache Kasserolle, stäube ein wenig Mehl darüber, dämpfe die Möhren darin, wenn nötig mit etwas Wasser dabei und füge kurz vor dem Anrichten, fein geschnittene Petersilie und ein paar Esslöffel sauren Rahm hinzu.

Sind die Möhren größer geworden, so schneidet man sie in Scheiben und dann in Streifen, dämpft fein geschnittene Zwiebeln in Butter oder Suppenfett weich, gießt ein wenig Wasser zu, tut, wenn dies kocht, die Möhren hinein und hernach auch Petersilie und sauren Rahm daran.

Oder man dämpfe sie mit ⅛ Kilo Butter auf 2 Liter Möhren und etwas Zucker über mittelstarkem Feuer halb weich, bestäube sie mit zwei Esslöffel Mehl und schwinge sie untereinander, gebe nun etwas Fleischbrühe oder auch Wasser daran, schwinge sie wieder und lasse sie vollends weich kochen. Wenn die Möhren längere Zeit eingekellert sind, so tut man wohl, das innere nicht zu benutzen, weil es dann nicht mehr wohlschmeckend ist.

Eine besonders gute Beilage zu Möhren, sind Kartoffel-Küchlein; man richtet die Möhren dann auf einer etwas großen, flachen Schüssel gehäuft an und umlegt sie mit den Küchlein.

17. Grüne Erbsen: Man zerlasse ein gutes Stück Butter in einer flachen Kasserolle, tue die Erbsen hinein, stäube ein wenig Mehl darüber und lasse sie so gar werden, indem man die Kasserolle bisweilen schüttelt; meistens geben sie selbst Brühe genug, wo nicht, so gieße man ein wenig Wasser zu und gebe zuletzt fein geschnittene Petersilie und ein paar Esslöffel sauren Rahm daran.

Oder man koche die Erbsen, die dann aber sehr zart sein müssen, bloß in Wasser ab (auf 2 Liter Erbsen, 2 Liter etwas gesalzenes Wasser), wozu eine Viertelstunde genügt, seihe sie ab, richte sie sehr schnell gehäuft an und lege 90–120 Gramm sehr frische Butter, in Stückchen, oben darauf.

18. Grüne Erbsen mit Brandteig-Küchlein: Man koche die Erbsen in Wasser mit ein ganz klein wenig Salz ab und lasse sie auf einem Seiher ablaufen, gebe dann, für 2 Liter Erbsen, 90 Gramm sehr frische Butter in eine Kasserolle, die Erbsen dazu, lasse sie auf gelindem Feuer eben aufgehen und gieße nach und nach zwei Gläser guten Rahm daran, füge einen Esslöffel gestoßenen Zucker hinzu und ziehe sie mit zwei Eigelb ab, richte sie nun, recht gehäuft, auf einer langen, flachen Schüssel an und umlege sie mit den Küchlein.

Zu diesen koche man ¼ Liter Milch mit einem eigroßen Stückchen frischer Butter und ein wenig Salz, rühre etwa ¼ Liter feinstes Mehl hinein (der Teig muss ganz fest sein) und rühre es auf dem Feuer so lange, bis der Teig sich von der Kasserolle und dem Löffel schält, tue ihn dann in eine Schüssel und wenn er halb abgekühlt ist, so rühre man nach und nach vier bis fünf Eier, abwechselnd ein ganzes Ei und von einem nur das Eigelb hinein, steche mit einem silbernen Löffel, wallnussgroße Stückchen davon, streiche sie mit dem Finger möglichst rund von dem Löffel ab, backe sie in voller Schmelzbutter lichtbraun und lege sie zum Abfetten auf Fließpapier.

19. Grüne Erbsen mit Möhren: Man schneide Möhren, am besten von der roten Sorte, in ganz kleine Würfel, nehme gleich viel grüne Erbsen dazu und dämpfe sie zusammen mit frischer Butter, etwas Zucker, Salz und Bouillon kurz und weich ein und gebe schließlich sauren Rahm daran. Auch diese Schüssel kann man mit Kartoffel-Küchlein oder mit schön bräunlich gebratenen Kartoffeln umlegen.

20. Grüne Erbsen mit Brötchen: Man reibe an so vielen Brötchen, als Personen sind, die Kruste mit einem Reibeisen ab, schneide oben einen kleinen Deckel ab, höhle sie aus und röste sie rundum in Butter, fülle sie dann mit Erbsen, nach Nr. 17, erstes Rezept, zubereitet, gehäuft an, lege sie auf eine runde Schüssel und umlege sie mit den übrigen Erbsen.

21. Grüne Erbsen mit Reis: Man koche die Erbsen in gesalzenem Wasser, seihe es ab und dämpfe sie mit Butter und fein geschnittene-Petersilie, währenddessen man immer etwas Bouillon zugießt und den Erbsen mehr Brühe lässt als sonst, weil der Reis sie sehr verdickt. Aus 1 Liter Erbsen dämpfe man nun 90 Gramm blanchierten Reis in Butter und mische hiernach beides untereinander.

Eine besonders gute Beilage hierzu, ist gebratener oder geräucherter Aal.

22. Zuckererbsen: Man dämpfe sie, wenn sie abgefädet sind in Butter und tue Salz, sehr wenig Mehl und, wenn nötig, ein wenig Wasser daran.

Oder man koche sie in Wasser ab, dämpfe sie dann in Butter und gebe zuletzt ein paar verklopfte Eier und etwas Rahm dazu.

23. Zuckererbsen mit Klößchen: Man bereite sie wie gewöhnlich, doch müssen sie etwas mehr Brühe haben; dann koche man 60 Gramm Wasser, 60 Gramm Butter und 60 Gramm feines Mehl zu einem steifen Brei, lasse ihn etwas verkühlen und rühre nun nach und nach drei Eier hinein, dass es einen recht glatten Teig gibt, den man mit Salz und Muskatnuss würzt, und wenn die Zuckererbsen gar sind, so steche man mit einem Esslöffel, halbvoll, Klößchen, lege sie auf die Erbsen, lasse sie darauf gar werden und richte gleich an.

24. Spargelerbsen (Lotus Tetra gonolobus): Man koche sie ab wie Salatbohnen und serviere sie auch so, mit einer Sauce wie zu Salatbohnen oder gebe sie kalt mit Essig, Öl, Pfeffer, Salz und gehackter Petersilie angemengt. Es ist ein sehr angenehmes und, wie ich glaube, wenig bekanntes Gemüse, nur muss man es jung und zart nehmen, denn wenn man die rechte Zeit versäumt, so wird es strohartig und ganz unbrauchbar.

25. Blumenkohl: Man putze ihn sorgfältig, koche ihn, ganz oder zerteilt, in gesalzenem kochenden Wasser ab, tue ihn in einen Seiher und stelle diesen über heißes Wasser, damit der Blumenkohl warm bleibe. Dann mache man eine Creme-artige Sauce, zu der man einen halben Esslöffel Mehl mit kaltem Wasser fein abrührt, 60 Gramm recht frische, in Stückchen zerbröckelte Butter und drei Eigelb dazu tut, von dem Blumenkohl-Wasser daran gießt und hiervon auf gelindem Feuer eine dickflüssige Sauce rührt, die aber nicht kochen darf. Ist der Blumenkohl ganz geblieben, so gießt man beim Anrichten die Sauce darüber, ist er zerteilt, so tut man ihn in die Sauce und lässt ihn darin recht heiß werden.

Um ganzen Blumenkohl schön zu kochen, binde man ihn in groben, starken Mull.

26. Blumenkohl mit Krebsen: Man nehme dazu schöne, große Rosen von Blumenkohl, die man ganz lässt, beim Putzen immer gleich in frisches Wasser legt und währenddessen das Wasser zum Abkochen desselben zu Feuer bringt, mit Salz und für 2 Liter Wasser, 45 Gramm Butter und den Saft einer halben Zitrone und wenn das Wasser kocht, so gebe man den Blumenkohl hinein und lasse ihn gar aber nicht zu weich kochen, tue ihn dann auf ein Sieb, richte ihn auf einer runden Schüssel bergartig an, sodass alle Stiele untergeschoben sind, gieße folgende Sauce darüber und bestreue ihn mit den Krebs-Schweifen und Scheren.

Man breche an achtzehn bis vierundzwanzig abgekochten, mittelgroßen Krebsen, die Schweife und Scheren aus, schäle sie und halte sie in ein wenig Bouillon heiß und bereite aus den Krebsschalen mit ⅛ Kilo Butter eine Krebsbutter (S. *Verschiedenes*), in der man dann einen halben Esslöffel Mehl aufgehen lässt, es mit Blumenkohl-Wasser zu einer sämigen Sauce anrührt und mit Salz, einem Teelöffel Zucker und einer Prise weißem Pfeffer würzt.

27. Blumenkohl mit grünen Erbsen und Parmesankäse: Man koche die Blumenkohl-Rosen in gesalzenem Wasser gar und lege sie dicht aneinander auf eine runde Schüssel, sodass sie nur eine einzige Rose zu bilden scheinen, bereite eine dicke Buttersauce, zu der man von dem Blumenkohl-Wasser benutzt, begieße den Blumenkohl damit, bestreue ihn mit geriebenem Parmesankäse und umlege ihn mit grünen Erbsen, welche man in gesalzenem Wasser abgekocht, dann mit Butter und ein wenig Mehl gedämpft und mit Bouillon und, nach Geschmack, ein wenig Zucker fertig gekocht hat; sie dürfen durchaus keine Brühe haben. Auch kann man diese schöne Schüssel noch mit Fleurons oder gebackenen Pastetchen (*S. 2.Abschnitt*) garnieren.

28. Rosenkohl: Man koche die geputzten und rein gewaschenen Köpfchen einige Minuten in gesalzenem Wasser, bis sie sich weich anfühlen, übergieße sie dann in einem Seiher mit kaltem Wasser und schwinge sie mit einem Stück frischer Butter und etwas Salz über dem Feuer, kann auch ein wenig Mehl darüber stäuben und gibt gern Kastanien (*S. Kastanien zu Gemüsen*), dazu, die man entweder reichlich beim Anrichten damit vermischt oder in Mitte des Rosenkohls einen kleinen Berg davon legt,

29. Grünkohl: Man schneide ihn auf einem Brettchen fein, koche ihn in gesalzenem Wasser ab, übergieße ihn im Seiher mit kaltem Wasser und presse ihn fest aus, dämpfe fein geschnittene Zwiebel in Butter oder Fett, besonders Gänsefett, tue ein wenig Mehl, Salz und Wasser daran, gebe, wenn es aufgekocht hat, den wieder aufgelockerten Kohl hinein und lasse ihn gut durchkochen. Man gibt meistens Kastanien (*S. Nr.28*) oder gebratene Kartoffeln dazu, von denen man in die Mitte der Schüssel einen kleinen Berg und den Kohl kranzförmig darum legt oder den gehäuft angerichteten Kohl damit garniert.

30. Braunkohl: Man schneide ihn wie den Grünkohl, wasche ihn und drücke ihn fest aus, lasse dann Butter oder Fett heiß werden, tue den Kohl mit ein wenig Salz hinein und dämpfe ihn zugedeckt weich, gebe kurz vor dem Anrichten ein Glas roten Wein und, wenn nötig, während des Dämpfens ein wenig Wasser daran und kann ihn, gleich dem Grünkohl, mit Kastanien oder Kartoffeln geben.

31. Butterkohl (ewiger Kohl): Wie Grünkohl.

32. Rotkohl (roter Kappus): Man schneide oder schabe ihn wie Sauerkraut, koche ihn mit Schweinefett, geschnittenen Zwiebeln und etwas Essig in einem irdenen Topf gar und tue zuletzt noch etwas Mehl, in etwas Schweinefett ein wenig gedämpft, daran.

Oder man dämpfe ihn, gut zugedeckt, mit Butter, etwas Salz und tue, wenn nötig, ein wenig Wasser, später roten Wein und ganz zuletzt, etwas Essig daran.

33. Gedämpfter Rotkohl mit Kastanien: Man entferne von zwei bis drei Köpfen Rotkohl, die rauen Blätter, teile jeden Kopf in vier Stücke und schneide oder hoble ihn, nachdem der Strunk herausgenommen, fein, röste dann zwei Esslöffel fein geschnittene Zwiebeln in $1/8$ Kilo Butter gelb, füge ein Glas guten Essig, ein Glas roten Wein, zwei geschälte und in feine Scheibchen geschnittene Äpfel, Salz und 80 Gramm Zucker hinzu und dämpfe es auf mäßigem Feuer, unter öfterem Umrühren. Kurz vor dem Anrichten bestäube man es leicht mit Mehl und wenn es damit noch fünf Minuten gedämpft hat, so richte man es gehäuft an, mit Kastanien (*S. Nr.28*) dazwischen oder in der Mitte oder im Kranze darum gelegt oder man drücke es in eine Ringform, stürze es und fülle den leeren Raum mit den Kastanien.

34. Gefüllter Rotkohl: Man nehme den Strunk heraus und fülle an dessen Stelle, von der Masse der Heringklops (*S. Beilagen*), lasse dann Butter heiß werden, tue die Kohlköpfe hinein nebst Salz, Pfeffer, Gewürznelken, ein wenig Bouillon einem Glas rotem Wein und, wenn man das Säuerliche liebt, etwas Essig und dämpfe sie unter fleißigem Begießen ganz langsam, bis sie durch und durch weich und gar sind.

35. Weißkohl (Weißer Kappus): Man nehme die äußern Blätter ab, schneide die Köpfe durch und teile sie, nachdem die Strünke entfernt worden, in mehrere Stücke, koche sie in gesalzenem, kochendem Wasser ab, übergieße sie mit kaltem Wasser und drücke sie fest aus, lasse nun Mehl in Butter aufgehen, rühre es mit kochendem Wasser an, gebe Salz und, nach Geschmack, etwas Kümmel daran und mache den Kohl darin gar.

36. Savoyer Kohl: Wie Weißkohl aber ohne Kümmel.

37. Gedämpfter Savoyer Kohl: Man halbiere möglichst gleiche, nicht zu große Köpfe und schneide den Strunk etwas heraus, doch so, dass sie nicht auseinander fallen, mache dann in einer flachen Kasserolle reichlich Butter heiß, lege den Kohl neben einander hinein, die flache Seite nach unten (er darf nicht umgewendet werden), gebe Bratenjus oder etwas mit Wasser vermischten, Fleischextrakt dazu und begieße mit der sich bildenden Sauce die Köpfe recht fleißig, bis sie gar sind und würze mit ein wenig weißem Pfeffer und, wenn nötig, Salz.

38. Gefüllter Savoyer Kohl: Man nehme einige der äußern Blätter ab, schneide die Köpfe dann durch und von dem Strunk so viel heraus, dass die Blätter doch noch zusammen halten, koche sie in gesalzenem Wasser halb gar und drücke sie Stück für Stück vorsichtig aus, dass kein Wasser darin bleibe. Hierauf breche man etwa zwei Dutzend abgekochten Suppenkrebsen die Schweife aus und schäle und hacke sie; das Übrige von den Krebsen so wie die Schalen der Schweife stoße man nach Entfernung der Galle, dämpfe es in $1/8$ Kilo Butter, koche es mit zwei Schöpflöffeln Bouillon auf und gebe es durch ein Sieb. Die sich oben bildende Krebsbutter wird mit einem Löffel abgenommen und wenn sie erkaltet ist, mit einem ganzen Ei und zwei Eidottern leicht gerührt. Nun reibt man von ein bis zwei Weißbrötchen die Rinde ab, weicht die Brötchen in Milch, drückt sie aus und tut sie nebst dem gehackten Krebsfleisch, Salz und Muskatnuss an die Butter und streiche diese Farce jetzt mit einem Messer dünn zwischen die Blätter der halbierten Kohlköpfe, lege diese mit der platten Seite, einen neben den andern, in heiße Butter, streue Pfeffer und Salz darüber und lege auf jeden ein Bröckchen Butter, decke sie zu und dämpfe sie gar, währenddessen man sie zuerst fleißig mit der Butter begießt und hernach von der Krebsbrühe daran gießt, dass sie beim Anrichten eine kleine Sauce haben.

Ebenso und auch Nr. 39 von *Weißkohl*.

39. Savoyer Kohl mit Kastanien gefüllt: Man nehme ein bis zwei Kohlköpfe, je nach ihrer Größe (wo ein recht großer genügt, da gibt es eine schönere Schüssel, als wenn es zwei wären, drei aber machen sich wieder sehr gut), lege sie, unzerschnitten eine Viertelstunde lang in kochendes Salzwasser, danach in kaltes Wasser und drücke dann mit den Händen, alles Wasser heraus, biege nun die Blätter auseinander und nehme das Innere heraus. Unterdessen habe man von Kastanien die äußere Schale abgeschält und koche sie so lange in Salzwasser, bis auch die zweite Haut sich abziehen lässt, dämpfe sie mit fein gehackten Ei, Zwiebeln und Petersilie in Butter und fülle einen Teil derselben (der Rest wird für die Sauce bewahrt) in den Kohl, dessen Blätter man nun wieder zusammen biegt, ihm seine natürliche Form wieder gibt und mit Bindfaden umbindet, wonach man ihn mit Bouillon, Salz, Pfefferkörnern, einer Möhre, einer Zwiebel und einem Sträußchen Küchenkräutern vollends gar kocht. Die Brühe gebe man durch ein Sieb, mache eine braune Einbrenn und rühre sie mit der Brühe an, tue, wenn diese Sauce fertig ist, die zurückbehaltenen Kastanien (drei bis vier auf die Person gerechnet) hinein und gieße sie um den angerichteten Kohl.

40. Gefüllter Grünkohl: Man hacke dazu zwei starke Handvoll abgekochte und wohl ausgedrückte zarte Kohlblätter und ziemlich viel Schnittlauch und Petersilie fein, dämpfe es in $\frac{1}{8}$ Kilo zerlassener

Butter und mische etwas Kastanien, (*S. Nr.28*) vorbereitet, darunter, weiche dann einige abgerindete Weißbrötchen in Milch, drücke sie aus und rühre sie nebst fein geschnittenen Schalotten, Salz und Muskatnuss, zu dem Kohl, so wie nach und nach neun Eidotter und zuletzt den Schnee von neun Eiweiß. Einige schöne Kohlblätter habe man besonders, aber nicht zu weich gekocht, bestreiche nun eine Serviette dick mit Butter, lege die Blätter darüber, sodass sie die Fülle ganz einschließen können und gebe diese darauf, binde die Serviette zu, hänge diese Art Pudding in kochendes, gesalzenes Wasser (*S. Plumpudding*) und lasse ihn anderthalb Stunden kochen, richte ihn an, bestecke ihn mit etlichen Grünkohl-Sprossen, die man ein wenig abgekocht und in kaltes Wasser gelegt hat und gieße eine Buttersauce rund herum.

41. Gemischtes Gemüse (Macedoine): Man nehme einen Kopf Weißkohl und einen Kopf Savoyer Kohl, entferne die äußern Blätter und teile jeden in vier Teile, schneide die dicken Blattadern heraus, koche den Kohl in gesalzenem Wasser eine Viertelstunde lang und dämpfe ihn, nachdem das Wasser abgegossen, in Bouillon. Ferner nehme man Möhren, weiße Rüben, Schwarzwurzeln (alles gleichmäßig zu länglichen Stückchen geschnitten), Blumenkohlröschen und ein paar Dutzend kleine Zwiebeln, welche man, jede für sich, in Bouillon gar kocht und, so wie eins gar ist, auf ein Sieb schüttet, alles auf dasselbe Sieb. Ist nun alles fertig, so dämpft man zwei Esslöffel Mehl in $\frac{1}{8}$ Kilo Butter, rührt dies mit der abgelaufenen Brühe zu einer glatten dicklichen Sauce an, ordnet die Gemüse bunt durcheinander auf eine Schüssel und gießt die Sauce darüber, deckt es zu und stellt es noch zehn Minuten an eine heiße Stelle.

42. Kohlsprossen: Man koche die Sprossen von grünem oder braunem Kohl in gesalzenem Wasser ab und reiche folgende Sauce dazu:

Man lasse ein Stück Butter gelb werden und gieße sie in ein Schüsselchen, verrühre dann zwei Eidotter mit Wasser und etwas Salz und tue, wenn es ausgekocht hat, die Butter dazu.

Es ist auch eine gute Sauce zu *Salatbohnen*, doch nimmt man dann statt Wasser sauren Rahm.

43. Kohlrabi: Man schäle sie, schneide sie in Scheiben und danach in Streifen, koche sie in gesalzenem Wasser ab und gieße sie auf einen Seiher, aber kein Wasser nach, sondern decke sie zu, dass sie warm bleiben, verklopfe dann ein wenig Mehl mit Milch oder süßem Rahm, tue ein Stück Butter und Salz daran und wenn es aufgekocht hat, die Kohlrabi hinein und lasse sie aufkochen. Sind die Kohlrabi ganz jung, so kann man sie auch in feine Scheiben schneiden.

Oder man schneide die geschälten, recht zarten Kohlrabi in Scheiben und die zarten grünen Blätter nudelartig, koche beides, jedoch jedes für sich, in gesalzenem Wasser weich und lege sie in kaltes Wasser, bereite dann eine Buttersauce und tue in eine Hälfte derselben die gut abgelaufenen Kohlrabi, in die andere die, in einem Tuch gut ausgedrückten Blätter und lasse es aufkochen, richte nun die Kohlrabi zuerst an und gebe das Grüne in die Mitte, kann übrigens aber auch beides zusammen abkochen und zusammen in der Sauce aufkochen.

44. Artischocken: Man schneide den Stiel und die untersten harten Blätter der Artischocken weg und von den übrigen Blättern die Spitzen ab, koche die Artischocken in kochendem, leicht gesalzenem Wasser so lange, bis sich ein Blatt ohne Mühe ausziehen lässt und gebe eine holländische oder Buttersauce dazu. Zum feineren Servieren ziehe man einige der innern Blättchen vorsichtig, dass sie nicht auseinanderfallen, heraus, um den Samen, der auf dem sogenannten Käse sitzt, heraus zu nehmen, worauf man die Blättchen wieder einsteckt, nachdem man an Stelle des Samens etwas Sauce getan hat.

45. Jerusalem-Artischocken (Erdbirnen, Topinambur): Man nehme etwa anderthalb Dutzend dieser Artischocken, schäle sie, gebe ihnen die Form von Birnen, aber mit flachen Böden, wasche sie sehr rein und koche sie in 1½ Liter Wasser mit 30 Gramm Salz, 30 Gramm Butter und einigen Zwiebelscheiben langsam weich. Beim Anrichten werden sie, eine dicht neben die andere, gestellt und mit einer Sauce wie zu Salatbohnen übergossen und man steckt gern zwischen jede Artischocke ein abgekochtes, recht grünes Köpfchen Rosenkohl oder eine Kohlsprosse.

Dieses in England und Frankreich so beliebte Gemüse empfiehlt sich auch dadurch, dass es in der Erde nie erfriert und man es also darin lassen und nach Bedürfnis jedes Mal ausnehmen lassen kann.

46. Gefüllter Sellerie: Man schäle recht schöne, große Sellerieköpfe, schneide sie rund zu gleicher Größe und oben einen Deckel mit dem Herzblättchen ab und höhle sie aus, hacke dann das heraus gehöhlte und dämpfe es nebst einigen zarten, ebenfalls gehackten Sellerieblättern in Butter, vermische dies hierauf, für vier Köpfe, mit zwei Eiern, zwei Esslöffeln Milch, geriebenem Weißbrot, ein wenig Salz und abgeriebener Zitronenschale und fülle die Köpfe damit, binde den Deckel darauf, dämpfe sie mit Butter und Bouillon eine halbe Stunde und setze der Sauce dann noch etwas geriebenes Weißbrot zu.

47. Gefüllte Zwiebeln: Man schneide von recht schönen, großen Zwiebeln, in gleicher Größe, oben einen Deckel ab und höhle sie aus, rühre dann ein Stückchen Butter zu Schaum, gebe ein Ei, etwas fein gehackten, übrig gebliebenen Stockfisch, eingeweichtes Weißbrot, Pfeffer und Salz dazu und fülle die Zwiebeln damit, lege auf jede ein klein wenig Butter, befestige die Deckel mit Hölzchen darauf und dämpfe sie in Butter mit etwas Bouillon oder Wasser weich.

48. Speise-Kürbis (Vegetable Marrow, Squass): Man schneide die ausgewachsenen aber noch unreifen Kürbisse, ungeschält, in vier Teile, nehme die Kerne heraus und koche sie in Essig und Wasser mit etwas Butter, wobei man sehr darauf achten muss, dass sie nicht zu weich werden, seihe sie dann ab und übergieße sie mit einer säuerlichen Sauce. Er hat so bereitet Ähnlichkeit mit Blumenkohl.

In Amerika, wo er *Squass* heißt, wird er, nachdem er in Wasser und Essig abgekocht worden, gehackt, jedoch nicht zu fein, und auch darf er ja nicht zu weich gekocht sein, tue ihn dann in heiße Butter (für einen gehäuften Suppenteller Squass 90 Gramm) und rühre ihn einige Mal behutsam um; stäube nun ein wenig Mehl darüber, schwinge ihn damit und decke nicht zu, bis es durchgekocht ist, wo man dann noch etwas Bouillon daran gießt.

49. Gurken als Gemüse: Man schäle schöne Salatgurken, schneide sie der Länge nach in vier Teile, nehme die Kerne heraus und teile jedes Viertel, der Quere nach in drei Stücke, schäle auch so viel kleine Zwiebeln als man Gurkenstücke hat und lege beides zwei Stunden lang in eine Marinade aus halb Essig, halb Wasser, Pfeffer und Salz, gieße dann die Marinade ab und so viel gute Bouillon an die Stelle, dass Gurken und Zwiebeln bedeckt sind, koche sie nun so lange, bis alle Brühe verkocht ist, wonach man noch etwas Bouillon oder besser, den Saft einer Zitrone und ein wenig Zucker daran tut und damit aufkochen lässt.

Vorzüglich zu gebackenem Fisch, besonders zu Karpfen und Schleihen und auch Croquetten sind eine gute Beilage.

50. Champignons als Gemüse: Man werfe die oben und unten geschälten Champignons immer gleich in kaltes Wasser mit etwas Essig, wasche sie dann rasch heraus und dämpfe sie, auf 1 Liter davon, mit 30–45 Gramm Butter und einer ganzen Zwiebel auf lebhaftem Feuer, bis ihr zu Anfang starker Saft beinahe ganz eingekocht ist, lasse nun etwas Mehl in Butter aufgehen, tue drei, mit zwei Esslöffeln süßem Rahm verrührte Eigelb, Salz, weißen Pfeffer, Zitronensaft und fein gehackte Petersilie daran, gebe die Champignons hinein, lasse sie eben aufkochen und gebe sie als selbstständige Schüssel mit Croutons und Spiegeleiern eingefasst oder man gibt Croquetten oder dergleichen dazu. Die Zwiebel wird herausgenommen.

51. Kastanien als Gemüse: Man bereite sie (1 Kilo etwa) wie zu dem Rotkohl aber ohne Zucker, richte sie an und übergieße sie mit folgender Sauce: Man verknete einen halben Esslöffel Mehl mit einem Stückchen Butter, vermische es mit einer Handvoll ganz fein gehackter Petersilie, rühre es mit guter Bouillon an und ziehe, wenn es ein wenig gekocht hat, mit zwei Eidottern ab; dann habe man schöne Köpfchen von Rosenkohl in gesalzenem Wasser mit etwas Butter darin abgekocht und stelle diese nun, eins dicht neben dem andern, um die Kastanien auf.

Oder auf *englische* Art, übergieße man die Kastanien mit nachstehender Sauce, lasse dann aber den Rosenkohl weg.

Man dämpfe fein geschnittenen oder geschabten Rotkohl und die gleiche Menge geschälte und zu Scheibchen geschnittene Äpfel mit einem Stück Butter und wenig Wasser recht weich, verrühre und vermische es gut zu einer dicklichen Sauce und würze mit Salz und Pfeffer.

52. Kastanien zu Gemüsen: Man gebe die abgeschälten Kastanien in kochendes Wasser, lasse sie, zugedeckt, einige Minuten stehen, streife die zweite Haut mit einem Tuch ab und lege die Kastanien in kaltes Wasser. Eine halbe Stunde vor dem Gebrauch werden sie dann auf einem Tuch abgetrocknet, eine auf die andere in eine flache Kasserolle gelegt, gesalzen, mit etwas gestoßenem Zucker bestreut, etwas Butter und Bouillon dazu getan und so, gut zugedeckt, auf mäßigem Feuer langsam weich und schön lichtbraun gedämpft.

53. Kastanien zu braten: Man schneide sie unten, an der der platten Seite, kreuzweise ein, ohne aber das Innere zu verletzen, gebe sie mit einer Handvoll Salz in einen eisernen Topf und brate sie unter beständigem Rühren, bis sie sich leicht ausdrücken lassen, reibe sie nun zwischen einem groben Tuch rasch ab und serviere sie in einer zur Tasche gefalteten Serviette mit frischer, harter, am besten ungesalzener Butter dabei.

54. Dicke Bohnen: Man tue sie in kochendes, gesalzenes Wasser und wenn sie halb gar sind, so ist es gut, obgleich nicht gerade notwendig, einen Topf frische Milch zuzugießen, wodurch sie besonders weich und zart werden, und wenn sie gar sind, so schütte man sie in einen Seiher, doch nicht von Metall, weil sie sonst leicht schwarz werden, und decke sie zu, um sie bis zur fernern Zubereitung warm zu erhalten, hacke nun Zwiebel und Petersilie ganz fein, dämpfe dies in einem guten Stück Butter weiß, gieße so viel Wasser zu, dass es eine gebundene Sauce ist, gebe die Bohnen mit etwas Salz hinein und, wenn sie durchgekocht sind, zuletzt eine Tasse sauren Rahm daran.

Oder auf *englische* Art, richte man sie nach dem Abkochen und Ablaufen gleich an und übergieße sie mit heißer Butter, in der fein geschnittene Petersilie einmal aufgekocht hat.

Ein angenehmes Frühgemüse geben die ganz jungen Schoten von dicken Bohnen, wie die ausgeschoteten bereitet, oder auch wie Salatbohnen.

55. Grüne Bohnen: Man dämpfe die fein geschnittenen (gefitzten), gut gewaschenen Bohnen mit etwas Salz in heißer Butter oder Fett und wenn sie bald gar sind, so gibt man ganz wenig Mehl, fein geschnittene Zwiebeln und etwas Bohnenkräutchen und, zuletzt fein gehackte Petersilie dazu.

Oder auf französische Art, tue man die recht jungen, zarten und fein geschnittenen Bohnen in kochendes Wasser, koche sie weich und werfe, kurz vor dem völligen Weichwerden, eine Handvoll Salz hinein und wenn sie weich sind, so gibt man sie in einen Seiher, gießt aber kein Wasser nach, sondern so wie sie gut abgelaufen sind, werden sie mit reichlich recht frischer, feiner Butter und reichlich fein gehackter Petersilie fertig gemacht und sind so sehr gut, besonders mit neuen Heringen oder geräuchertem Lachs dabei.

Oder Brechbohnen, zu welchen man sogenannte *Speckbohnen* nehmen und sie je nach ihrer Länge, in zwei bis drei Stücke brechen muss; dann werden sie wie die auf *französische* Art abgekocht, jedoch mit ein paar Handvoll Salz, weil sie nicht so fein wie jene sind und man gießt auch kein Wasser nach, sondern bereitet sie vollends, ehe sie kalt geworden, hackt dazu viel Zwiebel und Petersilie und ein wenig Bohnenkraut, dämpft es in Butter oder halb Butter halb Fett, gibt einen Esslöffel Mehl und das nötige Wasser hinzu und wenn es kocht, so kommen die Bohnen hinein und man lässt sie etwa eine Viertelstunde dämpfen.

Oder Wollbohnen, die nicht sehr beliebt, für raue Gegenden und wegen ihres großen Ertrages doch nicht zu verachten sind, bereitet man am besten, wenn man sie recht fein geschnitten, in Salzwasser abkocht, dann fein geschnittene Zwiebeln in Fett dämpft, etwas gestoßenes Weißbrot darüber streut, Wasser und etwas Essig daran gießt und die Bohnen darin dämpfen lässt.

Die Wollbohne mit weißer Blüte ist besser und zarter als die rotblühende.

56. Grüne Bohnen mit Käse: Man fäde recht junge kleine Bohnen (oder auch Salatbohnen oder Wachsböhnchen) ab, wasche sie und binde sie wie Spargel in Bündchen, lege sie in kochendes Salzwasser, welches darüber gehen muss und koche sie gar, aber nicht zu weich, richte sie dann auch wie Spargel auf einer runden Schüssel kranzförmig an und reiche geriebenen Parmesan- oder Schweizerkäse und zerlassene Butter dazu.

57. Salatbohnen: Man koche sie, wenn sie sorgfältig abgefädet und gewaschen sind, in kochendem Wasser weich und gebe erst Salz hinzu, wenn sie halb gar sind, richte sie dann recht heiß an und serviere eine passende Sauce (*S. Saucen*) und auch wohl abgekochte Kartoffeln dazu. Sehr gut ist die Kartoffelsauce Nr.35. Dann aber gibt man keine Kartoffeln zu den Bohnen.

58. Schwarzwurzeln: Man werfe sie, so wie die schwarze Schale abgeschabt ist, gleich in Wasser mit etwas Essig, schneide sie in passende Stückchen und die dickeren Wurzeln einmal durch. Hierauf lasse man ein wenig Mehl in Butter aufgehen, gieße so viel Wasser daran, dass es eine dünne Sauce gibt, tut die Schwarzwurzeln, wenn sie kocht, nebst Salz hinein, kocht sie weich und gibt eben vor dem Anrichten etwas süßen Rahm oder ein Eigelb auch wohl ein wenig Essig dazu.

Wollte man die Schwarzwurzeln feiner haben, so nehme man Bouillon statt Wasser und füge etwas weißen Wein und Zitronensaft hinzu.

59. Gebackene Schwarzwurzeln: Man muss hierzu die Schwarzwurzeln so dick wie möglich nehmen, putze sie recht sorgfältig, schneide sie in halb Fingerglied lange Stücke und werfe sie immer gleich in, mit Essig gesäuertes Wasser. Dann verklopfe man einen Esslöffel Mehl in Wasser, gebe ein wenig Butter, etwas Essig und Salz dazu und bringe es zu Feuer, tue, wenn es kocht, die abgetropften Schwarzwurzeln hinein und koche sie weich darin, gieße nun die Brühe ab und kaltes Wasser darüber, lasse sie abtropfen und in einem Tuch gut abtrocknen, lege sie in eine Terrine mit Zitronensaft, Salz und gestoßenem weißen

Pfeffer und schwenke sie bisweilen um. In dieser Marinade können sie mehrere Stunden bleiben; es genügen aber auch eine bis zwei Stunden und auch können sie ohne Marinade gebacken werden und wenn man sie nun backen will, so lässt man sie abermals gut abtropfen, auf einem Tuch abtrocknen, taucht sie in Backteig, backt sie in voller Schmelzbutter schön aus und serviert sie entweder mit gebackener Petersilie darauf als selbstständige Schüssel oder nach der Suppe oder als Umlage zu Spinat, Sauerampfer oder dergleichen.

60. Endivien: Man nehme schöne gelbe Endivien wie zu Salat und wenn man die äußern Blätter entfernt hat, so fasst man den ganzen Busch und schneidet ihn, der Quere nach, in-dreifingerbreit lange Stücke, die man wäscht, sehr fest auspresst, weil sie ohnehin so viel Brühe ziehen, und in einem guten Stück Butter, mit ein wenig Mehl bestäubt und mit sehr wenig Salz gewürzt, langsam dämpft und wohl Acht gibt, dass sie nicht anbrennen, denn sie dürfen keine Brühe haben.

Oder man blanchiere die Endivien in kochendem Wasser und lasse sie gut abtropfen, gebe ein gutes Stück frische Butter in eine Kasserolle und tue, wenn sie geschmolzen ist, die Endivien hinein, dämpfe sie eine Viertelstunde, füge eine Tasse Rahm, Pfeffer und Salz hinzu und lasse noch fünf Minuten kochen.

61. Chicorée: Man kann, wenn sie für Salat zu hart geworden sind, noch ein angenehmes gesundes Gemüse daraus bereiten, wie Endivien, erstes Rezept, muss sie aber ihrer Bitterkeit wegen erst in Wasser halb gar kochen und dann erst mit Butter und ein wenig Mehl dämpfen.

62. Mairüben: Man nimmt sie am besten, wenn sie noch klein sind, etwa wie eine Baumnuss, wo man sie dann ganz lässt, schält und in heißer Butter mit etwas Wasser oder Bouillon, schön braun dämpft und eine Weile vor dem Anrichten einen Esslöffel Zucker, in Wasser oder Butter braun gebrannt, dazu tut.

Sind die Rüben schon größer, so muss man sie durchschneiden oder man schneidet sie in Würfel und bereitet sie wie *Kohlrabi*, erstes Rezept.

63. Weiße Rüben: Man schäle sie, schneide sie in Würfel und bereite sie wie die *Kohlrabi*, erstes Rezept.

Oder man dämpfe die geschälten und länglich geschnittenen Rüben in 60 Gramm Butter und 60 Gramm Zucker, durch und durch kastanienbraun, stäube ein wenig Mehl darüber und gieße, wenn nötig, etwas Bouillon daran, lasse es kurz einkochen und salze es ein wenig.

64. Weiße Rüben mit Kastanien: Man schneide die geschälten Rüben in längliche Stückchen, wie Teltower Rübchen geformt oder in Würfel, blanchiere sie und tue sie auf ein Sieb, rühre dann einen Esslöffel Butter und einen Esslöffel gestoßenen Zucker so lange auf dem Feuer, bis es braun ist, füge zwei Esslöffel feines Mehl und danach die nötige kochende Bouillon hinzu, rühre es recht glatt und wenn es durchgekocht hat, so gebe man die Rüben mit ein wenig Salz hinein, decke die Kasserolle zu, lasse sie langsam gar werden und vermische sie beim Anrichten mit Kastanien. Die Sauce der Rüben muss dickflüssig sein.

Kastanien nehme man etwa ½ Kilo, schneide sie kreuzweise ein, jedoch ohne die Frucht zu verletzen, werfe sie in kochendes Wasser und lasse sie einige Mal aufkochen, wonach man sie schält und in Bouillon mit etwas Zucker und Salz, schön braun dämpft.

65. Teltower Rüben: Man lasse zwei Esslöffel gestoßenen Zucker in einem Stück frischer Butter unter stetem Rühren licht braun werden, gebe etwas Bouillon daran und, wenn es aufgekocht hat, einen gehäuften Suppenteller voll gut geputzte und gewaschene, nicht zerschnittene Rüben hinein, bestreue sie mit Salz und dämpfe sie langsam, bis sie weich und braun sind.

Beim Anrichten kann man einen kleinen Berg von Kastanien (*S. Nr.52*) in die Mitte legen; die feinste Beilage ist geräucherter Lachs oder die böhmischen Croquetten aber auch Bückinge sind gut dazu.

66. Körbelrüben: Man setze sie mit kaltem Wasser auf, lasse sie einige Mal aufkochen und schäle sie, wenn sie erkaltet sind, indem man sie wie Mandeln aus der Schale drückt, wonach man sie in zerlassener Butter dämpft oder auch wie *Teltower Rüben* bereitet und auch dieselben Beilagen dazu geben kann.

67. Linsen: Man bringe 1 Kilo Linsen mit 2 Liter Wasser zu Feuer und koche sie zwei Stunden lang, dämpfe dann eine fein geschnittene Zwiebel und zwei kleine Esslöffel Mehl in 120 Gramm Butter oder gutem Fett gelb, rühre es mit etwas von der Linsenbrühe an, tue dies zu den Linsen und lasse es damit noch gut durchkochen. Sollte noch zu viel Brühe an den Linsen sein, so muss man davon wegnehmen, ehe man das Gedämpfte daran tut, denn sie dürfen durchaus keine Brühe haben, sondern müssen ganz sämig sein und wenn sie angerichtet sind, so kann man sie mit Essiggurken umlegen, die sehr gut dazu schmecken.

68. Erbsen (getrocknet): Man wasche sie und bringe sie mit Wasser zu Feuer und achte nun wohl darauf, wenn sie anfangen ihre Schalen abzuwerfen, um dann hin und wieder etwas kaltes Wasser zuzugießen, welches das Abwerfen befördert, und die Schalen immer gleich mit dem Schaumlöffel abzunehmen; auch muss man sorgen, dass die Erbsen nicht zu viel Wasser haben, sondern, dass dies, wenn sie weich sind, ziemlich eingekocht sei und man keins oder doch nicht viel, abzuschütten brauche. Dann dämpfe man etwas Mehl in einem Stück Butter oder Fett gelb, tue fein geschnittene Zwiebeln hinein und, wenn diese weich sind, die Erbsen mit etwas Brühe, lasse sie gut durchkochen, wo sie dann keine Brühe mehr haben dürfen und gebe nach dem Anrichten zu Scheiben geschnittene und in Butter braun gebratene Zwiebeln darüber.

69. Graue Erbsen (Königsberger): Man nehme für sechs Personen, stark ½ Liter Erbsen, weiche sie Tages vorher in weichem Wasser (Fluss- oder Regenwasser) ein, bringe sie auch mit solchem Wasser zu Feuer, salze sie ziemlich stark und lasse sie zwei Stunden kochen, gieße sie dann auf einen Seiher, dass die braune Brühe ablaufe und gebe sie mit einer beliebigen sauren Sauce oder auch mit solcher Sauce vermischt, mit Bückingen, Heringe, Hering-Klops oder dergleichen. – *Originalrezept aus Königsberg.*
  Oder auf *holländische* Art, drehe man ein Stück Butter in Mehl um und dämpfe gehackte Zwiebeln darin, gebe die wie oben abgekochten Erbsen nebst fein gehackter Petersilie, getrocknetem geriebenen

Majoran, ein wenig weißem Pfeffer, etwas Fleischbrühe und Essig hinzu und lasse es gut durchkochen.

70. Weiße Bohnen: Man setze sie mit kaltem Wasser auf und wenn sie gut aufgekocht haben, so gieße man dies erste Wasser ab und frisches Wasser darauf und koche sie darin weich, womit man sich so einrichtet, dass dies kurz vor dem Anrichten stattfinde und die abgeseihten Bohnen nicht ganz kalt werden. Dann lasse man fein geschnittene Zwiebeln und Petersilie in Butter aufgehen, tue sehr wenig Mehl und darnach etwas Wasser hinzu und wenn dies gehörig durchgekocht ist, die Bohnen und zuletzt etwas Rahm und ein Eigelb.

Oder auf *englische* Art, gebe man, so wie sie auf obige Art abgekocht und rasch abgeseiht sind, ein gutes Stück sehr frische Butter dazu und lasse sie damit nur durch und durch heiß werden und die Butter recht durchziehen, richte nun gleich an und bestreue sie mit Cayennepfeffer.

71. Bayerisch Kraut: Man schneide ein paar Köpfe Weißkohl, wie man ihn zu Sauerkraut einschneidet, dämpfe ihn mit ⅛ Kilo Butter weich, würze mit Salz, weißem Pfeffer, etwas Kümmel und vier Esslöffeln starkem Weinessig und schwinge es so lange, bis der Essig verdampft ist.

72. Sauerkraut: Man drücke das Sauerkraut, welches ja nicht gewaschen oder gar gewässert werden darf, gut aus und setze es mit so viel Wasser auf, als man denkt, dass es bis zum Garwerden bedürfe, sodass es dann, wo möglich ganz eingekocht ist, dämpfe nun einen Esslöffel Mehl in einem guten Stück Gänsefett (welches besonders zu empfehlen ist), Schweinefett oder sonst gutem Fett (nur kein Nierenfett) oder Butter gelb, gieße es ganz heiß an das Sauerkraut, rühre es untereinander und lasse es gut durchkochen.

Oder man gebe reichlich Butter (auf 1½ Kilo Sauerkraut, wohl ½ Kilo Butter) in eine hohe irdene Kasserolle, tue das wohl ausgedrückte Sauerkraut darauf, das nötige Wasser dazu und oben darüber ein mit Butter bestrichenes Papier und decke es zu. Das Papier darf nicht eher abgenommen werden, bis jedes Sauerkraut gar ist, wo man es dann auch erst durcheinander rührt. Diese Art der Zubereitung ist ausgezeichnet und vom reinsten Geschmack, daher bei allen feineren Sauerkraut-Speisen sehr zu empfehlen.

73. Sauerkraut mit Fisch: Man kann zu dieser vorzüglichen Sparschüssel, denn sie wird meistens aus Resten von Sauerkraut und Fisch bereitet, fast alle Fische benutzen, doch gilt Hecht als besonders gut (das beliebte *Hechtkraut* der Bayern und Schwaben), aber auch Sander, Karpfen, Schellfisch, Kabeljau usw. sind vortrefflich dazu.

Das Sauerkraut muss durch und durch kalt sein (sonst gerinnt es) und man verklopfe nun vier bis fünf Eier, klopfe eine große Tasse sauren Rahm darunter und vermische den größten Teil dieser Masse mit dem Sauerkraut, indem man es mit einer Gabel leicht darunter rührt. Der dazu bestimmte Fisch, gekocht oder gebraten, wird entgrätet und in schöne Stückchen geteilt; dann bestreicht man eine Auflaufform dick mit Butter, bestreut sie mit gestoßenem, durchgesiebtem Weißbrot und legt etwas mehr als die Hälfte des Sauerkrauts hinein, den Fisch darauf und auf diesen Stückchen Butter, Salz und etwas Pfeffer, darüber den Rest des Sauerkrauts und über dieses den Rest der Masse, gestoßenes und gesiebtes Weißbrot und Stückchen Butter und setzt die Form nun in den Backofen, bis das Weißbrot schön bräunlich ist. Wenn man eine große Portion hat, so kann man auch mehrere Lagen machen, oben muss aber immer Sauerkraut sein.

Oder einfacher, gebe man in die wie oben vorbereiten Form eine Lage Sauerkraut, eine Lage Fisch, einzelne kleine Bröckchen frische Butter und vier Esslöffel sauren Rahm; hierauf wieder Sauerkraut, mit gestoßenem und gesiebtem Weißbrot bestreut, Fisch und so weiter, wie vorhin, bis alles eingelegt und die letzte Lage von Sauerkraut ist, welche man mit verrührtem sauren Rahm überstreicht, mit Weißbrot überstreut, mit Bröckchen frischer Butter hie und da überlegt und im Backofen backt, bis es oben schön gelb ist.

Oder man habe einen Suppenteller voll, mit der Schale gekochte Kartoffeln, einen Suppenteller gekochtes Sauerkraut und ein schönes Stück Fisch, am besten etwa ¾ Kilo in Salzwasser abgekochten Hecht, indessen auch jeder andere passende Fisch, den man in kleine Stückchen zupft; die Kartoffeln werden geschält, in Scheibchen geschnitten und in frischer Butter geröstet, das Sauerkraut mit einer Tasse Béchamelsauce vermengt. Dann wird eine Form mit Butter ausgestrichen und auf deren Boden eine Lage von den Kartoffeln gelegt, über diese Sauerkraut und darüber Fischstückchen gestreut und diese Reihenfolge nochmals wiederholt und oben mit Kartoffeln geschlossen Diese werden mit Béchamelsauce überstrichen, mit fein gestoßenem Weißbrot besät, mit Butter beträufelt und langsam gebacken.

74. Sauerkraut mit Aal: Man dämpfe einen gereinigten Aal, von ¾–1 Kilo, in frischer Butter, Salz und etwas Bouillon und wenn er gar ist, so nehme man ihn heraus, entgräte ihn und schneide ihn in Stücke, gebe dann in die Butter, worin der Fisch gewesen, einen Esslöffel Mehl und ⅜ Liter sauren oder dicken süßen Rahm und koche es zu einer etwas dicklichen Sauce, in die man nun das Sauerkraut, in Bouillon oder Wasser mit etwas Butter, halb gar gekocht und gut abgeseiht, tut, es mit Bouillon eine Weile kochen lässt und zuletzt den Aal hinzufügt, die Masse in eine mit Butter bestrichene und mit Weißbrot bestreute Form füllt, oben auch mit Weißbrot bestreut und im Backofen dunkelgelb backt.

75. Sauerkraut mit Stockfisch und Hering: Man gebe ein gutes Stück Gänsefett in eine irdene Kasserolle, das Sauerkraut darauf nebst dem nötigen Wasser und etwa ¼ Liter weißen Wein und koche es weich, röste dann einen Esslöffel Mehl in einem Stück Gänsefett, dämpfe eine Handvoll, der Länge nach zart geschnittene Zwiebeln darin und vermenge dies mit dem Sauerkraut.

Nun mache man drei bis vier Stückchen Stockfisch, wie gewöhnlich, in heißem Wasser gar, entgräte sie und teile sie in nette Stückchen, schneide einen gewässerten und gereinigten Hering, so wie eine Zwiebel klein, röste eine Handvoll geriebenes Weißbrot in ⅛ Kilo Butter gelb und dämpfe Hering und Zwiebel darin, nehme es hiernach bis auf einen kleinen Rest aus der Kasserolle, lege von dem Stockfisch auf diesen Rest, dann wieder Hering mit Zwiebel und so fort, bis beide Teile aufgebraucht und gieße nun eine Tasse Bouillon darüber, decke es zu und stelle es bis zum Anrichten an eine warme Stelle des Herdes und wenn serviert werden soll, so tue man zuerst ein Geleg Sauerkraut auf eine Schüssel, ein Geleg von dem Gedämpften darüber und so abwechselnd, zu oberst muss Sauerkraut sein.

76. Sauerkraut mit Austern und Hecht: Man bereite Sauerkraut, nach Nr.72, zweites Rezept, bereite auch, zu einer Portion für sechs Personen, aus 90 Gramm Butter, einem halben Esslöffel Mehl, ¼ Liter süßem und eben so viel saurem Rahm, einer halben Zwiebel und etwas Salz eine Creme-artige Sauce und stelle ein paar Löffel davon bei Seite; das übrige rühre man an das Sauerkraut und setze es auf gelindes Feuer, damit es nicht mehr koche, blanchiere nun zwei bis drei Dutzend Austern (deren Wasser man sorgfältig aufhebt und auf die Hälfte einkocht) mit drei Esslöffeln weißem Wein und etwas Zitronensaft und tue sie nebst ihrem Wasser in die zurückbehaltene Sauce. Den Hecht, ¾–1 Kilo schwer oder auch ein Stück von dieser Schwere, habe man in ganz gleiche, nette Stücke (Filets) geschnitten und eine Stunde lang eingesalzen, trockne sie dann in einem Tuch wohl ab, paniere sie mit verklopftem Ei und geriebenem Weißbrot und backe sie in voller Schmelzbutter schön aus, richte das Sauerkraut kranzförmig an, belege es zierlich mit den Fischstückchen und gebe die Austern in die Mitte.

Sander ist auch sehr gut zu dieser schönen, feinen Speise.

77. Sauerkraut mit Karpfen-Ragout: Man drücke recht gut bereitetes Sauerkraut recht fest in eine drei Querfinger hohe Ringform, stürze es, hebe die Form nach einer Minute ab, richte in der Mitte das folgende Ragout gehäuft an und umlege es mit Kartoffelklößchen.

Man schuppe und wasche den Karpfen rein, fange beim Ausnehmen das Blut in ein wenig Essig auf, salze ihn, spalte ihn in der Mitte der Länge nach und schneide ihn der Quere nach in nicht zu große Stücke. Dann koche man Essig, mit etwas Wasser verdünnt, mit einer großen, zu Scheiben geschnittenen Zwiebel, einer Möhre und Petersilienwurzel, Lorbeerblatt, Zitronenschale, Pfefferkörnern und Gewürznelken, lege den Fisch hinein und lasse ihn gar werden, rühre nun in ein Stück zerlassener Butter oder noch besser, Schmelzbutter, so viel Mehl als es annehmen will, dann ein Stückchen Zucker (nur zum Bräunen, denn es darf nicht vorschmecken) und lässt es schön braun werden, während man es fortwährend umrührt; in diese Einbrenn gießt, man einen Löffel nach dem andern, von der durch ein Sieb gegossenen Fischbrühe, bis es eine flüssige Sauce ist, kocht sie gut und dickflüssig auf, gibt zuletzt das Blut an die kochende Sauce und richtet sie über die Karpfenstücke an.

An Stelle dieses Ragouts, kann man aber auch die *Matelote* Nr.9 oder Nr.58 geben.

78. Kartoffel-Püree: Man treibe ein Dutzend, wie gewöhnlich gekochte Kartoffeln gleich mit einer Tasse Milch durch einen Seiher in die Schale, worin die Püree bereitet werden soll und in welche man vorher ein eigroßes Stück Butter getan hat, rühre dieses nun eine halbe Stunde lang recht kräftig und stelle es in den Backofen, dass es recht heiß werde, rühre es eben vor dem Servieren noch einmal gut durch und übergieße es mit geriebenem, in Butter gerösteten Weißbrot.

Oder man rühre zwei bis drei Esslöffel Kartoffelmehl, je nachdem man die Püree dicker oder dünner wünscht, mit ½ Liter guter Bouillon oder Jus an, die man nach und nach dazu gibt und ebenso, nach und nach, sechs Eidotter, Salz und, wenn man den Geschmack liebt, ein wenig Muskatblüte, koche es unter beständigem Rühren zu gehöriger Dicke und umstecke es mit gerösteten, dreieckigen Weißbrotschnitten oder serviere Käse-Croutons dazu, kann die Püree auch mit geriebenem Käse bestreuen. – Ebenso von *Bohnenmehl* und *Mehl* von andern *Hülsenfrüchten*.

79. Kastanien-Püree: Man koche die Kastanien, nachdem die braune Schale abgezogen ist, so lange in Salzwasser, bis die zweite Schale abgeht, dämpfe sie dann in einem Stück Butter gut weich, streiche sie durch ein Haarsieb, gebe Bouillon oder Jus, Salz und, nach Belieben, auch etwas weißen Pfeffer daran und lasse es aufkochen. – Als Beilage, besonders geräucherte Fische.

80. Sauerampfer-Püree: Man nehme etwa eine Handvoll Sauerampfer, den man bloß von den Stielen streift, wäscht, das Wasser etwas auspresst und ihn mit Butter und ein wenig Mehl dämpft, worauf man

Fleischbrühe und eben vor dem Anrichten sauren Rahm und ein bis zwei Eigelb daran tut. – Beilagen, wie zu Spinat.

81. Erbsen-Püree: Man kann dazu grüne Erbsen, gelbe (getrocknete) Erbsen und graue Erbsen verwenden.

Zu der von *grünen Erbsen*, kann man die schon größern gebrauchen, doch müssen sie frisch gepflückt, frisch ausgemacht und schön grün sein, werden dann gewaschen, mit einem Stück frischer Butter, Bouillon, Salz und ein wenig Zucker weich gedämpft, durch ein Haarsieb getan und mit einem Stückchen frischer Butter wieder heiß gerührt.

Die *gelben* und *grauen Erbsen*, werden wie bei Nr.68 und 69 abgekocht, durch ein Sieb getrieben und dann wie Nr.68 fertig gemacht. Diese beiden Pürees gibt man gern zu Stockfisch oder auch als selbstständige Schüssel mit gefüllten Zwiebeln umlegt.

Zu diesen nehme man die größten Zwiebeln, welche man haben kann und wenn sie geschält sind, so schneide man sie halb durch und hebe den innern Kern heraus, sodass eine hohle Zwiebel von zwei Häuten bleibe und fahre so fort, welches bei dem eigentümlichen Bau der Zwiebeln mit Hilfe eines Messers leicht geht und man von einer großen Zwiebel drei bis vier halb durchgeschnittene, hohle Kugeln erhalten kann. Das zuletzt herausgenommene, wird mit zur Farce genommen und nebst Resten von Fisch fein gehackt, dann die Farce, wie zu den gefüllten Zwiebeln Nr.47 bereitet, die Zwiebeln gehäuft damit gefüllt, eine dicht an die andere, in eine Kasserolle gestellt und mit Butter und Bouillon gedämpft.

82. Reis-Püree: Man koche den nötigen Reis in Salzwasser weich, treibe ihn durch ein Sieb und vermische ihn mit zerlassener heißer Butter (auf ¼ Kilo Reis etwa 90 Gramm Butter), dämpfe dann Champignons in Butter, hacke sie fein und streue sie über die angerichtete Püree.

Oder man bereite das Püree aus Reismehl, gleich dem Kartoffelmehl-Püree, Nr.78. – Gebratener Aal ist eine sehr gute Beilage zu den Reis-Pürees.

83. Abgekochte Kartoffeln: Man kocht sie am besten, seien sie geschält oder mit der Schale (*Pell-Kartoffeln*), im Dampf, wozu jedoch ein mit runden Löchern versehener Sturzboden erforderlich ist, der fest in die Mitte des Topfes passt, in dem die Kartoffeln gekocht werden sollen. In diesem Topf lässt man so viel Wasser siedend werden, dass es beinahe bis an den Kartoffelhalter reicht, legt die Kartoffeln auf diesen, salzt sie, deckt sie fest zu, dass kein Dampf verloren gehe und koche sie auf starkem Feuer gar.

Wollte man sie auf diese Weise nicht bereiten, so schäle man mittelgroße, recht gleiche Kartoffeln roh und recht nett und rund, gebe sie in kochendes Wasser, nach Belieben mit einem Stück Butter darin, salze und koche sie, gieße das Wasser ab und richte gleich an.

Die auf letztere Art abgekochten Kartoffeln können dann mit brauner Butter, heißer Sardellenbutter oder Petersilienbutter (fein geschnittene Petersilie, in heißer Butter einmal aufgekocht) übergossen gegeben werden und besonders sind die neuen Kartoffeln auf diese einfache Art, sehr gut; diese werden bekanntlich aber nicht geschält, sondern nur abgeschabt.

Zu *Bouillon-Kartoffeln* schneide man die roh geschälten Kartoffeln der Länge nach, in vier Teile, koche sie in Bouillon oder auch allenfalls in Wasser mit etwas Butter oder frischem Suppenfett, richte sie mit ein wenig von ihrer Brühe an und übergieße sie mit in Butter braun gebratenen Zwiebelscheiben.

Wenn man die *Pellkartoffeln* nicht in Dampf kochen kann, so tue man sie, nachdem sie rein gewaschen sind, in einen Topf, gieße kaltes Wasser darüber und koche sie weich, schütte dann das Wasser ab, gebe ein reines Tuch über die Kartoffeln, decke sie fest zu und lasse sie noch eine Weile im Dampf stehen, richte sie dann in einer zur Tasche gefalteten Serviette mit frischer Butter, Sardellenbutter oder dergleichen, mit Hering oder zu Sülze, nebst pikanter Sauce und Salzgurken, auch mit frischer Butter zum Tee.

84. Gebratene Kartoffeln: Man hat verschiedene Arten:

1. In der Schale gebraten: Man nimmt dazu am besten lange, in gleicher Größe, aber nicht zu groß und putze sie, ohne sie zu waschen, bloß mit einem Tuch recht rein ab; sind sie schmutzig, so nehme man zuerst ein feuchtes Tuch und dann ein trockenes, lege die Kartoffeln in eine Kasserolle, streue eine Handvoll Salz darüber, decke eine etwas hohe Schüssel darauf und schlage noch ein feuchtes Tuch um diese, damit kein Dampf heraus könne, lasse sie so anderthalb bis zwei Stunden, bei mäßigem Feuer braten und serviere sie wie die *Pellkartoffeln*.

2. Man schäle die in Wasser und Salz, mit der Schale abgekochten, nicht zu großen Kartoffeln (am besten die sogenannten Tannenzapfen) sogleich, brate sie auch gleich in heißer Butter, Schweinefett oder Gänsefett und serviere so heiß wie möglich zu Ragout oder dergleichen.

3. Man schneide die mit der Schale abgekochten und geschälten Kartoffeln zu Scheiben und brate sie mit Butter oder Gänsefett in der Pfanne.

4. Man brate abgekochte zu Scheiben geschnittene Kartoffeln mit Butter in einer Pfanne, gebe, wenn sie beinahe fertig sind, einen fein gehackten Hering darunter und zuletzt ein paar Esslöffel sauren Rahm und richte gleich an.

5. Man schäle schöne, runde, nicht zu große, rohe Kartoffeln und schneide sie in ziemlich dicke Scheiben, gebe ein gutes Stück Butter in eine Schwungkasserolle oder auch in die Kuchenpfanne, setze sie auf starkes Feuer, tue die Kartoffeln hinein und schwingt sie fortwährend, bis sie gelb und gar sind, schütte sie dann auf ein Sieb, bestreue sie mit feinem Salz und richte gleich an, kann sie auch, in fingerdicke Scheiben geschnitten, auf einem Backblech in den Backofen (Röhre) stellen, bis sie hochgelb sind und mit frischer Butter oder zu Ragout geben.

6. *Zu Kohl:* Man steche aus großen, geschälten, rohen Kartoffeln, mit einem Ausstecher, wallnussgroße Kartöffelchen aus, überbrühe sie mit kochendem Wasser, lasse sie zugedeckt zehn Minuten auf dem Tisch darin stehen, gieße das Wasser ab, überbrühe sie abermals und wenn sie auch darin wieder zehn Minuten gestanden haben und das Wasser abgegossen ist, so trockne man sie mit einem Tuch ab, lasse, für vierzig Kartöffelchen 60–75 Gramm Butter mit Salz sehr heiß werden, tue die Kartöffelchen hinein, schwenke sie recht um und lasse sie, zuerst zugedeckt, recht heiß werden, dann aber ohne Deckel und indem man sie oft umschwenkt, langsam weich dämpfen, welches eine bis anderthalb Stunden andauern kann; sie müssen ganz bleiben, hochgelb sein und inwendig ganz weich und man kann, wenn

sie schon weich sind, etwas Zucker daran sieben, welches ihnen eine schöne, glänzende Farbe gibt.

85. Gedämpfte Kartoffeln: Man lasse Fett, besonders Nierenfett heiß werden, gebe die roh geschälten Kartoffeln mit fein geschnittenen Zwiebeln und Salz hinein und erst, wenn sie braun sind, etwas Wasser, decke sie zu und nicht eher auf, als bis man denkt, dass sie gar seien und darf noch weniger darin rühren, sonst werden sie hart.

86. Gefüllte Kartoffeln: Man bereite die roh geschälten Kartoffeln wie die Zwiebeln Nr.47, kann aber auch Hering statt Stockfisch nehmen.

87. Berchtesgardner Kartoffeln: Man schneide die roh geschälten und gewaschenen Kartoffeln (wo möglich lange) in Scheiben, tue sie in eine Kasserolle, übergieße sie mit süßem Rahm, salze sie und koche sie langsam, dass sie nicht zerfallen. Unterdessen hat man, für 1½–2 Kilo Kartoffeln, ⅛ Kilo Butter mit einer ganzen (nicht zerschnittenen) Zwiebel und einem Esslöffel Mehl etwas gedämpft, den Rahm von den Kartoffeln abgeseiht, das gedämpfte Mehl damit angerührt, den etwa noch nötigen Rahm hinzugegossen und dies zu einer dickflüssigen Sauce gekocht, gesalzen und durch ein Sieb über die Kartoffeln gegeben, noch ein Stückchen sehr frische Butter daran getan, zusammen über dem Feuer geschwungen und heiß angerichtet. Statt Rahm kann man auch recht gute Milch nehmen.

88. Kartoffeln mit Petersilie (à la Maître d'Hôtel): Man nehme, wo möglich, lange und nicht zu dicke Kartoffeln, koche sie mit der Schale, schäle sie und schneide sie zu Scheiben. Dann dämpfe man eine fein geschnittene Zwiebel in 75 Gramm Butter weiß, füge etwas Mehl hinzu, gieße gute Bouillon daran und lasse es zehn Minuten stark kochen, tue nun die Kartoffeln hinein und wenn sie aufgekocht haben, so gebe man zuletzt fein gehackte Petersilie, Salz und weißen Pfeffer dazu.

89. Kartoffeln mit Schalotte: Man koche die geschälten Kartoffeln in gesalzenem Wasser, gieße dies ab, tue sie auf eine Schüssel und bewahre die Brühe, dämpfe nun einen Esslöffel fein geschnittene Schalotten in Butter weich und weiß, rühre ein wenig Mehl und so viel von der Kartoffelbrühe daran, dass es eine gebundene Sauce gibt und wenn diese kocht, so gebe man die Kartoffeln hinein, lasse sie aufkochen und gieße zuletzt noch ein paar Esslöffel ganz dicken sauren Rahm dazu, der aber nur eben durchgerührt werden darf. – Salzgurken schmecken sehr gut dazu.

90. Kartoffeln mit Sellerie: Man schneide schönen Sellerie in Scheiben und koche sie in Salzwasser mit etwas Essig ganz weich, schneide dann mit der Schale nicht ganz weich gekochte, geschälte Kartoffeln, ebenfalls zu Scheiben und dämpfe sie zusammen in Butter, mit fein geschnittener Zwiebel und Petersilie, ohne darin Ei zu rühren, gebe zuletzt noch etwas Bouillon daran und lasse es kurz einkochen.

91. Kartoffeln mit Äpfeln (Himmel und Erde): Man bringe die roh geschälten Kartoffeln mit etwas Wasser und ein wenig Butter zu Feuer und wenn sie halb gar sind, so lege man säuerliche, geschälte und zu Vierteln geschnittene Äpfel darauf, decke sie wohl zu, dass der Dampf die Äpfel gar mache und mische es dann untereinander.

92. Kartoffeln auf englische Art: Man koche die geschälten Kartoffeln in gesalzenem Wasser, gieße dies ab und gebe an die Seite der Kartoffeln ein eigroßes Stückchen Butter, süße Milch und ein wenig Mehl und lasse sie damit aufkochen.

93. Kartoffeln auf bergische Art: Man schneide die roh geschälten Kartoffeln zuerst in Scheiben, dann in Streifen, vermische sie mit der Hand mit einer Handvoll Mehl und etwas Salz und backe sie in einer flachen Pfanne mit Schweinefett oder Gänsefett.

Oder man brate sie mit Schweinefett oder Butter, in zugedeckter Pfanne, schön braun, gieße dann einen Pfannkuchenteig aus vier Eiern darüber und backe es auf beiden Seiten. – Sehr gut zu Salat.

94. Eingemachte Schneidbohnen: Man koche die rein gewaschenen Bohnen, koche sie in Wasser ab und gieße kaltes Wasser darüber, dämpfe dann fein geschnittene Zwiebeln in gutem Fett oder Butter, tue ein wenig Mehl und danach kochendes Wasser hinein, so wie Bohnenkräutchen, Petersilie, Pfeffer und Salz, gebe die Bohnen hinein und lasse sie gut durchkochen, koche auch eine Handvoll weiße Bohnen in Salzwasser ab und lege sie beim Anrichten in die Mitte der grünen Bohnen.

Wenn man Bohnen hat, die sich nicht gut weich kochen, so gebe man, auf eine Portion für drei bis vier Personen, in das zum Abkochen bestimmte Wasser, eine starke Messerspitze *Kohlensaures Natron* und ebenso bei getrockneten Erbsen und sonstigen Hülsenfrüchten.

95. In Büchsen eingemachte grüne Erbsen: Man gieße sie auf einen Seiher und schüttele diesen leicht, damit die Brühe gut ablaufe, gebe reichlich recht frische, feine Butter und etwas gestoßenen Zucker in eine flache Kasserolle, stäube ein wenig Mehl darüber und tue die Erbsen hinein, lasse sie eben durchkochen und füge vor dem Anrichten viel fein geschnittene Petersilie und ein paar Esslöffel recht dicken sauren Rahm hinzu; sie müssen saftig aber gebunden sein und ja keine lange Brühe haben; hätten sie aber zu wenig Brühe, so nehme man etwas Brühe aus der Büchse zum Durchkochen.

96. In Büchsen eingemachte Möhrchen: Wie die Erbsen aber ohne Zucker.

97. In Büchsen eingemachte Schneidbohnen: Man lasse sie ablaufen, wie die Erbsen und in reichlich Butter durchkochen, indem man sie mit ein *wenig* Mehl bestäubt; zuletzt Petersilie, wie bei den Erbsen.

98. In Büchsen eingemachte Brechbohnen: Man hacke viel Petersilie und Zwiebel und ein wenig Bohnenkraut fein, dämpfe dies in Butter oder halb Butter, halb Fett und tue einen Esslöffel Mehl und das nötige Wasser daran, dann, wenn es kocht, gebe man die auf einem Seiher wohl abgelaufenen Bohnen hinein und dämpfe sie darin

99. In Büchsen eingemachte Salatbohnen: Man lasse sie in kochendem Wasser kochend heiß werden und gebe sie wie die frischen.

100. In Büchsen eingemachten Blumenkohl: Man lasse ihn ebenfalls in kochendem, gesalzenem Wasser nur durch und durch heiß werden und bereite ihn wie den frischen.

101. In Büchsen eingemachte Spargeln: Man hat auch bei ihnen selten nötig, sie noch etwas zu kochen, sondern macht sie, gleich dem Blumenkohl, nur heiß und gibt sie wie frische

102. In Flaschen eingemachte Spargeln (Brechspargel): Man muss diese etwas wässern und wie frische rohe Spargeln abkochen, aber ohne Salz, weil sie mit Salz eingemacht sind und man benutzt sie dann wie frischen Brechspargel.

103. In Flaschen eingemachte dicke Bohnen: Man wasche sie abends vor dem Gebrauch mehrmals, setze sie dann in frisches Wasser, welches man später noch einmal erneuert und lasse sie so über Nacht stehen, andern Morgens wasche man sie aus dem Wasser in frisches und setze sie in süße Milch bis zum Kochen, wo man sie vorher abermals mit frischem Wasser wäscht. Endlich werden sie in vielem Wasser abgekocht und wenn sie halb weich sind, so gieße man einen Topf recht frische süße Milch daran, koche sie vollends weich und schütte sie auf den Seiher, der *nicht von Metall* sein darf, hacke nun Zwiebel und Petersilie ganz fein, dämpfe sie in reichlich Butter weiß und gieße so viel Wasser zu, dass es eine gebundene Sauce ist, in der man die Bohnen, durchkochen lässt und kurz vor dem Anrichten eine große Tasse sauren Rahm dazu gießt. Wenn man mit der Zeit gedrängt ist, so kann man die Bohnen auch erst des Morgens einweichen.

Eine Flasche voll Bohnen ist eine Portion für drei bis vier Personen.

104. In Flaschen eingemachte grüne Erbsen: Man wässere sie abends vor dem Gebrauch in weichem Wasser ein, lasse sie andern Tages ablaufen, wasche sie schnell noch einmal ab, tue sie in kochendes, weiches Wasser, worin ein Stück ungesalzene Butter und ein Stück Zucker mit gekocht worden und koche sie weich, wozu sie länger brauchen als die frischen Erbsen, wonach man sie wie die frischen behandelt und bisweilen mit Möhren vermischt, S. Nr.19.

VI. Beilagen

1. Fisch-Croquetten: Man nehme ein Stück abgekochten, gebratenen oder geräucherten Fisch, besonders Hecht, Laberdan oder geräucherten Lachs und schneide es in ganz feine Würfelchen, koche aus ½ Liter süßem Rahm, einem eigroßen Stückchen frischer Butter, zwei Esslöffeln Mehl und, nach Belieben, auch etwas weißem Pfeffer oder Muskatnuss und Zitronenschale (wenig oder kein Salz, wenn man gesalzenen Fisch genommen) eine dicke Sauce, tue den Fisch hinein und mische es wohl untereinander, streiche dann die Masse 3 Zentimeter dick auf eine Schüssel und lasse sie erkalten, worauf man sie in, 8 Zentimeter lange und 3 Zentimeter breite, ganz gleiche Stückchen teilt, sie in fein geriebenem Weißbrot umwendet, mit der Hand leicht über das Backbrett rollt und so zu runden, länglichen Croquetten formt; dann tauche man sie in verklopfte, ein wenig gesalzene Eier, wende sie wieder in dem Weißbrot um, jedoch ohne sie hernach über das Backbrett zu rollen und backe sie, eine Viertelstunde vor dem Anrichten, in voller Schmelzbutter schön hellbraun, richte sie gehäuft an, stecke ein Sträußchen gebackene Petersilie darauf und serviere gleich. – Zu Kartoffeln mit Sauce und allen feinen Gemüsen, die Lachs-Croquetten besonders zu grünen Bohnen und die Laberdan-Croquetten zu Rüben.

2. Fisch-Croquetten mit Kartoffeln: Man hacke wohl gereinigte Reste von gebratenem oder gekochtem Fisch und vermische sie mit abgekochten und durch ein Sieb getriebenen Kartoffeln (ein Drittel davon, auf zwei Drittel Fisch), einem eigroßen Stück Butter, Pfeffer, Salz, gehackter Petersilie, dem Gelben von zwei Eiern und deren Weiß zu Schnee geschlagen, forme eigroße Croquetten, tauche sie in Eiweiß, dann in gestoßenes und durchgesiebtes Weißbrot und backe sie in voller Schmelzbutter oder auch mit Butter in der Pfanne.

3. Böhmische Croquetten: Man mache aus zwei Esslöffeln Mehl und 60 Gramm Butter eine weiße Einbrenn, rühre sie mit etwas Bouillon, Zitronensaft und weißem Wein, zu einer dicken, fast steifen, glatten Sauce und gebe dann ⅛ Kilo Sardellenbutter, Kapern, geriebene Schalotten und zwei Esslöffel gut abgetropfte, fein zerschnittene Mixed Pickles dazu. Unterdessen habe man. einen Suppenteller voll von irgendeinem guten abgekochten oder gebratenen, erkalteten Fisch, in erbsengroße Würfelchen geschnitten, tue ihn in die noch sehr heiße Sauce und verrühre das Ganze auf schwachem Feuer, aber ohne es kochen zu lassen, schütte es auf eine flache Schüssel und lasse es erkalten, schneide dann fingerlange und zwei Querfinger breite Täfelchen daraus, paniere sie zwei Mal in verklopftem Ei und geriebenem Weißbrot und backe sie in voller Schmelzbutter hellbraun.

4. Hecht-Koteletten: Man löse von einem Stück rohen Hecht Haut und Gräten ab, sodass man ungefähr ¼ Kilo Hechtfleisch habe, welches man ganz fein hackt; dann rühre man 45 Gramm, in Wasser geweichtes und gut ausgedrücktes Weißbrot, mit 30 Gramm Butter so lang auf dem Feuer, bis die Masse sich von der Kasserolle löst, gebe sie, erkaltet, zu dem Hechtfleisch und stoße es zusammen im Mörser, füge nun ein Ei, zwei Eidotter, Salz, Muskatnuss und weißen Pfeffer hinzu, verrühre es gut, treibe es durch ein Sieb und forme kleine Koteletten, in die man als Beinchen ein Stückchen Rückengräte oder zu diesem Zweck bewahrte Hasenrippchen steckt, sie mit Ei und Weißbrot paniert und in recht heißer Butter auf beiden Seiten brate. – Zu jungen grünen Gemüsen, Pürees, Spargel.

5. Krebs-Koteletten: Man koche fünfundzwanzig bis dreißig mittelgroße Krebse ab und lege von den größten Scheren so viele zurück, als man Koteletten bereiten will. Das Fleisch aus den Schweifen und den übrigen Scheren wird fein gehackt und aus den Krebsschalen und 120 Gramm Butter Krebsbutter (*S. Verschiedenes*) gemacht. Von dieser rührt man reichlich die Hälfte zu Schaum und hierauf zwei Eier und ein Eigelb daran, füge 45 Gramm in Wasser eingeweichtes und gut ausgedrücktes Weißbrot ohne Kruste, das Krebsfleisch, Salz und weißen Pfeffer hinzu und mache aus dieser Masse, wenn sie gut untereinander gerührt ist, kleine Koteletten, stecke in jede eine Krebsschere als Beinchen, paniere sie mit Ei und Zwieback und brate sie rasch in reichlich Butter, wozu auch die noch übrige Krebsbutter getan wird. – Zu grünen Erbsen, Blumenkohl, Spargel, die auch damit garniert werden können.

6. Hering-Klops: Man wässere vier Heringe, häute und entgräte sie und hacke sie mit einer großen Zwiebel recht fein, verrühre dies mit zwei bis drei Eiern, einem starken Esslöffel saurem Rahm, eben so viel geschmolzener Butter, ein wenig eingeweichtem Weißbrot, gestoßenem Pfeffer und so viel gestoßenem Zwieback als der Teig annimmt, gut untereinander und forme Klopse daraus, indem man einen Kochlöffel mit gestoßenem Zwieback bestreut, von der Masse hinein drückt, oben abstreicht und den Klops nun mit einem Messer heraus nimmt, und wenn sie alle geformt sind, so bratet man sie mit Butter in einer flachen Pfanne. – Zu grünen Bohnen, grünen Erbsen und Kartoffeln.

7. Heringklößchen: Man ziehe ein paar Heringen die Haut ab, wasche sie mehrere Mal und wässere sie eine halbe Stunde oder auch länger, je nach ihrer Frische, entgräte sie, hacke das Fleisch recht fein, verfahre übrigens wie bei den Fischklößchen Nr. 8, erstes Rezept, und gebe sie wie die Hering-Klops.

8. Fischklößchen: Man nehme etwa ½ Kilo rohes Fischfleisch (es können kleine Fische dazu benutzt werden und auch geringe Sorten) ohne Haut und Gräten, hacke es recht fein und vermische es dann mit einem Drittel geriebenem Weißbrot, fein geschnittener Zwiebel, drei Eiern und einem Stück Butter und knete es wohl durcheinander, dass die Butter sich gut damit verbinde, forme nun Klöße daraus, drücke sie etwas breit und backe sie mit Butter in einer flachen Pfanne auf beiden Seiten braungelb.

Oder man hacke Fisch, wie oben, nebst einer kleinen halben Zwiebel und ein wenig Petersilie recht fein, rühre dann 45 Gramm Butter zu Schaum, schlage zwei ganze Eier, eins nach dem andern, daran und gebe den gehackten Fisch hinein, gieße nun eine Tasse kalte Milch dazu, rühre beständig fort und gebe nach und nach so viel Milch hinein, bis es ¼ Liter ist, im Ganzen wohl eine Viertelstunde. Zuletzt gibt man einen Teelöffel Salz, zwei Esslöffel geriebenes Weißbrot und ein wenig Muskatnuss hinzu, sticht mit einem Löffel Klößchen ab, wendet sie in Mehl um und backt sie in voller Schmelzbutter, unter beständigem Umrühren mit einem Blechlöffel.

9. Fisch-Frikandeaus: Man nehme ein Stück rohen Fisch Hecht, Karpfen oder dergleichen, ½– ¾ Kilo schwer, entferne Haut und Gräten und schneide es mit etwas Zitronenschale und Schalotten ganz fein, rühre dann 90 Gramm Butter zu Schaum, gebe den Fisch und etwas Salz hinzu und forme auf dem mit Mehl bestreuten Backbrett kleine Frikandeaus daraus, die man in einer flachen Pfanne, mit Butter auf beiden Seiten lichtbraun backt.

10. Fisch-Klops: Man nehme einen Fisch von ½–1 Kilo (am besten Hecht), den man, wenn er gereinigt und entgrätet ist, mit Zwiebeln ganz fein hackt, dann mit drei Eiern, Pfeffer, Salz und Weißbrot (dies zur Hälfte gerieben, zur Hälfte eingeweicht) durchknetet, zu Klops (*S. Hering-Klops*) formt und in Butter backt.

11. Krebs-Würstchen: Man koche etwa fünfzehn Krebse, bereite, nachdem Schweife und Scheren ausgelöst und geschält sind, Krebsbutter daraus und stoße sie, wenn sie kalt geworden, mit zwei bis drei, in Milch geweichten und ausgedrückten Weißbrötchen im Mörser fein, gebe dies dann, nebst dem klein geschnittenen Krebsfleisch, vier Eiern, Salz und Gewürz in eine Schüssel, verrühre es wohl und fülle es in dünne Därme, die man in gesalzenem Wasser eben aufkochen lässt, beim Gebrauch in Butter bratet und zu feinen Gemüse gibt.

12. Carthäuser Würstchen: Man steche einen etwa 1 Kilo schweren Karpfen, dass das Blut davon komme, ziehe die Haut ab und löse die Gräten aus, nehme den Fisch nun mit einigen Schalotten, Petersilie, ein wenig Thymian und Basilikum und einem Stück frischer Butter auf das Schneidebrett und schneide mit dem Schneidemesser alles zusammen, reibe dann von ein paar Weißbrötchen die Rinde ab, weiche die Brötchen in süße Milch, drücke es fest aus und rühre es unter das Geschnittene nebst Salz, Muskatnuss, Pfeffer und dem Gelben von vier Eiern und forme aus dieser Masse, fingerlange Würstchen und wenn alle geformt sind, so schlägt man drei Eiweiß zu Schaum, wendet die Würstchen darin um, bestreut sie mit Weißbrot und backt sie in einer Pfanne mit Butter auf beiden Seiten langsam gelb. – Beilage zu feinen Gemüsen.

13. Kastanien-Würstchen: Man brate etwa fünfzig schöne Kastanien, schäle sie, stoße sie im Mörser und treibe sie durch ein Sieb, nehme davon 250 Gramm auf das Backbrett, füge 160 Gramm Mehl und eben so viel Butter, Salz, weißen Pfeffer, Muskatblüte, fein geschnittene Zitronenschale und zwei Eier hinzu und knete es zu einem Teig, aus dem man fingerlange und Daumendicke Würstchen formt, sie paniert und in voller Schmelzbutter oder in Ausbackfett, schön bräunlich backt; doch kann man sie auch in der Kuchenpfanne mit Butter auf beiden Seiten backen. – Sehr gut zu Kohl, besonders Brüsseler Kohl und Rüben.

14. Eier-Würstchen: Man bereite aus einigen Eiern, fein gehackter Petersilie, Salz und Butter ein Rührei, welches man auf einer Schüssel erkalten lässt und hernach mit Mehl, gestoßenem, Zwieback und einigen Eiern zu einem Teige knetet, aus dem man in der Hand kleine Würstchen rollt und sie in Butter schön gelb bratet. – Besonders zu Spinat und grünen Erbsen.

15. Kartoffel-Küchlein: Man nehme dazu recht mehlige Kartoffeln, die geschält, abgekocht und *heiß* ganz fein zerdrückt werden; dann gibt man, für einen gehäuften Suppenteller davon ein gutes Stück Butter, Salz, Muskatnuss und, nach und nach, sieben ganze Eier hinein und verarbeitet es tüchtig, zu einem dicken zähen Teig, den man dann in der Eierpfanne (mit mehreren Vertiefungen), mit Butter backt.

Oder man vermische die zerdrückten Kartoffeln nur mit einem Stück Butter und zwei bis drei Eiern und backe sie wie die ersten. – Beide Arten zu Möhren, grünen Erbsen und Ragout

16. Falsche Beefsteaks: Man gebe einen Teelöffel Fleischextrakt in eine kleine Schale und rühre ihn mit ¼ Liter kochendem Wasser oder noch besser Fleischbrühe kräftig durch, verrühre dann auch ein Eigelb oder ein ganzes, vorher wohl verklopftes Ei mit ein wenig kaltem Wasser und rühre es zu dem aufgelösten Extrakt, in welche Mischung man nun, wenn sie erkaltet ist, Zwieback einweicht, der aber nur durch und durch feucht und ja nicht zu weich werden darf und backt ihn dann gleich, mit Butter, in einer flachen Pfanne, schön bräunlich, richte gleich an und bestreue sie mit sehr fein gestoßenem Salz und Pfeffer.

Originalrezept aus Paris (1870–1871), wo während der Belagerung diese *Falschen Beefsteaks* eine sehr beliebte Speise und gute Aushilfe waren.

Hat man gute *Bratenjus*, so kann man diese (ohne Wasser oder sonstige Verdünnung) an Stelle des Extraktes nehmen.

17. Farcierte Pfannkuchen: Man backe aus zwei Eiern, anderthalb Tassen Milch und einem gehäuften Esslöffel Mehl in gewöhnlicher Weise einen Pfannkuchen, steche aber nicht hinein, weil er nicht locker sein soll, lege ihn auf eine Schüssel und lasse ihn kalt werden, nehme dann etwas übrig gebliebenen Fisch oder einen halben Hering, hacke es fein und menge dies mit einem Ei, Salz, Pfeffer, Muskatnuss und ein wenig in Wasser geweichtem und ausgedrücktem Weißbrot zu einer Farce, bestreiche damit den Pfannkuchen, rolle ihn auf, drücke ihn ein wenig platt, schneide ihn der Quere nach, in fingerdicke Stücke und backe sie, mit Butter auf beiden Seiten in der Pfanne. – Gute Beilage zu Gemüse und Salat.

18. Fisch-Rouladen: Man schneide etwas abgekochten oder gebratenen Fisch in kleine Würfelchen oder Streifchen und vermische sie mit dicker Béchamelsauce, streiche dies in ganz dünne Pfannkuchen, rolle es auf und schneide es zu daumenlangen Stücken, die man mit Ei und geriebenem Weißbrot paniert und in Butter backt.

Hat man Hecht, so ist ein kleiner Zusatz von übrig gebliebenem *Sauerkraut* sehr gut und hat man Fisch mit Sauce, so nimmt man diese statt der Béchamelsauce.

19. Gebackene Weißbrotschnitten: Man weiche klein fingerdick geschnittene Weißbrotscheiben ohne Kruste nur so lange in Milch, bis sie durch und durch angefeuchtet sind, wende sie dann gleich in verklopftem Ei um, bestreue sie auf beiden Seiten recht dick mit gestoßenem Zwieback und backe sie mit Butter auf beiden Seiten schön gelb. – Als Beilage zu Gemüsen, Ragouts und Kompott zu geben.

20. Eierschnitten: Man schneide von, einen Tag alten, Weißbrötchen dünne Scheiben, lasse in einer flachen Pfanne Butter heiß werden und lege die Scheiben hinein, verklopfe dann ein paar Eier mit ein wenig Salz und gieße davon über die Weißbrotscheiben und wenn dies ein wenig fest geworden ist, so drehe man sie um, begieße sie mit dem Rest der verklopften Eier, schöpfe von der heißen Butter darauf, drehe sie nach einer kurzen Weile wieder um, denn sie dürfen nicht braun werden und gebe sie wie die vorigen.

21. Spinatschnitten: Man nehme etwas gekochten Spinat und vermische ihn mit zwei Eidottern, schneide dann stark Strohhalmdicke Weißbrotschnitten, streiche von der Spinatmasse darauf, fahre mit einem in Ei getauchten Messer darüber und backe sie in Butter auf beiden Seiten in der Kuchenpfanne, wobei man die bestrichene Seite zuerst einlegt.

22. Fischleberschnitten: Man schabe eine schöne Hecht- oder noch besser, Aalraupen-Leber, vermische sie mit der gleichen Menge Butter, einer Prise weißem Pfeffer, einem halben Teelöffel Salz und ganz wenig Zwiebel und stoße alles zusammen im Mörser, füge ein Eigelb hinzu und streiche es durch ein Sieb (für den gewöhnlichen Tisch ist dies nicht nötig), streiche diese Masse auf Weißbrotschnitten und backe sie in Butter.

23. Stockfisch-Schnitten: Man hacke von Rest gebliebenem Stockfisch ein Stückchen klein und vermische es mit geriebenen Kartoffeln oder geriebenem Weißbrot (ein Drittel etwa, auf zwei Drittel Fisch), fein gehackter Petersilie, Schalotte und Zitronenschale, Salz, Pfeffer,

Muskatnuss, ein wenig Butter und zwei Eiern, bestreiche mit dieser Masse nett geschnittene Weißbrotscheiben und backe sie mit Butter in einer Pfanne auf beiden Seiten, indem man die bestrichene Seite zuerst einlegt.

24. Gebackener Stockfisch: Man schneide den gewässerten (nicht gekochten) Stockfisch in passende Stücke und trockne sie mit einem Tuch ab, vermenge dann halb Mehl halb gestoßenes und gesiebtes Weißbrot mit Salz und Pfeffer, wende den Stockfisch darin um, backe ihn rasch in voller Schmelzbutter oder Ausbackfett und gebe ihn vorzüglich zu Sauerkraut oder Bayerisch-Kraut.

25. Gebackene Sardellen: Man weiche schöne große Sardellen einige Stunden in Milch, lasse sie aber ganz, lege sie dann zum Abtrocknen auf Fließpapier, tauche sie in Backteig, backe sie in voller Schmelzbutter und garniere sie mit gebackener Petersilie. – Zu grünen Erbsen, feinen Schneidbohnen und Spargel.

26. Gebackene Schnecken: Man paniere die wie bei Nr.23 (*3. Abschnitt*) vorbereiteten und erkalteten Schnecken mit Ei und Weißbrot und backe sie in voller Schmelzbutter oder auch mit Butter in einer flachen Pfanne. – Zu Gemüsen, besonders Sauerkraut und zu Pürees.

27. Duckenten (Tauchentchen, Colymbus minor): Die Duckenten zählen bekanntlich, gleich den Wasserhühnern, zu den Fastenspeisen und beide bieten eine angenehme und gesunde Abwechslung.

Man salze die Enten und gebe sie mit halb Essig, halb Wasser, Salz, Zwiebeln, Basilikum, Lorbeerblättern, Zitronenschale und Gewürznelken in eine irdene Kasserolle, lasse sie sieden, bis sie etwas weich werden und nehme sie heraus, dämpfe dann fein geschnittenen Zwiebel mit etwas Mehl in Butter schön bräunlich, gieße die Hälfte der Brühe daran und füge, wenn es aufgekocht hat, ein paar klein geschnittene Sardellen und die Enten hinzu, koche sie gar und richte sie an, treibe die Sauce durch ein Haarsieb darüber, drücke Zitronensaft darauf und bestreue sie mit fein geschnittener Zitronenschale.

Oder man röste zerschnittenes Wurzelwerk und Zwiebel, nebst Gewürz in Butter schön braun, tue dann die in Speckscheiben gewickelte Enten mit etwas rotem Wein, Essig und Bouillon hinein und dämpfe sie weich, nehme sie heraus und röste in der vorher abgefetteten Brühe ein wenig Mehl, gebe ein ganz kleines Stückchen Zucker und noch etwas Bouillon dazu und treibe es, wenn es aufgekocht hat und dicklich ist, durch ein Sieb, mache diese Sauce noch einmal heiß, vermische sie mit etwas Rahm und gieße sie über die zerlegten Enten. – Zu Klößen oder Kartoffeln.

Oder gebraten, koche man sie in Salzwasser, halb weich, reibe sie dann von innen und außen mit Pfeffer und Salz ein, stecke etwas Bohnenkraut, Gewürznelken und englisches Gewürz hinein und brate sie in Butter vollends gar; die abgefettete Sauce rühre man mit ein wenig kaltem Wasser an, gebe sie, wenn sie aufgekocht hat, durch ein Haarsieb und reiche sie zu den Enten, welche man meistens mit gebratenen Kartoffeln oder mit Kastanien, wie zu Kohl bereitet, umlegt und zu Savoyer Kohl Nr. 36 oder Nr. 37 serviert.

28. Wasserhühner (Rohrhühner): Man tut wohl, sie nicht ganz frisch zu gebrauchen und muss ihnen die Haut abziehen, weil diese tranig ist und wenn die Hühner ausgenommen und gereinigt sind, so lege man sie ein paar Stunden in den Keller und hierauf ein paar Tage in eine Beize, brate sie dann in Butter und gieße etwas von der Beize und zuletzt nach und nach, etwas Rahm daran, richte sie an, gebe die Sauce durch ein Sieb und lasse sie in einer Sauciere zu den Hühnern reichen. – Zu Rotkohl, Kartoffeln, Klößen, Salat, Essiggurken.

29 Gebackene und geräucherte Fische: *S. Fische.*

30. Gebratene Heringe: *S. Fische.*

31. Bückinge: *S. Fische.*

32 Gebackene Muscheln: *S. Fische.*

VII. Mehlspeisen. Süße Hauptspeisen

1. Gewöhnlicher Pfannkuchen: Man verrühre zwei Eier, anderthalb Tassen Milch und einen gehäuften Esslöffel Mehl und backe den Kuchen mit Butter auf beiden Seiten, indem man zu, Anfang bisweilen mit dem Messer hinein sticht (*S. Omelette Nr.4*).

2. Feine Pfannkuchen: Man verrühre sechs Esslöffel Mehl, drei Eidotter, drei ganze Eier, stark ⅛ Liter Milch oder süßen Rahm und einen Teelöffel Salz, zu einem dünnflüssigen Teig, lasse dann in einer schon erhitzten flachen Pfanne einen Esslöffel zerlassene Butter heiß werden, tue so viel von dem Teig hinein, dass die Pfanne messerrückendick bedeckt ist und backe es auf ziemlich starkem Feuer, unter anhaltender Bewegung der Pfanne, auf beiden Seiten gelbbraun. Diese Portion gibt drei Kuchen und sie müssen aus der Pfanne gleich auf Fließpapier zum Abtrocknen und dann so rasch und heiß wie möglich zu Tisch kommen.

Sollen sie zum Garnieren von Gemüsen dienen, so rollt man sie nach dem Backen zusammen, schneidet sie zu zwei Finger breiten Stückchen und legt sie in gedrängtem Kranze, um Spinat oder dergleichen.

3. Schwäbische Flädlein: Man nehme dazu ⅛ Kilo feines Mehl, ⅜ Liter Milch und sechs Eier, rühre zuerst das Mehl mit etwas von der Milch an, dann die Eier dazu und zuletzt die übrige Milch. Beim Backen tut man nur das erste Mal etwas Butter oder Schmelzbutter in die Pfanne; hernach wird sie jedes Mal nur mit einer Speckschwarte überfahren.

Man backe die Flädlein so dünn wie möglich auf beiden Seiten, rolle sie auf und lege sie auf eine Schüssel, zuerst neben einander und dann noch eine Lage quer darüber.

4. Omelette: Man verklopfe sechs Eier mit etwas Salz, weißem Pfeffer, Muskatnuss, einem Teelöffel fein geschnittene Petersilie und vier Esslöffeln süßem Rahm, lasse in der Omeletten-Pfanne, ein Stück frische Butter heiß werden, gieße die Eier hinein und rüttele die Omelette leicht über dem Feuer, während man das zuerst fest werdende der Masse, mit der Messerklinge unter das andere bringt und backe sie unten zu schöner, bräunlicher Farbe; oben muss sie weich und Creme-artig bleiben und man schlägt dann die eine Hälfte der Omelette über die andere, stürzt eine erwärmte, flache Schüssel darauf und wendet die Pfanne, indem man die linke Hand fest auf die Schüssel legt, um.

5. Gefüllte Omelette: Man bestreue die Hälfte der Omelette Nr.4., sei es mit geräuchertem Lachs, geräuchertem Aal, Sardellen, Krebsschweifchen, Garnelen oder Käse, zu kleinen Würfelchen geschnitten, etwa eine Tasse voll und schlage die andere Hälfte darüber. Auch kann man Champignons, in Butter gedämpft und ebenfalls klein geschnitten, nehmen oder in gesalzenem Wasser abgekochte Spargelspitzen und es sind oft Reste sehr dienlich dazu.

6. Kleine gefüllte Omeletten: Man verklopfe ¾ Liter Milch, sechs Eidotter und drei Esslöffel Mehl und ziehe den Schnee von den sechs Eiweiß darunter, backe daraus, in einer kleinen Pfanne, kleine, dünne Omeletten (nur unten) und fülle sie nun in verschiedener Weise:

Mit etwas dickem *Spinat- oder Sauerampfer-Gemüse,* von dem man Löffelweise in die Mitte der Omeletten gibt und diese, wie ein Briefcouvert, darüber zusammenklappt, doch so, dass die Fülle etwas sichtbar bleibe.

Mit *geriebenem Käse,* womit man die Omeletten bestreut und sie viereckig zusammenschlägt.

Mit einem Esslöffel dickem, lauwarmem Apfelmus; hiermit bestrichen werden die Omeletten zusammengerollt und warm gehalten, bis alle fertig sind, dann stark mit Zucker bestreut. Das Apfelmus hat man mit Zucker, an dem Zitrone abgerieben, Korinthen und einem Esslöffel Rum recht wohlschmeckend bereitet.

7. Frühlings-Omelette: Man hacke zarten Spinat, Kerbel, Petersilie, Sauerampfer, im Ganzen eine Handvoll, nebst etwas Schnittlauch zusammen recht fein, dämpfe es mit einem Esslöffel feinem Mehl und ⅛ Kilo Butter ein wenig, tue es dann in eine Schüssel und lasse es verkühlen, rühre sechs Eier, Salz und Muskatnuss daran und backe es mit Butter, in der Omeletten-Pfanne.

8. Süße Omelette: Man rühre fünf Eidotter mit 120 Gramm Zucker und etwas abgeriebener Zitronenschale eine halbe Stunde, gebe das Weiße der Eier, zu Schnee geschlagen, dazu, backe es mit frischer Butter in der Omeletten-Pfanne und stelle es nachher noch kurze Zeit in den Backofen.

9. Schaum-Omelette (Omelette soufflé): Man verklopfe vier Eidotter mit saurem Rahm, etwas süßer Milch und ein wenig Salz, rühre ein wenig Mehl dazu und zuletzt, eben vor dem Backen, den Schnee von fünf Eiweiß, backe die Omelette in heißer Butter auf einer Seite, schlage sie zusammen und gebe sie als Beilage zu grünen Gemüsen oder als süße Speise, in letzterm Falle mit Johannisbeer-Gelee oder dergleichen (nichts schweres) auf der Hälfte belegt.

10. Omelette mit Eingemachtem (Omelette aux confitures): Man rühre zwei Esslöffel Mehl mit Milch glatt ab, gebe dann sechs ganze Eier, ein wenig Salz und ¼ Liter guten süßen Rahm dazu, verrühre alles wohl und würze es mit etwas auf Zucker abgeriebener Zitronenschale, lasse nun in der Omeletten-Pfanne ein Stück frische Butter heiß werden, gieße die Hälfte des Teiges hinein und backe davon auf beiden Seiten eine schöne lichtbraune Omelette, welche man aus der Pfanne auf eine flache runde Schüssel rutschen lässt und warmstellt. Von der andern Hälfte des Teig wird eine zweite Omelette ebenso gebacken, die erste nun mit eingemachten Kirschen, Himbeeren, Aprikosen-Marmelade oder dergleichen belegt und die zweite darüber gegeben, dann rund herum etwas eingebogen, mit Zucker gut bestreut und mit einem glühenden Schäufelchen glaciert, bis der Zucker geschmolzen ist und auch kann man sie noch mit eingemachten Früchten umlegen, z.B. mit Aprikosen, wenn die Omelette mit Kirschen gefüllt ist oder man fülle sie mit Johannisbeer-Gelee und lege einen Kranz von verschiedenen eingemachten Früchten darum.

Eine hübsche Schüssel gibt es, wenn man diese Omeletten etwas dünner backt und sie mit irgendeiner Marmelade bestreicht, worauf man sie zusammenrollt, in fingerlange Stücke schneidet, kranzförmig anrichtet, mit Zucker bestreut und mit dem glühenden Schäufelchen glaciert.

11. Omelette von Kartoffelmehl: Man bereite aus vier Eidottern, einem gehäuften Esslöffel Kartoffelmehl, $\frac{1}{8}$ Liter lauwarmer Milch mit etwas Wasser vermischt, einer reichlichen Messerspitze geriebener Zitronenschale und etwas Salz einen Teig, den man stark abschlägt und unmittelbar vor dem Backen das Weiße der Eier, zu steifem Schnee geschlagen, darunter zieht. Dann lasse man in der Omeletten-Pfanne ein wenig Butter zergehen, gebe die Masse hinein, lege einen heiß gemachten, blechernen Kuchendeckel darauf und stelle sie über gleichmäßiges, sehr schwaches Feuer, wo man sie zehn Minuten nur auf einer Seite backen lässt und die Pfanne nicht schüttelt, sondern bloß hin und wieder drreht, bis die Omelette oben trocken und gelb ist. Nun bestreiche man sie mit beliebigem Eingemachten oder einem feinen Mus, schlage sie zusammen, schiebe sie auf eine Schüssel und streue Zucker oder Zimt darüber, kann sie auch inwendig nur mit Zucker und Zimt bestreuen und Kompott oder eine Sauce dazu geben.

12. Wiener Mehlschmarrn: Man rühre $\frac{1}{4}$ Kilo Mehl mit $\frac{1}{3}$ Liter Milch und drei Eiern an, lasse dann $\frac{1}{8}$ Kilo Schmelzbutter oder Butter in einer flachen Pfanne sehr heiß werden und gieße die Masse, nachdem man sie noch einmal gut durchgerührt hat, hinein; sie darf nur Daumenbreit hoch in der Pfanne liegen, und nach drei Minuten etwa sieht man vermittelst eines eisernen Schäufelchens nach, ob der Teig von unten eine goldbraune Kruste habe und wende alsdann den, nun etwas verdickten Teig, mit dem Schäufelchen stückweise um, backt es ebenfalls braun und hacke hierauf das Ganze mit dem Schäufelchen klein und röste es, unter fortwährendem Hacken und Umwenden noch fünf Minuten lang, richte es gehäuft an, bestäube es mit feingestoßenem Zucker und lasse sogleich auftragen, mit Kompott dabei, besonders mit Kompott Nr.29 (*Zwetschgen- Röster*).

Oder: Man verrühre ⅓ Liter Mehl mit ⅓ Liter Milch recht glatt, gebe dann nach und nach sechs Eidotter mit etwas Zucker und Salz hinein und, wenn auch dies fein abgerührt ist, sechs zu Schnee geschlagene Eiweiß, gieße es in heiße Schmelzbutter oder Butter, stelle es rasch in den Backofen (Röhre) und backe es, zersteche es mit dem Schäufelchen und verfahre übrigens wie bei dem ersten Schmarrn.

13. Kaiser-Schmarrn: Man verrühre ⅓ Liter Mehl mit ⅓ Liter süßem Rahm, füge dann ein wallnussgroßes Stückchen zerlassene Butter, etwas Salz und Zucker hinzu, so wie fünf Eidotter und, wenn dies ein schöner glatter Teig, den Schnee von fünf Eiweiß, lasse nun Butter, mit etwas Schmelzbutter gemischt, (wenn der Schmarrn ganz echt sein soll), in einer flachen, weiten Kasserolle heiß werden, gieße die Masse hinein, stelle sie in den Backofen (Röhre) und backe sie, worauf man den Schmarrn in viereckige Stückchen schneidet, mit Zucker bestäubt, kranzförmig anrichtet und in die Mitte eingemachte oder Kompott Früchte, besonders die, in *Büchsen* eingekochte *Aprikosen*, gibt.

14. Pfannkuchen mit Äpfeln: Man schäle ganze Äpfel, schneide sie in fingerdicke, runde Scheiben und dämpfe sie in Butter gar, wozu man sich am besten der Kuchenpfanne bedient; dann bereite man einen gewöhnlichen Pfannkuchen-Teig aus zwei Eiern, anderthalb Tassen Milch und einem gehäuften Esslöffel Mehl und tue den größern Teil desselben in die Kuchenpfanne und die Äpfel darüber, drücke sie ein wenig in den Teig, gebe den Rest des Teiges darauf und backe den Kuchen, wie gewöhnlich, mit Butter auf beiden Seiten, bestreue ihn mit Zucker und Zimt und serviere recht warm.

15. Weißbrot-Kuchen mit Äpfeln: Man nehme dazu keine kleinen Weißbrötchen, welche innen zu locker sind, sondern Schnitten von größerm Weißbrot, ohne Kruste, kleinfingerdick, welche man dann wieder in passende Stücke teilt und diese eben in Milch taucht, denn sie dürfen nicht zu feucht sein; nun bestreicht man eine flache Pfanne (Kuchenpfanne) ziemlich dick mit kalter Butter und legt sie sehr sorgsam mit der Hälfte der Brotschnitten aus, sodass keine Lücke ist und streicht, auch Kleinfingerdick, über das Brot ein gutes, steifes Apfelmus, dem man etwas Eingemachtes beigefügt hat, belegt dieses wieder ebenso sorgsam mit der andern Hälfte des Weißbrots und backt den Kuchen vorsichtig, dass er sich nicht verschiebt, ist er unten fertig und schön gelb, so tut man kleine Stückchen Butter oben darauf, backt ihn, umgewendet, auch auf der andern Seite, richtet gleich an, bestreut ihn mit Zucker und gibt ihn warm oder kalt.

16. Schwarzbrot-Kuchen mit Äpfeln: Man reibe Schwarzbrot, welches aber nicht frisch sein darf, bestreiche eine flache Pfanne reichlich mit Butter oder Schweinefett und bestreue sie Kleinfingerdick mit Brot, auf welches man Daumendick Apfelmus, wie bei dem vorhergehenden Kuchen, legt dann wieder Kleinfingerdick Brot und es nun mit einem Löffel zu einem netten Kuchen formt, kleine Bröckchen Butter darauf gibt und jetzt erst zu Feuer bringt und auf beiden Seiten schön braun backt, wobei man an der Seite hin und wieder noch ein wenig Butter oder Fett daran tun muss. Die Pfanne muss recht glatt und man muss beim Umdrehen des Kuchens recht vorsichtig sein, dass er nicht auseinander falle.

17. Einfacher Weißbrot-Kuchen: Man bereite einen gewöhnlichen Pfannkuchenteig aus ein bis zwei Eiern, Mehl und Milch, schneide dann ein Weißbrötchen in feine Scheibchen und mische sie leicht, dass sie nicht zerrührt werden, unter die Pfannkuchenmasse, backe den Kuchen in der Kuchenpfanne mit Butter auf beiden Seiten schön gelb und gebe ihn zu *Salat* oder *Kompott*.

18. Nudel-Kuchen: Man koche Schneidnudeln oder Gemüsenudeln in gesalzenem Wasser ab und wenn sie abgelaufen und abgekühlt sind, so verklopfe man ein paar Eier mit ein paar Esslöffeln saurem Rahm, mische es unter die Nudeln und backe den Kuchen mit Butter oder Fett in der Kuchenpfanne. – Zu *Kompott, Salat* oder *Kartoffeln mit Sauce*.

19. Reis-Kuchen: Man koche ¼ Kilo Reis in 1 Liter Milch dick ein, gebe vier Eier (das Weiße zu Schnee geschlagen), Zucker, Zimt, Zitronenschale und etwas Mandeln hinein, backe den Kuchen in einer mit Butter bestrichenen und mit gestoßenem Zwieback bestreuten Kuchenpfanne auf beiden Seiten schön gelb und reiche eine Obstsauce oder Kompott dazu.

Sehr gut ist folgende Sauce: Man presse rote Johannisbeeren aus, vermische den Saft nach Geschmack mit Zucker, lasse ihn auf gelindem Feuer langsam heiß werden und ziehe ihn mit Eigelb ab, auf ½ Liter Saft, drei Eigelb.

20. Zwetschgen-Kuchen: Man nehme einen gewöhnlichen oder feinern Pfannkuchenteig, gebe ein Drittel davon in eine Pfanne mit heißer Butter und lege ausgekernte Zwetschgen, die offene Seite nach oben und eine recht dicht an die andere, darauf, gieße den übrigen Teig darüber und backe den Kuchen bis zum Umwenden zugedeckt auf mäßigem Feuer so lange, bis die Zwetschgen weich sind und der Kuchen auf beiden Seiten gelbbraun ist, wo man ihn dann mit Zucker und Zimt bestreut und warm serviert.

21. Johannisbeer-Kuchen: Man bereite einen Teig aus drei Esslöffeln feinem Mehl, vier Eiern, einem knappen Glas Milch mit etwas Wasser vermischt, Salz und etwas Zucker und Zimt, lasse Butter in der Pfanne recht heiß werden, gebe den Teig hinein und einen Suppenteller recht reife Johannisbeeren darauf, die man vor dem Umwenden mit 120 Gramm gestoßenem Zwieback bestreut, backe den Kuchen auf beiden Seiten und bestreue ihn, wenn er angerichtet ist, mit 120 Gramm geriebenem Zucker.

22. Kirschen-Kuchen: Man zerschneide einige Weißbrötchen, fünf bis sechs etwa und mit oder ohne Kruste, lege ein Stück Butter darauf, gieße ¼ Liter Milch kochend darüber und decke es fest zu und wenn es geweicht hat, so rühre man drei bis vier Eier und Zucker und Zimt nach Geschmack darunter, gebe die Hälfte dieser Masse in die mit Butter bestrichene Kuchenpfanne belege sie mit Kirschen, tue die andere Hälfte des Teiges darüber und backe es wie einen Pfannkuchen. Nach Belieben kann man die Kirschen auskernen, der Kuchen wird dann aber nicht so locker.

23. Schnell bereiteter Kuchen (Tot Fait): Man vermische und verklopfe wohl ¼ Kilo Mehl, ¼ Kilo Zucker, die abgeriebene Schale einer Zitrone, ein wenig Salz und vier Eidotter und füge dann ¼ Kilo sehr frische, zerlassene (nur eben zerlassene) Butter hinzu und vermische auch diese gut mit dem Teige, gieße die Masse in eine Form, backe sie im Backofen eine Stunde und gebe den Kuchen kalt oder warm, in letzterm Falle als Mehlspeise, mit folgender Sauce: Man vermische ein Stück sehr frische Butter, einen halben Esslöffel Mehl, zwei Esslöffel Zucker und eine Prise Salz mit ¼ Liter Milch, lasse es, unter beständigem Rühren, drei Minuten lang kochen, gebe nun vier Eidotter dazu und rühre die Sauce über dem Feuer, jedoch ohne sie wieder kochen zu lassen, sondern so wie sie sich verdickt, nehme man sie vom Feuer und gieße ein Glas guten Wein, besonders Madeira oder nach Geschmack etwas Liqueur, Kirschengeist, Arak oder dergleichen, hinein.

24. Schwarzwälder Kuchen: Man rühre von drei Esslöffeln Mehl, sechs ganzen Eiern, einer Prise Salz und ¼ Liter süßem Rahm eine Pfannkuchenmasse an und backe hiervon mit frischer ausgelassener Butter drei lichtbraune Pfannkuchen, lege den ersten auf eine Schüssel, bestreue ihn gut mit Zucker, begieße ihn mit zwei Esslöffeln Schwarzwälder Kirschengeist und halte das glühende Glacierschäufelchen darüber, bis der Zucker schön bräunlich ist, gebe nun den zweiten Kuchen darüber, mit dem man ebenso verfährt und gleichenfalls mit dem dritten und serviere nun gleich mit Kompott von frischen oder getrockneten Kirschen.

Noch feiner wird dieser eigentümliche Kuchen, wenn man statt Kirschengeist *Himbeergeist* nimmt, der im Schwarzwald auch so köstlich bereitet wird und man gibt dann Himbeer-Kompott dazu oder, wäre deren Zeit vorbei, geschlagenen Rahm mit eingemachten Himbeeren vermischt.

25. Rahm-Kuchen: Man verrühre sechs Eidotter, eine Tasse süßen Rahm, eine Tasse sauren Rahm und eine Tasse Zucker, gebe dann einen Esslöffel feines Mehl und zuletzt das Weiße der Eier, zu Schnee geschlagen, dazu und backe den Kuchen mit Butter in der Kuchenpfanne auf beiden Seiten.

26. Schwarzbrot-Kuchen: Man rühre acht Eidotter mit ¼ Kilo fein geriebenem Zucker recht schaumig, gebe dann ¼ Kilo geschälte und fein geschnittene oder gehackte Mandeln, ¼ Kilo geriebenes Schwarzbrot, 7 Gramm Zimt, 30 Gramm Sucade, 30 Gramm Pomeranzenschale, die Schale einer Zitrone, alles fein geschnitten und den Schnee von acht Eiweiß dazu und rühre die Masse noch ein wenig, bestreiche nun eine Form mit Butter, bestreue sie mit gestoßenem und gesiebtem Weißbrot, fülle die Masse hinein und backe sie im Backofen. Währenddessen wird eine Viertelflasche Wein mit Zucker, Zitronenschale und einem Stückchen Zimt siedend gemacht und so wie der Kuchen aus dem Ofen kommt, langsam darüber gegossen und gleich serviert, aber man kann den Kuchen auch kalt und ohne Wein als Torte geben

27. Kartoffel-Kuchen: Man koche möglichst mehlige Kartoffeln in gesalzenem Wasser und wenn das Wasser abgeschüttet ist, so zerdrücke man sie gleich im Topf selbst, gebe auch gleich ein bis zwei Eier, ein wenig Milch und ein klein wenig Mehl daran, vermische es rasch und backe den Kuchen, der nicht zu dünn sein darf in der Kuchenpfanne schön gelb. – Zu *Kompott* besonders *Apfel-Kompott, Salat* und zum *Tee.*

28. Reibkuchen: Man reibe fünfzehn bis zwanzig, mittelgroße, rohe Kartoffeln auf einem Reibeisen, vermische dies *gleich* mit vier Eiern und etwas Salz, beginne *sofort* mit dem Backen und lasse nach dem Backen auch *sofort* auftragen. Die Kuchen müssen ganz dünn, nicht größer als eine Untertasse und spröde sein und werden am besten mit halb Butter, halb Schweinefett in einer flachen Pfanne gebacken; man kann sie aber auch bloß in Butter backen. Diese Portion gibt dreißig Kuchen, welche sich auch aufwärmen lassen. Neue Kartoffeln dürfen nicht dazu genommen werden.

Man gibt sie mit *geräuchertem Fisch* dabei (*Sprotten, Aal, Rohbückingen*) oder als Beilage zu *Gemüse, Salat, Ragout* oder auch zum *Tee.*

29. Spinat-Kuchen: Man streife den Spinat von den Stielen, wasche ihn, drücke ihn fest aus, hacke ihn fein und mische dann anderthalb Handvoll davon unter einen gewöhnlichen Pfannkuchenteig aus drei Eiern, füge Salz hinzu, backe den Kuchen, der fingerdick sein muss, langsam mit Butter oder gutem Fett in der Pfanne, umlege ihn, wenn er angerichtet ist, mit Spiegeleiern und lege auch eins in die Mitte des Kuchens.

30. Fischkuchen: Man nehme etwas Fluss- oder Seefisch (meistens Reste), entferne Haut und Gräten und hacke das Fleisch sehr fein, füge etwa 60 Gramm in Milch eingeweichtes und ausgedrücktes Weißbrot hinzu, eben so viel Butter, ein ganzes Ei, ein Eigelb, Salz, Pfeffer und menge es gut untereinander, forme einen runden oder ovalen Kuchen davon, backe ihn im Backofen und serviere ihn mit einer pikanten Sauce, besonders Heringssauce oder braune Zwiebelsauce.

31. Fisch-Klöße: Man koche einen beliebigen Fisch, etwa ½ Kilo schwer, in Salzwasser, oder kann auch übrig gebliebenen Fisch dazu verwenden, entgräte und enthäute ihn sorgfältig, hacke ihn mit etwas Petersilie und Zitronenschale und tue ihn in eine Schüssel, streue eine Handvoll geriebenes, mit feinem Mehl vermischtes Weißbrot darüber, übergieße es mit 60 Gramm zerlassener Butter und rühre es mit ein bis zwei ganzen Eiern, zwei Eigelb, Salz und Muskatnuss untereinander, forme Klöße daraus, wende sie in Mehl um und koche sie in Salzwasser oder Fleischbrühe. – Zu *Gemüse*, *Salat*, mit oder ohne geriebenes, in Butter geröstetes Weißbrot.

32. Klöße von geräuchertem Fisch: Man nimmt am besten geräucherten Lachs dazu, doch werden sie auch von geräuchertem Aal, geräucherten Maifischen und dergleichen, ja selbst von Bückingen, recht gut. Der Fisch wird in lauwarmem Wasser etwas geweicht, dann, wenn er wieder erkaltet ist, abgehäutet, entgrätet, zu Würfelchen geschnitten und diese mit einer kleinen, fein geschnittenen Zwiebel und etwas Petersilie, in Butter eben angedämpft. Nun schneide man auf ½ Kilo Fisch, zwei bis drei Weißbrötchen, ohne Kruste, ebenfalls in kleine Würfelchen, röste die Hälfte davon in Butter gelb und feuchte die andere mit Rahm an und verrühre sie mit einem Stück frischer Butter und sechs Eidottern, gebe dann den Fisch, das geröstete Weißbrot, zwei Esslöffel Mehl und den Schnee von drei Eiweiß dazu, forme Klöße, koche sie in gesalzenem Wasser und übergieße sie, wenn sie angerichtet sind, mit in Butter geröstetem, geriebenem Weißbrot. – Zu *Sauerkraut, Kartoffel-, Erbsen-, Zwiebel-Pürees*.

33. Hefen-Klöße: Man nehme ½ Kilo feinstes Mehl, ¼ Liter recht gute Milch, 30 Gramm Butter und ein bis zwei Eier und lasse dies alles, so wie auch die zum Anmengen der Klöße bestimmte Schüssel, lauwarm werden und weiche 30 Gramm trockene Hefe, mit knapp einem halben Obertässchen kaltem Wasser, in einem kleinen Töpfchen, eine Stunde lang. Fünf Viertelstunden vor dem Anrichten gebe man die Hälfte der Milch, zwei bis drei Esslöffel Mehl und einen Esslöffel gestoßenen Zucker (alles lauwarm) zu der Hefe, klopfe alles wohl durcheinander, dass es ein ziemlich dicker, glatter Brei wird und stelle das Töpfchen, welches nur halbvoll sein darf, in den eben warmen, nicht heißen Backofen (Röhre), bis die Masse sich Bogenförmig hebt, wonach man nun die Klöße anmengen kann, welches in einem (Winters wohl durchwärmten), sonst aber zugfreien Gemach, zu geschehen hat. Man gieße nun die Hefe in die Mitte des Mehls, verklopfe Eier, Butter und die noch übrige lauwarme Milch, durchrühre es noch etwas mit der Hand, um es gleichmäßig zu erwärmen und gebe es, nebst etwas Salz, zu der Hefe, vermische alles mit dem Mehl und schlage den Teig, indem man die Schüssel mit der linken Hand hält, mit der rechten, mittelst eines starken Holzlöffels, in den Teig fährt und ihn so lange rasch in die Höhe schlägt bis er Blasen wirft; dann streut man Mehl darunter und darüber, bedeckt die Schüssel mit einem warmen Tuch und lässt den Teig gehen, bis er noch einmal so hoch ist. Hierauf wird er auf ein erwärmtes, mit lauwarmem Mehl bestreutes Backbrett geschüttet, ohne Mehl ausgewirkt, in vier Teile geteilt und jeder Teil, mit den Händen zu einer dicken Wurst ausgerollt, diese in der Quere, zwei fingerdick, zerschnitten und aus jedem Stückchen ein Kloß gewirkt, der den Umfang eines mittelgroßen Apfels haben muss. Man lässt die Klöße so lange gehen, bis der letzte fertig gewirkt ist, wo die ersten dann schon genug gegangen sein werden und legt nun von den ersten so viel in eine große Kasserolle, mit reichlich kochendem Wasser, als bequem Platz darin haben, deckt die Kasserolle zu, bis das Wasser wieder kocht, schüttelt die Kasserolle ein wenig und wenn die Klöße alle oben sind, so wendet man sie vorsichtig um; in fünf bis sechs Minuten sind sie meistens gut, doch kann man aus Vorsicht mit einem glatten, spitzigen Häkchen, durch einen Kloß stechen und wenn es trocken herauskommt, so ist er gut; sie dürfen ja nicht zu lange kochen. Man richtet sie auf einer erwärmten Schüssel, in eine erwärmte, zur Tasche gebrochene Serviette, neben einander rasch an und gibt sie meistens zu Kompott aus Backobst, kann aber auch zerlassene, hochgelb geröstete Butter und gestoßenen Zucker dazu servieren.

Dies, in der Beschreibung so umständlich erscheinende Gericht, gestaltet sich bei der Zubereitung, ebenso einfach und leicht, als wohlfeil und gut ist.

34. Weißbrot-Klöße: Man rühre 90 Gramm Butter oder 75 Gramm frisches Schweinefett schaumig ab, schlage nach und nach drei ganze Eier hinein, verrühre es genau und würze mit einem Teelöffel feinem Salz und halb so viel fein geschnittener Petersilie, gebe 1 Liter zu kleinen Würfeln geschnittenes Weißbrot hinzu und menge alles zusammen, zu einem dicken Teige, aus dem man Klöße, so groß wie eine kleine Faust formt, sie in kochendes, gesalzenes, mit etwas Butter vermischtes Wasser einlegt, zudeckt und zehn Minuten lang kocht, dann gehäuft anrichtet und mit zwei Esslöffeln voll geriebenem und in Butter oder Schweinefett goldbraun geröstetem Weißbrot bestreut.

35. Mehl-Klöße: Man vermische ½ Liter feines Mehl mit zwei ganzen Eiern und so viel Milch, dass es wie ein weicher Kuchenteig ist, der, wenn man die Schüssel gerade stellt, noch breit laufen kann und schlage ihn, bis er Blasen wirft und sich dehnt (S. *Hefen-Klöße*), füge dann 45 Gramm zu kleinen Würfeln geschnittenes Weißbrot, welches mit Butter fett geröstet und wieder erkaltet ist, und das nötige Salz dazu und steche davon, mit einem Kochlöffel, große Klöße aus, die man zugedeckt, in viel Salzwasser, zehn bis fünfzehn Minuten lang kocht und, recht abgelaufen, mit reichlich hochgelber Butter anrichtet. – Zu *Ragout* und *Kompott*.

36. Grießmehl-Klöße: Man koche aus ½ Liter Grießmehl und 1 Liter Milch einen dicken Brei, lasse ihn erkalten und rühre zwei in Würfel geschnittene und in Butter geröstete Weißbrötchen, eine fein geschnittene, in Butter gedämpfte Zwiebel, zwei Eier und Salz daran, tauche einen großen Löffel in heiße Butter, steche mit demselben Klöße aus und bringe sie gleich zu Tisch. – Zu *Ragout*.

37. Reis-Klöße: Man koche ¼ Kilo blanchierten Reis, (S. *Reisring, 2. Abschnitt*), in ¾ Liter Milch, gut zugedeckt, langsam weich und wenn er halbweich gekocht ist, so tue man 60 Gramm Butter und etwas Salz daran; er muss ganz weich und trocken sein und man nimmt ihn dann in eine Schüssel, lässt ihn etwas verkühlen und rühre drei bis vier Eier dazu, steche mit einem Esslöffel Klöße daraus und koche sie in gesalzenem Wasser eine Viertelstunde, richte sie an und bestreue sie mit, in Butter geröstetem, geriebenem Weißbrot oder begieße sie mit heißer Butter und streue geriebenen Käse darüber.

38. Kartoffel-Klöße: Man schäle ein paar Dutzend, mittelgroße, mehlige Kartoffeln, koche sie in Salzwasser weich, schütte das Wasser ab und zerdrücke sie sogleich mit einem Kochlöffel, so fein als möglich, rühre dann, auch sogleich, so lange die Kartoffeln noch heiß sind, 60 Gramm Butter und vier Eier daran, bestäube sich die Hände dick mit feinem Mehl, forme Klöße, setze sie auf ein mit Mehl bestreutes Brett und lege nun alle auf einmal in kochendes gesalzenes Wasser, lasse sie zehn Minuten kochen und übergieße sie mit heißer Butter. – Zu *Sauerkraut*, *Ragout* und besonders zu *Kompott von Backobst*.

39. Aufgebackene Klöße: Man schneide übrig gebliebener Klöße in Scheiben und backe sie mit Butter oder Fett in der Kuchenpfanne, kann auch, um die Portion zu vergrößern, aus einem Ei, einem starken Esslöffel Mehl und ganz wenig Milch einen dicken Pfannkuchenteig anrühren, die Scheiben darin umdrehen und danach backen. – Zu *Salat* und *Gemüse*.

40. Grieß-Nocken: Man lasse in einer Kasserolle ¾ Liter Milch, 60 Gramm Zucker, ein Stückchen Zimt und ein wenig Salz aufkochen, dann unter beständigem Rühren 120 Gramm schönes Grießmehl einlaufen und rühre dasselbe auf dem Feuer fort, bis es ganz dick geworden und aufgekocht ist, tue es nun in eine Schüssel und verrühre es gut mit 60 Gramm frischer Butter, zwei ganzen Eiern und vier Eidottern. Hierauf gebe man in eine flache irdene Kasserolle ½ Liter Milch, 60 Gramm Butter und 60 Gramm Zucker und wenn es aufkocht, so steche man mit einem blechernen Esslöffel von der Masse Nocken (Klößchen) ab, lege sie nebeneinander in die kochende Milch, decke sie zu und lasse sie auf gelindem Feuer langsam einkochen, bis sie unten lichtbraune Krüstchen haben, wo man sie dann mit dem Nudelschäufelchen, samt ihren Krüstchen, aussticht und, die Krüstchen nach oben, anrichtet und eine Milchsauce dazu gibt, oder man überstreue sie beim Anrichten, mit zwei Täfelchen fein geriebener Schokolade und reiche eine dünne Schokoladensauce dazu.

41. Dampfnudeln (echt schwäbisches Rezept): Man gebe 1 Kilo bestes Mehl in eine Schüssel und mache in der Mitte desselben mit zwei Esslöffeln Hefe und etwas lauwarmer Milch einen kleinen Vorteig, den man gehen lässt und das Mehl dann mit einem Ei und so viel lauwarmer Milch vollends anmengt, dass der Teig etwas weicher ist, als ein ganz feiner Weißbrotteig, den man nun kräftig und so lange mit einem Kochlöffel bearbeitet bis er sich vom Löffel und von der Schüssel losschält, worauf man etwas Mehl unten in die Schüssel streut, damit man den Teig hernach gut herausnehmen könne, und ihn wieder gehen lässt. Dann nimmt man ihn behutsam heraus und legt ihn auf ein mit Mehl bestreutes Backbrett, dehnt ihn mit der Hand aus, bis er etwa fingerdick ist und drückt, mit der in Mehl getauchten Handseite, talergroße Nudeln ab, oder sticht sie mit einem runden Förmchen (dem Kaffeemäßchen etwa) aus, welches jedoch nicht für ganz korrekt gehalten wird, und lässt sie abermals gehen. Auf jedes Gehen rechnet man ungefähr eine Stunde, doch ist wohl darauf zu achten, dass sie nicht *übergehen*.

Nun tut man in eine flache Pfanne (Kuchenpfanne), Milch, etwas frische Butter und wenn es kocht, so setzt man von den Nudeln so viele hinein, als, nicht zu nahe aneinander, Platz darin haben, deckt einen passenden, etwas hohen Deckel darauf, der gut schließt und legt noch ein zusammengedrehtes feuchtes Tuch um den Rand, damit ja kein

Dampf herauskönne, die Milch darf aber nicht höher gehen, als an die Mitte der Nudeln und so lässt man sie kochen, bis sie unten gelbbraune Krüstchen haben, muss aber wohl Acht geben, dass man den rechten Augenblick nicht verpasse, nämlich, wenn die Milch eingekocht ist, was man leicht hören und auch riechen kann, ob sie aufhören zu kochen und anfangen zu backen, denn wenn man sie zu früh aufdeckt, so werden sie fest und wenn zu spät, so brennen sie leicht an und überhaupt ist bei dieser so einfachen und wohlfeilen aber sehr guten Mehlspeise, manches zu beobachten, wenn sie gut geraten soll: Das Mehl muss von bester Sorte und die Hefe besonders gut und frisch sein, alles, auch das Geräte, etwas erwärmt und es darf keine kalte Luft daran kommen, weshalb auch beim jedesmaligen Gehen, der Teig und hernach die Nudeln mit einem erwärmten Tuch bedeckt werden müssen, ja man legt sogar wohl das Ei in warmes Wasser, ehe man es braucht und es sind dies die sogenannten *„kleinen"* Dinge, welche aber, sowohl in der Kochkunst, als sonst im Leben, weit wichtiger sind, als die meisten wohl glauben.

Sind die Dampfnudeln nun fertig, so nehme man sie mit einem Schäufelchen aus der Pfanne, richte sie, die Krüstchen nach oben, an und gebe diese erste Auflage (die andern werden dann ebenso bereitet) gleich zu Tisch und in einer Sauciere folgende Sauce dazu oder auch, namentlich für Kinder, Kompott, doch ist die Sauce vorzuziehen und gehört eigentlich dazu.

Man lasse ½ Liter gute Milch oder süßen Rahm mit 90 bis 120 Gramm Zucker und einer halben Stange Vanille aufkochen und stelle sie zugedeckt bei Seite, rühre einen halben Esslöffel Mehl mit kalter Milch an, schlage vier Eidotter dazu, verrühre auch diese wieder und gieße dann nach und nach, die abgekochte Milch daran, nachdem man die Vanille herausgenommen, bringe die Sauce wieder zu Feuer und rühre sie, bis sie aufkochen will. Statt Vanille kann auch ein Stück Zimt genommen werden. Wenn man die Dampfnudeln anstatt in Milch in Wasser mit etwas Butter und Salz fertig macht, so sind sie auch recht angenehm und kräftig zu Kompott von Backobst oder zu Ragout.

42. Schneidnudeln: Man rolle Nudelteig (*S. Teige*) so dünn wie möglich aus, lasse die ausgerollten Platten eine Viertelstunde lang abtrocknen, rolle sie dann zusammen und schneide sie zu etwas breiten Strei-

fen, lockere sie hernach auf, streue sie auseinander und koche sie in gesalzenem Wasser ab, tue sie auf einen Seiher und gieße ein wenig kaltes Wasser nach, richte sie nun gleich an und gebe geriebenes, in Butter geröstetes Weißbrot darüber. – Zu *Ragout* und *Kompott*.
Gemüsenudeln, wie man sie kauft, können ebenso bereitet werden.

43. Gedünstete Schneidnudeln: Man tue Milch, Zucker und Ei etwas frische Butter in eine flache Pfanne, gebe, wenn es kocht, in gesalzenem Wasser abgekochte Nudeln hinein und decke sie anfangs zu, bis die Milch beinahe eingekocht ist und die Nudeln anfangen zu backen und unten Krüstchen zu bekommen, wo man sie dann aufdeckt und mit einem Schäufelchen öfters umwendet, bis alle etwas gebacken sind, sie nun gehäuft anrichtet, mit Zucker bestreut und Eingemachtes, besonders Preiselbeeren oder auch sonst eingemachte Kompott-Früchte, dazu reicht.

44. Nudeln mit Guss: Man tue sechszehn gehäufte Esslöffel feines Mehl auf das Backbrett, schlage in die Mitte zwei Eier (seiner sechs Eidotter), füge zwei Prisen Salz hinzu und mische, anfangs nur mit einem Löffel, das Mehl zu den Eiern, bis es nicht mehr flüssig ist, wo man es dann mit dem Handballen zu einem sehr festen Teig knetet; diesen teile man in sechs Teile, rolle jeden Teil so dünn wie möglich aus und lasse diese Blätter einige Minuten liegen, dass sie etwas abtrocknen, schneide sie nun in 3 Zentimeter breite Streifen, lege mehrere derselben übereinander, schneide die Nudeln kurz und fein und streue sie recht breit auseinander, um sie abtrocknen zu lassen. Hierauf gebe man sie locker in 1 Liter starkkochende Milch und lasse sie langsam, ungefähr eine halbe Stunde lang, aufquellen, rühre dann ⅛ Kilo frische Butter, einen Teelöffel Salz, 90 Gramm gestoßenen Zucker, an dem man Zitronenschale abgetrieben hat (oder statt Zitronenschale, etwas gestoßene Vanille), nach Belieben auch gestoßene Mandeln, unter die Nudeln und richte sie in einer tiefen Schale an; sie müssen wie ein sämiger Brei sein. Nun schlage man einen recht steifen Schnee von vier Eiweiß, ziehe ⅛ Kilo recht fein gesiebten Zucker und einen Teelöffel Kartoffelmehl darunter, streiche es über die Nudeln und backe sie eine halbe Stunde lang bei sehr mäßiger Hitze, im

Backofen, denn der Guss darf nur goldgelb sein und weder zu lang, noch in zu starker Hitze backen, sonst wird er zähe.

45. Nudeln mit Madeira und Parmesankäse: Man verarbeite drei Eier, drei Esslöffel Milch, eine halbe Eierschale Essig, etwas Salz und feines Mehl zu einem so festem Teige, dass er sich gut ausrollen lasse, teile diese Masse in fünf bis sechs Stücke und rolle jedes so dünn wie möglich aus, bestäube nun diese Platten mit ein wenig Mehl und lasse sie damit eine Weile trocknen, worauf man sie lose zusammen rollt und, der Quere nach, feine Nudeln daraus schneidet, welche man auflockert und in kochendem Salzwasser, mit einem Stückchen Butter darin, garkocht; sie dürfen dann eigentlich kein Wasser mehr haben, wäre aber doch noch etwas vorhanden, so müsste man sie auf einem Seiher ablaufen lassen, vermische sie hierauf, so heiß als möglich, mit einem Glas Madeira, bestreue sie nach dem Anrichten recht dick mit Parmesankäse, beträufle sie mit zerlassener Butter und lasse es an einer heißen Stelle noch eine Viertelstunde durchziehen.

46. Kartoffel-Nudeln: Man koche etwa 1 Liter geschälte und in große Stücke geschnittene Kartoffeln weich, gieße sie ab und zerdrücke sie sogleich mit einem Holzlöffel, verrühre sie gut mit zwei ganzen Eiern, einem Dotter, vier bis fünf gehäuften Esslöffeln geriebenem Käse (am besten Parmesan) und Salz und lasse es etwas abkühlen, mache dann Handlange und Talerdicke, recht platte und dichte Würste daraus und schneide sie, wenn sie gänzlich erkaltet sind, in fingerdicke Scheiben, die man auf einer nicht ganz flachen, runden Schüssel, wie einen kleinen Berg anrichtet, mit reichlich Käse bestreut, mit 120–150 Gramm heißer Butter begießt, die Schüssel, über einen Topf mit heißem Wasser in den Backofen setzt und von Unten heiß, von Oben gelb werden lässt. Man kann die Rollen schon Tages vorher machen, aber nicht zerschneiden.

47. Makkaroni mit Käse: Man koche ¼ Kilo Makkaroni zehn Minuten in gesalzenem, kochendem Wasser, seihe sie ab, tue sie dann gleich mit 120 Gramm frischer, gebröckelter Butter und 210 Gramm geriebenem Parmesankäse, etwas grob gestoßenem weißen Pfeffer und dem etwa noch nötigen Salz in eine Kasserolle und schwinge sie so lange über dem Feuer, bis die Butter zerflossen ist und die Makkaroni, mit dem Käse genau verbunden, lange Fäden ziehen.

Man kann auch Schweizerkäse oder selbst nicht zu frischen, Holländer-Käse nehmen, aber er ist bei weiten nicht so gut und zieht auch keine Fäden.

Oder auf italienische Art, koche man sie einfach in Salzwasser ab, lasse sie rasch ablaufen und serviere sie sehr heiß, mit geriebenem Parmesankäse und geschmolzener Butter dabei, dass Jeder sich seine Portion selbst anmenge. Auf ½ Kilo Makkaroni rechnet man ⅛ Kilo Käse und ¼ Kilo Butter und es müssen warme Teller dazu gereicht werden.

48. Fondue: Man wiege die nötigen Eier, etwa zwei auf die Person, und nehme ein Drittel ihres Gewichtes an Schweizerkäse und ein Sechstel an frischer Butter, verklopfe und rühre die Eier wohl in einer Pfanne, tue dann die Butter und hierauf den geriebenen Käse hinein, setze die Pfanne auf ein lebhaftes Feuer und rühre die Mischung so lange, bis sie gehörig dick, weich und fadenziehend ist, gebe wenig Salz, aber reichlich gestoßenen weißen Pfeffer daran, richte so schnell wie möglich auf einer gewärmten Schale an und lasse gewärmte Teller dazu reichen.

49. Reis auf Südamerikanische Art (Carolina-Reisbrei): Man weiche ihn sieben Stunden lang oder über Nacht, wenn er, wie in Amerika üblich, zum Frühstück gegeben werden soll, in kaltes, etwas gesalzenes Wasser, gebe ihn dann in kochendes Wasser und koche ihn auf kräftigem Feuer zehn Minuten lang, wonach man ihn auf einen Seiher gießt und diesen, bis der Reis völlig abgelaufen ist, auf den Herd stellt, denn der Reis muss sehr heiß serviert werden und man reicht nur frische, harte Butter dazu, womit jeder sich seine Portion Reis, nach Geschmack vermischt oder es werden auch wohl noch weich gekochte Eier dabei gegeben, deren Dotter man unter den Reis mischt. Auf diese Art gekocht, sind die Reiskörner sehr groß und ganz voneinander abgesondert.

50. Reis mit Aprikosen: Man koche ⅝ Kilo blanchierten Reis (*S. Reisring, 2. Abschnitt*), mit 1½ Liter Milch, ⅛ Kilo Zucker und 60 Gramm sehr frischer Butter, eine Stunde und vermische ihn hierauf mit drei Eiern, bestreiche nun eine Form mit Butter, bestreue sie mit geriebenem Weißbrot und fülle ein Drittel von dem Reis hinein, den man mit eingemachten Aprikosen belegt (nicht zu nahe aneinander und nicht zu nahe an den Rand); dann kommt das zweite Drittel Reis, wieder eine Lage Aprikosen, zuletzt der Rest vom Reis und man backt es im Backofen, stürzt es und gibt folgende *Sauce* dazu:

Man schlage acht Eidotter mit einem Teelöffel Kartoffelmehl, 60 Gramm Zucker und 1 Liter süßem Rahm oder guter Milch mit einem kleinen Besen oder der Schneerute, so lange über dem Feuer, bis die Sauce, eben vor dem Kuchen, dicklich wird, nehme sie dann vom Feuer und rühre ein kleines Weinglas Maraschino oder, nach Geschmack, Kirschengeist oder Arak darunter.

Zu dieser Speise sind die, *in Büchsen eingemachten Aprikosen*, sehr zu empfehlen, natürlich ohne alle Brühe.

51. Reis mit Kastanien: Man koche ⅛ Kilo Reis, in stark ½ Liter Milch, dick und weich und stoße ihn danach im Mörsers fein, rühre 90 Gramm Butter zu Schaum und gebe, Löffelweise, den Reis, 90 Gramm Zucker, sieben Eidotter, etwas Zitronenschale und den Schnee von vier Eiweiß daran. Unterdessen habe man zwanzig schöne Kastanien gebraten und geschält, schneide sie in Scheibchen und lasse sie in ⅛ Kilo Zucker, den man mit einer halben Tasse Wasser bis zum Spinnen eingekocht hat, gut aufkochen, bestreiche nun eine Form mit Butter und fülle den dritten Teil von dem Reis hinein, dann die Hälfte der Kastanien, wieder einen Teil Reis, wieder Kastanien, zuletzt den Rest von Reis und backe es langsam, aber nicht zu lange, im Backofen.

52. Späzlein: Man menge einen Teig aus ½ Kilo Mehl, zwei Eiern, einem Teelöffel Salz, einem Glase Milch und, wenn nötig, ein wenig lauwarmem Wasser und klopfe ihn eine Viertelstunde, nehme dann etwas davon auf ein Brettchen und lege mittelst eines stumpfen Messers (wenn man kein hölzernes hat, welches eigentlich dazu gehört), kleine längliche Stückchen, etwa halb fingerlang und dick, in gesalzenes, kochendes Wasser, indem man die Stückchen mit dem Messer absticht und von dem Brettchen herunterschiebt, wobei zu bemerken ist, dass man nicht zu viele auf einmal einlegen muss, lasse sie ein paar Mal aufkochen und nehme sie mit dem Schaumlöffel heraus und wenn sie alle fertig und angerichtet sind, so gebe man geriebenes, in Butter geröstetes Weißbrot darüber.

Anstatt aus Mehl, kann man die Spätzlein auch aus Kartoffelmehl bereiten und rühre dazu 60 Gramm Butter zu Schaum, dann drei Eier dazu, etwas Rahm und so viel Kartoffelmehl, dass es ein ziemlich fester Teig wird, mit dem man, wie bei den ersten Spätzlein verfährt. – Beide Arten zu *Ragout, Kompott* und *Salat*, besonders *Gurken-Salat*.

Sind Spätzlein übrig geblieben, so gebe man sie in etwas heiße Butter, gieße ein paar gut verklopfte Eier darüber, rühre sie einmal darin um und lasse sie schön gelb backen.

53. Rahm-Strudel: Man bereite dazu einen weichen Teig aus ¼ Kilo erwärmtem Mehl, einem eigroßen Stückchen Butter und ⅙ Liter lauwarmem Wasser und wenn dieser Teig geknetet ist, so wird er über dem mit Mehl bestreuten Backbrett zu einem Leibchen gerollt, mit einer erwärmten, irdenen Schüssel zugedeckt und nach einer Weile, über einem weißen Tuch, zu einer ganz dünnen, durchsichtigen Platte auseinander gezogen (wenn sie ganz echt ist, so muss man grobe Schrift hindurch lesen können), zu welchem Ende man den Teig zuerst über den geballten Händen hält und nach allen Seiten dreht, wo er sich durch seine eigene Schwere schon ziemlich ausdehnt; dann wird er über das, mit seinem Mehl bestäubte, Tuch gelegt und man fasst mit den flachen Händen immer unter den Teig, um ihn auszuziehen.

Hierauf rühre man zur Fülle, ⅛ Kilo Butter zu Schaum, gebe nach und nach, vier Eidotter, sechs Esslöffel feines geriebenes Weißbrot, 90 Gramm fein gestoßenen Zucker, 120 Gramm Korinthen, 120 Gramm Rosinen (am besten Sultanini), einen halben Esslöffel sehr fein geschnittene Zitronenschale und acht bis zehn Esslöffel sauren Rahm dazu, vermenge es wohl, streiche es platt und in gleicher Dicke über die Platte und schneide den allenfalls mit der Fülle nicht bedeckten Teig weg. Nun wird das Tuch von einer Seite in die Höhe gehoben und mittelst eines leichten Nachhelfens mit einem Messer das Ganze über sich selbst ins Rollen gebracht, wodurch eine lange Rolle entsteht, die man behutsam zu einer Schnecke dreht und endlich wird eine flache Form oder eine Sautierpfanne mit Butter bestrichen, der Strudel hineingetan, mit zerlassener Butter bestrichen und auf schwachem Feuer, mit einem Kohlendeckel darüber, in folgender Weise gebacken:

Wenn der Strudel ungefähr drei Viertelstunden gebacken hat, so nehme man den Deckel ab, begieße ihn mit ⅔ Liter kochender Milch, bestäube ihn mit feinem Zucker und tue den Deckel, mit frischen Kohlen wieder für eine Viertelstunde darauf, hebe den Strudel dann mit zwei Löffeln vorsichtig heraus, richte ihn auf eine tiefe Schüssel an und lasse die noch übrige Milch in einer Sauciere dazu reichen. Es kann der Strudel aber auch im Backofen gebacken werden und wenn man unter sich ist, so kommt er gewöhnlich in der Form auf dem Tisch.

Einfacher bereitet man Rahmstrudel, wenn man den Teig zu Teller-großen, möglichst dünnen Platten ausrollt und jede mit saurem Rahm, der mit Zucker und einem Ei verklopft worden, bestreicht, mit Korinthen und Rosinen bestreut und aufrollt, dann die Hälfte davon, nebeneinander (nicht ganz nahe, wegen des Aufgehens), in die mit Butter bestrichene Form legt und die andere Hälfte nun quer darüber; man gibt dann kleine Bröckchen Butter darauf, stellt ihn in den Backofen und gießt immer nach und nach etwas heiße Milch daran.

54. Schokoladen-Strudel: Man gebe ½ Kilo feines Mehl auf das Backbrett, mache in die Mitte von zwei Drittel desselben, eine Höhlung, bereite daraus, mit dem Weißen von zwei Eiern, lauwarmem Wasser und etwas Salz, einen weichen Teig und menge von dem übrig gebliebenen Mehl noch etwas darunter, jedoch nicht zu viel, knete den Teig wie einen gewöhnlichen Nudelteig, bis er Blasen wirft und forme eine Halbkugel daraus, die man auf eine, mit Mehl bestreute Stelle des Backbrettes legt und eine erwärmte (nicht zu warm) Terrine darüber stürzt und so eine halbe Stunde ruhen lässt. Dann lege man den Teig auf ein Tischtuch, rolle ihn zuerst mit dem Rollholz aus und ziehe ihn hierauf, nach allen Seiten hin, mit den Händen vorsichtig auseinander, dass er keine Löcher bekomme aber je dünner, je besser. Nun bestreiche man ihn mit zerlassener Butter bestreue ihn mit einem Gemisch von ⅛ Kilo geschälten und fein gestoßenen Mandeln, ⅛ Kilo gestoßenem Zucker und ⅛ Kilo geriebener Schokolade, rolle den Strudel über sich selbst, indem man das Tischtuch an beiden Seiten fasst und aufhebt und lege ihn, Kranz- oder Schneckenförmig in eine gut mit Butter ausgestrichene Pfanne, worin er bei mäßiger Hitze und zeitweiligem Begießen mit etwas Milch, gar gebacken wird. Wenn der Strudel angerichtet ist, so tut man in die Pfanne noch etwas Milch und bereitet daraus, mit etwas Zucker, Vanille und den zwei übrig gebliebenen Eidottern, eine Sauce, welche man zu dem Strudel serviert, den man übrigens auch auf die, bei dem Rahmstrudel angegebene, einfachere Art, machen kann.

55. Zwetschgen-Strudel: Man bringe ½ Kilo getrocknete Zwetschgen mit heißem Wasser, einem Stückchen ganzem Zimt, zwei Gewürznelken, etwas Zitronenschale und einem Stückchen frischer Butter zu Feuer und lasse sie so lange kochen, bis sie recht weich und ganz kurz eingekocht sind, nehme nun die Kerne heraus und hacke die Zwetschgen klein. Hierauf röste man einen Esslöffel gestoßenes Weißbrot in einem Stückchen Butter gelb, wende die Zwetschgen darin um, tue sie in eine Schüssel und rühre zwei Eigelb daran, so wie ein paar Esslöffel (nicht mehr) von der Zwetschgenbrühe, falls sie noch welche hatten, bereite aus drei Eiern, feinem Mehl und etwas Salz, einen Nudelteig und rolle ihn zu zwei dünnen Kuchen aus, setze auf den einen, daumenbreit auseinander, Häuflein von der Zwetschgenmasse, bestreiche jedes ringsherum mit verklopftem Ei und lege den andern Kuchen darauf, drücke ihn über jedem Häuflein an und schneide sie, mit dem Backrädchen, zu runden Krapfen aus, tue sie dann in kochendes Wasser mit etwas Salz und koche sie eine Viertelstunde, richte sie mit ein wenig von der Brühe an und gebe eine Handvoll geriebenes, in Butter geröstetes, Weißbrot darüber.

56. Spinat-Strudel: Man tue ¼ Kilo gutes Mehl auf das Backbrett, streiche es auf einen Haufen und mache in die Mitte eine Grube, gebe drei ganze Eier und etwas Salz hinein und schlage die Eier mit einem Messer nach und nach in das Mehl, bis es einen flockigen Teig bildet, den man nun zu einem festen Teig knetet, in vier Teile teilt, jeden Teil zu einem runden und ganz dünnen Kuchen ausrollt und etwas abtrocknen lässt. Dann hacke man etwas gebratenen oder gekochten Fisch, weiche ein Weißbrötchen ohne Kruste in Wasser, drücke es fest aus, mache mit Pfeffer, Salz, Muskatnuss und einem Ei eine kleine Farce daraus, die drei Esslöffel betragen muss und vermische sie mit drei Esslöffeln erkaltetem Spinatgemüse. Von diese Masse setze man nun auf einen der Kuchen kleine Häufchen, streiche um jedes verklopftes Ei, lege einen Kuchen darüber und drücke ihn über jedem Häufchen an, teile es mit dem Backrädchen in so viele Teile als es Häufchen sind (jeden von etwa 8 Zentimeter Durchmesser), lege sie, mit dem obern Teil nach unten, in kochendes gesalzenes Wasser, koche sie eine Viertelstunde und nehme sie mit dem Schaumlöffel heraus, richte sie mit ein wenig von ihrer Brühe an und übergieße sie mit geriebenem, in Butter braun geröstetem, Weißbrot.

Man bereitet diesen Strudel meistens aus Resten und wenn welche übrig bleiben, so schneide man sie einmal durch, backe sie mit Butter auf und gebe sie zu Salat.

Die Abfälle vom Teig beim Abrädeln der Strudel, mache man zusammen, rolle es dünn aus und schneide es zu Schneidnudeln.

57. Spinat-Rouladen: Man überbrühe möglichst große Spinatblätter leicht mit kochendem Wasser und breite sie auf einem Tuch aus, hacke unterdessen ein Stückchen gebratenen oder gekochten Fisch, mit Zwiebel und Petersilie sehr fein, tue dies mit 60 Gramm geriebenem Weißbrot, Salz, Muskatnuss und einem Ei unter 60 Gramm leicht gerührte Butter und gebe von dieser Fülle, einen kleinen Esslöffel auf jedes Blatt, rolle die Blätter dann aus und brate sie in Butter auf einer Seite gelb, salze sie, stäube Mehl darüber, begieße sie mit Bouillon, dass es eine kurze Sauce gibt und, dämpfe sie eine Viertelstunde.

58. Spinat-Charlotte: Man bereite sie ganz wie die *Apfel-Charlotte*, nur dass man sie, anstatt mit Äpfeln, mit Spinat füllt.

Zu dieser Fülle, koche man die Spinatblätter in einer großen Kasserolle mit vielem Wasser und etwas Salz so lange, bis sie sich zwischen den Fingern leicht zerreiben lassen, seihe sie dann ab, übergieße sie mit frischem Wasser und presse sie zwischen den Händen aus, schneide sie fein und dämpfe sie mit dem sechsten Teil an Butter über frischem Feuer eine Weile. Hatte man vier Handvoll Spinat, so bestäube man ihn nun mit einem Esslöffel feinstem Mehl, rühre ihn mit ⅜ Liter Rahm ab und würze ihn, wenn er damit aufgekocht hat, mit zwei Esslöffeln fein gestoßenem Zucker.

Kann als Mehlspeise und als Gemüse gegeben werden und in letzterem Falle, serviert man wohl noch Spiegeleier dazu.

59. Weißbrot-Speise: Man röste große, runde, Halbfinger dicke Weißbrotschnitten ganz leicht und blassgelb, lege sie auf eine große flache Schüssel und bestreue sie mit ein wenig, sehr fein gestoßenem Zimt; dann vermischt man weißen Wein nach Geschmack mit Zucker und gieße ihn an der Seite der Schüssel vorsichtig an die Schnitten, bis diese ganz mit Wein durchzogen sind, denn es muss recht saftig sein, kann es auch noch mit Korinthen überstreuen. Auch kann man statt Weißbrot, Zwieback nehmen, am besten die platten, untern.

Oder man schneide einige Milchbrötchen in hübsche Scheiben, tauche sie in ein Gemisch von zwei Eiern und vier Esslöffeln Milch, lasse in einer Pfanne ⅛ Kilo Butter heiß werden, backe die Schnitten auf beiden Seiten goldgelb darin und lege sie in eine Schale, bringe dann einen Esslöffel Aprikosen-Marmelade mit zwei Glas Madeira zu Feuer, gieße dies, wenn es auf dem Punkt des Kochens ist, über das Brot und serviere sehr heiß, kann aber auch anderes Eingemachte und weißen Wein gebrauchen.

60. Zwieback-Speise: Man streiche eine Form gut mit Butter aus, lege eine Schicht Zwieback hinein und gebe kleine Bröckchen Butter, Zucker, Zimt, Korinthen und abgeriebene Zitronenschale darüber, danach wieder eine Schicht Zwieback, ebenso belegt und fährt so fort, bis die Form über halbvoll ist. Dann verklopfe man für eine große Form einige Eier mit so viel Milch, als man denkt, dass die Zwieback einschlucken können, gieße dies darüber, backe sie und bestreue sie mit Zucker und Zimt.

61. Gemischte Speise von getrocknetem Obst (Macedoine): Man setze ⅜ Liter getrocknete Hagebutten, halb so viel getrocknete Kirschen, ⅛ Kilo geschälte, getrocknete Zwetschgen (Brünellen), ⅛ Kilo Rosinen und ⅛ Kilo Korinthen, nachdem man es in warmem Wasser gewaschen, mit ⅜ Liter weißem Wein, ⅜ Liter Wasser, 90 Gramm Zucker, 4 Gramm ganzem Zimt und der Schale einer halben Zitrone zu Feuer und koche es weich und kurz, dass es nur wenig Brühe habe, richte es hierauf an, streue in Butter gelb gebratene Weißbrotwürfelchen darüber und serviere Backwerk dazu.

62. Kirschen-Speise: Man gebe 1 Kilo süße recht reife abgestielte Kirschen mit einer Tasse Wasser und ⅛ Kilo Zucker in eine Kasserolle und dämpfe sie, unter öfterm Umschütteln, weich, doch dürfen sie nicht verkochen; dann verklopfe man zwei Eidotter, einen Esslöffel feinstes Mehl und ¾ Liter süßen Rahm und gieße dies zu den Kirschen, schüttle es durcheinander, lasse es einmal aufkochen und serviere es kalt, mit feinem Backwerk dabei.

63. Apfel-Speise: Man nehme für ½ Kilo geschälte und in dicke Scheiben geschnittene gute Äpfel, 180 Gramm Zucker, 90 Gramm sehr frische Butter, einen halben Teelöffel Zimt, die gehackte Schale einer halben Zitrone und einige Esslöffel Korinthen oder noch besser Sultanini, lasse dies zusammen heiß werden, die Apfelscheiben einige Minuten darin dämpfen und schwenke sie dann gut um, bis sie weich sind. Die Scheiben müssen ganz geblieben sein und man schichtet sie beim Anrichten, auf- und nebeneinander, gießt den Saft darüber, umlegt sie mit gebackenen Weißbrotschnitten (*S. Nr.67*) und serviert recht heiß.

64. Apfel-Speise mit Kastanien: Man schneide von schönen, gleich großen, geschälten Äpfeln, am besten Borsdorfern, oben einen Deckel ab und höhle sie aus, hacke dann das Herausgenommene fein, vermische es mit gehackten süßen und bittern Mandeln und dämpfe es in frischer Butter, füge, wenn dies erkaltet ist, das Abgeriebene von einer Zitrone, fein geschnittene Succade, Korinthen, Zucker und drei bis vier Eier hinzu, fülle die Äpfel damit und dämpfe sie, nachdem man die Deckel mit Hölzchen darauf befestigt hat, fest zugedeckt in Butter, schäle auch Kastanien, überbrühe sie mit kochendem Wasser, um die zweite Schale abstreifen zu können koche sie mit Wasser, ein wenig weißem Wein und Zucker weich und kurz ein und gebe sie zwischen die angerichteten Äpfel oder lege einen Berg davon in die Mitte der Schüssel und die Äpfel im Kranze rund herum.

65. Obst-Speise mit Guss: Man verrühre acht gestoßene Zwieback, mit ¼ Liter ganz dickem, saurem Rahm und vier Eidottern und lasse es einige Stunden stehen, gebe dann das zu Schnee geschlagene Weiße der Eier dazu und gieße die Masse über einen guten Kompott, backe den Guss im Backofen schön gelb und bestreue ihn, bevor er ganz gar ist, noch reichlich mit Zucker und Zimt.

66. Braune Schnitten mit Äpfeln: Man schneide zwei bis drei Weißbrötchen, in Zentimeter dicke Scheiben und weiche sie eine halbe Stunde in Milch, schneide auch geschälte Äpfel, mittelgroße und gleich groß, in runde, nicht zu dünne Scheiben und brate sie, kurz vor dem Anrichten, mit frischer Butter, in einer flachen Pfanne, richte sie etwas gehäuft, in der Mitte einer runden Schüssel an und stelle sie warm. Dann verklopfe man ein paar Eier, wende die Weißbrotschnitten, vorsichtig, damit sie ganz bleiben, darin um und backe sie, in der wohl gereinigten Pfanne, mit brauner Butter, bestreue sie mit Zucker, umlege die Apfelscheiben damit und serviere sehr heiß. Zum Einweichen darf man nicht zu viel Milch nehmen.

Um die braune Butter gut zu bereiten, lasse man sie (am besten ungesalzen) in einer Kasserolle heiß werden und wenn sie anfängt Farbe zu nehmen, so rührt man sie mit einem Löffel durcheinander und fährt damit fort, bis sie ein schönes Rotbraun angenommen hat.

67. Gebackene Schnitten: Man mache aus gutem Weißbrot dünne Schnitten und lasse sie in heißer voller Schmelzbutter gelb werden, nehme sie mit einem Schaumlöffel heraus, bestreiche sie sofort mit Eingemachtem, besonders Marmelade und serviere möglichst warm.

Oder man schneide aus Weißbrot ohne Kruste, Kleinfingerdicke, länglich viereckige, ganz gleiche Scheiben, feuchte sie mit Rahm oder Milch an, lege immer zwei und zwei aufeinander und fülle sie dabei, messerrückendick, mit Aprikosen-Marmelade oder sonst einer Marmelade, tauche sie in verklopftes Ei und backe sie, am besten, in voller Schmelzbutter, kann sie aber auch mit Butter in einer Pfanne backen und bestäubt sie beim Anrichten, mit feinem Zucker oder man streut grob gestoßenen Zucker dick darüber.

Oder man schneide Weißbrot in fingerdicke Scheiben, gieße sie mit rotem Wein und lasse sie so lange weichen, bis sie durchzogen sind aber nicht zerfallen, tauche sie dann in Backteig backe sie in voller Schmelzbutter, bestreue sie stark mit Zucker und serviere gleich.

68. Gebackene Apfel-Brötchen: Man reibe an einigen Weißbrötchen die Kruste ab und schneide sie der Länge nach durch, tauche sie in mit ein paar Eiern verklopfte Milch oder auch nur in Milch, backe sie in der Pfanne mit Butter schön gelb, bestreiche sie gleich mit kaltem Apfelmus und gebe sie auch gleich zu Tisch.

69. Carthäuser Brötchen: Man reibe an einigen Weißbrötchen oder Milchbrötchen die Kruste ab und schneide sie der Quere nach durch, verklopfe dann ein paar Eier mit Milch und begieße sie öfters, damit sie durch und durch angefeuchtet werden, nehme sie dann heraus, lasse sie abtropfen und wende sie in der abgeriebenen Kruste herum, backe sie in Butter schön gelb, richte sie, die Spitze nach oben, an und umgieße sie mit einer Sauce (Kirschen- oder Schokoladensauce ist besonders gut) oder gebe Kompott dazu.

70. Gebackene Igel: Man nehme dazu feine Weißbrötchen (Milch- oder Butterbrötchen), reibe die Kruste ab und weiche die Brötchen in, mit ein paar Eiern verklopfte Milch, lege sie dann zum Abtropfen auf ein Sieb, wende sie in verklopftem Ei und bestreue sie mit fein geriebenem Weißbrot, schneide nun geschälte, halbierte Mandeln in Streifen und bestecke die ganze obere Seite der Brötchen in der Runde reichlich damit, dass sie wie Igel aussehen und backe sie in voller Schmelzbutter, bis die Mandeln gelb geworden sind, richte sie pyramidenförmig an (oben nur ein Igel) und gebe sie mit einer warmen süßen Sauce, besonders Himbeersauce, zu Tisch.

71. Charlotte: Man schäle ein paar Dutzend kleine Äpfel oder dem entsprechen auch größere, schneide sie in vier Teile und, nachdem man das Kernhaus herausgenommen hat, jeden Teil der Quere nach, in sechs Teile und dämpfe sie mit ⅛ Kilo *sehr frischer* Butter, 3⁄16 Kilo Zucker und 3⁄16 Aprikosen-Marmelade über schwachem Feuer, bis sie von der Hitze ganz durchdrungen sind und stelle sie dann kalt. Indessen wird eine etwa hanhohe, runde, glatte Form stark mit Butter bestrichen und mit dünnen, langviereckigen Weißbrotschnittchen, ohne Kruste und in zerlassene Butter getaucht sorgsam ausgelegt, mit den gedämpften Äpfeln gefüllt, oben mit Weißbrotschnittchen belegt, mit zerlassener Butter bespritzt und in heißem Ofen eine halbe Stunde lang gebacken, wo dann das Weißbrot schön gelb und spröde sein muss und die Charlotte nun gestürzt und gleich aufgetragen wird.

Von *Aprikosen, Pfirsichen, Zwetschgen* und *Reineclauden* werden die Charlotten in ähnlicher Weise und nur mit kleinen Abänderungen bereitet, das Auslege der Form und das Backen bleibt sich gleich.

Aprikosen, etwa zwei Dutzend, je nach Größe, werden so dünn wie möglich geschält, auf acht Teile zerschnitten und mit 180 Gramm Zucker und 90 Gramm Butter über schwachem Feuer behutsam geschwungen, bis Butter und Zucker um sie angeklebt sind und nach dem Umstürzen wird die Charlotte mit dünner Aprikosen-Marmelade bestrichen.

Pfirsiche, zwanzig Stück etwa, werden gespalten und in einem leichten Sirup aus 120 Gramm Zucker und zwei Gläsern Wasser nur so lange über dem Feuer gelassen, bis sich die Haut abziehen lässt, dann abgeseiht und mit etwas kaltem Wasser abgeschreckt um das Weichwerden zu verhüten. Jede Hälfte wird nun, nachdem die Haut abgezogen worden, in drei bis vier Stückchen geschnitten und die Pfirsiche in 120 Gramm Zucker und 60 Gramm zerlassener Butter geschwungen; der Sirup, in dem die Pfirsiche abgebrüht worden, wird bis zum Spinnen eingekocht und die gestürzte Charlotte damit überstrichen.

Zwetschgen, die recht reif und süß sein müssen, werden einige Minuten in siedend heißes Wasser gelegt, man zieht ihnen die Haut ab, nimmt die Kerne heraus und schwingt sie mit 180 Gramm Zucker, 6 Gramm feinem, gestoßenem Zimt und 90 Gramm Butter über dem Feuer so lange, bis sich die Butter mit dem Zucker an die Zwetschgen anhängt; die gestürzte Charlotte bestreicht man mit Johannisbeer-Gelee.

Reineclauden, genau wie *Pfirsich*.

72. Obst-Kruste: Man bestreiche den Boden einer flachen Form oder einer Schale, welche das Feuer erträgt, mit frischer Butter und belege ihn ganz dicht mit Zentimeter dicken Weißbrotschnitten ohne Kruste, nehme dann recht reife Aprikosen oder Pfirsiche, schneide sie durch, entferne den Kern und lege sie, die offene Seite nach oben, recht dicht auf das Brot, vermische nun recht frische Butter mit Zucker, fülle damit in den Früchten die Stelle, wo der Kern war, stelle es in den Backofen über einen Dreifuß und lasse es backen, währenddessen man mehrmals gestoßenen Zucker über die Früchte streut und wenn sie gar und die Schnitten schön gelb sind, so trage man gleich auf.

VIII. kalte süße Speisen

1. Reis-Pudding: Man koche ¼ Kilo blanchierten Reis (*S. Reisring, 2. Abschnitt*), mit ⅜ Liter Milch, 90 Gramm Zucker, einem Stück Zimt oder Zitronenschale weich und dick ein, gebe nun 15 Gramm Gelatine hinzu und rühre es wohl untereinander, jedoch vorsichtig, um den Reis nicht zu zerrühren, fülle ihn dann, etwas abgekühlt, in eine mit Mandelöl bestrichene Form, stürze ihn beim Gebrauch und serviere eine kalte Wein- oder Obstsauce dazu oder umlege ihn mit Johannisbeer- oder Himbeer-Gelee.

Sind vielleicht hübsche *Reste* übrig geblieben, so schneide man sie in nette Stücke, übergieße sie mit etwas Eierrahmsauce und verziere es mit ein wenig eingemachten Früchten.

2. Reisberg: Man koche ¼ Kilo blanchierten Reis (*S. Reisring, 2. Abschnitt*), mit weißem Wein, der Schale einer Zitrone und Zucker nach Geschmack, weich und, nachdem man noch ein Glas Madeira hinzugefügt, dick ein, häufe ihn Bergartig auf einer Schale und verziere und umlege ihn mit eingemachten Früchten.

3. Reisring mit eingemachten Früchten: Man koche ¼ Liter Reis in ¾ Liter Milch mit Zucker, weich und ziemlich steif und mische hierauf etwas Marasquino darunter. Dann bestreiche man eine Ringform (*S. Reisring, 2. Abschnitt*), mit frischer Butter und bestreue sie mit gesiebtem Zwieback, drücke den Reis fest hinein, backe ihn, bei nicht zu starker Hitze, eine halbe Stunde und lasse ihn, wenn er aus dem Ofen genommen ist, etwas abkühlen, ehe man ihn stürzt und wenn er ganz kalt geworden ist, so fülle man in die Mitte eingemachte Früchte, wozu die in Büchsen eingemachten Aprikosen, sich besonders eignen und lege oben über den Rand ein Kränzchen von eingemachten Kirschen.

Man kann diesen Ring aber auch warm und mit einem feinen Apfel-Kompott gefüllt geben

4. Russischer Reis: Man koche ¼ Kilo gut gewaschenen Reis in Wasser weich, rühre aber nicht darin, gieße ihn dann auf einen Seiher und lasse ihn kalt werden, koche unterdessen ¼ Kilo Zucker mit etwas Wasser, bis er Fäden zieht, gebe ihn, wenn er etwas erkaltet ist, unter den Reis und danach ein Glas Arak oder Rum, richte es in einer Kompottschale an und verziere es mit eingemachten Früchten, besonders mit Kirschen oder Aprikosen und Kirschen, wo man immer um jede Aprikose vier Kirschen legt; auch Apfelsinenscheiben, vorher eingezuckert, sind gut und hübsch.

Wollte man Arak oder Rum weniger vorschmeckend haben so mische man ihn unter den gekochten, aber etwas abgekühlten Zucker und tue es zusammen an den Reis.

5. Spanischer Reis: Man wasche ⅛ Kilo Reis und koche ihn mit etwas Vanille oder einem Stückchen Zimt weich, verklopfe dann vier Eier mit drei Esslöffeln gestoßenem Zucker und gebe es an den Reis, welchen man nun so lange auf dem Feuer rührt, bis die Eier ihn dicklich machen, wie bei einer Creme und, serviere kalt.

6. Italienischer Reis: Man lasse ¼ Kilo rein gewaschenen Reis mit Wasser über dem Feuer aufquellen und danach gut ablaufen, koche eine halbe Flasche Wein mit Zucker nach Geschmack und schäume es ab, füge den Saft einer halben und die Schale einer viertel Zitrone hinzu, gebe den Reis hinein, lasse ihn ganz weich aber nicht zu steif kochen und gieße ihn in eine Schale. Vorher und zwar, wenn möglich, einige Stunden vorher, habe man zwei Apfelsinen geschält, geteilt und stark mit Zucker bestreut, drücke diese Apfelsinenschnitze nun in den Reis und begieße ihn, eben vor dem Servieren, mit deren Saft.

7. Grießmehl-Pudding: Man koche 1 Liter Milch mit 60 Gramm Zucker und einem Stückchen Vanille, Zimt oder Zitronenschale, tue so viel Grießmehl hinein, bis es ziemlich steif, ist, setze es dann ab und rühre das zu Schnee geschlagene Weiße von drei Eiern darunter und gebe es in eine nassgemachte Form stürze es später und umgieße es mit ein paar Glas rotem Wein, den man (ohne Feuer) mit ein paar Esslöffeln Zucker und eben so viel Johannisbeer- oder Himbeer-Gelee, so lange rührt, bis es, sich etwas gebunden hat.

Oder man teile die Grießmehlmasse in zwei Hälften, rühre in die eine 60 Gramm fein geriebene Schokolade und lasse die andere weiß, tue nun, in eine mit Wasser ausgespülte Form, die Hälfte der weißen Masse, dann die Hälfte deren mit Schokolade und wechsle so nochmals und wenn es vollkommen erkaltet ist, so wird es gestürzt und mit einer ebenfalls erkalteten Vanillesauce serviert, welche man aus den übrig gebliebenen drei Eidottern, ¼ Liter Milch, einem Esslöffel Kartoffelmehl, Zucker und Vanille bereitet.

8. Grießmehl-Pudding mit Creme: Man koche vier Esslöffel Grießmehl mit 60–90 Gramm Zucker, rühre beständig und wenn es gar ist, so füge man acht, zu Schnee geschlagene Eiweiß hinzu, fülle die Masse in eine nassgemachte Form und stelle sie in Eis oder sehr kaltes Wasser. Mit den acht Eidottern mache man eine Vanille-, Zitronen- oder Johannisbeer-Creme und gieße sie, ebenfalls recht kalt, beim Servieren über den Pudding.

9. Reismehl-Pudding: Wie *Grießmehl-Pudding*.

10. Roter Reismehl-Pudding: Man koche ¼ Kilo Reismehl mit ½ Liter süßem Johannisbeersaft (eingekochtem), ⅛ Liter Wasser, ⅛ Kilo Zucker, an dem die Schale einer halben Zitrone abgerieben, und etwas Zimt ganz steif, fülle es in eine mit Wasser ausgespülte Form, stürze es eben, vor dem Auftragen und gebe es mit versüßtem geschlagenen Rahm oder einer kalten Milchsauce.

11. Roter Kartoffelmehl-Pudding: Man rühre ½ Kilo frisch durchgepressten Himbeer- oder Johannisbeersaft mit ½ Kilo gesiebtem Zucker eine halbe Stunde, lasse es nebst ⅛ Kilo, mit kaltem Wasser angerührtem Kartoffelmehl, eben aufkochen und gieße es in eine nassgemachte Form, lasse es über Nacht darin stehen, stürze ihn kurz vor dem Auftragen und serviere mit Vanille-Sauce.

12. Stärkemehl-Pudding: Man nehme 90 Gramm Stärke, 90 Gramm Zucker, 90 Gramm abgezogene und fein gestoßene Mandeln, 1 Liter Milch und vier ganze Eier. Die Stärke wird mit etwas von der Milch verrührt und die wohl verklopften Eier durch ein Sieb dazu getan, Milch und Zucker und ein Stückchen Vanille oder Zimt zusammen gekocht, dann die Mandeln und zuletzt Stärke und Eier hineingegeben und fortwährend gerührt, bis es aufkocht und steif wird, wo es dann in eine nassgemachte Form gegossen und andern Tages gestürzt wird.

Man kann es in eine Ringform (*S. Reisring, 2. Abschnitt*) gießen und in der Mitte, wie den *Rahmpudding* Nr. 15, mit Johannisbeer-Rahmschnee (*S. Rahmschnee*) füllen und mit überzuckerten Johannisbeeren umlegen oder in eine andere, geschlossene Form und die Sauce des Grießmehl-Puddings Nr. 7, erstes Rezept, dazu geben.

13. Kaffee-Pudding: Man bringe ¼ Liter Milch mit, ¼ Kilo Zucker zu Feuer, gebe, wenn sie kocht, sechs Eidotter und danach 25 Gramm, in ein wenig kochendem Wasser aufgelöste Gelatine, unter beständigem Rühren, hinein und lasse es erkalten, schlage nun ½ Liter süßen Rahm zu Schaum, rühre ihn, nebst einem halben Glas starkem, erkaltetem Kaffee, unter die Milchmasse, fülle es in eine Form und stürze es beim Gebrauch.

14. Schokoladen-Pudding mit Rahmschnee: Man koche 120 Gramm feine Vanille-Schokolade mit Zucker in ¾ Liter Milch ziemlich steif, gebe vier Eidotter und zehn Blättchen in ein wenig Wasser aufgelöste Gelatine hinein und schlage es beständig mit einem kleinen Besen, füge zuletzt den Schnee von vier Eiweiß hinzu, lasse ihn eben mit durchkochen und fülle die Masse, aber erst wenn sie fast erkaltet ist, in eine, mit Mandel-Öl bestrichene Ringform (*S. Reisring, 2. Abschnitt*).

Beim Gebrauch wird der Pudding gestürzt und der leere Raum mit geschlagenem Rahm (*S. Rahmschnee*) aus ½ Liter Rahm, 120 Gramm Zucker und einer halben Schote Vanille gefüllt.

15. Rahm-Pudding: Man koche ¾ Liter Milch mit Zucker, Vanille und sechs Eidottern, füge zehn Blättchen Gelatine und sechs, zu

Schnee geschlagene Eiweiß hinzu, behandle ihn übrigens wie den *Schokoladen-Pudding* und fülle ihn mit Himbeerschnee Nr.24, wozu jedoch die halbe Portion genügen wird.

16. Kabinets-Pudding: Man koche ¾ Liter Milch mit einer Stange Vanille eine Viertelstunde lang und rühre unterdessen zehn Eidotter mit ¼ Kilo grob gestoßenem Zucker und einem Esslöffel Stärkemehl zu einer dicken Masse, gebe die Milch dazu und lasse es, unter beständigem Rühren, auf dem Feuer anziehen, gieße es durch ein Haarsieb und rühre es mit 30 Gramm aufgelöster Gelatine kalt. Dann werden 120 Gramm Korinthen und 120 Gramm kleine Rosinen (Sultanini) rein gewaschen, 120 Gramm Succade fein geschnitten, dies alles zusammen in Zuckerwasser aufgekocht und kaltgestellt und nun ⅛ Kilo langes Biskuit auf eine Schüssel gelegt und mit Marasquino wohl angefeuchtet. Jetzt wird eine hohe glatte Form (Puddingform) mit Mandel-Öl bestrichen, in Eis oder recht kaltes Wasser gestellt und von der Masse zwei Querfinger breit eingefüllt und wenn es fest geworden ist, von dem Biskuit darauf gelegt, von den aufgekochten Zutaten der dritte Teil darüber gestreuet und wieder von der Masse aufgegossen und ist sie fest geworden, so kommen wieder Biskuit und Zutaten und so wird fortgefahren, bis alles aufgebraucht, die Form voll und, als oberste Lage, mit Masse zugegossen ist.

Man muss bei jeder Lage warten, bis die Masse fest geworden ist, ehe man eine neue Lage macht, weil sonst die Biskuits alle in die Höhe kommen und es ist gut, wenn man den Pudding den Tag vor dem Gebrauch machen kann, auch darf man nur Marasquino dazu nehmen.

Wenn er gestürzt ist, so gieße man eine kalte Vanillesauce oder Rahmschnee darum.

Dieser Pudding ist einer der besten und feinsten, die es gibt und dabei doch kräftig, sodass er auch bei Herren sehr beliebt ist.

17. Obst-Pudding: Man treibe frisches Obst, seien es Erdbeeren, Himbeeren, Aprikosen oder was immer für eine Gattung, durch ein Sieb und rühre ³⁄₁₆ Kilo davon mit eben so viel fein gestoßenem Zucker schaumig, gebe dann 15 Gramm aufgelöste Gelatine und den Schnee von sechs Eiweiß dazu, fülle es in eine mit Mandel-Öl ausgestrichene Form und stütze es beim Gebrauch.

18. Pfirsich-Pudding: Man rühre 150 Gramm Pfirsichsaft mit 150 Gramm gesiebtem Zucker eine halbe Stunde, färbe die Masse mit etwas Altkermessaft rosenrot und verfahre übrigens wie bei dem *Obst-Pudding*.

19. Zitronen-Pudding: Man klopfe eine Flasche weißen Wein, ½ Kilo Zucker, den Saft von zwei Zitronen und zwölf Eidotter so lange auf dem Feuer, bis es dick wird, füge dann 30 Gramm, in etwas Wein aufgelöste Gelatine hinzu und den Schnee von sechs Eiweiß, lasse dies eben mit durchkochen und gieße es nicht eher in die Form, als bis es fast kalt ist, weil die Gelatine sich sonst nach unten setzt. Beim Gebrauch zu stürzen.

Zwei Drittel dieser Portion geben schon eine schöne Schüssel.

20. Rote Grütze (Ròdgròd): Man vermische ½ Liter frisch ausgepressten Saft von Johannisbeeren oder Himbeeren, mit 120–150 Gramm Zucker und gieße dann so viel frisches Wasser hinzu, dass das ganze 1 Liter Flüssigkeit beträgt; dieses bringt man zu Feuer und wenn sie kocht, so gibt man eine Tasse feines Grießmehl, welches vorher mit kaltem Wasser angerührt und dieses wieder rein abgegossen ist, hinein und rührt es, bis es gar gekocht ist, füllt es in eine mit kaltem Wasser ausgespülte Ringform (*S. Reisring, 2. Abschnitt*) und lässt es auf Eis oder in kaltem Wasser durch und durch kalt werden, worauf man es stürzt und in der Mitte den Schaum von ¾ Liter süßem Rahm aufhäuft, doch kann man auch eine andere Form gebrauchen und dann eine Vanillesauce oder auch nur ungeschlagenen süßen Rahm dazu servieren und auch kann die Grütze aus *Reismehl* oder *Kartoffelmehl* bereitet werden. – *Originalrezept aus Kopenhagen*.

21. Haidegrütze mit Rahmschnee: Man koche anderthalb Tassen feine Haidegrütze (Buchweizen-Grütze) mit 1 Liter guter Milch, 60 Gramm Zucker und einer halben Schote gestoßener Vanille zusammen recht dick, streiche es, wenn es verkühlt ist, durch ein recht grobes Sieb mit runden Löchern, richte es locker und bergartig an und umgebe es, wenn es völlig erkaltet ist mit 1 Liter geschlagenem Rahm, der mit 120–180 Gramm gestoßenem Zucker und einer halben Schote Vanille (*S. Vanillezucker bei Rahmschnee*) vermischt worden.

Statt Haidegrütze kann man *Grießmehl* nehmen und auch kann man dasselbe mit rotem Safte, wie *Rote Grütze*, anstatt mit Milch kochen.

22. Kastanien mit Rahmschnee (Surprise de Marrons): Man nehme an fünfzig Kastanien die braune Schale ab, koche sie in Wasser mit ein wenig Salz und entferne auch die zweite Schale, zerdrücke dann die Kastanien und rühre sie über dem Feuer, mit 120 Gramm frischer Butter und eben so viel gesiebtem Zucker und wenn es hernach halb erkaltet ist, so treibe man die Masse mittelst einer Reibkeule durch einen großlöcherigen Seiher, sodass sie wie feine Nudeln wird, häuft diese nun vorsichtig und ganz leicht, auf eine runde Schüssel, wie einen kleinen Berg, bedecke sie mit geschlagenem Rahm (*S. Rahmschnee*), aus ½ Liter Rahm, 120 Gramm Zucker und einer halben Schote Vanille und stelle sie eine Weile über Eis oder an einen kalten Ort, kann sie auch noch mit glacierten Kastanien (Marrons glacés) umlegen.

23. Rahmschnee: Man muss dazu sehr guten, dicken, süßen Rahm, von einem Tage nur, haben, den man sehr vorsichtig abnimmt, dass keine Milch darunter komme und in einer irdenen Schüssel eine Stunde lang in Eis oder in den Keller stellt. Dann wird er mit einer Rute kräftig geschlagen, nach einigen Minuten der oberste Schaum mit einem Schaumlöffel abgenommen und auf ein umgestürztes Sieb, welches über eine Schüssel gestellt worden, getan und so wird fortgefahren, bis der ganze Rahm, zu dem man auch den vom Sieb abgeflossenen wieder nimmt, zu Schaum geschlagen ist. Wenn der Rahm aber sehr gut ist, so lässt er sich auf das erste Mel so fest schlage, dass es nicht nötig ist, ihn abzuheben und sollte der Rahm nicht ganz nach Wunsch sein, so kann man ihn mit ein wenig pulverisiertem Tragantgummi vermischen, welcher das Schlagen erleichtert.

Der geschlagene Rahm wird dann in eine der folgenden Zutaten (auf ¾–1 Liter Rahm berechnet), durch ein leichtes Rühren nach und nach untermengt, pyramidenförmig angerichtet, am besten auf einer flachen Schale mit Fuß, und mit kleinem, leichtem Backwerk umlegt oder solches dazu gegeben.

Mit *Vanillezucker*: Man schneide eine Stange Vanille in Stückchen, trockne sie auf einem Bogen Papier, stoße sie mit 180 Gramm Zucker und siebe es durch; *Hohlhippen* dazu gereicht.

Mit *Schokolade*: Man löse 120 Gramm Vanille-Schokolade in einer Tasse Wasser auf und rühre sie mit 180 Gramm Zucker zu einer glatten Masse ab; mit *Schokoladen-Plätzchen* umlegt.

Mit *Kaffee*: Man bereite von ⅛ Kilo recht gutem Kaffee, eine kleine Obertasse Kaffee und verrühre ihn mit ¼ Kilo fein gestoßenem Zucker; mit kleinen, runden *Biskuits* umlegt.

Mit *Aprikosen-Marmelade*: Man verrühre acht Esslöffel Marmelade mit 180 Gramm Zucker; mit kleinen *Baisers* umlegt.

Mit *Johannisbeer-Gelee*: Eben so; doch kann man ihn auch mit einem Kranz von überzuckerten Johannisbeeren (*S. Verschiedenes*) umgeben und feines Backwerk dazu servieren.

Mit *frischen Himbeeren*: Man treibe einen Teller voll davon, durch ein Sieb und rühre dies mit 180 Gramm gesiebtem Zucker ab mit kleinen *Baisers* umlegt.

Mit *frischen Walderdbeeren*: Ebenso.

Man kann den Rahmschnee aber auch ganz einfach bereiten, indem man ihm gleich beim Schlagen, Zucker, mit etwas Vanille gestoßen beifügt und ihn dann auch mit feinem Backwerk umlegt oder als Sauce oder zum Füllen von Puddings in Ringform benutzt.

24. Himbeer-Schnee: Man nehme ⅛ Kilo eingemachte Himbeeren und zwei Esslöffel gesiebten Zucker in eine Schale, schlage das Weiße von vier Eiern zu steifem Schnee, gebe einen Esslöffel davon an die Himbeeren und rühre es eine Weile und so nach und nach, immer löffelweise, den Schnee hinein und setze den Schnee nun pyramidenförmig auf, röste dann 60 Gramm geschälte und länglich geschnittene Mandeln mit 45 Gramm gestoßenem Zucker und einem haselnussgroßen Stückchen Butter, in einem Pfännchen, unter beständigem Rühren gelb, bestreue den Schnee damit und umlege ihn mit recht frischen Makronen.

Man kann diesen Schnee aber auch aus frischen Himbeeren bereiten, indem man ⅜ Liter davon mit ⅛ Kilo gesiebtem Zucker durch ein Haarsieb treibt, mit dem Schnee der Eiweiß vermischt, auch mit den Mandeln bestreut (welche bei beiden Arten aber auch wegbleiben können) und rundum mit schönen frischen Himbeeren garniert. Recht kalt serviert, ist es wie Gefrorenes.

25. Wein-Gelee: Man nehme dazu 30 Gramm aufgelöste Gelatine, ⅜ Kilo Zucker, eine halbe Flasche weißen Wein, den Saft von zwei Zitronen, zehn Eidotter und von sechs Eiweiß den steifen Schnee. Wein, Zucker-, Zitronensaft und die Eidotter werden zusammen gekocht, nachdem man die letzteren zuerst mit dem Wein verklopft hat, dann gibt man die Gelatine hinein und zuletzt den Schnee, lässt es in der Kasserolle, unter öfterem Umrühren, fast erkalten, stellt es dann erst in die, mit kaltem Wasser ausgespülte Form und stürze es beim Gebrauch.

26. Rheinwein-Gelee: Man koche ⅜ Kilo Zucker zum Breitlauf und schäume ihn sehr rein ab, löse 60 Gramm Gelatine auf, die auch sehr rein sein muss und wenn Beides beinahe ausgekühlt ist, so vermische man es mit ½ Liter gutem starkem Rheinwein, fülle es in eine Form, stelle sie in Eis oder kaltes Wasser und stürze sie zum Servieren.

27. Maiwein-Gelee: Man bereite einen recht guten Maitrank, gieße ihn durch ein Sieb und behandle ihn wie die vorhergehende Rheinwein-Gelee, mit dem Unterschiede, dass man die Maiwein-Gelee gewöhnlich nicht stürzt, sondern sie in die kleinen, wie Tönnchen geformten Maitrank-Böwlchen gießt und darin serviert und man gibt auch wohl, wenn die Gelee beginnt steif zu werden, in jedes Tönnchen zwei bis drei schöne Erdbeeren oder mehrere kleine. Doch macht sich die Gelee auch hübsch, wenn in eine Form gegeben und gestürzt, wo man sie dann mit einem Kranze von Waldmeister, Erdbeerblüten und Apfelblüten umlegt.

28. Rheinwein-Gelee mit Früchten: Man reibe vier Zitronen an ⅜ Kilo Zucker ab, koche ihn zum Breitlauf, vermische ihn wohl mit dem Saft der Zitronen, ¾ Liter leichtem Rheinwein und 60 Gramm

Gelatine und filtriere es, bis es klar ist. Dann nehme man von allen Arten frischer Früchte, die man gerade zusammen haben kann, Pfirsiche, Aprikosen, Reineclauden, Zwetschgen, Weintrauben, Kirschen, Himbeeren, Erdbeeren usw., schäle und entsteine die vier erstern und schneide sie, je nach ihrer Größe, in Hälften, Viertel oder Achtel; aus den Kirschen nehme man die Steine usw. Hierauf fülle man von der Gelee daumenhoch, in eine Form, lege, wenn sie steif ist, Früchte darauf, gebe wieder Gelee darüber und fahre so fort, bis die Form gefüllt ist, die dann bei Gebrauch gestürzt wird. Sehr gut ist es, wenn man in die lauwarme Gelee, ein Glas Marasquino gießt

Im Winter kann man diese schöne Gelee aus in Zucker eingemachten oder glacierten Früchten bereiten; erstere müssen dann aber sehr gut abgetropft sein.

29. Punsch-Gelee: Man löse 45 Gramm Gelatine mit etwas Wein auf, bringe ½ Liter weißen Wein, ¼ Liter Arak oder Rum, ½ Kilo Zucker und den Saft von zwei Zitronen zu Feuer, füge, wenn es am Kochen ist, die Gelatine hinzu und lasse es noch eine Viertelstunde an der Seite des Herdes ziehen, worauf man es in die mit Wasser ausgespülte Form gießt und wie die andern Gelees stürzt.

30. Liqueur-Gelee: Man fülle die dazu bestimmte Form mit Wasser und gebe dieses Wasser dann mit der Schale einer Zitrone und 250 Gramm Zucker, für 1½ Liter Wasser, in eine Kasserolle, lasse es kochen und seihe es durch, löse dann 45 bis 60 Gramm Gelatine in ein wenig Wasser auf, gebe es zu der Flüssigkeit und verrühre es wohl, füge ein großes Glas irgendwelchen Liqueurs, Anifette, Vanille, Kirschengeist oder Arak hinzu, gieße es in eine mit Öl leicht bepinselte Form und stelle sie in Eis oder Wasser hernach wie gewöhnlich gestürzt. Man kann die Form mit eingemachten Früchten oder zierlich aufgeschnittenem Zitronat (Succade) verzieren, ehe man die Gelee einfüllt.

IX. Eierspeisen

1. Weich gekochte Eier: Man wasche schöne frische Eier rein ab, wozu man etwas Salz nehmen kann, lege sie in gut kochendes Wasser und lasse sie drei Minuten lang auch gut fortkochen, nehme sie dann mit dem Schaumlöffel heraus, trockne sie ab und serviere sie in einer, zur Tasche gefalteten Serviette, nebst Eierbechern und Löffelchen mit frischer Butter, Salz, Senf und frischem Weißbrot dabei. Das Weißbrot wird in fingerlange und fingerdicke Schnittchen geschnitten bisweilen auch auf dem Roste geröstet und, wie ein Scheiterhaufen, zierlich aufgeschichtet.

2. Halbweich gekochte Eier: Wie die vorigen gekocht, aber fünf Minuten lang.

3. Hart gekochte Eier: Eben so gekocht, aber zehn bis zwölf Minuten lang.

4. Gebratene Eier: Man lege sie in heiße Asche, decke auch heiße Asche darüber und noch einen Deckel darauf; will man sie ungeschält zu Butterbrot servieren, so ist es gut, sie in ungeleimtes Papier einzuwickeln, sonst gibt man sie gewöhnlich um Spinat, oder dergleichen gelegt oder in die Mitte von solchen Gemüsen oder zu Spargeln Nr. 13.

5. Gebackene Eier (Spiegeleier): Man hat dazu eigene Pfannen mit mehreren Vertiefungen, gibt in jede derselben ein wenig Butter und schlägt, wenn sie heiß ist, in jede ein Ei, bestreut es, mit Salz und Pfeffer, setzt sie so lange auf gelindes Feuer, bis das Weiße der Eier fest, der Dotter aber noch weich ist und hebt sie dann mit einen Blechlöffel heraus.

Eine andere, empfehlenswerte Art ist, sie über Wasser zu, bereiten: man bringe in einem weiten, flachen Kochtopf, auf welchen man, statt eines Deckels, eine darauf passende Zinnschüssel gestellt hat, Wasser zum Kochen, lasse dann die nötige Butter in der Schüssel zergehen und schlage nun die Eier, rasch nacheinander und nebeneinander, in die Butter. Das in einander gelaufene Eiweiß, wird mit einem Messer nett zerschnitten und jedes Ei dann mit einem kleinen Schäufelchen herausgenommen.

6. Ausgebackene Eier: Man gebe die Eier in kochendes Wasser und lasse sie, je nach ihrer Größe, vier bis fünf Minuten kochen, lege sie dann in kaltes Wasser und wenn sie erkaltet sind, so werden sie vorsichtig geschält, in verklopftem Ei umgewendet, dann in fein gestoßenem Weißbrot, wieder in Ei und abermals in Weißbrot und in voller Schmelzbutter ausgebacken; statt in Ei und Weißbrot, kann man sie aber auch in Backteig tauchen.

Man gibt sie nach der Suppe, mit einem Sträußchen aus gebackener Petersilie darauf oder als Beilage oder Garnierung zu feinen Gemüsen.

7. Verlorene Eier: Man schlage die Eier, immer vier Stück auf einmal, in kochendes, mit Salz und Essig gesäuertes Wasser, lasse sie anderthalb Minuten langsam darin kochen, nehme sie mit dem Schaumlöffel heraus und lege sie in kaltes Wasser und wenn sie ganz kalt geworden sind, so nimmt man jedes einzeln aus dem Wasser in die hohle Hand, schneidet alles daran hängende Zottige rund ab, aber ohne den Dotter zu verletzen und legt sie wieder in frisches Wasser bis zum Gebrauch, wo man sie dann im Wasser langsam erwärmt.

Auf andere, *gewöhnlichere* Art, schlägt man ein Ei nach dem andern in einen Schöpflöffel und legt eins neben das andere, in eine breite Kasserolle mit kochendem, gesalzenem Wasser, lässt sie drei bis vier Minuten, je nachdem man sie härter oder weicher wünscht, kochen und braucht sie ohne weiteres.

8. Verlorene Eier auf englische Art: Man setze ½ Liter Wasser mit vier Teelöffeln Essig und einem halben Teelöffel Salz in einer Kasserolle aufs Feuer und wenn es kocht, so schlage man die Eier (nicht zu viele auf einmal) so nahe zur Oberfläche des Wassers, als möglich, hinein und lasse sie drei Minuten kochen. Dann muss man für jedes Ei eine geröstete, mit Butter bestrichene Weißbrotschnitte (Toast) bereit haben, nehme nun die Eier sorgsam mit einem kleinen Schaumlöffel herauf, lege diesen eine Sekunde lang auf ein Tuch zum Abtropfen, hierauf jedes Ei auf seine Schnitt und serviere recht heiß.

Sehr gut ist, wenn man zum Bestreichen des Brotes, statt gewöhnlicher Butter, englische Butter, Sardellenbutter oder dergleichen nimmt.

9. Verlorene Eier in Sulz: Man nehme ⅜ Kilo Kalbshacke und eben so viel Ochsenhacke, schneide das Fleisch davon in Würfel und zerhacke die Knochen, füge einen Kalbsfuß hinzu und bringe nun das Ganze, mit einem guten Stück Butter, in einer flachen Kasserolle zu Feuer und lasse es, unter öfterem Umwenden, bräunlich werden, gebe dann gelbe Rüben und ein wenig Sellerie, beides in Scheiben geschnitten, eine große Zwiebel, Thymian, Lorbeerblatt und Salz hinein, gieße kochendes Wasser darauf und koche es, ohne es zuzudecken, vier Stunden lang, indem man hin und wieder etwas kochendes Wasser zugießt. Hieran wird es durch ein Sieb gegossen, wieder zu Feuer gebracht und mit einem zerschlagenen Ei (Schale und alles) geklärt, sehr sorgfältig abgeschäumt und der Saft einer Zitrone daran gedrückt, wonach man es noch einmal aufkochen lässt und es in ein Geschirr gießt, welches man nicht zudeckt.

Jetzt bereitet man sechs verlorene Eier, gießt den dritten Teil der Sulz, in eine nicht zu große Schale, legt, wenn sie etwas fest geworden, drei Eier darauf, übergießt sie mit dem zweiten Drittel der Sulz, legt wieder drei Eier auf, gibt den Rest der Sulz darüber und stellt die Schale an einen kühlen Ort. So wie die Sulz fest ist, kann sie serviert werden, sie wird nicht gestürzt.

10. Verlorene Eier in Bouillon: Man fülle sehr gute, recht heiße Bouillon in Tassen und lege in jede ein verlorenes Ei.

11. Verlorene Eier in Sauce: Man dämpfe für sechs Eier einen Esslöffel fein geschnittene Schalotten, mit einem Esslöffel Mehl, 60 Gramm Butter weiß, rühre stark ¼ Liter dicken sauren Rahm daran, gebe Pfeffer und Salz dazu, lege die Eier in eine Schüssel, gieße die Sauce darüber und umlege sie mit *Croutons* oder *Fleurons* (*S. Verschiedenes*) und ebenso die nachstehenden.

Mit Sauerampfersauce: Man nehme ein paar Handvoll Sauerampfer, den man nur von den Stielen streift, wäscht und etwas auspresst, mit einem Stück Butter und einem Esslöffel Mehl dämpft und mit Bouillon zu einer dicken Sauce rührt vor dem Anrichten kommt noch ein Eigelb und zwei Esslöffel saurer Rahm daran und man gibt die Eier hinein.

Mit Weinsauce: Man verrühre ⅛ Kilo frische Butter mit acht Eidottern, gebe einen Esslöffel feines Mehl, Zucker, an dem man die Schale einer Zitrone abgerieben und weißen Wein daran und koche es, unter beständigem Rühren, zu einer sämigen Sauce, lege die Eier in eine Schale und gieße die Sauce darüber.

Statt verlorener Eier, kann man auch halbweich oder hart gekochte Eier, in diese Sauce geben.

12. Hart gekochte Eier in Sauce: Man schneide zwei Zwiebeln in Scheiben, brate sie in Butter braun, füge ½ Liter Bouillon und einen Esslöffel Curry-Pulver hinzu und koche sie, bis sie weich sind, tue nun ein wenig Kartoffelmehl und eine Tasse Rahm daran, lasse es langsam einige Minuten kochen und gebe sechs bis acht hartgekochte und in runde Scheiben geschnittene Eier hinein, die aber in der Sauce nur heiß werden, nicht kochen dürfen, oder man kann sie auch mit ein wenig Butter und Muskatnuss in *Béchamelsauce* tun und mit Croutons, umlegen.

Mit Senfsauce: Man koche hierzu die Eier nicht zu hart, schäle sie und lege sie, ganz oder auch von einander geschnitten, in eine Schale setze ein Stück frische Butter zu Feuer, tue, wenn sie anfängt zu steigen, einige Löffel Senf, ein Glas Wein und etwas Zucker hinein und richte es über die Eier an.

13. Gerührte Eier (Rührei): Man nehme, wenn sie ganz fein sein sollen, auf jedes Ei 15 Gramm Butter, verklopfe die Eier mit Salz, weißem Pfeffer und Muskatnuss, auch wohl mit einem Teelöffel sehr fein geschnittener Petersilie, tue sie mit der zu kleinen Stückchen gebröckelten Butter in eine flache Kasserolle, stelle diese über kräftiges Feuer und wenn sie heiß geworden ist, so werden die Eier mit einem Kochlöffel stets aufgerührt, damit das zunächst dem Boden Liegende nach oben komme und das Flüssige wieder zu Boden fließen könne, bis das Ganze zu einem dicken Brei geworden ist.

Oder man bringe eine Tasse starke Bouillon, Jus oder Bratensauce, etwas Salz, Muskatnuss, weißen Pfeffer und 60 Gramm Butter zu Feuer und lasse es nur warm werden und die Butter zergehen, schlage dann acht Eier einige Minuten sehr stark mit der Schneerute, gieße sie, unter beständigem Schlagen, in die Kasserolle und rühre sie so lange, bis sie anfangen zu quellen, setze sie dann ab und rühre noch so lange recht kräftig, bis die Eier dick werden aber noch weich bleiben.

Oder, auf *wohlfeilere* Art, verklopfe man etwa sechs Eier mit ¼ Liter Milch, etwas Salz und ein wenig feinem Mehl, nach Belieben auch fein geschnittenem Schnittlauch, zu einem dicken Brei, lasse 30–45 Gramm Butter in einer flachen Kasserolle zergehen, gieße die Eier hinein, bis sie zu einem weichen Brei geworden, richte sie in einer erwärmten Schale an und bestreue sie mit weißem Pfeffer.

Die gerührten Eier müssen überhaupt immer auf erwärmten Schüsseln und rasch angerichtet werden und man gibt sie sowohl allein, mit Croutons umlegt oder auf Croutons, die dann ziemlich groß sein müssen gelegt oder mit denselben Zutaten, wie sie bei der *Gefüllten Omelette* Nr.5, erwähnt sind und die mit den Eiern eingerührt werden, auf ein halbes Dutzend Eier etwa 60 Gramm Zutat, doch ist auch weniger schon genügend.

Mit solchen Zutaten sind die gerührten Eier auch sehr passend, um sie nach der Suppe, in Ragoutmuscheln (Coquilles) zu geben und sehr gut zu Spinat, den man damit umkränzt oder sie in die Mitte desselben gibt.

Eier und Butter müssen sehr frisch sein.

14. Saure Eier: Man röste für jedes Ei 15 Gramm Butter braun, schlage die Eier darauf, bestreue sie mit Pfeffer und Salz und lasse sie etwas anziehen, jedoch nicht fest werden, tue sie auf eine erwärmte Schüssel, lasse in derselben Pfanne etwas guten Essig aufkochen und gieße ihn über die Eier.

15. Eier in Bechern: Man bestreiche kleine Tassen mit Sardellen- oder Heringbutter, schlage in jede ein ganzes Ei und darüber ein Eidotter, bestreue sie mit feinem Salz und weißem Pfeffer, mache sie im Bain-Marie gar, doch dass die Dotter weich bleiben und reiche geröstete Weißbrotschnitten dazu.

16. Eier mit Butter: Man koche die Eier sechs Minuten lang, tauche sie einige Sekunden in kaltes Wasser und schäle sie, schneide sie der Länge nach durch, bestreiche sie mit etwas frischer Butter, bestreue den Dotter mit Salz, lege sie auf eine heiße Schüssel und gebe sie gleich zu Tisch. – *Angenehm zum Frühstück, bei Kaffee oder Tee.*

17. Rote Eier: Man schäle hart oder halbweich gekochte Eier gleich ab und lege sie warm eine Stunde lang in Rotrüben-Essig, der sie ganz bedecken muss und garniere Salat oder Mayonnaise damit.

18. Gefüllte Eier, *S. 3. Abschnitt*.

19. Truthuhneier, *S. 3. Abschnitt*.

20. Kiebitz-Eier, Perlhühner-Eier: Man lege die Kiebitz-Eier zuerst in eine Schüssel mit kaltem Wasser und kann nur diejenigen brauchen, welche untersinken; sie werden zehn bis fünfzehn Minuten gekocht, dann heiß in einer zur Tasche gebrochenen Serviette auf eine Schüssel angerichtet und frische Butter dazu gereicht.

Ebenso *Perlhühner-Eier*, welche Ähnlichkeit mit den Kiebitz-Eiern haben.

21. Eingemachte Eier: Man nehme Hühnereier, Truthuhneier, Perlhuhneier von jedem ein Dutzend und drei Dutzend Taubeneier, koche sie sehr hart, lasse sie kalt werden und schäle sie vermische dann 15 Gramm Gewürznelken, 15 Gramm Muskatblüte, 15 Gramm ganzen Pfeffer, 30 Gramm Ingwer, 60 Gramm Salz, zwei zerschnittene Muskatnüsse, drei Knoblauchzehen und zwei Lorbeerblätter und lege die Eier, immer mit dieser Würze dazwischen, in ein Gefäß von Steingut, übergieße sie mit so viel kochendem Essig, dass sie ganz bedeckt sind und binde, wenn sie kalt geworden, den Topf zu. Nach zwei Tagen gieße, man den Essig ab und wieder kochend über die Eier und wiederhole dies, immer nach zwei Tagen, noch zwei Mal und verwahre diese sehr wohlschmeckenden Eier, die man meistens mit *Butterbrot*, zu *Bier* oder *Wein* gibt, wie anderes Eingemachte. Man kann sie auch nur aus einer Sorte Eiern bereiten, aber es ist weniger gut.

22. Oster-Eier: Die Behandlung derselben ist eine so allgemein bekannte Sache, dass ich nur daran erinnere wie es sehr zweckmäßig ist, sie in einem Netze zu kochen um sie, deren gewöhnlich viele sind, auf einmal herausnehmen zu können und dann ist es hübsch, wenn man sie beim Servieren in fein gestoßenes Salz stellt und mit etwas Grün umlegt oder auch pyramidenförmig über eine Unterlage von Salz, welches bei beiden Arten sichtbar sein muss, und man steckt dann zwischen die Eier etwas feines Grün.

23. Große Eier: Man schäle hartgekochte Eier, wende sie in gebrühtem Teig um und backe sie in voller Schmelzbutter gelb, tauche sie dann wieder in den Teig, backe sie wieder gelb, wieder hole dies drei bis vier Mal und gebe sie in einer beliebigen süßen Sauce. Drei große Eier geben schon eine schöne Schüssel und wenn man *Truthuhneier* nehmen kann, so ist sie wirklich überraschend.

24. Eiernudeln: Man koche acht Eier hart, schäle sie und schneide unten so viel weg, dass man den Dotter herausnehmen könne, ohne das Weiße zu verletzen, stoße die Dotter nun mit 90 Gramm Butter zusammen im Mörser, treibe sie durch ein grobes Sieb in die Schüssel, worin sie serviert werden sollen und welche man vorher mit gerösteten und mit frischer oder Sardellenbutter bestrichenen Weißbrotschnitten (Toasts) belegt hat und stelle die weißen Spitzen, rund herum. Die Schnitten, welche man rautenförmig schneidet, müssen, mit den Spitzen nach außen, etwas sichtbar sein.
Oder man koche etwa ein Dutzend Eier acht Minuten lang, tue sie in kaltes Wasser und schäle sie, nehme dann die Dotter heraus und schneide das Weiße feinblättrig, röste es mit einem eigroßen Stückchen Butter einen Augenblick, bestäube es mit einem Esslöffel Mehl,

gieße ein Glas Rahm darüber und lasse es aufkochen, würze mit Salz, weißem Pfeffer und Muskatnuss und richte es gehäuft an, verrühre nun die Dotter mit einem halb eigroßen Stückchen Butter, etwas Salz und Muskatnuss und streiche sie durch ein Sieb, über die angerichteten Eiweiß, sodass sie in sehr dünnen und fein gekrümmten Fäden herabfallen, umlege die Schüssel mit länglich viereckigen, in Butter gebackenen Weißbrotschnitten und stelle sie so lang in den Backofen, bis die Speise heiß geworden ist.

X. Pudding

1. Plumpudding: Man nehme dazu ½ Kilo ausgekernte Rosinen, ½ Kilo Korinthen, gut gewaschen und abgetrocknet, ¼ Kilo Succade, klein und fein geschnitten, ½ Kilo Butter, ⅝ Kilo schwarzes, einige Tage altes Brot, gerieben, ¼ Kilo Mehl, ⅜ Kilo gestoßenen Zucker, zwei geriebene Muskatnüsse (wohl zu viel für deutschen Geschmack, ich lasse nur eine nehmen), 15 Gramm gestoßenen Zimt, die fein gehackte Schale einer Zitrone, einen halben Teelöffel Salz, zwei bis drei Glas Cognac oder Rum und acht Eier. Man rühre die Butter ein wenig und gebe zuerst das Brot hinein, dann die Eier, welche man vorher mit drei Esslöffeln von dem Zucker wohl verklopft, hierauf Rosinen usw. zuletzt das Mehl und den Cognac oder Rum. Alles muss sehr gut vermischt sein und bleibt so über Nacht, an einem kühlen Ort stehen. Andern Tages nimmt man eine, in kaltem Wasser ausgerungene, völlig geruchlose Serviette, bestreicht deren Mitte, im Umfang eines sehr großen Tellers, recht fett mit Butter, bestäubt diese mit Mehl und legt sie in ein Sieb, füllt die Masse hinein, fasst die Serviette mit beiden Händen zusammen, sodass ringsum nur kleine Fältchen werden und bindet sie etwas locker ein, hängt nun den Pudding, an einem Stock, in einen Topf recht kochenden Wassers, sodass er schwimmt und koche ihn vier Stunden lang; das Wasser muss fortwährend stark kochen und man muss öfters *kochendes* Wasser nachgießen, damit der Pudding gleichmäßig schwimme.

Zum Anrichten wird der ausgehobene Pudding auf ein Drahtsieb gelegt, der Bindfaden aufgeschnitten, die Serviette von allen Seiten losgemacht und der Pudding aus der Serviette gestürzt. Eine beliebte Sauce dazu, von der man etwas über den Pudding und das übrige in einer Sauciere geben kann, ist folgende, doch kann man auch eine Rumsauce oder Weinschaumsauce (Chaudeau) dazu servieren.

Zur oben erwähnten Sauce rühre man 60 Gramm sehr frische Butter, welche gut mit Mehl gestäubt ist, so lange auf dem Feuer, bis sie dicklich wird und gebe dann nach Geschmack Zucker und Cognac oder Rum dazu.

Reste von diesem Pudding, schneide man in feine Scheiben, lege sie rundlaufend in eine Schale und lasse in der Mitte eine Öffnung, in die man Rum (ein bis anderthalb Glas) gießt und beim Auftragen mit einem Fidibus in Brand steckt, aber auch noch eine Sauce dabei servieren lässt.

2. Ingwer-Pudding: Man rühre 180 Gramm Butter mit 180 Gramm Mehl, auf gelindem Feuer und gieße nach und nach, unter beständigem Rühren, ¾ Liter kochende Milch hinzu, nehme die Masse, wenn sie dick geworden ist, vom Feuer und lasse sie etwas erkalten, gebe dann sechs bis acht Eidotter, etwas Zucker und ¼ Kilo fein geschnittenen eingemachten Ingwer dazu, schlage das Weiße der Eier zu steifem Schnee, mische diesen leicht unter die Masse, fülle sie in die Form, koche sie anderthalb Stunden und serviere mit einer Vanillesauce.

3. Schokoladen-Pudding: Man bereite die Masse wie zu dem Schokoladen-Auflauf, nehme aber zwei Eier weniger, koche ihn zwei Stunden und gebe eine Vanillesauce dazu, kann auch statt des Weißbrots, geriebenes Schwarzbrot nehmen.

4. Butterbrot-Pudding: Man bestreiche dünne Weißbrotschnitten mit sehr frischer, ungesalzener Butter und gebe sie Lagenweise (jede Lage zwei Finger breit dick) in die gut mit Butter bestrichene Form, streue zwischen jede Lage Korinthen, ein wenig gestoßenen Zimt und Zucker und fülle die Form so zu Dreiviertel voll. Dann verklopfe man sechs Eier mit süßem Rahm oder Milch, der man, nach Belieben, etwas Madeira oder ähnlichen Wein hinzufügen kann, gieße dies langsam und nach und nach über das Brot, damit es gehörig durchfeuchtet werde und backe den Pudding eine Stunde lang im Backofen, stürze ihn auf eine flache Schale, gebe von nachstehender Sauce etwas darum und serviere den Rest in einer Sauciere dazu.

Zur *Sauce* koche man 60 Gramm Korinthen, mit einer halben, zu Scheiben geschnittenen Zitrone und ein paar Stückchen Zimt in ¼ Liter Wasser eine Viertelstunde, füge dann ¼ Liter weißen Wein und Zucker hinzu, rühre, wenn die Sauce vor dem Kochen ist, so viel Kartoffelmehl mit etwas Wasser daran, um sie zu binden und lasse es eben zusammen aufkochen.

Zu diesem Pudding und den folgenden bis Nr.12 einschließlich kann man statt Sauce, eingemachte Früchte reichen lassen sowohl *Gelees als andere* und auch *feinen Kompott*; ganz besonders sind dazu die in *Büchsen* eingemachten *Aprikosen* zu empfehlen, die man mit ihrem ganzen Saft, in einer Schale serviert und zu *Brot-Pudding Nr.5* und selbst zu *Plumpudding*, sind die *Rumfrüchte Nr.170* (*S. Anhang*) auch mit all' ihrem Saft, für Herrn-Diners sehr beliebt.

5. Brot-Pudding: Man rühre 120 Gramm Butter zu Schaum und nach und nach zehn Eigelb hinein, dann Zucker, Korinthen, geschälte und gestoßene Mandeln, von jedem 120 Gramm, die fein geschnittene Schale einer Zitrone, ein wenig Zimt und Gewürznelke und 180 Gramm geriebenes Schwarzbrot schlage das Weiße der Eier zu steifem Schnee und ziehe ihn langsam unter die Masse, fülle sie in die mit Butter bestrichene und mit Weißbrot oder Zwiebacks bestreute Form, lasse sie zwei Stunden kochen und gebe den Pudding mit einer weißen Weinsauce (Chaudeau) oder mit Glühwein.

Oder man nehme 125 Gramm Butter, 180 Gramm Zucker, 125 Gramm Mandeln, 90 Gramm Korinthen, 125 Gramm geriebenes *Graubrot*, mit zwei Esslöffeln Rum angefeuchtet, sechs Eier, etwas gestoßenen Zimt und Gewürznelken und verfahre übrigens wie bei dem obigen Pudding von Schwarzbrot, außer dass er nur anderthalb Stunden zu kochen braucht und man auch eine Obstsauce dazu geben kann.

Oder man zerpflücke ⅜ Kilo ein bis zwei Tage altes Weißbrot, mit der Kruste, zu ganz kleinen Bröckchen, tue sie in eine Schüssel, tröpfle nach und nach ¼ Liter kaltes Wasser darüber und lüfte es sachte mit einem Löffel, ohne es zu verdrücken, dann, wenn es etwas gestanden und sich untereinander gezogen hat, verrühre man 120 Gramm Butter, rühre nach und nach acht ganze Eier hinein füge Zucker und

Korinthen hinzu, ziehe zuletzt das Weißbrot ganz leise darunter und koche den Pudding eine Stunde.

6. Zwieback-Pudding: Man breche 225 Gramm Zwieback in Stücke, lege ihn trocken in die wie gewöhnlich zugerichtete Form und streue Lagenweise von folgendem dazwischen: 60 Gramm Korinthen, 30 Gramm gestoßene Mandeln, 90 Gramm Zucker, woran Zitrone abgerieben, und etwas Zimt; dann verklopfe man sechs Eier mit ⅜ Liter Milch oder süßem Rahm und gieße dies, nach und nach, auf den Zwieback, der so zwei Stunden weichen muss, dann zwei Stunden gekocht und mit einer beliebigen Sauce gegeben wird. Sehr angenehm dazu ist *Schokoladensauce*.

7. Mehl-Pudding: Man rühre 135 Gramm feines Mehl mit ⅜ Liter Milch glatt an, gebe 135 Gramm Butter und eben so viel Zucker dazu und koche es zu einem glatten Teige, dem man, wenn er abgekühlt ist, die abgeriebene Schale einer Zitrone und, nach und nach, neun Eidotter zufügt und zuletzt den Schnee von neun Eiweiß, dann zwei Stunden kocht und mit einer beliebigen Sauce oder mit Kompott gibt. Nach Belieben kann man, zugleich mit der Zitronenschale, auch noch 135 Gramm fein gestoßene Mandeln dazu tun.

8. Grießmehl-Pudding: Man koche aus ⅛ Kilo Grießmehl und ⅜ Liter Milch einen sehr steifen Brei, rühre ⅛ Kilo Butter daran und lasse ihn erkalten, gebe dann vier Eidotter, Zucker, Zimt, Zitronenschale, gestoßene Mandeln, einige Rosinen, einen Esslöffel Mehl und den Schnee von vier Eiweiß hinzu, koche den Pudding zwei Stunden und reiche eine Wein- oder Obstsauce dazu, kann ihn aber auch backen und er ist dann in einer halben Stunde fertig.

9. Kartoffelmehl-Pudding: Man nehme 135 Gramm Kartoffelmehl und eben so viel Zucker und Butter, neun Eier und Liter Milch, rühre das Mehl mit der Hälfte der Milch und des Zuckers an und lasse die Butter in der übrigen Milch über dem Feuer zergehen, gebe Mehl und Zucker hinein und koche es, unter beständigem Rühren, zu einem ganz steifen Brei, bis er sich von der Kasserolle ablöst, rühre es dann nach einigem Abkühlen mit dem übrigen Zucker, der fein geschnittenen Schale einer Zitrone und dem Gelben der Eier gut untereinander und zuletzt das Weiße der Eier, zu Schnee geschlagen, hinein, koche es anderthalb Stunden und gebe folgende Sauce dazu: Man verrühre drei Eidotter mit etwas Mehl, tue Zucker, Zitronenschale, Kardamom und weißen Wein daran, rühre es auf dem Feuer bis es kocht und füge, wenn es abgesetzt ist, einige Esslöffel Rum oder ein Glas Punsch-Essenz hinzu.

10. Nudel-Pudding: Man streue 135 Gramm Fadennudeln in ⅜ Liter kochende Milch, koche sie zu einem steifen Brei, setze sie ab und rühre sie so lange, bis sie kalt sind, verrühre nun 60 Gramm Butter mit acht Eidottern, tue 60 Gramm Zucker und etwas Zitronenschale dazu, dann die Nudeln, zuletzt den Schnee von dem Weißen der Eier und koche den Pudding anderthalb Stunden. Eine Hagebuttensauce ist besonders gut dazu.

11. Tapioka-Pudding: Man bringe ½ Liter süßen Rahm und ½ Liter Milch mit etwas Zucker, einer Prise Salz und der Schale einer Zitrone zu Feuer, gebe, wenn es kocht, ¼ Kilo Tapioka hinein und lasse es langsam kochen, bis es völlig weich ist, füge dann ein kleines Stück frische Butter und sechs wohl verklopfte Eier dazu und rühre es gut durcheinander, fülle es in eine mit Butter bestrichene und mit geriebenem Weißbrot bestreute Form und backe es, bis die Oberfläche braun ist. Tapioka quillt sehr stark, erfordert lange Zeit zum Kochen und muss, wie schon bemerkt, langsam kochen, sonst wird er zähe. Man gibt meistens eine Eierrahm-Sauce dazu.

12. Kartoffel-Pudding: Man klopfe zwölf Eidotter ziemlich lange und rühre nach und nach ¼ Kilo Zucker, an dem man die Schale von zwei Zitronen abgerieben hat, den Saft der zwei Zitronen, ¼ Kilo, fein geriebene Kartoffeln (Tags vorher nicht zu weich gekocht) und zuletzt das zu Schnee geschlagene Weiße der Eier dazu, kann auch noch 45 Gramm süße und 15 Gramm bittere Mandeln zusetzen, koche den Pudding anderthalb Stunden und gebe ihn mit einer *Sauce* aus ½ Liter weißem Wein, 90 Gramm Zucker, an dem die Schale einer halben Zitrone abgerieben, Saft einer Zitrone und sechs Eiern.

13. Kastanien-Pudding: Man schäle ½ Kilo Kastanien, tue sie einige Minuten in kochendes Wasser, bis sich auch die zweite Haut abschälen lässt, koche sie dann in Wasser weich und treibe sie durch ein Sieb, verrühre sie hierauf mit zehn Eidottern, 150 Gramm Zucker, 30 Gramm fein geschnittener Succade, 30 Gramm bittern und 30 Gramm süßen gestoßenen Makronen, ziehe den Schnee der zehn Eiweiß darunter, koche den Pudding drei Stunden und serviere mit folgender Sauce: Man lasse ½ Liter Milch mit 60 Gramm Zucker und einem Stückchen Vanille aufkochen, rühre einen halben Esslöffel Mehl mit ein wenig kalter Milch fein ab, schlage vier Eier dazu, verrühre auch diese wieder, gieße nach und nach die Milch daran und rühre die Sauce auf gelindem Feuer, bis sie aufkochen will.

14. Apfelsinen-Pudding: Man lasse 180 Gramm frische, ungesalzene Butter in einer Kasserolle zergehen, verklopfe 180 Gramm feines Mehl mit ¼ Liter süßem Rahm, gebe dies zur Butter und rühre es so lange über dem Feuer, bis sich die Masse von der Kasserolle löst, tue sie nun rasch auf eine Schüssel und rühre ein ganzes Ei daran. Dann stoße man 300 Gramm Zucker, an dem man die Schale einer Apfelsine abgerieben hat, recht fein, verrühre ihn mit acht Eidottern, füge den Saft von zwei Apfelsinen, hierauf nach und nach den abgekühlten Teig und zuletzt das zu steifem Schnee geschlagene Weiße der acht Eier hinzu, fülle es in die Form und koche den Pudding zwei Stunden lang. Unterdessen schäle man zwei Apfelsinen, breche sie, nach ihren natürlichen Abteilungen, auseinander und bestreue sie mit Zucker und wenn der Pudding gestürzt ist, so umlege man ihn damit.

15. Obst-Pudding: Man tue ¼ Kilo Mehl auf das Backbrett, mache in die Mitte eine Höhlung, gebe 120 Gramm Butter, Salz und so viel Wasser hinein, dass es ein fester Teig wird und rolle ihn zu einer ½ Zentimeter dicken, runden Platte aus, breite dann eine ganz geruchlose, in der Mitte leicht mit Butter bestrichene Serviette über einer Terrine aus, lege die Teigplatte auf die bestrichene Stelle und auf dieselbe eine Pyramide von verschiedenem Obste, z.B. ausgekernte Kirschen, abgebeerte Johannisbeeren, Himbeeren, in gestoßenem Zucker umgewendet, Aprikosen oder Zwetschgen, entsteint und mit Zucker gefüllt, befeuchte den Rand der Platte mit Wasser und fasse sie über dem Obste zusammen wie einen Beutel, binde nun die Serviette mit Bindfaden zu, sodass das Obst nicht aus dem Teige fallen könne und tue den Pudding in einen Topf mit kochendem Wasser lasse ihn zwei Stunden kochen, richte ihn an und bestreue ihn stark mit Zucker; Sauce wird nicht dazu gegeben. – (Über *Kochen* und *Anrichten* des Pudding, S. *Plumpudding*)

Man kann aber auch nur eine Obstsorte nehmen, (Äpfel und Birnen müssen geschält und in kleine Stückchen geschnitten werden) mit geriebenem Zucker vermischen, dem man für Äpfel etwas Zimt, für Zwetschgen ein wenig Gewürznelken zusetzt, und so einlegen.

16. Fisch-Pudding: Man nehme 1½ Kilo Fisch, am besten Weißfische und wenn sie gereinigt, ausgenommen, abgehäutet und, entgrätet sind, so hacke man sie mit einer ganzen Zwiebel und etwas Petersilie sehr fein, rühre ⅛ Kilo Butter zu Schaum, schlage sechs ganze Eier, eins nach dem andern hinein und verrühre sie wohl, gebe den gehackten Fisch dazu und gieße nach und nach, unter beständigem Rühren, welches wohl eine halbe Stunde dauern mag, etwa ¾ Liter Milch daran, füge zuletzt noch eine Handvoll geriebenes Weißbrot, ziemlich viel Salz und etwas Muskatnuss hinzu, fülle die Masse in eine mit Butter gut ausgestrichene Form, backe sie eine Stunde im Backofen und serviere den Pudding mit Salat oder einer warmen pikanten Sauce.

XI. Aufläufe

Da die Aufläufe, mit sehr wenigen Ausnahmen, in der Form, worin sie gebacken werden, auch serviert werden müssen, so legt man um eine unscheinbare Form entweder einen dazu bestimmten silbernen Reif oder eine feine, in zierliche Falten gebrochene Serviette und stellt die Form auch über eine zusammen geschlagene Serviette, auf eine runde, größere Schüssel kann aber auch ein nett geschnittenes Papier, um die Form stecken.

1. Omeletten-Auflauf: Man verrühre zwölf Eidotter mit 270 Gramm Zucker, 120 Gramm fein gestoßenem Biskuit und dem Samen aus einer Stange Vanille, rühre es eine Viertelstunde und ziehe dann den festen Schnee von zwölf Eiweiß, leicht darunter. Hierauf gebe man einen Esslöffel klare, frisch ausgelassene Butter, in die Omelettenpfanne, gieße den vierten Teil der Masse hinein und bewege sie leicht über dem Feuer bis die Omelette die gehörige Farbe erhält, welches für beide Seiten zwei Minuten dauern kann, glitsche die Omelette nun auf eine flache Schüssel und bestäube sie stark mit Zucker und fahre so fort, bis vier Omeletten übereinander liegen. Das Ganze wird mit Zucker bestäubt und in einem abgekühlten Ofen fünfzehn bis zwanzig Minuten langsam gebacken, wo der Auflauf dann sehr hoch gestiegen sein wird und man ihn, ehe man ihn zur Tafel gibt, nochmals mit Zucker bestäubt und mit einem glühenden Schäufelchen glaciert, welches aber noch im Ofen geschehen muss, weil diese Art Aufläufe so sehr leicht sind, dass sie außer dem Ofen, gleich zu sinken anfangen, weshalb man sie auch so rasch wie möglich zu Tisch bringen muss.

Statt Zucker kann man über jede Omelette, außer der obersten, 30 Gramm geriebene Schokolade streuen.

2. Kartoffelmehl-Auflauf: Man verklopfe ½ Liter kalten süßen Rahm, 150 Gramm Kartoffelmehl 150 Gramm zerlassene, jedoch nicht heiße, ungesalzene, sehr frische Butter, 150 Gramm Zucker und zwölf Eidotter auf dem Feuer, bis es steif wird und, wenn erkaltet, noch gut untereinander, ziehe den Schnee von zehn Eiweiß darunter und backe es, drei Viertelstunden bis eine Stunde lang.

3. Grießmehl-Auflauf: Man setze ½ Liter Milch mit 60 Gramm Butter aufs Feuer und wenn sie zu kochen beginnt, so rühre man 150 Gramm Grießmehl hinein und lasse es, wenn es recht ausgekocht ist, erkalten, rühre unterdessen ⅛ Kilo Butter zu Schaum, gebe die Grießmasse nebst zehn Eidottern und ⅛ Kilo Zucker, an dem man die Schale einer Zitrone abgerieben, dazu und nachdem dies gut verrührt ist, den steifen Schnee von zehn Eiweiß und backe es drei Viertelstunden lang.

4. Reismehl-Auflauf: Man verrühre 60 Gramm Reismehl, 120 Gramm Zucker und ½ Liter Rahm oder auch gute Milch und koche es zu einem Brei, in den man, wenn er abgekühlt ist, acht Eidotter rührt und danach den Schnee von acht Eiweiß darunter zieht. Nun lasse man in einer Form, ein Stück Schmelzbutter oder auch frische Butter, so groß wie ein halbes Ei, sehr heiß werden und gebe die Masse hinein, setze sie in den Backofen und backe sie langsam etwa drei Viertelstunden lang. Dieser Auflauf lässt sich auch stürzen und man kann dann eine Obst- oder Weinsauce dazu servieren und etwas davon, um den Auflauf gießen.

5. Schwarzbrot-Auflauf: Man rühre zwölf Eidotter und 180 Gramm Zucker drei Viertelstunden lang, recht schaumig, dann fein gestoßenen Zimt und Gewürznelken, die fein geschnittene Schale einer Zitrone, 90 Gramm getrocknetes, gestoßenes und fein gesiebtes Schwarzbrot und zuletzt den Schnee von zwölf Eiweiß hinein, backe den Auflauf, bei mäßiger Hitze, drei Viertelstunden und begieße ihn eben vor dem Servieren langsam mit ½ Liter heißem Glühwein.

6. Punsch-Auflauf: Man gebe die ganz fein abgeschälte Schale einer Zitrone, in ½ Liter süßen Rahm, lasse dies heiß werden, decke es zu und stelle es bei Seite, rühre dann 90 Gramm feine Butter zu Schaum und ⅛ Kilo feinstes Mehl, ⅛ Kilo Zucker und sechs Eidotter, nach und nach darunter, füge den erkalteten und durch ein Sieb gegossenen Rahm hinzu und rühre es auf dem Feuer bis vors Kochen dick ab und wenn es hernach noch eben lauwarm ist, vier Eidotter kräftig hinein, hierauf eine halbe Tasse Rum oder Arak und den Saft einer Zitrone, ziehe den Schnee von zwölf Eiweiß leicht darunter und backe den Auflauf bei mäßiger Hitze, eine halbe Stunde lang.

7. Kastanien-Auflauf: Man werfe 1 Kilo abgeschälte Kastanien in kochendes Wasser, bis sich die zweite Haut abziehen lässt, koche sie dann gut zugedeckt mit 1 Liter süßer Milch, auf schwachem Feuer, kurz und weich ein und streiche sie durch ein Haarsieb, rühre nun ⅛ Kilo frische Butter leicht, gebe die Kastanien, sechs Eigelb, sechs Esslöffel Marasquino und Zucker, nach Geschmack, dazu, zuletzt den Schnee von sechs Eiweiß und backe ihn eine halbe Stunde, in mäßiger Hitze.

8. Aprikosen-Auflauf: Man gebe 180 Gramm Aprikosen-Marmelade mit einem Esslöffel gesiebtem Zucker und dem Saft einer Zitrone in eine Schüssel, rühre es stark, ziehe den Schnee von neun Eiweiß langsam darunter, tue diese Masse in eine Porzellanschale, übersiebe sie mit Zucker und backe sie acht bis zehn Minuten lang.

9. Zitronenauflauf: Man rühre fünf Eidotter mit 120 Gramm Zucker dickschaumig, dann den Saft einer Zitrone eben darunter und zuletzt das Weiße von den fünf Eiern, zu steifem Schnee geschlagen, und backe es fünfzehn bis zwanzig Minuten lang.
Da dieser Auflauf sehr steigt, so darf man die Form nicht zu voll machen.

10. Schokoladen-Auflauf: Man rühre 60 Gramm frische Butter zu Schaum füge das Gelbe von fünf Eiern, 90 Gramm Zucker, 60 Gramm geriebene Schokolade, 180 Gramm in Milch geweichtes und ausgedrücktes Weißbrot ohne Kruste und zuletzt das zu Schnee geschlagene Weiße der fünf Eier hinzu und backe diesen besonders guten und kräftigen Auflauf drei Viertelstunden lang.

11. Käse-Auflauf: Man verklopfe vier Esslöffel geriebenen Schweizerkäse, vier Esslöffel recht dicken Rahm und vier Eidotter, füge dann das, zu Schnee geschlagene Weiße der vier Eier hinzu, fülle es in eine tiefe Schale, welche das Feuer erträgt und backe es, bei gelinder Hitze, eine Viertelstunde im Backofen.

Oder man rühre 60 Gramm Butter zu Schaum, dann 30 Gramm geriebenen Parmesan- und 30 Gramm geriebenen Schweizerkäse, einen Esslöffel Mehl, vier Eidotter und eine Tasse süßen Rahm dazu und zuletzt vier, zu Schnee geschlagene Eiweiß, gebe es in eine Form und backe es eine halbe Stunde.

12. Rahm-Auflauf: Man verklopfe ½ Liter sauren Rahm mit sechs bis acht Eidottern, zwei Esslöffeln Mehl und Zucker, nach Belieben auch etwas Vanille, ziehe das zu Schnee geschlagene Weiße der verbrauchten Eier darunter und backe den Auflauf eine Stunde.

13. Brandteig-Auflauf: Man rühre in stark ½ Liter kochende Milch auf dem Feuer so viel feines Mehl, bis es ein ganz fester Teig ist und lasse ihn kalt werden, rühre dann 180 Gramm Butter zu Schaum, das Gelbe von sieben Eiern, den Brei, 60 Gramm Zucker und die abgeriebene Schale einer Zitrone daran und zuletzt den Schnee von sieben Eiweiß darunter, gebe die Masse, in die, mit Butter bestrichene Form, backe sie und lasse Johannisbeer-Gelee dazu reichen.

14. Makkaroni-Auflauf: Man koche 180 Gramm Makkaroni mit Milch, Zucker und Vanille und gieße sie zum Ablaufen auf ein Sieb und wenn sie erkaltet sind, so verklopfe man fünf Eier mit fünf Esslöffel saurem Rahm, vermische dies mit den Makkaroni, tue sie in die Auflauf-Form und backe es eine Stunde.

15. Makkaroni-Auflauf mit Jussauce: Man koche ¼ Kilo Makkaroni in kochendem, gesalzenem Wasser, zehn Minuten und seihe sie ab; verklopfe dann sechs Eier und füge 180 Gramm Schweizerkäse und 90 Gramm Parmesankäse, beide gerieben, Salz, ziemlich viel weißen Pfeffer und so viel Rahm hinzu, dass es einen weichen Teig gibt. Nun bestreiche man eine Form (am besten Schnecken- oder Melonen-Form) mit Butter und bestreue sie mit gestoßenem und durchgesiebtem Weißbrot, fülle die Hälfte des Teiges hinein, die Makkaroni darauf, den Rest des Teiges darüber und lasse es so drei Viertelstunden ruhen, backe es hernach, bei mäßiger Hitze, eine Stunde, stürze es und serviere mit einer *Jussauce*.

Zu dieser bereitet man aus ¼ Kilo, zu Würfeln geschnittenem Rindfleisch, mit etwas Wasser, etwa ¼ Liter Jus, fettet sie ab, tut ein wenig mit Wasser angerührtes Kartoffelmehl daran, verrührt es wohl und presst zuletzt den Saft einer Zitrone hinein.

16. Kartoffel-Auflauf: Man koche geschälte Kartoffeln mit Wasser, Salz, Zwiebeln und ein paar Lorbeerblättern ganz weich, gieße das Wasser ab, treibe sie durch einen Seiher und tue ein Stück Butter und etwas Pfeffer daran, bestreiche dann die Form mit Butter, bestreue sie dick mit Zwieback, und gebe die Masse hinein, überstreue sie auch mit Zwieback, übergieße sie mit zerlassener Butter backe sie in einem heißen Ofen eine Stunde lang und serviere eine pikante, warme Sauce dazu.

17. Kartoffel-Auflauf mit Hering: Man schneide schöne runde, nicht zu weich gekochte Kartoffeln in runde, etwas dicke Scheiben, schneide dann auch ein paar gewässerte, gereinigte und entgrätete Heringe, zu feinen Würfelchen und verklopfe ein paar Tassen sauren Rahm, mit drei ganzen Eiern, Salz und Muskatnuss, bestreiche dann eine Form stark mit Butter, belege sie mit Kartoffeln, bestreue diese mit Hering, gieße etwas von dem Rahm darüber und fahre so abwechselnd fort, bis die Form gefüllt ist; oben muss eine Lage Kartoffeln sein, die mit dem Reste des Rahm begossen wird, worauf man es im Backofen backt.

18. Fisch-Auflauf: Man brate etwas fein gehackte Zwiebel in Butter gar, gebe etwas Weißbrot und Milch daran und lasse es zusammen kochen, füge dann ⅜ Kilo ausgegräteten und fein gehackten Fisch (es kann gewöhnlicher *Backfisch* sein) nebst Zitronenschale, Salz, Pfeffer und Muskatblüte hinzu und rühre es auf dem Feuer gut durcheinander. Nun rühre man 120 Gramm Butter zu Schaum und zwei ganze

Eier, zwei Esslöffel Mehl und etwas Milch kräftig darunter (nicht zu viel Milch, denn der Teig darf nicht zu dünn sein) und backe dies mit Butter in der Kuchenpfanne auf einer Seite, wie ein Pfannkuchen, nehme ihn heraus und bestreiche ihn, auf der ungebackenen Seite, mit der Fischmasse, schlage ihn aufeinander und schneide ihn in lange Stücke, lege sie in eine Auflaufform, gieße ⅛ Liter sauren Rahm, mit ein paar Eigelb verklopft, darüber und backe es im Backofen.

Oder man bestreiche eine Form mit Butter, streue etwas grob gestoßenen weißen Pfeffer hinein und darüber eine Schicht von geriebenem, einen Tag altem Weißbrot; auf diese lege man Stücke von gebratenem oder gekochtem, entgräteten Fisch und wieder eine Schicht Weißbrot, welche man mit etwas zerlassener Butter begießt und so wechselt man mit den Schichten, nach Bedarf, ab unter die letzte, aus Weißbrot bestehend, mischt man etwas grob gestoßenen weißen Pfeffer und stellt es zwanzig bis dreißig Minuten lang, in den Backofen.

XII. Cremes

Ich erinnere hier nochmals an die Fabrikate von Herrn E. H. Knorr in Heilbronn am Neckar, dessen Kartoffel-, Grieß-, Reis- und Gersten-Mehl (Creme de Riz, Creme d'Orge) auch besonders gute Cremes geben.

1. Creme von Kartoffelmehl: Man nehme in ¼ Liter Milch, 60 Gramm Zucker, drei Eigelb und einen gehäuften Esslöffel Kartoffelmehl, setze die Hälfte der Milch mit dem Zucker zu Feuer und rühre mit der andern Hälfte die Eigelb und das Kartoffelmehl an, gieße dies in die kochende Milch und lasse es, unter fortwährendem Rühren, einige Mal aufkochen, setze es ab, rühre es noch etwas und gebe, wenn es ein wenig erkaltet ist, etwas Rosen- oder Orangeblüte-Wasser daran, oder bestreue sie gleich nach dem Anrichten mit Zucker, Zimt und Korinthen.

2. Creme von Gerstenmehl: Man bereite sie wie die Kartoffelmehl-Creme, aus dem feinsten Gerstenmehl (Creme d'Orge) aber mit dem Zusatz von zwölf abgezogenen, fein gestoßenen süßen und einer bittern Mandel, welche man kurz vor dem Absetzen der Creme hineingibt und auch muss man zwei Esslöffel Gerstenmehl dazu nehmen.

3. Creme von Reismehl: Man verrühre vier Esslöffel Reismehl mit ¾ Liter Milch, gebe dann 120 Gramm Zucker, an dem eine Zitrone abgerieben, acht Eigelb, ein Stückchen Zimt und 30 Gramm fein gehackte kandierte Pomeranzenschale hinzu und schlage es auf dem Feuer zur Creme, vermenge diese mit dem Schnee von acht Eiweiß und richte sie an, bestreue sie mit Zucker, brenne sie mit dem glühenden Glacierschäufelchen zu schöner brauner Farbe und serviere gleich.

4. Creme von Grießmehl: Man koche ½ Liter Milch mit 60 Gramm Zucker und rühre so viel Grießmehl hinein, dass es eine nicht zu dicke Creme gibt, gieße sie in die Schale und füge, wenn sie etwas kalt geworden, nach Geschmack, gutes Rosenwasser hinzu.

5. Mandel-Creme: Man rühre 60 Gramm feines Mehl mit ½ Liter Milch nach und nach an, dann ebenfalls nach und nach vier Eigelb hinein, hierauf 60 Gramm abgezogene, gestoßene Mandeln und 60 Gramm Zucker, koche es unter beständigem Rühren zur gehörigen Dicke und gebe es kalt.

6. Mandelmilch-Creme: Man rühre zwei Esslöffel feines Mehl, mit ⅜ Liter Mandelmilch, 60 Gramm Zucker und vier Eigelb an, koche es unter beständigem Rühren zu einer dünnen Creme und gebe sie mit geröstetem Weißbrot oder Zwieback, gleich zu Tisch.

7. Makronen-Creme: Man koche ⅛ Kilo gestoßene, bittere Makronen, mit ½ Liter Milch auf, verklopfe dann sieben Eigelb mit ein wenig kalter Milch, rühre es dazu und lasse es damit noch ein wenig anziehen.

8. Vanille-Creme: Man koche in ¾ Liter süßem Rahm oder Milch eine Schote Vanille auf, lasse sie zugedeckt, eine Viertelstunde ziehen und, nachdem sie durch ein Sieb gegossen, verkühlen, füge vier ganze Eier, vier Dotter, 60 Gramm Zucker, eine Messerspitze Kartoffelmehl und eine Prise Salz hinzu, verklopfe alles zusammen fünf Minuten lang und stelle die Masse nun ins Bain-Marie, wo man sie so lange klopft, bis sie heiß und dick wird und keine großen Blasen mehr wirft, dann rasch in eine Schale gießt und über Eis oder in recht kaltem Wasser erkalten lässt.

Oder einfacher, schneide man 8 Gramm Vanille in kleine Stückchen, verklopfe drei Eigelb in ½ Liter Rahm oder Milch, gebe 150 Gramm Zucker hinzu und rühre es auf mäßigem Feuer, bis es sich gehörig verdickt, gieße es in eine Schale und lasse es erkalten.

9. Schokoladen-Creme: Man vermischt ½ Liter Rahm oder Milch, drei Eigelb und 150 Gramm Zucker und rühre es so lange auf dem

Feuer, bis ein Viertel davon eingekocht ist, gebe dann 60 Gramm fein geriebene Schokolade hinein, gieße es, wenn es einige Mal aufgekocht hat, durch ein Sieb in eine Schale und serviere kalt.

10. Schokoladen-Creme in Tassen: Man reibe ½ Kilo Schokolade, vermische sie, nach Geschmack, mit 60–120 Gramm Zucker und ¾ Liter süßem Rahm oder Milch und koche dies zusammen einige Minuten lang, verklopfe dann sechs Eigelb und ein ganzes Ei, verrühre sie mit der kalt gewordenen Schokolade, gieße es mehrmals hin und her, dass es sich gut vermische und seihe es durch, fülle es nun in die Creme-Tassen und stelle sie in eine Kasserolle mit Wasser, welches aber nur die Hälfte der Tassen erreichen und nicht kochen darf, bringe die Kasserolle aufs Feuer, tue einen Kohlendeckel darüber und lasse die Creme so fest, aber nicht zu fest werden, denn sie muss, einer Gelee ähnlich zittern.

11. Tee-Creme in Tassen: Man gieße ½ Liter kochende Milch auf 15 Gramm Tee und 90–120 Gramm Zucker, decke es zu und lasse es kalt werden, füge dann fünf wohl verklopfte Eidotter hinzu, gebe es durch ein Sieb, fülle es in die Tassen und mache sie fertig, wie Nr.10.

12. Kaffee-Creme: Man bereite aus 120–150 hellgebrannten Kaffeebohnen anderthalb Tassen Kaffee, vermische ihn mit 30 Gramm aufgelöster Gelatine und Zucker nach Geschmack und stelle es kalt, schlage unterdessen 1 Liter Rahm zu einem festen Schaum und wenn der Kaffee nun völlig abgekühlt aber noch fließend ist, so lasse man ihn ganz langsam in den geschlagenen Rahm laufen, während dem man diesen immerfort recht kräftig mit der Schneerute schlägt, die Creme nun in eine Schale füllt und erkalten lässt.

13. Eier-Creme: Man bereite acht verlorene Eier, statt in Wasser, in Milch, der man 60 Gramm Zucker und ein wenig Salz zugesetzt hat, lasse sie dann ablaufen und lege sie in eine tiefe Schale. In die Milch tut man noch 60 Gramm Zucker, einen halben Esslöffel Mehl und sechs Eidotter, verrühre es gut und gebe es durch ein Sieb, setze es zu Feuer und gieße es in dem Augenblick, wo es kochen will, über die Eier und serviere warm oder kalt.

14. Johannisbeer-Creme: Man koche stark ¼ Liter Saft von frischen Johannisbeeren, mit 180 Gramm Zucker und rühre dann sieben Eidotter daran und so wie es damit aufkocht, setze man es ab, gebe den Schnee von vier Eiweiß darunter, rühre so lange, bis er erkaltet ist und serviere am besten in Punschgläsern oder einer Glasschale, kann sie auch aus Gelee bereiten, die man auf dem Feuer auflöst und dann natürlich keinen Zucker dazu tut oder aus Johannisbeersaft.

15. Himbeer-Creme: Man zerdrücke ¾–1 Liter Himbeeren mit einem Löffel und treibe sie mit einem Glas gutem süßem Rahm durch ein Sieb (die Kernen müssen zurück bleiben), reibe eine Zitrone an 120 Gramm Zucker ab, gebe ihn, fein gestoßen zu der Himbeermasse, gieße die Creme in eine Schale und stelle sie in den Keller; sie schmeckt wie Gefrorenes und wird vor dem Servieren, um den Rand, mit ausgesucht schönen Himbeeren garniert, wozu sich besonders die großen weißen eignen; auch Maulbeeren sind schön zum Garnieren oder die großen Brombeeren, die man jetzt in den Gärten zieht.
Außer der Saison kann man die Creme von eingemachten Himbeeren machen.

16. Aprikosen-Creme: Man schäle von zwölf Aprikosen die Schale ab und presse den Saft aus, vermische ihn mit dem Saft einer Zitrone, einer halben Flasche weißem Wein, ⅛ Kilo Zucker und zwölf Eidottern, lasse es unter beständigem Rühren aufkochen und gebe es durch ein Sieb in die Schale, worin die Creme zu Tisch kommen soll, serviere kalt und häufig mit eingemachten Kirschen garniert.

17. Apfelsinen-Creme: Man reibe die Schale von einer Apfelsine und einer Zitrone, an ¼ Kilo Zucker ab, stoße diesen fein, gebe den Saft von zwei Apfelsinen und einer Zitrone, eine halbe Flasche guten weißen Wein und acht Eidotter dazu und schlage es auf dem Feuer kräftig ab, rühre dann, wenn es erkaltet ist, den Schnee von acht Eiweiß hinein und serviere in Gläsern mit feinem Backwerk dabei.

18. Zitronen-Creme: Man reibe zwei Zitronen auf ⅜ Kilo Zucker ab, schneide das Abgeriebene herunter, presse den Saft von vier Zitrone darauf und füge so viel Wasser hinzu, dass es ½ Liter Flüssigkeit ist, gebe den übrigen Zucker, eine starke Messerspitze Kartoffelmehl, sechs ganze Eier und zwei Dotter hinein und verfahre übrigens damit, wie bei der *Vanille-Creme, erstes Rezept.*

19. Apfel-Creme: Man schäle fünf gebratene Äpfel, treibe sie durch ein Sieb, gebe ¼ Kilo gesiebten Zucker, das abgeriebene Gelbe einer Zitrone und ein zu Schnee geschlagenes Eiweiß dazu, rühre es eine Stunde lang recht kräftig und richte in einer Schale an.

Da diese sehr gute Creme sehr steif ist, so kann man sie sehr hübsch verzieren, besonders mit Blumen aus eingemachten Früchten, z.B. Stiefmütterchen (Pensées) aus eingemachten Nüssen und Aprikosen, Fuchsien, Nelken, Rosen, Rosenknospen aus steifer Johannisbeer-Gelee usw., die Blätter aus Pfirsich oder Succade; oder man legt einen Kranz von überzuckerten roten, weißen und schwarzen Johannisbeeren, mit natürlichen Blättchen dazwischen, rund herum.

20. Englische Obst-Creme (Mille Fruit Cream): Man nehme je einen Esslöffel eingemachte Erdbeeren, Johannisbeeren, Himbeeren, Stachelbeeren, Aprikosen, Zwetschgen, Reineclauden, Ananas, Ingwer und kandierte Pomeranzenschale, letztere und die größern Früchte klein geschnitten, füge 30 Gramm Hausenblase, eine halbe Stunde lang in ¼ Liter Wasser gekocht und 90 Gramm Zucker hinzu und verrühre alles wohl, bis es fast kalt ist, wo man nun noch ¼ Liter geschlagenen Rahm hinein rührt, es in eine Form füllt und beim Gebrauch stürzt.

Hat man nicht alle Früchte vorrätig, so nehme man dann von den gerade vorhandenen, um so viel mehr, sodass eben die zehn Löffel vollzählig seien.

21. Wein-Creme: Man rühre in einer Kasserolle 180 Gramm gestoßenen Zucker mit einem reichlichen Esslöffel feinem Mehl, einer auf Zucker abgeriebenen Zitrone, dem Saft derselben und acht Eidottern gut ab, gieße eine halbe Flasche weißen Wein daran und verrühre dies auf mäßigem Feuer so lange, bis es dicklich geworden ist, lasse es dann ein Mal aufkochen und mische dann heiß den sehr steifen Schnee von acht Eiweiß darunter, gieße die Creme in eine Schale, streiche sie oben glatt, lasse sie erkalten und bestecke sie, nach Belieben, mit fein geschnittener Succade.

Sehr angenehm ist diese Creme auch mit Erdbeeren: man belegt dann die Schale mit 1 Liter recht schönen, frischen, trockenen Erdbeeren, bestreut sie stark mit Zucker und richtet die erkaltete Creme darüber an, verziert sie mit schönen großen Erdbeeren und serviert Backwerk oder einen passenden Kuchen dazu.

22. Italienische Wein-Creme (Zambaglione di Napoli): Man schlage sechs schöne frische Eier auf und tue Gelbes und Weißes, jedes für sich, auf eine Schüssel, gebe zu dem Gelben sechs Esslöffel gesiebten Zucker und klopfe es kräftig und anhaltend mit einer Gabel, bringe ¼ Flasche Madeira oder Xeres zu Feuer und lasse ihn bis vors Kochen kommen, rühre ihn dann zu den Eidottern, fülle die Masse in die Creme-Tassen und serviere warm oder kalt; für jede Tasse ein Eigelb.

Das Weiße der Eier wird zu Schnee geschlagen mit sechs Esslöffeln gesiebtem Zucker und ein paar Esslöffeln irgendeines feinen Liqueurs, Vanille, Curaçao, Marasquino, vermischt und in die Creme-Tassen gefüllt, welche man eine Viertelstunde lang ins Bain-Marie stellt und ebenfalls warm oder kalt, neben der ersten, serviert.

23. Champagner-Creme: Man verklopfe zwölf ganze Eier, rühre nach und nach, eine halbe Flasche Champagner hinein, so wie ¼ Kilo, an Zitronen abgeriebenen, fein gestoßenen Zucker, lasse es, unter beständigem Schlagen, gelinde aufkochen, fülle die, Creme in Tassen oder Punschgläser und serviere sie *sehr* kalt.

24. Liqueur-Creme: Man setze ½ Liter Wasser mit 15 bis 25 Gramm, in Stücke gebrochene Gelatine zu Feuer, gebe, wenn diese vollständig geschmolzen ist, nach Geschmack Zucker und etwas Liqueur dazu, gieße es in Creme-Tassen und lasse es erkalten. Diese einfache Creme hält sich mehrere Tage und ist zu empfehlen, wenn die Eier teuer sind.

Wenn die Cremes zur Kollation gegeben werden, so fügt man gewöhnlich feines Backwerk oder einen Kuchen hinzu.

XIII. Pasteten

Ich mache hier besonders auf die Englischen Pasteten (Pies) aufmerksam, die ebenso gut sind, als einfach zu bereiten und will hier zuerst ihre Zubereitung im Allgemeinen angeben.

Man hat in England eigene Pastetenschüsseln (Pie Dishes) dazu, die auch hier zu Lande zu haben sind, doch tut eine etwas tiefe Schüssel, welche das Feuer erträgt, dieselben Dienste, nur ist es ratsam, sie auf ein Blech über Salz zu stellen.

Man nimmt zu diesen Pasteten meistens den englischen Blätterteig (S. Teige), für einen gewöhnlichen Pie aus ¼ Kilo Mehl bereitet und rollt ein Stück davon zu einem Streifen, befeuchtet, wenn die Schüssel gefüllt ist, den Rand mit einem in Wasser getauchten Pinsel und legt den Streifen um den Rand, rollt nun den übrigen Teig zu einer Platte von der Größe der Schüssel aus, befeuchtet auch den Streifen und legt die Platte darüber, macht oben mittelst eines Messers ein kleines Loch, drückt die Ränder von Platte und Streifen mit dem Daumen glatt an und stutzt die Pastete mit dem Messer rund herum nett zu, bestreicht den Deckel mit verklopftem Ei und backt die Pastete, in mäßig heißem Ofen, eine gute Stunde lang. Nach Belieben kann man den Deckel, nachdem er bestrichen ist, mit kleinen Figuren, die man aus den dünn ausgerollten Teigabfällen geschnitten hat, verzieren, welche dann auch mit Ei bestrichen werden müssen. Der Inhalt der Pastete muss immer gehäuft (kuppelartig) eingelegt werden.

In dieser Weise werden alle Pies gemacht und ich werde daher bei den betreffenden Rezepten über das Fertigmachen mit dem Teige, nichts mehr bemerken.

1. Englische Fisch-Pastete: Man reinige und schuppe einige Forellen, Weißfische oder sonst kleine Fische und schneide Kopf und Schwanz ab tue in die Schüssel einige Bröckchen Butter, eine Lage Fische darauf und bestreue sie mit Pfeffer, Salz und reichlich mit gehackten jungen Zwiebeln und Petersilie, gebe nun wieder eine Lage Fische darüber und würze sie auf dieselbe Art und wenn die Schüssel gefüllt ist, so übergieße man es mit einem Glas Essig und ein wenig Champignon-Extrakt.

Anstatt mit Teig, kann man diese Pastete auch bloß mit Kartoffel-Püree bedecken, die man platt streicht und mit verklopftem Ei überpinselt.

2. Englische Seefisch-Pastete: Man nehme das Mittelstück eines kleinen Kabeljaus und lege es über Nacht in Salz, wasche es andern Tages, würze es mit Salz, Pfeffer und ein wenig Cayennepfeffer und gebe es mit einigen Bröckchen Butter und ein wenig Bouillon in die Schüssel, mache dann aus etwas brauner Einbrenn, etwas Bouillon, $1/8$ Liter Rahm und ein wenig geriebener Zitronenschale eine Sauce, öffne den Teig der gar gebackenen Pastete und gieße die Sauce hinein.

Ebenso von Schollen, Steinbutt, Turbot, *jungem* Stör und ähnlichen Fischen.

3. Englische Stockfisch-Pastete: Man nehme vom besten, gut gewässerten Stockfisch, schneide die Flossen ab und die Rückgräte heraus und setze ihn mit kaltem Wasser zu Feuer und so wie das Wasser scharf heiß wird, gieße man es ab, wieder frisches Wasser darauf und wenn dies sich eben zu bewegen beginnt, so tue man den Fisch in einen Seiher, besprenge ihn mit Salz decke ihn fest zu und lasse ihn so stehen, bis er rein abgetropft ist. Dann entgräte man ihn sorgfältig, gebe die besten Teile, in hübschen Stücken, in eine Schüssel und vermenge sie mit Salz, Muskatblüte und gehackter Petersilie; die weniger ansehnlichen Teile hacke man fein, rühre ein gutes Stück Butter zu Schaum, füge ein Rührei aus drei Eiern, drei ganze Eier, zwei, in Milch geweichte und fest ausgedrückte Weißbrötchen, Muskatblüte und den gehackten Stockfisch dazu und mische alles wohl untereinander, bestreiche die Pastetenschüssel mit Butter tue Schichtenweise. zuerst Farce, dann von den Stockfischstücken, die man mit Muskatblüte und Pfeffer bestreut und mit Bröckchen Butter belegt, hinein, wechsle so ab, bis alles eingelegt ist, gieße einige Esslöffel gute Bouillon darüber und serviere, nach Belieben, mit einer *Rahmsauce* dabei, die aber auch wegbleiben kann. Man rührt dazu ein Stück Butter mit einem Esslöffel Mehl, ein paar Eigelb, fein gehackten Schalotten und ein wenig kaltem Wasser gut durcheinander, dann Rahm daran und kocht es zu einer dicklichen Sauce.

Oder mit *Kartoffeln*, lege man in die mit Butter bestrichene Schüssel eine Lage zu feinen Scheiben geschnittene, heiße Kartoffeln, darüber eine Lage in gesalzenem Wasser gar gemachten, heißen, zerblätterten Stockfisch und auf diesen, in Butter gelb geröstete Zwiebelscheiben und so abwechselnd, bis die Schüssel gefüllt ist und gieße ⅛ Liter sauren Rahm mit einer starken Messerspitze weißem Pfeffer, darauf. Die Kartoffeln müssen mit der Schale gekocht und nicht zu groß sein.

4. Englische Hering-Pastete: Man lege vier bis fünf Heringe, einige Stunden in Milch, wasche sie, ziehe sie ab, teile sie in zwei Teile und entferne alle Gräten, koche dann Kartoffeln mit der Schale ab, schäle sie und schneide sie in messerrückendicke Scheiben, dämpfe ferner zwei Esslöffel Petersilie und einen Esslöffel Schalotten, beides fein geschnitten, in 120 Gramm frischer Butter, streiche die Pastetenschüssel mit Butter aus und lege von den Kartoffelscheibchen ein, die man leicht salzt und mit einigen Löffeln gutem saurem Rahm bestreicht; über die Kartoffeln kommen nun Heringstückchen, mit etwas von den gedämpften Kräutchen bestreut, dann wieder Kartoffeln, wieder Heringe und so fort, bis beides darin ist oben müssen Kartoffeln mit etwas reichlichem Rahm sein.

5. Englische Aal-Pastete: Man koche etwa dreißig Krebse und mache aus dem Fleisch der Scheren und, wenn nötig, dem etlichen Schweifchen, eine Farce, wie zu den Krebsklößchen der *Hecht-Pastete*, streife einem Aal die Haut ab und schneide ihn in mittelgroße Stücke, nehme mit einem scharfen Messer aus jedem Stück die Rückengräte, fülle die Öffnung mit Krebsfarce und lege die Aalstücke nun einige Stunden lang in eine Marinade von Essig, gehackten Schalotten und Petersilie, gestoßenen Gewürznelken und Salz, gieße dann noch etwas Wasser zu, bringe den Aal darin auf mäßiges Feuer, lasse ihn eine Viertelstunde lang ziehen und hierauf abtropfen und erkalten. Jetzt gebe man ein gutes Stück Butter in die Schüssel, lege die Aalstücke, nebst etwas Salz darauf, dann Zitronenscheiben, in Butter gedämpfte Champignons, Kapern, Krebsschweife und, aus dem Rest der Krebsfarce, verfertigte Krebsklößchen, so wie einige Esslöffel von der Marinade und serviere, falls man *Sauce* bei diesen Pasteten liebt, die nachstehende dazu:

Man hacke 180 Gramm Sardellen und zwei Schalotten recht fein, gebe gute Fleischbrühe daran, lasse es eine Viertelstunde lang, gut kochen und streiche es durch ein Haarsieb, füge ein Stück Butter, einen Esslöffel Kapern, einen Esslöffel gehackte Petersilie hinzu, lasse es abermals gut durchkochen, verrühre vier Eidotter mit etwas Mehl und Wasser, tue dies an die Sauce und zuletzt den Saft einer Zitrone.

Oder einfacher, schneide man 1–1½ Kilo abgehäuteten und gereinigten Aal (es können kleine Aale sein) in 5 Zentimeter breite Stücke und koche sie mit einem starken Sträußchen, aus Petersilie, Thymian und drei Lorbeerblättern zusammen gebunden, einer mit vier Gewürznelken besteckten Zwiebel, ein wenig Salz, einem Glas Rotwein und ½ Liter Bouillon, langsam zehn Minuten lang, nehme sie dann heraus und lege sie zum Abtrocknen auf ein Tuch. Von der Brühe schöpfe man alles Fett ab, setze ¼ Liter braune Sauce (*S. Saucen*) zu und lasse es auf ⅜ Liter einkochen, lege die Aalstücke in die Schüssel, gieße die Sauce, durch ein Sieb darüber und lasse es kalt werden, ehe man den Teig darüber gibt.

6. Englische Hecht-Pastete: Man schneide den, wie gewöhnlich gereinigten Hecht in Stücke, nehme die Rückengräte und so viel wie möglich auch die andern Gräten heraus und lege die meisten und schönsten Stücke einige Stunden lang in eine Marinade von Essig, gehackten Schalotten, grünen Kräutchen, Zitronenschale, gröblich gestoßenem englischen Gewürz und Gewürznelken, bereite dann aus der *Leber* des Hechtes und einigen Hechtstückchen, beides fein gehackt, einem Stück abgerührter Butter, geriebenem Weißbrot, einigen Eiern, etwas Salz und Muskatnuss, eine Farce und lege nun in die, mit Butter bestrichene Schüssel, immer eine Lage Farce und eine Lage Fisch und über jede Fischlage, Kapern, gedämpfte Champignons und Morcheln, Krebsschweifchen und Krebsklößchen und, wenn nötig, etwas Salz und unter jedes Stück Fisch ein Bröckchen Butter und backe die Pastete anderthalb Stunden lang.

Zu den Krebsklößchen koche man zwei bis drei Dutzend Krebse, löse das Fleisch aus Schweif und Scheren und mache aus den Schalen Krebsbutter, bewahre etliche der schönsten Schweifchen und hacke das andere Krebsfleisch, dem man allenfalls auch etwas Hechtfleisch beifügen kann, verrühre die Krebsbutter mit drei bis vier Eigelb und dem Schnee vom Weißen dieser Eier, gebe so viel geriebenes Weißbrot dazu, dass es eine gute Farce wird, forme Klößchen daraus und koche sie in Salzwasser ab, kann diese Klößchen aber auch bloß mit frischer Butter bereiten, wenn man nicht gern die Krebsbutter bereiten will.

7. Englische Karpfen-Pastete: Man nehme einen etwa 1 Kilo schweren Karpfen, übergieße ihn, wenn er gereinigt, ausgenommen und gewaschen ist, mit Wein und etwas Weinessig, dass er ganz damit bedeckt ist und lasse ihn so bis den andern Tag stehen. Dann mache man eine Farce von ein paar gewässerten und entgräteten Heringen oder 120 Gramm Sardellen, zwei großen Zwiebeln oder einer Handvoll Schalotten und der Schale einer halben Zitrone, welch' alles man recht fein hackt und mit drei Handvoll geriebenem Weißbrot, 60 Gramm zerlassener Butter, Pfeffer, Muskatnuss und einigen Eiern zu einem recht dicken Brei rührt. Die Hälfte dieser Farce tue man nun in die, mit Butter bestrichene Schüssel, lege den Karpfen darauf und auf diesen kleine Bröckchen Butter, gieße ein paar Esslöffel von der Marinade des Fisches und eben so viel Bouillon daran, bedecke ihn mit der andern Hälfte der Farce und wenn die Pastete gebacken ist, so schneide man den Deckel auf, gieße die folgende Sauce hinein und serviere gleich.

Zur Sauce lasse man ein Stück Butter zergehen und etliche Esslöffel geriebenes Weißbrot, mit Mehl vermischt, darin dämpfen, gebe dann eine Handvoll Schalotten und eben so viel Petersilie, beides fein geschnitten, dazu, welches ein wenig mit dämpfen muss, und fülle es mit heißer Bouillon auf, würze mit dem Saft einer Zitrone, Salz und Muskatnuss und koche es eine Viertelstunde lang.

8. Englische Pastete von Fischresten mit Kartoffeln: Man gebe in die mit Butter bestrichene Pastetenschüssel zerdrückte oder klein geschnittene kalte Kartoffeln oder auch Reste von Kartoffel-Püree und lege die in nette Stückchen zerteilten Fischreste, irgendwelcher Art, darauf, bestreue sie mit Salz und Gewürz und bedecke sie mit Kartoffeln oder Püree, über die man Pfeffer und Salz streut und kleine Bröckchen Butter legt.

Diese, ihrer Nützlichkeit wegen, sehr beliebte Pastete, wird aber auch öfters ohne Schüssel bereitet: man rollt dann den Teig zu einer großen Platte aus, belegt die eine Hälfte, wie oben angegeben, schlägt die andere Hälfte des Teiges darüber, kneift die Ränder fest zusammen, bestreicht die Pastete mit verklopftem Ei, legt sie auf ein Backblech und backt sie schön hellbraun.

9. Englische Pastete von Wasserhühnchen: Man schneide die gehörig gereinigten Wasserhühnchen (es muss ihnen die Haut abgezogen werden, S. *Beilagen*) in vier Teile und lege sie über Nacht in eine Beize von Essig, Kräutern, einigen zu Scheiben geschnittenen Zwiebeln, Pfefferkörnern und Gewürz, lasse dann die Hühnchen in ihrer Beize auf gelindem Feuer ein wenig andämpfen und lege sie zum Kaltwerden auf ein Tuch, röste einen Esslöffel Mehl in einem Stück Butter braun, hacke vier gereinigte und entgrätete Sardellen und einige Schalotten zusammen fein und dämpfe sie in dem Mehl, tue von der Beize und etwas Bouillon durch einen Seiher dazu und lasse es recht durchkochen, lege nun die Hühnchen ein, übergieße sie mit der Sauce, backe die Pastete schön gelb und gebe sie warm.

10. Englische Pastete von Duckenten: Man bereite sie wie die von Wasserhühnchen, nehme aber zu den Kräutern auch etwas Bohnenkräutchen; sie werden nicht abgezogen.

11. Makkaroni-Pastete: Man lasse ¼ Kilo Makkaroni, in gesalzenem, kochendem Wasser *einmal* aufwallen, dann eine Stunde lang an der Seite des Feuers ziehen und seihe sie gut ab, gebe nun 150 Gramm geriebenen Parmesan- oder Schweizerkäse, einige Esslöffel sauren Rahm, drei ganze Eier und drei Eidotter in 150 Gramm zerlassene Butter und auch die Makkaroni und rühre es auf dem Feuer leicht untereinander, aber nur einen Augenblick, da es bloß lauwarm werden darf, lege jetzt eine Form mit mürbem Teig aus, fülle die Masse hinein und bedecke sie auch mit Teig, backe die Pastete im Backofen, stürze sie beim Servieren und gebe sie warm.

Wollte man sie feiner haben, so kann man Lagerweise kleines Fischragout (Salpicon) dazwischen geben, dagegen sie einfacher, auch aus *Schneidnudeln* bereiten.

12. Reis-Pastete: Man wasche ¼ Kilo Reis, gieße kochendes Wasser darüber und lasse ihn darin eine Viertelstunde stehen, seihe ihn ab, gebe ihn in 1 Liter kochende Milch und koche ihn ganz dick ein und wenn er erkaltet ist, so verrühre man ihn mit zwei ganzen Eiern, drei Eidottern, Salz und Muskatnuss. Dann habe man etwas ausgerollten englischen Blätterteig oder sonst guten Teig, den man mit dem Backrädchen in Fingerbreite Streifen rädelt und diese nebeneinander in die, mit Butter bestrichene Pastetenschüssel oder ähnliche Form legt, darüber von dem Reis und darauf irgendein Fischragout oder Frikassee, welches man mit Reis bedeckt, die Pastete gelb backt, beim Servieren stürzt und warm aufträgt. Sehr hübsch macht es sich, wenn man zum Bestreichen der Schüssel *Krebsbutter* nimmt.

13. Blätterteig-Pastete (Vol-au-Vent): Man rolle Blätterteig stark fingerdick aus, lege ihn auf doppeltes Papier und stütze einen flachen Speiseteller in die Mitte, um den herum, der Teig mit einem kleinen scharfen Messer weggeschnitten wird; dann nimmt man den Teller weg und bestreicht die Oberfläche, mittelst eines feinen Haarpinsels, mit Ei, welches mit etwas Salz und Zucker verklopft worden, sorge aber, dass nicht das mindeste über den Rand ablaufe, weil es sonst da nicht aufgehen würde. Nun wird stark daumenbreit vom Rande ab, die Platte rundum zwei messerrückendick eingeschnitten welcher Schnitt den Deckel bildet, dem man mit der Rückseite des Messers, in der Mitte eine sternförmige Verzierung und auch am Rande kleine Verzierungen einzeichnet, die Pastete über ein dickes rundes Backblech stellt und in einem mittelheißen Ofen, beinahe eine Stunde backt. Wenn sie eine starke Hand hoch aufgelaufen, gut ausgebacken und von schöner goldgelber Farbe ist, so wird sie aus dem Ofen genommen der Deckel behutsam ausgehoben und der innere fette Teig mit einem Esslöffel vorsichtig herausgeholt, dass kein Loch oder dünne Stelle entstehe.

Sollte die Pastete beim Backen oben zu viel Farbe annehmen, so decke man Papier darüber und trage auch Sorge, dass sie möglichst schnell auf die Tafel komme.

Man füllt die Pastete mit feinem Fisch-Ragout; nachstehendes von Eiern oder Champignons ist auch sehr zu empfehlen.

Zu dem *Eier-Ragout* gebe man in eine Kasserolle, 100 Gramm Mehl, 20 Gramm Butter, 1 Gramm Thymian, 1 Gramm Lorbeerblatt, 2 Gramm Petersilie, ½ Schalotte, 1 Liter Milch, rühre dies zwanzig Minuten lang auf dem Feuer und treibe es dann durch ein Sieb in eine andere, nicht zu kleine Kasserolle, habe auch zwölf hartgekochte, in runde Scheiben geschnittene Eier und zwölf schöne, in Butter gedämpfte und in zwei Teile geschnittene Champignons bereit und zehn Minuten vor dem Anrichten bringe man die Sauce wieder aufs Feuer, rühre sie, bis sie zu kochen anfängt, setze sie dann ab, füge noch 150 Gramm Butter, unter stetem Umrühren hinzu und tue Eier und Champignons hinein. Die Sauce darf nicht dick sein und man muss sie daher nötigen Falls mit Milch verdünnen.

Für das *Champignons-Ragout* reinige man recht frische Champignons, lasse die kleinen ganz, schneide die großen in passende Stücke und werfe sie gleich in frisches Wasser mit einem Esslöffel Essig darin, gebe sie dann zum Abtropfen auf ein Sieb und hierauf in kochendes, gesalzenes und mit einem Esslöffel Essig vermischtes Wasser, worin man sie eine Viertelstunde kochen lässt und nun, nachdem sie abermals gut abgetropft sind, mit Butter, gehackter Petersilie und Zwiebelchen, Pfeffer und zwei Prisen Mehl so lange über dem Feuer schwingt, bis die Butter zergangen ist, gießt noch einen Esslöffel heißes Wasser daran, lässt es damit noch zehn Minuten kochen und macht es mit zwei Eidottern und etwas Zitronensaft fertig.

Man kann die Pastete aber auch mit feinem *Kompott* füllen und dann wird sie mit gesiebtem Zucker bestäubt und mit einem glühenden Schäufelchen glaciert.

14. Kalte Fisch-Pastete: Man nehme dazu 1–½ Kilo Hecht, Lachs, Lachsforelle oder sonst von jedem guten Süßwassers oder Seefisch und schneide ihn, wenn er gereinigt ist, in schöne Stücke, bis auf ¼ Kilo zur Farce, welches man aus Haut und Gräten löst, fein hackt, mit ¼ Kilo eingeweichtem, ausgedrücktem Weißbrot, ¼ Kilo frischer Butter, zwei ganzen Eiern, Salz und Muskatnuss fein stößt und durch ein Sieb treibt. Die Fischstücke durchzieht man mit gereinigten halbierten Sardellen und dämpft sie mit fein geschnittenen Champignons, Schalotten und Petersilie, von jedem einen halben Esslöffel voll, in frischer Butter, bis sie steif geworden sind.

Nun bestreicht man eine passende Form mit Butter, legt sie mit Pastetenteig aus und immer abwechselnd von der Farce und von den Fischstücken hinein; oben und unten muss Farce sein; darüber tut man ein paar Lorbeerblätter und etwas Butter in kleinen Bröckchen, bestreicht den Rand der Pastete mit Ei, legt einen Deckel von Teig darauf, drückt die Ränder zusammen und macht eine kleine Öffnung in die Mitte des Deckels, die man mit Blättchen von Teig als Zierrat umlegt, den Deckel mit Ei bestreicht und die Pastete eine Stunde backt.

15. Jagd-Pastete: Man bereite Fisch und Farce wie bei der vorigen Pastete, aber in doppelter Portion, rolle dann ½ Kilo Pastetenteig der Länge nach ganz aus, lege in die Mitte dieser Platte die Hälfte der Fischstücke, darüber die ganze Farce und auf diese die übrigen Fischstücke, nebst etlichen Bröckchen Butter, streiche rund herum verklopftes Ei, überschlage den Teig gegeneinander recht fest und forme die Pastete wie einen länglichen Brotlaib, bestreiche drei bis vier Bogen Papier, jedes besonders, mit Butter, schlage einen um den andern fest um die Pastete, und mache oben, durch das Papier, zwei Öffnungen in den Teig, bestreue ein Backblech mit Mehl und lege die Pastete darauf, backe sie eine Stunde und lasse sie in dem Papier erkalten. Sie wird beim Gebrauche der Länge nach in Scheiben geschnitten und ist sehr beliebt für Jagden, weil sie sich gut packt und man das Brot gleich dabei hat.

16. Fisch-Torte: Man brate ¾–1 Kilo beliebigen Fisch, aber von festem Fleisch in Butter nicht ganz gar, entferne Haut und Gräten und hacke ihn nicht zu fein, dämpfe dann einen Teelöffel Zwiebel und eben so viel Petersilie, beides fein geschnitten, mit ein paar Messerspitzen Mehl in 60 Gramm Butter, tue den gehackten Fisch, 60 Gramm fein gehackte Sardellen oder einen halben Hering, die fein geschnittene Schale einer Zitrone nebst Saft, etwas weißen Wein und die Butter, worin der Fisch gebraten worden, hinein, lasse es eine Viertelstunde dämpfen und kalt werden, währenddessen verklopft man zwei Eier und einige Esslöffel sauren Rahm und gibt so viel Mehl dazu, dass es ein Teig zum Ausrollen wird, den man ausrollt, 120 Gramm Butter darauf schneidet und wie Blätterteig ein paar Mal ausrollt, wonach man ihn in zwei Teile teilt und aus dem größern einen halbfingerdicken Boden macht, den man in eine, mit Mehl bestreute Tortenform legt, die Fischmasse darauf füllt und recht glatt streicht; der kleinere Teil wird zweimesserrückendick ausgerollt, mit dem Backrädchen Streifen daraus geschnitten und davon ein Gitter über die Masse gelegt, welches man mit Ei bestreicht, die Torte eine halbe Stunde backt und warm oder kalt gibt, jedoch meistens kalt. Hat man Hecht zu der Torte genommen, so vergesse man nicht auch die *Leber* mit zu hacken, roh oder ganz wenig angebraten.

Besonders gut zu dieser Torte ist ein Stück *Stör*; wenn es aber von einem großen Stör ist, so muss man es einige Mal, mit kaltem Wasser zu Feuer bringen und es jedes Mal, wenn es vor dem Kochen ist, abgießen und frisches Wasser daran gießen und vor dem Braten die Haut abziehen.

17. Guss-Pastete: Man bereite ein feines Fisch-Ragout, z.B. Aal-Frikassee, gieße die Sauce davon ab, tue das Ragout auf eine passende Schüssel und stelle Beides kalt, rühre dann ¼ Kilo Butter mit sechs Eidottern zu Schaum, gebe sechs kleine Esslöffel Mehl, etwas Salz, Muskatblüte und vier Esslöffel süßen Rahm daran und rühre es eine Viertelstunde, füge zuletzt das zu Schnee geschlagene Weiße von sechs Eiern hinzu, gieße es über das Ragout und backe es langsam. Die Sauce wird heiß gemacht und in einer Sauciere zu der Pastete serviert.

18. Kranz-Pastete: Man rolle Blätterteig stark messerrückendick zu einer langen Platte aus und schneide sie an den Seiten mit dem Backrädchen gerade, belege sie in der Mitte mit einem kalt gewordenen, nicht flüssigen Klein-Ragout (*S. 3. Abschnitt*) oder mit der Fischcroquetten-Masse Nr.1. (*S. 6. Abschnitt*) etwa drei Querfinger breit und streiche es mit dem Messer glatt, lege eine Seite des Teiges darauf, bestreiche sie mit Ei und lege den andern Teil darüber, wonach man es zu einem runden Kranze formt und auf ein mit Mehl besiebtes Backblech tut, mit Ei bestreicht, rasch backt und gleich serviert.

XIV. Torten und Kuchen

1. Feine Obstkuchen: Man rolle mürben Teig (*S. Teige*) aus, schneide ihn rund, tue ihn auf ein Backblech und kneife ihn rund um ein, dass ein kleiner Rand entsteht, streue gestoßenen Zwieback oder Weißbrot darüber, belege ihn mit dem Obste und backe ihn bei Mittelhitze.

Zu *Zwetschgen-Kuchen* werden die Zwetschgen auseinander geschnitten, ausgesteint und man belegt nun damit, die offene Seite nach oben, den Kuchen ganz dicht, wie gepflastert, bestreut sie mit Zwieback, Weißbrot oder übrig gebliebenem feinem Backwerk, so wie mit Zucker, Zimt und ein wenig Gewürznelken und hin und wieder kleine Bröckchen frische Butter darauf.

Kirschen-Kuchen wird ebenso bereitet, nur werden die Kirschen bloß ausgekernt.

Bei *Pfirsich-* und *Aprikosen-Kuchen* streut man nur Zucker über die Früchte, welche sonst wie die Zwetschgen eingelegt werden und wiederholt dies Überstreuen, wenn der Kuchen aus dem Ofen kommt. Den Pfirsichen muss man die Haut abziehen.

Zu *Apfel-Kuchen* schnitzele man die Äpfel in feine kleine Scheibchen und belege den Teig damit in dünnen Lagen, wobei man Zucker, Zimt, Korinthen, fein geschnittene Mandeln und Zitronenschale, gestoßenen Zwieback oder Backwerk über jede Lage und auch oben darüber streut und Butterbröckchen darauf legt.

Man nimmt zum Backen dieser Kuchen auch häufig eine Form mit ganz niederm Rand und kneift dann auch einen Rand, aber erst, wenn der Kuchen belegt ist.

2. Gewöhnliche Obstkuchen: Man lasse sich vom Bäcker fertigen Weißbrotteig kommen, etwa für zehn Pfennig, schlage noch etwas Butter hinein, in der Weise, wie es beim Blätterteige geschieht, überschlage es auch ein paar Mal wie Blätterteig und rolle dann einen ziemlich dünnen, runden Boden daraus, den man auf ein Backblech oder auch in eine ganz flache Form legt und rund herum einen kleinen Rand kneift.

Zu einem *Apfel-Kuchen* schäle man nun Äpfel von gleicher Größe, teile sie, je nach ihrer Größe, in vier bis acht Teile und belege damit, immer rund herum, den Kuchen regelmäßig und dicht, dass es wie gepflastert ist, gebe Zucker, Zimt und geriebenes Weißbrot oder dergleichen und kleine Bröckchen Butter darüber und backe es im Backofen bei ziemlich frischer Hitze.

Ebenso *Zwetschgen-Kuchen*, der mit den entzwei geschnittenen und ausgekernten Zwetschgen recht dicht belegt wird; zum Bestreuen nimmt man auch noch etwas Gewürznelke.

Ganz kurz eingekochter, guter Kompott von Backobst (*S. besonders Zwetschgen-Röster*) eignet sich auch sehr zum Belegen dieser Obstkuchen.

Natürlich kann man den Teig zu diesen Kuchen auch selbst bereiten. In unserm Hause werden sie gewöhnlich samstags, wenn das Weißbrot für die Woche gebacken wird, gemacht und etwas von dem Weckteig dazu genommen.

3. Rheinische Fladen: Man bereite dazu, für zwölf tellergroße Fladen, einen Teig aus 1 Kilo Mehl, ½ Liter Milch, ⅛ Kilo Zucker, ⅛ Kilo Butter, 4 Gramm Zimt und 30 Gramm trocknen Hefen, rolle ihn aus, schneide ihn zu tellergroßen Platten, kneife einen Rand und backe sie, nachdem sie belegt sind, auf einem Backblech im Backofen.

Reisfladen: Man lasse ½ Kilo Reis mit Wasser und Zucker mürbe und trocken kochen, d.h. dass fast alles Wasser verkocht sei, ehe man die Milch daran tut, wobei man aber sehr Acht geben muss, dass er nicht anbrenne, koche ihn nun mit ½ bis ¾ Liter Milch vollends weich und rühre dann zwei bis vier Eier daran, belege die Fladen damit und bestreiche sie, eben vor dem Einschieben in den Ofen, mit verklopftem Ei.

Fladen von frischen Äpfeln: Man koche sie mit Wasser dick und weich ein, streiche sie durch ein Sieb und gebe dann Zucker, Korinthen, Zimt oder Zitronenschale daran.

Fladen von getrockneten Süßäpfeln: Man koche sie langsam in Wasser recht weich, nehme dessen aber nicht zu viel, damit man, wenn die Äpfel gar sind, keines abzugießen brauche, treibe sie dann auch gleich durch ein Sieb und vermische sie mit Zucker und Zimt, fügt auch wohl Apfelsinen Schnittchen hinzu – *Originalrezept* von einem der *ersten Aachener Bäcker.*

4. Käse-Kuchen: Man rühre einen Suppenteller voll weißen Käse (Quarkkäse) recht glatt, dann ⅛ Kilo zerlassene Butter, vier Eier und zwei bis drei Esslöffel feines Mehl darunter und wenn dies gut verrührt ist, noch 90 Gramm gestoßenen Zucker, 60 bis 90 Gramm Korinthen, etwas Salz und stark ⅛ Liter süßen oder sauren Rahm, fülle es in eine mit mürbem Teige belegte Tortenform und backe den Kuchen in frischer Hitze.

5. Rahm-Torte: Man lege eine mittelgroße, flache Tortenform mit mürbem Teige aus und belege den Boden mit 45 Gramm Rosinen oder auch mit eingemachten Kirschen, aber ohne allen Saft, nehme dann ¼ Liter süßen und ¼ Liter sauren Rahm, 45 Gramm gestoßenen Zucker, anderthalb Esslöffel feines Mehl und sechs Eier, rühre Mehl und Zucker mit etwas von dem süßen Rahm glatt an, dann die Eier dazu, hierauf den sauren Rahm und zuletzt den süßen Rahm, gieße nun das Ganze in die Form, backe es im Backofen und gebe es warm als Mehlspeise eher kalt als Torte, doch ist letzteres vorzuziehen.

6. Johannisbeer-Kuchen: Man vermische ¾ Liter frische Johannisbeeren, mit 90 Gramm gestoßenem Zucker und stelle sie bei Seite, bestreiche eine Tortenform leicht mit Butter und belege sie mit Blätterteig oder mürbem Teig, dann rühre man ¼ Kilo geschälte, fein gestoßene Mandeln mit eben so viel fein gesiebtem Zucker und dem Schnee von acht Eiweiß eine Viertelstunde, fülle die Hälfte dieser Masse in die Form, lege die Johannisbeeren hinein, gieße den Rest der Masse darüber und backe es in einem abgekühlten Ofen.

7. Himbeer-Kuchen: Man lege eine mit Mehl bestreute Kuchenform mit mürbem Teig aus und darüber eine halbfingerdicke, dichte Lage von eingezuckerten Himbeeren und backe den Kuchen in guter Hitze, schlage dann sechs Eiweiß zu steifem Schnee, vermenge ihn mit sechs Esslöffeln gesiebtem Zucker und etwas Vanille, bestreiche den gebackenen Kuchen damit und stelle ihn nochmals in den sehr wenig heißen Ofen, bis der Guss hellgelb ist.

8. Quitten-Kuchen: Man koche einige Quitten in Wasser weich, lasse sie erkalten, schäle sie und reibe sie auf dem Reibeisen, nehme ¼ Kilo davon in eine Schüssel und rühre es mit ⅛ Kilo gesiebtem Zucker, etwas fein geschnittener Zitronenschale und gestoßenem Zimt eine Weile, gebe hierauf das Gelbe von sechs Eiern daran und zuletzt, eben vor dem Einfüllen der Masse, das zu Schnee geschlagene Weiße derselben, bestreiche nun eine Tortenform mit Butter, bestreue sie mit gesiebtem Weißbrot und belege sie mit einem ganz dünnen Boden von mürbem Teig, fülle die Masse hinein und backe es langsam in einem nicht mehre heißen Ofen.

9. Kirschen-Kuchen: Man rühre acht Eier, mit ¼ Kilo gesiebtem Zucker eine halbe Stunde, reibe 120 Gramm Schwarzbrot, Rinde und Inneres, feuchte es mit ein paar Esslöffeln Wein an und rühre dies nebst ⅛ Kilo geschälten und klein gestoßenen Mandeln, mit den Eiern noch eine Viertelstunde, gebe dann 7 Gramm gestoßenen Zimt, 30 Gramm Succade und die Schale einer Zitrone, beides fein geschnitten, daran, bestreiche eine Schneckenform oder in deren Ermangelung auch eine andere, dick mit ⅛ Kilo Butter, bestreue sie stark mit Zwieback, tue 1 Kilo schöne ausgekernte Kirschen in die Masse, fülle diese gleich in die Form und bringe sie schnell in den Backofen, ehe die Kirschen sich setzen.

Oder man koche ⅛ Kilo Grießmehl in ½ Liter Milch zu steifem Brei, rühre dann 180 Gramm Butter zu Schaum und acht Eidotter und den Brei daran, so wie 60 Gramm gestoßene Mandeln, 180 Gramm gestoßenen Zucker, 15 Gramm gestoßenen Zimt, 4 Gramm gestoße Gewürznelken und den Schnee von acht Eiweiß, gebe etwas von dieser Masse in eine wohl mit Butter bestrichene und mit gestoßenem Weißbrot bestreute Form, rühre dann in das übrige 1 Kilo Kirschen, fülle dies auch in die Form und backe es im Backofen.

10. Aprikosen-Kuchen: Man schneide zwanzig bis dreißig Aprikosen entzwei, nehme die Kerne heraus, klopfe sie auf und schäle und stoße die innern Kerne wie Mandeln, schneide die Schale einer halben Zitrone fein und koche alles zusammen in ¼ Kilo geläutertem Zucker, bis die Aprikosen weich sind, worauf man es zum Erkalten in eine Schüssel tut. Nun belegt man eine Tortenform mit zwei Messerrücken dick ausgerolltem Blätterteig oder mürbem Teig, fülle die Aprikosen hinein, bestreue sie mit ⅛ Kilo gröblich gestoßenen Mandeln, die mit einem mürben Weißbrötchen, 60 Gramm gestoßenem Zucker und einem Teelöffel gestoßenem Zimt vermischt worden, lege noch etwas frische Butter in kleinen Bröckchen darauf und backe den Kuchen in nicht zu heißem Ofen.

Es kann derselbe auch von eingemachten Aprikosen gemacht werden und besonders eignen sich die, in Büchsen eingemachten Aprikosen dazu, wo man natürlich den Saft ablaufen lässt, die Aprikosen ohne weitere Zubereitung in den Teig einlegt und dem, womit sie bestreut werden, die Zitronenschale beifügt. – *Sehr gut und fein.*

11. Apfel-Kuchen mit Quitten: Man belege eine Tortenform mit mürbem Teige und gebe eine Lage Apfelschnitze darauf, schäle derer vier bis fünf, in Wasser abgekochte und erkaltete Quitten, reibe sie auf einem Reibeisen und verrühre sie leicht mit fünf Eiern, 90 Gramm Zucker und fein geschnittener Zitronenschale, füge noch ¼ Liter süßen Rahm hinzu, gieße es über die Äpfel und backe den Kuchen in frischer Hitze.

12. Englischer Rhabarber-Kuchen: Man belege eine Form mit stark zentimeterdick ausgerolltem Blätter- oder mürbem Teig, fülle sie mit zu drei Zentimeter langen Stückchen geschnittenem Rhabarber (*S. Rhabarber-Kompott*) und gebe ziemlich viel Zucker und, nach Belieben auch etwas Zimt oder Vanille dazu, schließe nun mit einem Deckel von dem Teige, mache in dessen Mitte ein fingerdickes Loch, bestreiche ihn mit verklopftem Ei und backe den Kuchen im Backofen schön gelb.

13. Englischer Obst-Kuchen: Man bereite ihn, wie den *Rhabarber-Kuchen*, aber aus Erdbeeren, Himbeeren, Johannisbeeren und

Kirschen, zu gleichen Teilen und reichlich mit Zucker durchstreut; er muss eine Stunde backen und kann auch warm als Mehlspeise gegeben werden.

14. Melonen-Torte: Man schäle eine reife Melone, teile sie, nachdem man die Kerne herausgenommen, in Spalten und koche diese mit ¼ Liter weißem Wein, einigen Pfefferkörnern, Zucker und einem Stückchen Zimt auf gelindem Feuer weich, lege danach eine Tortenform mit Blätterteig oder mürbem Teig aus und die erkalteten Melonen darauf schlage nun sechs Eiweiß zu Schnee, verrühre ihn mit ⅛ Kilo gesiebtem Zucker, gieße es über die Melonenspalten, decke die Torte mit Papier zu und backe sie bei mäßiger Hitze.

15. Mirabellen-Torte: Man koche ½ Kilo ohne Steine getrocknete Mirabellen mit ¼ Liter weißem Wein, einem Stückchen Zucker und etwas fein geschnittener Zitronenschale zu einem Kompott, der aber durchaus keine Brühe haben darf, menge dann aus ¼ Kilo feinem Mehl, eben so viel Zucker, ⅛ Kilo Butter in Stückchen, der, an Zucker abgeriebenen Schale einer Zitrone, etwas Zimt und zwei ganzen Eiern, einen Teig, rolle ihn zu einem runden Kuchen aus und kneife einen Rand, belege den Kuchen so dicht wie möglich mit den gekochten Mirabellen und backe ihn im Backofen.

Um die Mirabellen (gelbe runde Pflaumen) ohne Steine, am besten zu trocknen, lasse man sie im Backofen erst etwas antrocknen und drücke dann die Steine heraus wodurch sie viel saftiger bleiben, als wenn man sie gleich ganz roh entfernen wollte.

16. Blätterteig-Torte: Man rolle Blätterteig halbfingerdick aus und schneide ihn zu einer runden Platte von etwa 30 Zentimeter Durchmesser und aus der Mitte dieser Platte wieder eine, von 27 Zentimeter Durchmesser. Die herausgeschnittene Platte wird dann wieder auf 30 Zentimeter ausgerollt, halbfingerdick mit eingemachten Früchten, besonders Marmelade, belegt, jedoch nicht ganz bis zum Rande hin, des hernach aufzulegenden Reifes wegen, und die Torte nun überflochten. Man rollt dazu etwas von dem übrig gebliebenen Teige aus, rädelt ihn mit dem Backrädchen zu schmalen Streifen und legt davon zuerst in die Mitte zwei Streifen über Kreuz; dann an jede Seite des ersten Streifens, einen Streifen und an jede Seite des zweiten Streifens, auch einen Streifen und so fährt man abwechselnd fort, bis die Torte ganz überflochten ist, stutzt nun die Streifen, wo sie überstehen möchten, ab, legt den Reif auf, bestreicht sämtlichen Teig mit verklopftem Ei und backt die Torte bei nicht zu starker Hitze.

Statt eingemachter Früchte, kann man als Fülle auch in feine, kleine Scheibchen geschnitzelte Äpfel nehmen, die man mit Zucker, Zimt, Korinthen, geschnittenen Mandeln und Zitronenschale vermischt hat und auch kann die Torte ohne Fülle, bloß mit dem Reif versehen, gebacken und hernach Eingemachtes oder feiner Kompott darauf getan werden, muss dann aber die Platte mit der Messerspitze leicht stupfen, damit sie beim Backen keine Blasen bekomme.

17. Terrassen-Torte: Man siebe ¼ Kilo ungeschälte, trocken gestoßene Kochmandeln durch einen Seiher, vermische sie auf dem Backbrette mit ¼ Kilo Zucker und eben so viel Mehl, mache es zu einem Häufchen zusammen und in dessen Mitte eine Grube und gebe in diese ¼ Kilo frische, gebröckelte Butter, vier ganze Eier, das abgeriebene Gelbe einer Zitrone, eine Messerspitze gestoßene Gewürznelken, einem Teelöffel Zimt und ein wenig Salz, vermenge alles zusammen zu einem Teige, schlage ihn in ein Tuch und lege ihn eine Weile an einen kalten Ort. Dann rolle man ihn federkieldick aus und forme vier Kuchen daraus, jeden umso viel kleiner, als der, etwas breit umgeschlagene Rand des vorigen beträgt und backe sie, über Papier gelegt, in einem gelind warmen Ofen, sehr langsam lichtgelb, bestreiche, wenn sie ganz ausgekühlt sind, drei derselben mit Eingemachtem, natürlich nur innerhalb des Randes und lege den kleinsten oben darauf, überziehe das Ganze mit einem weißen Zuckerguss und verziere jeden Absatz mit eingemachten Früchten oder kleinem Konfekt. Sehr gut ist es, wenn man diese schöne Torte am Tage vor dem Gebrauch bereiten kann.

Zum Guss rühre man ⅛ Kilo staubfein gesiebten Zucker mit dem Weißen von zwei Eiern, eine Viertelstunde und presse, während dem Rühren, etwas Zitronensaft hinein.

18. Marmor-Torte: Man verrühre sechs Eigelb, sechs Esslöffel guten sauren Rahm und sechs Esslöffel fein gestoßenen Zucker in einer Schüssel und arbeite dann so viel feines Mehl hinein, dass es einen lockern Teig gibt, den man fingerdick ausrollt, in kleine viereckige Stückchen schneidet und sie in voller Schmelzbutter goldgelb ausbackt. Dann läutert man ⅜ Kilo Zucker mit etwas Wasser, nach kurzer Fäden Art, tut ¼ Kilo Mandeln und ⅛ Kilo Succade, beides länglich geschnitten, die fein gehackte Schale von zwei Zitronen, 30 Gramm gröblich gestoßenen Zimt und die gebackenen Teigstückchen hinein und mengt es in der Kasserolle schnell durcheinander, sodass alles mit dem Zucker angefeuchtet ist, ehe es kalt wird und drückt nun die noch warme Masse sogleich in eine mit Zuckerwasser bestrichene Form fest ein, worauf man sie, wenigstens einige Stunden lang, an einen kalten Ort stellt. Beim Ausnehmen der Torte, taucht man sie einen Augenblick in heißes Wasser und stürzt sie.

19. Englischer Weihnachts-Kuchen (Christmas-Cake): Man nehme ½ Kilo Butter, ½ Kilo gestoßenen Zucker, ½ Kilo sehr feines gesiebtes Mehl, ½ Kilo Succade, ½ Kilo Rosinen, ¼ Kilo Korinthen, etwas Zimt, Gewürznelken und fein geschnittene Zitronenschale und zehn Eier, rühre nun die Butter recht schaumig und einige Löffel Zucker hinein, hierauf etwas Mehl, etwas von allen übrigen Ingredienzen und ein Ei und fahre so mit dem Einrühren fort, bis alles darin ist. Dann bestreiche man eine Form mit Butter, bestäube sie mit Mehl, fülle die Masse hinein und backe sie, bei guter Hitze, die erst nach zwei Stunden etwas nachlassen darf, drei Stunden lang und lasse ihn kalt werden und bis den andern Tag stehen, ehe man ihn gebrauchet. Er hält sich lange frisch und gut.

20. Anis- oder Vanille-Kuchen: Man nehme dazu zehn Eier, zehn Eier schwer Zucker und fünf Eier schwer Mehl; das Gelbe der Eier wird wohl verrührt, der Zucker dazu, dann das zu Schnee geschlagene Weiße der Eier und zuletzt das Mehl und für zwölf Pfennig Anissamen oder etwas Vanille; man rührt es dann noch ein wenig, tut es in eine Form und backt es eine Stunde.

21. Englischer Kuchen: Man rühre ⅜ Kilo frische ungesalzene Butter zu Schaum und nach und nach zehn Eigelb hinein, dann 60 Gramm bittere und 60 Gramm süße Mandeln, fein gestoßen, ⅜ Kilo fein gestoßenen Zucker, eine Muskatnuss, die abgeriebene Schale einer Zitrone, ein Glas Rum, hierauf ⅜ Kilo feines Mehl, welches man gut durchrührt und zuletzt ⅜ Kilo Korinthen und den Schnee der Eier, tue die Masse nun in eine Form und backe sie langsam im Backofen, wohl zwei Stunden lang. – *Sehr gut* und *hält sich sehr lange.*

22. Pfund-Kuchen: Man rühre ½ Kilo Butter und ½ Kilo Zucker untereinander, dann nach und nach hinein: das Gelbe von elf Eiern, hierauf 60 Gramm Rosinen, 90 Gramm Korinthen, 15 Gramm Succade, 15 Gramm Zimt, 7 Gramm Gewürznelken, etwas Muskatblüte, das Weiße der Eier zu Schnee geschlagen, zuletzt ½ Kilo Mehl und man backe den Kuchen in einer Form zwei Stunden lang. – Auch dieser Kuchen hält sich lange und ist besonders gut zu Wein und Liqueur und bei den Herren beliebt.

23. Blitz-Kuchen: Man rühre ⅛ Kilo Butter zu Schaum, dann ⅛ Kilo fein gestoßenen Zucker, drei Eidotter, ⅛ Kilo Mehl, etwas abgeriebene Zitronenschale und zuletzt den Schnee der drei Eiweiß, gebe es in eine flache Form, backe den Kuchen etwa eine Viertelstunde lang im Backofen und belege ihn, erkaltet, mit eingemachten Früchten.

24. Auflege-Kuchen: Man lasse ¼ Kilo Butter schmelzen, gieße sie dann ab, dass das Unreine zurückbleibe und gebe, wenn sie abgekühlt ist, ¼ Kilo Zucker, woran etwas Zitrone abgerieben worden, ¼ Kilo Mehl und vier ganze Eier hinzu und rühre es gut, backe dann aus dieser Masse, bei mittlerer Hitze, drei Kuchen hellgelb, bestreiche, wenn sie kalt sind, zwei derselben mit Gelee oder Marmelade, lege sie aufeinander und bestreue den oberen mit Zucker.

25. Zwieback-Torte: Man rühre zwanzig Eidotter mit ½ Kilo gesiebtem Zucker, 180 Gramm Mandeln, worunter einige bittere, 8 Gramm Zimt, einem Teelöffel fein gestoßenen Gewürznelken, etwas klein geschnittener Succade, der abgeriebenen Schale einer Zitrone und deren Saft eine

Viertelstunde ohne Aufhören, worauf man das zu Schaum geschlagene Weiße der Eier durchrührt, und danach 300 Gramm gestoßenen und durchgesiebten Zwieback, recht schnell durch die Masse gibt, diese in eine, mit Butter bestrichene und mit gesiebtem Zwieback bestreute Form gießt und im Backofen eine Stunde backt.

Diese ganz vortreffliche, kräftige Torte, hält sich auch lange frisch.

26. Kartoffel-Torte: Man reibe Tages vorher abgekochte Kartoffeln auf dem Reibeisen, verrühre dann sieben Eidotter, 120 Gramm gestoßenen Zucker und 60 Gramm geschälte, fein gestoßene Mandeln, gebe hierauf die Kartoffeln und zuletzt den Schnee von sieben Eiweiß hinein, fülle die Masse in eine Form und backe sie im Backofen wie Biskuit, womit diese einfache Torte viele Ähnlichkeit hat.

27. Kartoffelmehl-Torte: Man nehme dazu ½ Kilo frische ungesalzene Butter, ½ Kilo Zucker, ½ Kilo Kartoffelmehl, einen Esslöffel feines Vorschussmehl, zwölf Eier (sechs mit, sechs ohne Weiß), die am Zucker abgeriebene Schale einer Zitrone, zwei Esslöffel feinsten Rum. Die Butter wird abgeklärt, d.h. geschmolzen und langsam abgegossen, dass alles Unreine zurück bleibe, dann, wenn sie wieder kalt geworden, zu Schaum gerührt und nun immer nach und nach ein Ei oder Eigelb, ein Löffel Zucker, ein Löffel Mehl hinein, und wenn alles darin ist, welches gewöhnlich eine halbe Stunde dauert und der Teig wie Schaum ist, so gebe man den Rum hebend, nicht rund rührend, dazu, lege eine Springform mit weißem Papier aus, bestreiche es mit Butter, fülle die Masse hinein und backe die Torte bei mäßiger Hitze eine Stunde, nehme sie aber nicht eher aus der Form, bis sie völlig erkaltet ist, sonst bricht sie auseinander.

28. Wiener-Torte: Man gebe ⅜ Kilo fein gesiebten Zucker, das fein geriebene Gelbe einer Zitrone und einen halben Teelöffel Zimt in eine Schüssel, schlage nach und nach sechs ganze Eier und sechs Eidotter dazu und rühre die Masse eine halbe Stunde lang; unterdessen werden ⅜ Kilo sehr frische Butter geklärt, geseiht und nebst ⅜ Kilo feinstem, gesiebtem Mehl unter die Masse gerührt, welches aber mit viel Achtsamkeit geschehen muss, damit die Butter nicht zu heiß, sondern nur warm und langsam mit dem Mehl untergerührt werde, weil die Masse sonst leicht bröcklich wird; zuletzt wird der fest geschlagene Schnee von den sechs Eiweiß untergerührt und man streicht nun aus der Masse, drei gleiche, federkieldicke Platten auf Backbleche und backt sie bei mittler Hitze schön lichtbraun, löst sie dann gleich mit einem dünnen langen Messer vom Bleche ab, schiebt sie über Papier, streicht zwei dieser Platten, wenn sie kalt sind, mit zwei verschiedenem Eingemachten, eine z.B. mit Aprikosen-Marmelade und eine mit Johannisbeer-Gelee, legt jetzt alle drei übereinander und bestreicht die obere mit einer Glasur. (S. *Terrassen-Torte*). – *Vorzüglich*.

29. Linzer-Torte: Man bereite den Teig wie zu der *Terrassen-Torte*, rolle daraus eine federkieldicke Platte, schneide sie rund und lege sie auf Papier belege sie dann mit eingemachten Kirschen, bestreiche den Rand mit Ei und flechte von demselben Teig ein Gitter mit Rand darüber, wie es bei der Blätterteig-Torte angeben ist; das Gitter und der Rand wird dann mit verklopftem Ei bestrichen, die Torte mit Papierstreifen eingefasst und in einem gelind warmen Ofen sehr langsam zu lichtgelber Farbe gebacken und, wenn sie kalt geworden ist, mit Zucker bestäubt. Es ist gut, wenn man sie den Tag vor dem Gebrauch backen kann und man kann sie auch in einer ganz flachen Form backen, anstatt sie mit Papierstreifen zu umgeben.

30. Schokoladen-Torte: Man nehme 75 Gramm fein geriebenes Schwarzbrot, welches man mit etwas rotem Wein anfeuchtet, 60 Gramm geriebene Schokolade, 90 Gramm fein gestoßene Mandeln, etwas Zitronenschale, Zimt und Gewürznelken, ¼ Kilo Zucker und sieben Eidotter, verrühre es wohl, gebe zuletzt den steifen Schnee von zwei Eiweiß dazu, fülle es in eine Form und backe es eine Stunde, bereite dann einen Guss aus ⅛ Kilo gesiebtem Zucker, den man mit dem Saft einer Zitrone und einem Eiweiß so lange rührt, bis es Blasen wirft, füge ⅛ Kilo geriebene Schokolade hinzu, rühre es wieder recht kräftig und streiche es mit einem Messer über die Torte.

31. Amerikanischer Kuchen (Hasty Cake): Man rühre 60 Gramm Butter zu Schaum, dann, nach und nach, zwei ganze Eier, eine Tasse gestoßenen Zucker, das Abgeriebene von einer halben Zitrone und zehn, gestoßene bittere Mandeln hinein, welches alles man kräftig rührt und nun einen Teelöffel Cremor-Tartari hinzufügt und danach einen Teelöffel doppelt kohlensaures Natron, dies letztere in einer Tasse kalter Milch aufgelöst und zuletzt zwei Tassen feines Mehl, wonach man das Ganze noch gut verarbeitet und in einer mit Butter gut ausgestrichenen Form rasch drei Viertelstunden lang backt und so wie der Kuchen aus dem Ofen kommt, wird er gestürzt und *gleich* mit folgendem Guss bestrichen: Man rühre ¼ Kilo Staubfein gesiebten Zucker mit dem Saft einer Zitrone und einem Esslöffel Rum so lange bis der Guss weiß erscheint und streiche ihn dann sofort auf.

32. Kaffeecreme-Kuchen: Man bereite zuerst eine kleine Tasse sehr starken und guten Kaffee und auch etwas mürden Teig, den man ½ Zentimeter dick ausrollt und eine mit Butter bestrichene, flache Form damit auslegt. Dann verrühre man zwei Esslöffel Mehl in ½ Liter Milch, gebe reichlich Zucker hinzu und rühre es auf dem Feuer, bis es dicklich wird, lasse es halb erkalten, füge drei Eigelb hinzu, vermische alles wohl und gieße hierauf auch den Kaffee hinein und fülle diese Creme in die Form, schlage nun vier Eiweiß zu sehr festem Schnee, ziehe drei Esslöffel fein gesiebten Zucker darunter und streiche dies über die Creme, stelle den Kuchen in einen mäßig heißen Ofen (mehr Hitze von unten als von oben) und backe ihn eine Stunde lang; wenn er unten angezogen hat, so siebe man noch Zucker über den Schnee, welcher eine schöne Farbe, wie Biskuit, bekommen muss.

33. Reis-Kuchen: Man koche 150 Gramm Reis in Wasser nicht ganz weich und wenn er erkaltet ist, so rühre man ⅜ Kilo fein gestoßenen Zucker leicht durch und hierauf dann die fein abgeriebene Schale und den Saft von vier Zitronen, rolle eine runde Platte von Blätterteig oder mürbem Teig aus und lege sie auf ein Backblech, kneife rund herum einen Rand, bestreue sie mit Zwieback, fülle den Reis hinein und backe den Kuchen in gemäßigter Hitze, besonders von oben, damit der Reis schön hell bleibe und zu größerer Vorsicht kann man auch noch ein Papier darüber legen und, anstatt auf dem Backblech, kann man den Kuchen auch in einer ganz flachen Form backen.

34. Biskuit-Kuchen: Man rühre ⅜ Kilo Zucker mit vierzehn Eidottern eine halbe Stunde, füge etwas fein gestoßene Vanille, 150 Gramm Kartoffelmehl, 60 Gramm Vorschussmehl und zuletzt das Weiße der Eier, zu steifem Schnee geschlagen, hinzu, bestreiche eine Schneckenform leicht mit zerlassener Butter (am besten Schmelzbutter), bestäube sie stark mit sehr fein gesiebtem Zucker, stürze sie um, dass der überflüssige Zucker abfalle und wiederhole dies Verfahren noch einigen Minuten, kann die Form aber auch nur einmal mit fein gesiebtem Zwieback bestreuen, fülle die Masse nun ein, so wie sie fertig gerührt ist, backe sie langsam, anderthalb Stunden lang und stürze den Kuchen behutsam auf ein Sieb, damit die Wärme auch von unten einen Abfluss habe. – *Vorzüglich.*

35. Biskuit-Roulade: Man streiche Biskuit-Masse auf ein mit frischer, ungesalzener Butter leicht bestrichenes, großes Backblech messerrückendick auf, backe es in einem abgekühlten Ofen goldgelb, nehme es heraus und bestreiche es gleich messerrückendick mit Aprikosen-Marmelade, rolle es sofort der Länge nach auf und wenn es abgekühlt und steif geworden ist, so schneide man es überquer in Scheiben.

36. Mandel-Roulade: Man rühre vier ganze Eier mit 150 Gramm Zucker recht kräftig, gebe dann 150 Gramm geriebene oder sehr fein gestoßene Mandeln hinzu und rühre es damit noch eine Weile, rolle nun Blätterteig aus ¼ Kilo Mehl zu einer runden Platte aus, bestreiche sie mit der Mandelmasse, rolle sie auf und backe sie, nachdem sie mit verklopftem Ei bestrichen worden, bei mittelmäßiger Hitze.

37. Rollkuchen: Man nehme dazu 1½ Kilo Mehl, 45 Gramm trockene Hefe, ¾ Liter Milch, ¼ Kilo Butter, ⅛ Kilo Zucker, ⅛ Kilo Rosinen, ⅛ Kilo Korinthen, Succade, fein geschnitten, nach Belieben und zwei Eier, bröckle die Hefe auf das Mehl, menge dies mit der lauwarm gemachten Milch und einem Ei an und lasse es gehen, verrühre unterdessen die warm gemachte Butter mit dem Zucker und dem zweiten Ei und vermische dies mit dem ersten Teig, der dann ziemlich flott sein und wieder gehen muss. Hiernach stürze man ihn auf das Backbrett, rolle ihn aus, schlage und rolle ihn zwei Mal, wie Blätterteig und lasse ihn, wenn er zum letzten Mal ausgerollt ist, zwei Minuten ruhen, bestreue ihn nun mit etwas Zucker und dem größten Teil der Rosinen, Korinthen und Succade und schneide, mit einem Messer oder dem Backrädchen aus dieser Platte, Streifen, die man über einander rollt und in die mit Butter bestrichene Form nebeneinander setzt und dann abermals ein wenig ruhen lässt, worauf man zwischen die Rollen den Rest der Rosinen, Korinthen und Succade gibt, oben darüber verklopftes Ei streicht, etwas Zucker darauf streut und den Kuchen in frischer Hitze backt.

Ganz *vorzüglich*, sowohl zu einer Kollation, wie zu Kaffee oder Tee.

38. Wickel-Kuchen: Man nehme ½ Kilo feines Mehl auf das Backbrett, mache in die Mitte eine Grube und zupfe 180 Gramm frische Butter hinein, fügt ⅜ Liter Milch, zwei bis drei ganze Eier, 30 Gramm gestoßenen Zucker, das Abgeriebene einer halben Zitrone, etwas Muskatnuss und zwei Esslöffel gute Hefe oder 30 Gramm trockene Hefe hinzu, verarbeite dies zu einem Teige und arbeite zuletzt noch ⅛ Kilo Korinthen hinein, rolle nun den Teig kleinfingerdick aus, lege um den Rand große Rosinen und schlage den Teig darüber her, dass rund um den Kuchen wie ein Wulst entsteht, und dann wird, durch die Länge es des Kuchens, der Teig in erhabene Streifen mit den Fingern gezwickt, sodass jeder Streifen zwei Querfinger breit vom andern zu stehen kommt und der Kuchen an einen mäßig warmen Ort zum Gehen gestellt. Vor dem Backen begieße man ihn reichlich mit zerlassener Butter, bestreue ihn stark mit Zucker und Zimt und backe ihn eine gute Stunde lang, bei mittelmäßiger Hitze. – Zu Kaffee und Tee und *sehr gut*.

39. Schwäbischer Kugelhupf: Man lasse ½ Kilo Butter auf dem Herde nur ein wenig weich werden, rühre sie dann zu Schaum, welches eine Viertelstunde dauern kann und wenn sie weiß und flaumig ist, so kommen zwölf Eidotter, ⅜ Kilo recht trockenes, durchgesiebtes feines Mehl, 60 Gramm Zucker, ein starker Teelöffel Salz und drei bis vier Esslöffel dicke Hefe oder 45–60 Gramm trockene Hefe dazu und zwar gibt man alle fünf Minuten, unter beständigem Rühren, ein Eigelb und ungefähr einen Esslöffel Mehl hinein und erst, wenn sämtliche Eidotter und sämtliches Mehl eingerührt sind, so fügt man Zucker, Salz und Hefe hinzu, füllt die Masse in die mit klarer Butter bestrichene und mit Kartoffelmehl bestreute Kugelhupf-Form (Schnecken- oder Rund-Form) jedoch nur halbvoll und stellt sie zum Gehen an einen lauwarmen Ort, bis der Teig noch einmal so hoch gestiegen ist und backt ihn dann, etwa eine Stunde lang, in einem mäßig heißen Ofen, stürzt ihn behutsam über ein Sieb und lässt ihn so erkalten – *Vorzüglich* und fast wie *Biskuit*.

40. Potkuchen: Man nehme ½ Kilo Mehl, ⅛ Kilo Butter, drei Esslöffel Zucker, etwas Muskatblüte, sechs Eier, für zwölf Pfennig trockene Hefe und die nötige warme Milch, um dies zu einem ziemlich steifen Teig anzumengen, wie man Weißbrot anmengt; die Hefe lässt man, mit lauwarmer Milch übergossen, auf dem Herde ziehen und in der Milch, die man zum Anmengen braucht, die Butter zergehen, gebe den Teig dann in eine mit Butter bestrichene und mit Zwieback bestreute Form, lasse ihn gehen und backe den Kuchen langsam eine Stunde. Man kann auch noch 60 Gramm Rosinen ohne Kerne und 60 Gramm Korinthen dazutun, aber der Kuchen wird dann nicht so locker.

41. Weihnachts-Stollen: Man bereite einen etwas festen Hefenteig aus ½ Kilo Mehl, ⅛ Kilo Butter, zwei Eiern, 80 Gramm Hefe und etwas Milch, gebe, wenn er kräftig gearbeitet ist, 45 Gramm Zucker, ⅛ Kilo Rosinen, 60 Gramm Korinthen und 30 Gramm abgezogene und fein geschnittene Mandeln dazu und mache, so wie der Teig gehörig gegangen ist, Stollen in der Form von länglichen Brotleibchen, in beliebiger Größe daraus, lege sie auf ein Backblech, lasse sie auf demselben noch ein wenig gehen, bestreiche sie dann mit verklopftem Ei und bestreue sie mit Zucker, Zimt und länglich geschnittenen Mandeln.

42. Rheinische Neujahrs-Bretzel: Man nehme dazu 1 Kilo Mehl, 45 Gramm Hefe, ¼ Kilo zerlassene Butter, 60 Gramm Zucker, etwas Salz, vier ganze Eier und drei Tassen lauwarme Milch, aus der Hälfte des Mehls, aus der Hefe und der Milch, setzt man einen Vorteig an und gibt, nachdem er gegangen, alles Übrige dazu, arbeitet den Teig so lang, bis er Blasen wirft und stellt ihn, zum abermaligen Gehen, warm, bildet nun drei lange Streifen daraus, die zu einem schönen Zopf geflochten und auf einem mit Butter bestrichenen Backblech zu einer Bretzel geformt werden und wenn sie noch einmal gegangen ist, so bestreicht man sie mit verklopftem Ei und backt sie eine Stunde lang, kann aus diesem Teige aber auch kleinere Bretzeln formen.

Zu *Tee* oder *Kaffee* sind sie besonders gut, wenn man sie, nach Englischer Art, auseinander spaltet, über einem Roste röstet und warm mit Butter bestreicht.

XV. Backwerk

1. Waffeln: Man verrühre ½ Kilo Mehl, fünf bis sechs Eier, ½ Liter Milch, ¼ Liter Wasser, zwei bis drei Esslöffel nasse oder 30–45 Gramm trockene Hefe und zehn Esslöffel geschmolzene Butter und lasse es gehen; die Butter darf nicht zu heiß und Milch und Wasser müssen lauwarm sein. Man hat jetzt fast allgemein die Waffeleisen in Form einer Pfanne und wo fünf Waffeln auf einmal gebacken werden und wenn die Masse nun gegangen ist und man backen will, so setze man das Waffeleisen bei Zeiten auf ein recht hohes und kräftiges Feuer, denn je rascher die Waffeln backen, je schöner werden sie und lasse es recht heiß werden, streiche es mit zerlassener Butter aus, gebe von dem Teig, etwa einen Esslöffel für jede Waffel, hinein und drehe gleich um und so wie die Waffeln gebacken sind, werden sie herausgenommen, mit Zucker und Zimt bestreut und warm serviert.

Oder ohne Hefe, nehme man ¼ Kilo Butter, ¼–⅜ Kilo Mehl, sechs Eier, eine Tasse süßen oder sauren Rahm und etwas Salz, rühre die Butter zu Schaum und gebe dann abwechselnd, unter beständigem Rühren, ein Ei und ein paar Löffel Mehl hinein, bis beides verbraucht ist, zuletzt den Rahm, backe es wie die ersten und bestreue sie mit Zucker und Zimt.

2. Hippen: Man lasse ⅛ Kilo Butter in einer Schüssel weich werden, rühre ⅛ Kilo Zucker und nach diesem ⅛ Kilo Mehl und 8 Gramm gestoßenen Zimt hinein und menge es mit einem Ei an, steche dann mit einem Löffel Stückchen heraus, sodass jedes Stückchen eine wallnussgroße Kugel gibt und lege diese Kugeln auf eine mit Mehl besäete Schüssel, bis alle beisammen sind und wenn das Hippeneisen heiß ist, so lege man in die Mitte eine Kugel, drücke das Eisen langsam zu, backe die Hippe schön gelb und krümme sie gleich über ein rundes Holz.

3. Hohlhippen: Man verrühre 120 Gramm feines Mehl, 8 Gramm Zimt, 60 Gramm Zucker, ¼ Liter Milch und ein Ei recht gut zusammen und rühre dann 60 Gramm zerlassene Butter darunter, bestreiche nun das, über schwachem Feuer erhitzte Hohlhippeneisen, mittelst eines Pinsels mit zerlassener Butter, lasse es einen Augenblick abtropfen, gieße von der Masse hinein, mache es leicht zu, lege es wieder über das Feuer und presse das Eisen erst nach und nach zu, weil sonst die Hohlhippe nicht gehörig ausgeprägt wird; nach einer Minute wendet man das Eisen und wenn die Hohlhippe gelbrot gebacken ist, so nehme man sie aus dem Eisen und rolle sie über einem fingerdicken Hölzchen auf.

Zum Backen der Hippen, so wie der nachfolgenden *Oblaten*, sind Holzkohlen sehr zu empfehlen. Man legt sie, in dem sogenannten Kasseroll-Loch des Herdes, locker übereinander, zündet sie an und stellt einen Rost darüber, damit das Hippeneisen nicht unmittelbar auf die Kohlen gelegt werde, sondern ein Raum von einigen Querfingern, zwischen den Kohlen und dem Eisen frei bleibe die Kohlen müssen aber schon durchglüht sein, wenn man zu backen beginnt, weil sonst Kohlendampf an das Backwerk ziehen könnte.

4. Oblaten: Man verrühre 1/ Kilo Mehl, vier Eier, 120 Gramm fein gesiebten Zucker und etwas Salz mit süßem Rahm zu einem flüssigen dünnen Teig, benetze dann beide Hälften des Hippeneisens mit Butter, tue einen guten Esslöffel Teig hinein und streiche ihn mit einem Löffel breit, doch nicht ganz an den Rand, klappe das Eisen zu und backe die Oblate auf beiden Seiten, indem man das Eisen einmal umdreht, ganz hellbraun, mache nun das Eisen auf, lege ein stark fingerdickes Hölzchen, welches ein wenig länger als die Oblate ist, auf dieselbe und drehe sie schnell darum, sodass eine kleine Rolle entsteht; die Oblate muss so dünn wie Papier sein.

Man kann sie aber auch ungerollt und beim Gebrauch im Ofen wieder hart werden lassen, und man bestreicht sie dann auf einer Seite mit recht weicher Butter, bestreut sie mit Zucker und Zimt und legt eine andere Oblate, auch etwas mit Butter bestrichen, darüber, drückt sie ein wenig aneinander, schneidet sie einmal entzwei und serviert sie zum Tee.

Oder zum *Oblaten* mit *Fülle*, rühre man ½ Kilo Mehl mit 1 Liter Milch recht glatt, füge 120 Gramm Zucker, auf dem eine Zitrone abgerieben worden und einen Teelöffel Salz hinzu, vermische alles wohl und backe die Oblaten, wie die vorigen hochgelb und so wie eine Oblate fertig ist, so wird sie unter einen, natürlich ganz geruchlosen, Holzdeckel gelegt, damit sie gerade bleibt. Zur *Fülle* habe man ⅛ Kilo abgezogene Mandeln im Backofen (Röhre) getrocknet, auf dem Reibeisen gerieben und mit 120 Gramm recht feinem Zucker vermischt. Davon streue man nun auf eine der Oblaten, gebe eine andere darüber, lege sie wieder in das heiße Eisen, presse sie zusammen und lasse sie so weit heiß werden, dass der Zucker schmilzt aber ja nicht verbrennt und beide Oblaten an einander halten, worauf man jede fertig gewordene Oblate, sogleich zwischen zwei weiße Holzdeckel legt, bis sie kalt ist; haben sie ungleiche oder zu braune Ränder, so muss man mit einer Schere abschneiden.

Diese Oblaten, welche sich *wochenlang halten*, sind sehr angenehm zu Tee und *Wein* und um sie zu *Cremes*, *Gefrorenem* und dergleichen zu servieren.

5. Zwieback-Waffeln: Man weiche den Zwieback in Milch, worin ein bis zwei Eier verklopft worden, doch dürfen sie nur durch und durch angefeuchtet und ja nicht zu weich werden, backe sie dann im Waffeleisen und bestreue sie mit Zucker und Zimt; ein Zwieback gibt immer eine Waffel.

Man kann sie aber auch nur, mit Butter, auf beiden Seiten in der Kuchenpfanne backen und auf diese letztere Art sind sie eigentlich besser, weil saftiger, immer aber ein allgemein beliebtes Backwerk zu *Kaffee* oder *Tee* und, in der Pfanne gebacken, mit Sauce oder Kompott, eine gute Mehlspeise, besonders bei unerwartetem Besuch.

6. Schwäbische Fastnacht-Küchlein: Man gebe ½ Kilo feines Mehl nochmals durch ein Sieb, dann in eine Schüssel und streue ein wenig Salz darüber, löse 45 Gramm Hefe mit ein wenig warmer Milch an einer warmen Stelle des Herdes auf, gieße sie durch ein Siebchen und rühre damit in der Mitte des Mehls einen kleinen Vorteig an, den man gehen lässt. Nun tut man ⅛ Kilo Butter in ¼ Liter Milch und lässt es lauwarm werden, schlägt ein Ei an den Vorteig und mischt es mit ein wenig von dem zunächst liegenden Mehl in den Vorteig, dann ein zweites Ei, nebst etwas Milch und Mehl und mengt jetzt das Ganze, mit der übrigen Milch, zu einem flotten Teig, den man kräftig schlägt, bis er Blasen wirft; er muss recht flott sein, sich aber doch rollen lassen und wäre er zu weich, so müsste man noch etwas Mehl hinein arbeiten, lasse ihn nun wieder gehen und nehme ihn danach auf das Backbrett, rolle ihn halb fingerdick aus und rädele ihn mit dem Backrädchen, zuerst in Streifen, dann der Quere nach, in länglich viereckige Stückchen, die man abermals gehen lässt, in voller Schmelzbutter oder in Schweinefett backt und mit Zucker bestreut.

Mehl und Eier müssen in der Wärme gestanden haben und auch Schüssel, Backbrett, Rollholz und das Tuch zum Bedecken beim Gehen, erwärmt sein.

Man kann diese vortrefflichen Küchlein auch füllen, indem man sie, nach dem Backen, an der Seite ein wenig aufschneidet, etwas Eingemachtes hinein schiebt und sie zum Dessert serviert oder man gibt sie als *Mehlspeise*, in *Kompott* von *Backobst*, etwas aufgeweicht.

7. Gebrühte Küchlein: Man koche ¼ Liter Milch ¼ Liter Mehl und 60 Gramm Butter, unter beständigem Rühren, so lange, bis sich der Teig vom Topf ablöst und nachdem er erkaltet ist, rühre man vier bis fünf Eier, abwechselnd ein ganzes Ei und von einem nur das Gelbe hinein, steche mit einem silbernen Löffel wallnussgroße Stückchen davon ab, backe sie in heißer, voller Schmelzbutter und serviere sie warm oder kalt.

Will man sie füllen, so mache man, nach dem Backen und wenn sie abgekühlt sind einen feinen Schnitt an der Seite und schiebt Eingemachtes hinein, jedoch nur Gelee, weil die Küchlein sehr leicht sind.

Auch überstreut man sie wohl, gleich nach dem Backen, über und über, mit gesiebtem Zucker, sodass sie ganz weiß aussehen und dann heißen sie *Schneeballen*.

8. Spritz-Küchlein: Man vermische ¼ Kilo feines Mehl mit 120 Gramm gestoßenem Zucker und ein wenig Salz, welches man dann mit weißem Wein fein abrührt, das Weiße von acht Eiern nach und nach darunter rührt und noch so viel weißen Wein dazu, dass die Masse durch einen Trichter laufen kann. Man hat dazu besondere Trichter mit drei Löchern und einem langen Stiel, doch ist auch ein gewöhnlicher Trichter oder selbst eine Papiertüte dazu zu brauchen. Man setzt ein kleines Pfännchen mit Schmelzbutter aufs Feuer und lässt, wenn sie heiß ist, den Teig so einlaufen, dass die ganze Oberfläche gedeckt ist und das Küchlein genau zusammen hält und wenn es auf einer Seite lichtgelb gebacken ist, so wendet man es mit dem Schaumlöffel um und backt es auf der andern Seite ebenso, nimmt es dann heraus und biegt es über ein Rollholz, bis es ganz kalt ist, und wenn alle gebacken sind, so werden sie mit gestoßenem Zucker bestäubt, pyramidenförmig, die gebogene Seite nach oben (wie eine Brücke) angerichtet und als Backwerk oder bisweilen auch als *Mehlspeise* gegeben, im letztern Falle mit Weinsauce (Chaudeau) dabei.

9. Kölner Fastnacht-Mutzen: Man nehme 1¼ Kilo Mehl auf das Backbrett, mache in die Mitte eine Höhle, schlage nach und nach sieben ganze Eier und sieben Eidotter hinein und gebe für einen Stüber (5 Pfennig) klaren Fruchtbranntwein, für zwei Stüber (10 Pfennig) Rosenwasser und 150 Gramm fein gestoßenen Zucker dazu, menge es zu einem steifen Teig, rolle ihn ganz dünn aus und rädle mit dem Backrädchen, handgroße Küchlein daraus, in die man mit dem Backrädchen, drei bis vier kleine Einkerben macht und sie auf einem Papier auseinander legt, tue dann Schmelzbutter in eine Kasserolle und backe die Mutzen, je nachdem die Kasserolle groß ist, zu zwei bis drei auf einmal, schwimmend, schön darin aus, lege die ausgebackenen auf Fließpapier damit das Fett abziehe, bestreue sie mit Zucker und gebe sie kalt. Sie halten sich *einen ganzen Monat*, weshalb man auch gern eine große Portion davon backt. – *Aus dem Rezeptenbuche meiner Urgroßmutter in Köln.*

10. Windbeutel: Man rühre ¼ Liter dicken sauren Rahm eine Viertelstunde lang recht kräftig zu dickem Schaum, gebe dann ¼ Liter feinstes Mehl hinein und rühre wieder eine Viertelstunde, dass der Teig Blasen wirft, füge nun vier bis fünf Eidotter hinzu und wenn die Masse auch hiermit noch etwa zehn Minuten geschlagen worden, eine Prise

Salz, einen Esslöffel an Zitrone abgeriebenen Zucker und den Schnee von sechs bis sieben Eiweiß, nehme jetzt eine Eierpfanne (mit mehreren Vertiefungen), lasse in jeder Vertiefung ein nussgroßes Stückchen Butter heiß werden, fülle dieselben mit der Masse, backe sie in einem wohl geheizten Ofen über einem Dreifuße drei Viertelstunden lang und bestreue sie mit Zucker. – Zu *Kaffee* oder *Tee* oder als Mehlspeise mit einer Sauce oder Früchte-Gelee dabei.

11. Schnell bereitete Küchlein (Hasty Cake): Man verrühre sechs Eidotter, gebe nach Geschmack Zucker, an dem Zitrone abgerieben worden hinein, rühre dies zusammen noch ein wenig und füge nun eine Tasse Rahm, halb süß, halb sauer und ein wenig Rum, hierauf sechs Esslöffel feines Mehl und zuletzt den Schnee von sechs Eiweiß hinzu und backe sie in der Eierpfanne mit Butter, über dem Feuer, wobei man sie einmal umwenden muss. – Zu *Kaffee* und *Tee*. – *Amerikanisches Rezept.*

12. Wiesbadener Kaffee-Küchlein: Man gebe ⅜ Liter Milch, 180 Gramm frische Butter und 60 Gramm Zucker in eine Kasserolle, rühre, wenn dies kocht, ¼ Kilo feines Mehl hinein und arbeite den Teig so lang, bis er glatt ist, nehme ihn hierauf in eine Schüssel, lasse ihn kalt werden und schlage dann sechs bis sieben Eier langsam hinein, bestreue ein Backblech mit Mehl, setze von der Masse mit einem Löffel Küchlein darauf, überstreiche sie mit drei zu Schaum geschlagenen Eiweiß, bestreue sie mit grob gestoßenem Zucker und backe sie in mittelmäßiger Hitze. – Zu *Kaffee* und *Tee*.

Oder man lasse ¼ Kilo Butter mit ½ Kilo Wasser aufkochen, streue dann, unter beständigem Rühren, ¼ Kilo feines Mehl hinein und rühre es so lange, bis die Masse recht steif ist und sich von Löffel und Kasserolle losschält, lasse sie ein wenig erkalten und gebe dann nach und nach acht ganze Eier und die abgeriebene Schale einer Zitrone hinein, arbeite es kräftig durch und lasse es in einem kühlen Zimmer bis zum andern Morgen oder wenigstens einige Stunden lang stehen, steche nun mit einem silbernen Esslöffel kleine Klöße davon ab, lege sie reihenweise auf ein mit Mehl bestäubtes Backblech, forme sie mit dem Löffel möglichst rund und backe sie, eine Viertelstunde etwa, in mittelheißem Ofen, bis sie gelbbraun und hoch geworden sind; zuletzt werden sie mit einem Guss aus geriebenem Zucker, etwas Rosenwasser und Zitronensaft bestrichen, der, wenn er gehörig steif ist, von selbst z. trocknet. – Zu *Tee* und *Kaffee*; auch kann man sie füllen; man schneidet sie dann, wenn sie erkaltet sind, an der Seite auf und tut einen Teelöffel Marmelade hinein.

13. Blätterteig-Törtchen: Man rolle Blätterteig federkieldick aus, steche mit einem Glase runde Plättchen davon, vermische ⅛ Kilo Zucker mit 90 Gramm abgezogenen geriebenen Mandeln und dem Schnee von zwei Eiweiß, streiche dies mit einem Messer über die Plättchen und backe sie bei gelinder Hitze.

Oder man steche die Plättchen aus halbfingerdick ausgerolltem Teige, stupfe sie mit einer Gabel, bestreiche sie mit verklopftem Ei, bestreue sie mit Salz und Kümmel und backe sie gelb. – Zu *Tee, Wein* und *Bier*.

Oder mit *Fülle*, schneide man den dünn ausgerollten Blätterteig zu Stücken, in der Größe einer Karte, und bestreiche sie auf der obern Seite mit dem nachstehenden Guss, backe sie dann und wenn sie aus dem Ofen gekommen sind, so bestreiche man immer an einem Plättchen, die untere Seite mit einer beliebigen Obst-Marmelade, lege ein anderes, mit der untern Seite darauf und lasse sie so erkalten.

Ist der Blätterteig aus ¼ Kilo Mehl gemacht worden, so nimmt man zum Guss das ungeschlagene Weiße von zwei Eiern und ¼ Kilo ganz fein gesiebten Zucker, verrührt es wohl zusammen und streicht es mit dem Messer glatt und gleich auf.

14. Französische Törtchen (Madeleines de Commercy): Man zerlasse in einer Kasserolle ⅛ Kilo ganz frische Butter, füge eben so viel Mehl, eben so viel Zucker, die sehr fein geschnittene Schale einer halben Zitrone, vier Eigelb und den Schnee von vier Eiweiß hinzu und verrühre das Ganze mit einem Löffel, bestreiche dann kleine Förmchen mit Butter, fülle von der Masse hinein und backe sie drei Viertelstunden lang im Backofen.

15. Englische Törtchen: Man nehme neun Eier, neun Eier schwer gestoßenen Zucker und sechs Eier schwer frische Butter, rühre Zucker und Butter mit einem hölzernen Löffel zu einer glatten Creme, gebe dann nach und nach die neun Eier dazu und wenn dies gut geschlagen ist, neun Eier schwer Mehl und ¼ Kilo Korinthen hinein, fülle kleine, mit Butter ausgestrichene Förmchen, zu drei Vierteilen damit, streue Zucker darauf und backe sie in einem mäßig heißen Ofen.

16. Englische Käse-Törtchen (Richmond Cakes): Man vermische ¼ Kilo weißen Käse (Quarkkäse) durch gutes Rühren mit 180 Gramm frischer Butter und verrühre in einer andern Schale das Gelbe von vier Eiern mit 180 Gramm fein gesiebtem Zucker und tue danach, unter stetem Rühren, 30 Gramm süße und 30 Gramm bittere, fein gestoßene Mandeln, die abgeriebene Schale von zwei und den Saft einer Zitrone, eine geriebene halbe Muskatnuss, eine große, recht mehlige, abgekochte, fein geriebene Kartoffel und nach und nach ein Glas Franzbranntwein hinein, vermische dies mit dem Käse und der Butter, fülle die Masse in mit Butter bestrichene und mit Blätter oder mürbem Teige ausgelegte Förmchen (*S. Blumentörtchen*) und backe sie schnell. – Wie die englischen Köche behaupten, so sollen diese Törtchen schon zur Zeit der *Königin Elisabeth,* † 1603, bekannt und beliebt gewesen sein.

17. Blumen-Törtchen (Jardinière de Nice): Es gehören dazu kleine glatte Blechförmchen, wie kleine Blumentöpfchen, 5 Zentimeter hoch, Durchmesser oben 8½ Zentimeter, unten 5 Zentimeter, welche man, nachdem sie mit Butter bestrichen und mit gesiebtem Zwieback bestreut worden, mit Blätter oder mürbem Teige auslegt und auf den Boden Rosinen ohne Kerne oder eingemachte Kirschen ohne Saft oder kleine Stückchen von eingemachten Aprikosen gibt.

Dann bereite man die Masse wie zu der Rahm-Torte Nr.5, gieße sie in die Förmchen und backe sie im Backofen und wenn sie kalt geworden sind, so stecke man in jedes eine Blume, möglichst verschieden oder ein kleines Sträußchen, deren Stiele man mit ein wenig weißem Seidenpapier umwickelt hat und ordnet die Töpfchen auf die Jardinière.

Diese ist von weißem Porzellan, rund mit Fuß und drei Platten, verschiedener Größe, übereinander, wie ein Blumentisch, die untere

Platte etwa für sechs Törtchen, die zweite für drei bis vier, die obere für eins, doch kann man sich, wo solche Schüsseln nicht zu haben sind, recht gut helfen, wenn man zwei Tortenschüsseln mit Fuß und von ungleicher Größe, übereinander stellt und oben darauf eine umgestülpte Tasse ohne Henkel. Es ist eine überraschend hübsche Schüssel, besonders im Winter und bei Licht.

18. Zwieback: Man rühre acht ganze Eier mit ½ Kilo fein gesiebtem Zucker, langsam und gleichmäßig drei Viertelstunden lang, bis die Masse Blasen wirft und anfängt dicklich zu werden. Dann kommt ½ Kilo feines, vorher nochmals durchgesiebtes Mehl und etwas Anis dazu und der Teig darf, sobald das Mehl darunter gemengt ist, nicht mehr gerührt werden, sondern man bestreicht gleich ein Backblech mit Wachs und schüttet den Teig derartig darauf, dass er zwei, etwa drei Querfinger dicke Streifen bilde und nicht zu nahe aneinander. Die Röhre (Backofen des Herdes) muss gut, jedoch nicht übermäßig geheizt sein und wenn das Gebäck eine schöne hellbraune Farbe hat und sich steif und fest anfühlt, so ist es fertig und wenn es abgekühlt ist, so wird es zerschnitten und zum leisen Rösten nochmals in die Röhre getan aber ohne das Backblech zu bestreichen.

Dieser Zwieback ist sehr gut zu Tee, Schokolade usw. und *hält* sich *wochenlang*.

19. Guss-Brötchen: Man nimmt dazu am besten sogenannten *Einback*, d.h. die Brötchen, aus denen der Zwieback gemacht wird, ehe sie durchschnitten und geröstet sind, kann aber auch gute frische, nicht zu kleine Weißbrötchen nehmen, reibt die Kruste mit einem Reibeisen ein wenig ab und schneidet oben ein kleines Deckelchen weg, macht eine kleine Höhlung, füllt einen halben Esslöffel von einem beliebigen Eingemachten hinein und legt das Deckelchen wieder auf, wonach man die Brötchen in Milch umwendet und auf ein Backblech tut. Nun schlägt man drei Eiweiß über drei Esslöffel gesiebten Zucker, verrührt dies wohl, bestreicht die Brötchen damit, jedoch erst in dem Augenblick, wenn man sie in den Backofen setzen will, der nicht zu heiß sein darf und backt sie schön gelb, wie Makronen.

Man kann sie als Backwerk oder mit einer beliebigen Sauce als Mehlspeise geben und sie eignen sich sehr, um Reste von Eingemachten zu benutzen, da man in jedes Brötchen ein anderes Eingemachte tun kann, übrigens statt Eingemachtem auch feines Mus (S. Kompotts).

20. Milch-Brötchen: Man nehme ⅝ Kilo Mehl, 60 Gramm Butter, 60 Gramm Hefe, zwei Eier und Milch, mache mit der Hefe und etwas lauwarmer Milch in der Mitte des Mehls einen kleinen Vorteig, füge, wenn er gegangen ist, Butter und Eier und ein wenig Zucker hinzu und menge es mit Milch zu einem flotten Teig, den man mit der Hand kräftig schlägt, bis er Blasen wirft, lässt ihn nun wieder gehen, formt dann runde Brötchen daraus, die abermals gehen müssen, bestreicht sie mit verklopftem Ei und backt sie etwa eine Viertelstunde lang im Backofen.

Oder auf *Englische* Art tue man ¼ Kilo bestes Mehl in eine mäßig große Schüssel, mache eine Grube in die Mitte und gebe 30 Gramm Hefe, 30 Gramm Butter, einen Teelöffel gestoßenen Zucker und einen halben Teelöffel Salz hinein, gieße ⅜ Liter lauwarme Milch darüber und knete das Ganze allmählich mit der Hand zusammen, indem man noch ein wenig Mehl hinzufügt, bis man einen ziemlich steifen Teig hat, den man nun zu einem runden Ballen formt, mit einem Tuch bedeckt und eine halbe Stunde zum Gehen an einen warmen Ort stellt. Dann streue man etwas Mehl auf ein Backbrett, schneide den Teig in eigroße Stücke, knete diese zu runden oder ovalen Brötchen und lasse sie an einem warmen Ort wieder aufgehen, bestreiche sie mit gut verklopftem Ei, backe sie in nicht zu heißem Ofen, wozu wenige Minuten genügen und gebe sie warm oder kalt.

21. Französische Brötchen (Brioches): Man tue 1 Kilo Mehl auf ein Backbrett, sondere ¼ Kilo davon ab, mache in dasselbe eine Grube und gieße ungefähr 1/12 Liter Wasser, in dem 22 Gramm Hefe aufgelöst worden, hinein, knete dies zu einer zarten, nicht zu festen Masse und rolle sie zu einer Kugel, mache in dieselbe einen Kreuzschnitt und lege sie in eine mit Mehl bestreute Schüssel, bis die Masse gut aufgegangen ist. Dann mache man eine große Grube in das andere Mehl, tue 15 Gramm Salz, 15 Gramm Zucker, ½ Kilo frische Butter, ein Glas

Wasser und acht bis zehn Eier hinein, mische es zu einem zarten, nachgiebigen Teig und drücke ihn platt nieder, lege den ersten Teig darauf, klappe den andern darüber zusammen und knete das Ganze, dass es recht durchmischt ist, bestreue ein Tuch mit Mehl, schlage den Teig hinein und lasse ihn eine Nacht über an einem kühlen Ort darin liegen. Am Morgen forme man ihn auf einem leicht mit Mehl bestreuten Backbrett zu kleinen Brötchen, lege diese nicht zu nahe aneinander auf ein Backblech, bestreiche sie mit verklopftem Ei und backe sie in einem mäßig heißen Ofen. – *Vorzüglich.*

22. Kleine Bretzeln: Man knete aus ⅛ Kilo Mehl, ⅛ Kilo fein gestoßenem Zucker, ⅛ Kilo abgezogenen, fein gestoßenen süßen Mandeln und vier Eiern einen Teig, aus welchem man kleine Bretzeln formt, die man mit Eigelb bepinselt, mit Zucker und Zimt bestreut, auf ein mit Butter bestrichenes Backblech legt und bei sehr gelinder Hitze backt, weil sie sonst leicht verbrennen.

Sie sind sehr gut zu Kaffee und Tee, Liqueur oder als Dessert, *halten* sich an einem trockenen Ort sehr lange und werden je älter, je mürber.

Oder man menge ¼ Kilo Mehl, ¼ Kilo Butter, 180 Gramm Zucker, zwei Eier und ein halbes Glas Rosenwasser untereinander, forme kleine Bretzeln daraus, bestreiche sie mit verklopftem Ei und backe sie im Backofen gelb.

Oder man nehme etwas guten, bereits gegangenen Weißbrotteig, knete so schwer Butter als der Teig wiegt, hinein, forme Bretzeln und drehe sie in geriebenem Zucker um, lasse sie gehen und backe sie und auch diese einfachen Bretzeln lassen sich lange aufbewahren und behalten ihren frischen Geschmack.

Oder (gekocht), rühre man vier Eier mit 105 Gramm fein gestoßenem Zucker, drei Viertelstunden lang, gebe etwas Vanille und etwa 180 Gramm Mehl hinein; es muss ein ganz dicker Teig sein, aus dem man runde Bretzeln in der Größe einer Obertasse formt und sie an der Luft abtrocknen lässt und wenn sie ganz trocken sind, so werden sie in kochendes Wasser getan, bis sie in die Höhe kommen, worauf man sie herausnimmt, auf ein Backblech legt und backt. – *Sehr gut und haltbar.*

23. Kränzchen: Man verreibt ½ Kilo Mehl, 180 Gramm Butter, ⅛ Kilo Zucker und 4 Gramm Zimt und verarbeitet es mit einer halben Tasse süßem Rahm, einem halben Glas Anifette und drei Esslöffeln Wasser zu einem Teige, den man ausrollt und zu Kränzchen aussticht, mit verklopftem Ei bestreicht, mit fein geschnittenen Mandeln und grob gestoßenem Zucker bestreut und gelb backt. – *Sie halten sich lange.*

Oder man nehme Teig wie zu den *Bretzeln, Nr.22, 3 Rezept*, knete gleich viel Butter als man Teig hat, noch etwas Hefe und etwas Zucker hinein und rolle ihn ziemlich dick aus, steche ihn zu Kränzchen von 7–8 Zentimeter Durchmesser, aus, bestreiche sie mit verklopftem Ei, bestreue sie mit grob gestoßenem Zucker und backe sie schön gelb. Auch diese Kränzchen halten sich lange frisch und gut.

Oder mit Fülle, rolle man Blätterteig oder mürben Teig, messerrückendick aus, schneide ihn zu drei Querfinger breiten und zweifingerlangen Streifen, bestreiche sie an den Seiten mit verklopftem Ei und belege sie in der Mitte mit eingemachten Johannisbeeren, Himbeeren oder Kirschen, schlage den Teig darüber zusammen und forme kleine Kränze daraus, lege sie auf ein mit Mehl bestäubtes Backblech, bestreiche sie mit verklopftem Ei, bestreue sie mit grob gestoßenem Zucker und backe sie gelb.

24. Buchweizen-Küchlein: Man rühre 1 Liter Buchweizenmehl, mit 15 Gramm trockener Hefe und lauwarmem Wasser zu einem dickflüssigen Teige an, stelle ihn in die Nähe des Herdes und lasse ihn gehen, backe dann mit Butter oder Schweinefett, handgroße dünne Küchlein daraus und gebe sie recht warm, zu Kaffee, Tee oder auch als Mehlspeise, mit Apfelkraut, Honig, frischer Butter oder auch mit zerlassener Butter und gestoßenem Zucker. Will man sie sehr gut machen, so tut man etwas Butter unter das Wasser.

Oder ohne Hefe, tue man ¼ Kilo Buchweizenmehl in eine Schüssel, mache in die Mitte eine Grube, gebe zwei Prisen Salz, einen Esslöffel Branntwein und zwei ganze Eier hinein und rühre es zu einem Brei, aus dem man kleine dünne Kuchen backt, die man meistens mit Butter, Honig oder, auf Amerikanische Weise, mit Sirup bestreicht und immer zwei und zwei aufeinander legt.

25. Weizen-Küchlein: Man rühre zu ¼ Kilo Weizenmehl zwei Tassen lauwarme Milch, drei ganze Eier und einen Esslöffel oder 15 Gramm (trockene) Hefe, lasse es eine bis anderthalb Stunden gehen, backe sie in Butter, wie die Buchweizen-Küchlein und serviere sie auch so. Nach Belieben kann man vor dem Backen noch Korinthen dazu tun.

26. Mais-Küchlein: Man bereite sie aus Maismehl, wie die Weizen Küchlein jedoch ohne Korinthen, und gebe sie auch so.

27. Plinzen: Man verrühre vier ganze Eier und drei Dotter kräftig, schlage einen Esslöffel Mehl darunter und vermische es mit ¼ Liter Rahm und einer Prise Salz, begieße dann ein eisernes Eierkuchen-Pfännchen mit zerlassener Butter, lasse sie heiß werden und gieße einen dünnen Plinzen auf, backe ihn nur auf der einen Seite, bestreue ihn mit Korinthen und rolle ihn zusammen, fahre so mit dem Backen fort, lege die Plinzen neben und übereinander und bestäube sie mit Zucker und Zimt.

28. Apfel-Küchlein: Man schäle gute Äpfel, nehme das Kerngehäuse heraus und schneide sie zu schönen Scheiben, überstreue sie mit Zucker, übergieße sie mit etwas Rum oder Cognac und lasse sie so etwa eine halbe Stunde stehen und dann gut abtropfen, wende sie hierauf in Backteig um und backe sie in voller Schmelzbutter, bestreue sie mit gesiebtem Zucker, richte sie kranzförmig, eins immer ein wenig über dem andern liegend, aus, und gebe sie warm.

29. Erdbeer-Küchlein: Man nehme dazu sehr schöne, große Erdbeeren, mit festem Fleische, tauche jede besonders in gebrühten Teig und backe sie in voller Schmelzbutter, bestreue sie mit fein gestoßenem Zucker besonders Vanille-Zucker und serviere gleich.

30. Kräpflein: Man steche von stark messerrückendick ausgerolltem Blätterteig oder mürbem Teig Plättchen in der Größe einer Untertasse aus und bestreiche sie am Rande mit Eigelb, lege dann auf die Hälfte solchen Plättchens, einen Teelöffel Eingemachtes, schlage die andere Hälfte darüber, dass es wie ein Halbmond ist und drücke sie an oder schneide sie noch mit dem Backrädchen zu, tue sie auf ein mit Mehl bestreutes Backblech, bestreiche sie mit Eigelb und backe sie in frischer Hitze, kann sie auch mit fein geschnitzelten Äpfeln, Zucker, Zimt und Zitronenschale füllen.

31. Apfel-Brötchen: Man schäle schöne Äpfel von gleicher Größe, halbiere sie und entferne das Kernhaus, rolle dann mürben Teig dünn aus und schneide ihn zu Stücken, um die Äpfel einzuhüllen, lege diese mit der runden Seite auf den Teig, bestreue sie stark mit Zucker und Zimt und schlage den Teig auf, der flachen Seite der Äpfel zusammen, sodass diese ganz eingeschlossen sind, setze die Brötchen, die Rundung nach oben, auf, ein mit. Butter bestrichenes Backblech, bestreiche sie mit verklopftem Ei und backe sie in guter Hitze hochgelb. Es sind hierzu saftige Äpfel zu empfehlen, besonders der *Pariser Rambour*.

32. Obst-Küchlein: Man bereitet sie in der Größe einer Ober- oder Untertasse, sonst aber ganz wie die Obstkuchen und richtet sie über einer achteckig gefalteten Serviette an.

33. Salzstangen: Man verknete 270 Gramm Mehl, ⅛ Kilo Butter, ½ Liter Wasser, drei Eidotter, etwas Salz und zwei Esslöffel Hefe (30 Gramm trockene) wohl durcheinander, forme sie zu fingerlangen und fingerdicken Stangen und lasse sie gehen, bestreiche sie mit verklopftem Ei, bestreue sie mit Salz und backen sie rasch. – Zu *Tee* und, nebst *Radieschen* besonders gut zu *Bier*.

34. Laubhütten-Küchlein: Man knete ½ Kilo Mehl, ¼ Kilo Zucker, ¼ Kilo Butter und etwas Zimt und Gewürznelken gut untereinander und füge, wenn der Teig etwa nicht zusammen halten wollte, noch einen Esslöffel Wasser hinzu, rolle es aus, steche mit einem Weinglas kleine Kuchen daraus und backe sie schön gelb. – *Jüdisches Festgebäck*, sehr gut und kräftig und *halten* sich ein *ganzes Jahr*.

35. Tausendjahr-Küchlein: Man rühre ¼ Kilo fein gestoßenen Zucker mit sieben Eidottern eine halbe Stunde, gebe etwas Zimt, das Weiße von einem Ei und ¼ Kilo feines Mehl hinzu, vermische alles gehörig, setze mit einem Teelöffel kleine Häufchen auf ein Backblech und backe sie langsam. – Sie *halten* sich ein *Jahre* lang.

36. Wiener Brötchen: Man nehme 1¼ Kilo Mehl, ½ Kilo braunen Farinzucker, ¼ Kilo süße, abgezogene, grob geschnittene Mandeln, 60 Gramm geriebene Schokolade, 8 Gramm gestoßenen Zimt, 4 Gramm gestoßene Gewürznelken, eine halbe geriebene Muskatnuss, etwas geschnittene Succade, für drei Pfennig Hirschhornsalz und vier Eier und menge und verarbeite dies mit den Händen, bis der Teig sich gut formen lässt. Dann bricht man Stücke davon und formt sie mit den Händen zu langen, daumendicken Rollen drückt sie von oben ein wenig platt, kerbt sie mit einem Messer alle fingerlang ein und backt sie auf einem Backblech im Backofen, wonach man sie, so lange sie noch ganz heiß sind, an den eingekerbten Stellen durchbricht und an einem trockenen Ort bewahrt, wo sie sich *wochenlang halten*.

37. Pomeranzen-Brötchen: Man rühre ¼ Kilo gesiebten Zucker mit zwei ganzen Eiern und zwei Eidottern eine Stunde, schneide 30 Gramm kandierte Pomeranzenschale, 30 Gramm Succade und die Schale einer Zitrone klein und rühre dies, nebst 270 Gramm feinem Mehl in den Zucker, forme fingerlange und fingerdicke Brötchen daraus, lege sie auf ein mit Mehl bestreutes Blech, nicht zu nahe aneinander, mache mit dem Messerrücken kleine Schnitte darüber und backe sie langsam.

38. Anis-Brötchen: Man verarbeite ¼ Kilo gesiebten Zucker, ¼ Kilo feines Mehl, 30 Gramm ganzen Anis, das Weiße von zwei Eiern und einen Eidotter und einen halben Teelöffel zerflossenes Weinsteins-Öl (aus der Apotheke) zu einem Teige, forme Brötchen daraus, in Art der Pomeranzen-Brötchen, lasse sie zwölf Stunden ruhen und backe sie dann langsam.

39. Berliner Plätzchen: Man verrühre ⅛ Kilo Butter zu Schaum und gebe daran 180 Gramm Zucker, ¼ Kilo Mehl, zwei ganze Eier, ein Eigelb und zwei bis drei Esslöffel süßen Rahm, setze kleine Plätzchen davon auf ein mit Butter bestrichenes oder mit Mehl bestreutes Backblech und backe sie gelb. – *Halten* sich *lange*.

40. Schokoladen-Plätzchen: Man menge 180 Gramm gesiebten Zucker und 30 Gramm geriebene Schokolade untereinander und schlage das Weiße von einem großen oder zwei kleinen Eiern, zu steifem Schaum, rühre ihn schnell an das Vermengte, setze walnussgroße Plätzchen auf weißes Papier und backe sie in einem ganz kühlen Ofen.

41. Quitten-Baisers: Man koche einige Quitten in Wasser weich, schäle sie und reibe das fleischige auf einem Reibeisen ab, wiege ⅜ Kilo davon und tue es in eine Schüssel, siebe dann ¼ Kilo feinen Zucker, schlage das Weiße von sechs Eiern zu Schnee und gebe nun einen Esslöffel Schnee und eben so viel Zucker an das Quittenmark, rühre dies eine Weile, gebe dann wieder einen Esslöffel von jedem hinein und verrühre es etwas und fahre so fort, bis Zucker und Schnee aufgebraucht sind, füge nun noch die abgeriebene Schale und den Saft einer Zitrone hinzu, setze von der Masse kleine Häufchen auf weißes Papier und trockne sie langsam in einem *sehr kühlen* Backofen, der offen stehen muss, denn sie müssen hart sein aber weiß bleiben und sind sehr gut und fein.

42. Spiegel: Man schneide von Oblaten viereckige Stückchen, etwa 8–9 Zentimeter groß, lege auf die Mitte eines solchen Stückchens eingemachte Himbeeren oder Kirschen, ohne Saft, oder Marmelade, besonders von Hagebutten, lege ein anderes Stückchen darauf, fasse es in der Mitte und tunke es ringsherum in gebrühten Teig, backe sie in voller Schmelzbutter gelb, aber ja nicht braun und überstreue sie mit Zucker. – *Sehr gut.*

43. Gekochte Makronen: Man stoße ⅛ Kilo süße und 60 Gramm bittere, abgezogen Mandeln mit etwas Wasser und Ei, rühre sie mit ¼ Kilo fein gestoßenem Zucker und dem Weißen von zwei Eiern auf gelindem Feuer so lange, bis es zu kochen beginnt, füge dann noch 15 Gramm ganz fein zerstoßene Stärke hinzu, setze kleine Häufchen auf Oblaten und schneide sie, wenn die Makronen trocken sind, auseinander.

44. Wiener Kipfel: Man arbeite ¼ Kilo gesiebten Zucker, ⅜ Kilo feines Mehl, einen Teelöffel Zimt, acht gestoßene Gewürznelken, die abgeriebene Schale einer halben Zitrone und 180 Gramm frische, in kleine Stückchen zerschnittene Butter mit zwei ganzen Eiern und drei Eidottern zu einem Teige untereinander, nehme ihn dann auf das Backbrett, knete ihn glatt und rolle ihn messerrückendick aus, worauf man dreieckige Stückchen davon abschneidet, diese mit etwas Eingemachtem belegt, die Ecken darüber zusammen biegt, dass sie sich fast berühren (wie ein Dreispitz-Hut) die Kipfel auf ein mit Mehl bestreutes Backblech legt und gelb backt.

45. Moos-Biskuit: Man vermische ¼ Kilo Mehl mit 60 Gramm gestoßenen Mandeln, 45 Gramm Butter und 150 Gramm Zucker gut untereinander und verrühre es mit einem Ganzen und dem Weißen von einem Ei und einem Teelöffel Milch, streiche es dann durch ein feines Drahtsieb, lege es in kleinen Häufchen auf ein leicht mit Butter bestrichenes Backblech und backe es in einem mäßig heißen Ofen.

46. Echt Schwäbisches Hutzelbrot: Man koche 4 Kilo Schnitzeln, am besten von Äpfeln und von Birnen zu gleichen Teilen, und 4 Kilo getrocknete Zwetschgen, jedes besonders, mit Wasser weich und gieße die Brühe ab, kerne die Zwetschgen aus, schneide die Schnitzeln in zwei bis drei Stücke und mische sie in einem großen Gefäß durcheinander; dies kann man den Tag vor dem Backen tun. Am Backtage lasse man ½ Kilo Rosinen, ½ Kilo Korinthen, und ½ Kilo, in vier Teile geschnittene Feigen in einem Glas weißen Wein, an einer warmen Stelle des Herdes ausquellen, schneide die Kerne von zweihundert Baumnüssen, die Schale von zwei Zitronen, 90 Gramm Succade und 90 Gramm kandierte Pomeranzenschale gröblich, stößt 60 Gramm Zimt und 30 Gramm Gewürznelken auch gröblich und tut dies alles nebst, 60 Gramm Anis, 30 Gramm Fenchel, ½ Kilo abgezogenen, ganzen Mandeln etwas Honig, ½ Liter von der Brühe und, wenn es ganz fein sein soll, ¼ Kilo eingemachten, in vier Teile geschnittenen Nüssen, zu den Schnitzeln und Zwetschgen und mische alles gut untereinander, nehme nun vom Bäcker 4 Kilo ganz gewöhnlichen Weißbrotteig (den man natürlich aber auch selbst bereiten kann) und verarbeite ihn mit noch sechs Esslöffeln dicker Bierhefe oder 90 Gramm trockener Hefe und 2 Kilo Mehl kräftig unter die vorher bereitete Masse, sodass alles recht untereinander komme; sollte der Teig zu dünn erscheinen, so gibt man noch etwas Mehl hinzu und wäre er zu fest, etwas von der Brühe und lässt ihn dann in dem Gefäße gehen, tut ihn hernach heraus und macht runde oder längliche Leiblein, etwas wie ein Dreigroschen-Weck davon, legt sie auf mit Mehl bestreute Bleche und wenn sie abermals gegangen sind, so backt man sie in guter Hitze und bestreicht sie hernach mit Zuckerwasser.

Man kann die Zwetschgen auch zuerst kochen und in deren abgegossener Brühe dann die Schnitzeln und noch ist zu bemerken, dass Teig und alles Übrige nicht ganz kalt sein und auch nicht ganz kalt werden darf, weil das Brot sonst fest wird.

Dies Hutzelbrot, welches zu Weihnachten in ganz Schwaben überall gebacken wird, ist besonders gut zu Glühwein, Punsch und Liqueur und hält sich, an einem trockenen, kühlen Ort, ein ganzes Jahr, daher die große Portion bei diesem *Originalrezepte*.

47. Schwäbische Lebkuchen: Man setze ¾ Liter Honig in einer messingenen Kasserolle aufs Feuer, tue, wenn er zu kochen beginnt, ¼ Kilo gestoßenen Zucker hinein und lasse es so lange zusammen kochen, bis ein Tropfen, den man auf einen Teller fallen lässt, trocken wird und gebe dann in diese vom Feuer genommene Masse die Schale von zwei Zitronen, 30 Gramm Succade, 60 Gramm kandierte Pomeranzenschale, alles klein geschnitten, ¼ Kilo abgezogene und über quer geschnittene Mandeln, 30 Gramm Zimt, 8 Gramm Gewürznelken, 4 Gramm Kubeben, 4 Gramm Kardamomen, eine ganze Muskatnuss, all dies Gewürz, jedes allein, gröblich gestoßen, ein paar Messerspitzen Potasche und ein halbes Glas Kirschengeist oder Cognac und rühre gleich darauf, so lange der Honig noch etwas warm ist, so viel Mehl darein, bis es ein ganz starker Teig ist, nehme ihn dann auf ein Backbrett, rolle ihn zwei messerrückendick aus und forme die Lebkuchen, indem man sie aussticht, entweder wie ein Kartenblatt oder auch rund, bestreue die Backbleche stark mit Mehl, lege die Lebkuchen darauf, backe sie bei mäßiger Hitze und bestreiche sie, noch warm, mit Zuckerwasser, muss auch sorgen, dass vor dem Backen keine Kälte an Teig oder Kuchen kommen.

Diese Lebkuchen sind *ganz vorzüglich* müssen aber einige Tage alt sein, weil sie anfangs fast immer zu hart sind.

48. Englischer Pfefferkuchen: Man vermische 1 Kilo Mehl mit ⅛ Kilo Zucker, 15 Gramm gemahlenem Ingwer und 8 Gramm gemahlenem Kümmel, warme ⅛ Kilo Butter und gebe es darunter, wärme auch 1½ Kilo Sirup (nicht von Runkelrüben), löse in ein wenig kochendem Wasser einen reichlichen Teelöffel kohlensaures Natron auf und rühre es gut unter den Sirup, tue diesen zu dem Übrigen und arbeite alles gut untereinander, fülle es dann in eine mit Butter ausgestrichene Form und backe es zwei Stunden in einem nicht zu stark geheizten Ofen. Dieser kräftige Kuchen, *hält* sich ein *halbes Jahr*.

49. Pfefferkuchen (Spekelazien): Man nehme ½ Kilo Mehl, ¼ Kilo Zucker, 180 Gramm Butter, drei Eier, eine Muskatnuss, die Schale von einer Zitrone, Gewürznelken und Salz nach Geschmack, knete es gut zusammen, rolle es aus und steche es mit Figuren-Formen aus, lasse sie über Nacht liegen und backe sie andern Tages ganz langsam.

Oder auf *holländische* Art, vermenge man 1 Liter Mehl, ½ Kilo besten Farinzucker, ¼ Kilo Butter, vier Eier, ein großes Glas Branntwein, etwas gestoßenen Zimt und Gewürznelken und ein wenig Wasser und verfahre übrigens wie bei dem ersten Rezept.

50. Englisches Butterbrot: Die Engländer haben zu den ihnen unentbehrlichen Brotschnitten (Toasts) eigen geformte, länglich viereckige Brote, von denen die Scheiben mehrere Schnitten geben und wo man solche Brote nicht hat, da muss man denn länglich viereckige, nicht zu kleine Weißbrotscheiben, ohne Kruste natürlich, nehmen. Davon bestreicht man die erste gut mit Butter und legt eine andere darauf, welche oben wieder gut mit Butter bestrichen wird und so fährt man fort, bis es drei bis vier Querfinger hoch ist (oben darf keine Butter sein), worauf man sie, der Quere nach, in zwei Querfinger breite Streifen schneidet und, wenn man die nötige Portion bereitet hat, sie zierlich und so, dass man die Butter sieht, auf einen Teller legt.

Sehr gut ist dies Butterbrot auch wenn man abwechselnd, eine Scheibe Weißbrot und eine Scheibe Pumpernickel oder Schwarzbrot nimmt und es in fingerbreite und fingerlange Stücke schneidet, und auch kann man zum Bestreichen der Schnitten, Sardellenbutter, Heringbutter, Senfbutter oder englische Butter nehmen (*S. Verschiedenes*).

XVI. Kompotts

1. Apfel-Kompott: Man gebe 180 Gramm Zucker in eine Kasserolle, gieße ½ Liter Wasser darüber und drücke den Saft einer Zitrone dazu. Dann werden etwa ein Dutzend schöne, gleich große Äpfel, am besten Borsdorfer, Reinetten oder Pariser Rambour, halbiert, die Kerngehäuse ausgeschnitten, geschält und immer gleich in das Wasser gelegt, einer neben den andern, die runde Seite nach unten und langsam gekocht, bis sie so weich sind, dass man sie mit einem Stecknadelkopfe durchstechen kann, worauf man sie zugedeckt bei Seite stellt. Nach dem Auskühlen richtet man die Äpfel in einer Kompottschale hübsch an, seiht die Sauce durch ein Sieb, kocht sie zu einem dicklichen Sirup ein und gießt sie über die Äpfel, die man noch mit länglich geschnittenen Mandeln oder Succade bestecken oder auf jeden etwas Eingemachtes legen kann.

Einen sehr guten Kompott gibt es, wenn man die Äpfel in übrig gebliebenem *Safte* von *Büchsen-Aprikosen* kocht, ohne allen Zusatz, außer ein wenig Zitronenschale und vielleicht etwas Wasser.

2. Apfel-Kompott mit Sauce: Man bereite ihn wie den Kompott Nr. 1, füge der Sauce jedoch noch weißen Wein, ein Stückchen Zimt und Zitronenschale hinzu und sorge, dass sie reichlich sei. Sind die Äpfel nun gar, so nehme man sie heraus, lege sie neben einander auf eine flache Schüssel und decke sie mit einem Bogen weißem Papier zu, Die Sauce gieße man durch ein Sieb, füge, wenn nötig, noch Wein und Zucker hinzu und koche sie Sirup ähnlich ein, gebe dann etwa ⅛ Kilo Rosinen ohne Kerne (Sultanini), eben so viel, in kleine Würfel geschnittne Succade, einige zu Scheibchen geschnittene eingemachte Nüsse und 60 Gramm abgezogene und der Länge nach halbierte Mandeln hinein und lasse alles zusammen recht heiß werden, aber nicht mehr kochen, ordne die Äpfel, nicht nahe aneinander, in die Kompottschale und verteile, mit einem Löffel, die Sauce gleichmäßig um und zwischen dieselben, *nicht darüber*, außer ein wenig dünne Sauce und serviere kalt.

Wo ostindischer Ingwer beliebt ist, kann man von diesem, anstatt Succade nehmen.

3. Warmer Apfel-Kompott: Man schäle die Äpfel und schneide sie in dicke Scheiben, lasse dann 180 Gramm Zucker, einen halben Teelöffel Zimt, die gehackte Schale einer halben Zitrone und einige Esslöffel Korinthen, in 90 Gramm frischer Butter heiß werden und lege die Äpfel sorgfältig hinein, denn die Scheiben müssen ganz bleiben, lasse sie einige Minuten dämpfen und schwenke sie öfters um, bis sie weich sind, richte sie neben und übereinander und gieße den Saft darüber.

4. Apfel-Marmelade: Man schneide acht bis zehn Äpfel in vier Teile und die Kernhäuser heraus, dämpfe sie mit anderthalb Glas Wasser weich und streiche sie durch ein Haarsieb, gebe dann 180 Gramm Zucker, nebst der abgeriebenen Schale einer halben Zitrone in eine Kasserolle, die Äpfel dazu und koche sie, unter beständigem Rühren, zu einer schönen, steifen Marmelade, richte sie erhaben an, streiche sie glatt, bestreue sie etwas dick mit Zucker und halte ein glühendes Schäufelchen darüber, bis sie eine braungelbe Kruste hat.

Auch kann man beim Anrichten der Marmelade in der Mitte eine leere Stelle lassen und diese nach dem Erkalten, mit Eingemachtem füllen und die Marmelade selbst mit klein geschnittenen Mandeln oder Succade bestreuen.

5. Äpfel mit Guss: Man gebe Marmelade wie Nr.4 oder wie die Fülle der Chalotte (*S. 7. Abschnitt*) in eine Schale, schlage zwei bis drei Eiweiß zu steifem Schnee, vermische sie mit eben so viel Esslöffeln gesiebtem Zucker, an dem Zitronenschale abgerieben worden und streiche von dieser Masse fingerdick über die gänzlich erkaltete Marmelade, besiebe sie mit Zucker, stelle sie in einen nicht zu heißen Backofen, bis der Guss eine schöne Farbe (wie Biskuit) hat und gebe sie kalt, zu feinen Omeletten oder dergleichen oder als Mehlspeise.

6. Birnen-Kompott: Man bereitet ihn wie den Apfel-Kompott Nr. 1 und am besten sind dazu die Bon Chrèstien Birnen. Sind die Birnen klein, so kann man sie auch ganz lassen und, wenn sie geschält sind, nur oben die Blume herausmachen und die Stiele ein wenig abschneiden und sie dann, die Stiele in die Höhe, anrichten.

Oder man nehme kleine und wie vorstehend bemerkt, vorbereitete Birnen, koche Zucker mit Wasser, schäume ihn, gebe Zitronenschale und Saft, ein kleines Stückchen Zimt und etwas roten Wein hinzu und lasse die Birnen so lange darin kochen, bis sie purpurrot sind, welches ziemlich lange währt und sie daher reichlich Brühe haben müssen. Will man sie lieber weiß haben, so tue man keinen Wein, sondern etwas Essig daran und koche sie nur so lange, bis sie weich sind. Hübsch macht es sich, wenn man rote und weiße Birnen bereitet und sie abwechselnd in die Kompottschale ordnet.

7. Birnen-Kompott mit Butter: Man schäle die Birnen, halbiere sie, schneide das Kernhaus heraus und lege sie in Wasser, tue in eine Kasserolle etwas recht frische, ungesalzene Butter, und etwas Zucker und die Birnen dazu, ohne Wasser, als was beim Herausnehmen davon hängen geblieben und lasse sie so dämpfen und wenn sie anfangen braun zu werden, so streut man noch etwas Zucker darüber und macht sie so fertig. Sie müssen schön bräunlich sein und man gibt sie mit einfachen Croutons oder gebackenen Weißbrotschnitten umlegt, als Mehlspeise oder zu Pfannkuchen, Nudeln und dergleichen.

8. Quitten-Kompott: Man schneide sechs reife schöne Quitten, je nach ihrer Größe, in vier bis sechs Teile, schäle diese, entferne alles steinige und koche sie in Wasser weich, koche ferner aus zwei Glas weißem Wein, ⅛ Kilo Zucker, einem Stückchen Zimt und Zitronenschale, dem man die Quittenkerne beifügt, seinen dicklichen Sirup, seihe die Quitten nun ganz rein ab, gebe den Sirup durch ein Sieb darüber und lasse alles zusammen noch einmal aufkochen; erkaltet richtet man den Kompott dann an und bestreut ihn mit Zucker.

Oder einfacher, halbiere man ein Dutzend schöne Quitten, koche sie in Wasser so lange, bis man sie mit dem Kopfe einer Stecknadel leicht durchstehen kann und lege sie in kaltes Wasser, lasse sie gut abtropfen und schäle sie, koche nun 300 Gramm Zucker mit Wasser und dem Saft einer Zitrone zum ersten Grad, gebe die Quitten hinein und lasse sie zwei Mal darin aufkochen, lege sie, wohl abgelaufen, in die Kompottschale, koche den Saft zum Fadenziehen und gieße ihn darüber. – Besonders gut zu den *Schmarrn*.

9. Kirschäpfelchen-Kompott (Sorbus Domestica): Diese niedlichen Äpfelchen, welche roh nicht zu genießen sind, geben, so wie ein vortreffliches Eingemachte, so auch einen sehr guten feinen Kompott. Man schneide die Blume aus, den Stiel halb ab und koche zu ½ Kilo Äpfelchen, ⅝ Kilo Zucker bis zum Fadenziehen, gebe die Äpfelchen hinein und lasse sie weich kochen, muss dabei aber sehr Acht geben, dass sie nicht auseinander kochen und zerfahren. Man hebe sie dann heraus, koche den Saft wieder zum Faden und gieße ihn kalt über die Äpfelchen. Es ist gut, wenn man den Kompott einige Tage vor dem Gebrauch machen kann, damit der Zucker, in dem man sie nur so kurze Zeit kochen darf, besser durchziehe.

10. Rhabarber-Kompott: Man schäle die äußere Haut von den Blattstielen ab, welches namentlich bei den im Freien gewachsenen, ungebleichten geschehen muss, weil sie sehr bitter schmeckt; bei den dunkel und warm getriebenen Prinz Albert- und Victoria-Rhabarberpflanzen ist es nicht nötig. So wie so schneide man die Stiele in 3 Zentimeter lange Stückchen, setze sie mit etwas Wasser, in einem zugedeckten Gefäße zu Feuer und lasse sie langsam weich sieden, nehme sie dann heraus, dämpfe sie mit etwas sehr frischer Butter und ziemlich viel Zucker ab und gebe den Kompott kalt.

Oder man schneide ¼ Kilo Rhabarber in 3 Zentimeter lange Stückchen, gebe ihn mit ⅛ Kilo gestoßenem Zucker und einem Glas Wasser in eine Kasserolle und lasse ihn, unter öfterem Schütteln, weich kochen, danach erkalten und richte ihn pyramidenförmig an.

Es ist ein vorzüglicher und sehr gesunder, blutreinigender Kompott und dabei das erste Frische, was man für Kompott hat, denn die Ernte beginnt schon im April und dauert bis halben Juni.

11. Kastanien-Kompott: Man brate etwa fünfzig schöne Kastanien wie gewöhnlich und schäle sie, tue ⅛ Kilo Zucker mit einem Glas Wasser in eine Kasserolle, lege, wenn der Zucker zergangen ist, die Kastanien hinein und lasse sie über gelindem Feuer eine halbe Viertelstunde ziehen, setze sie dann ab, presse den Saft einer halben Zitrone darüber, richte sie gehäuft an und überstreue sie mit Zucker.

12. Aprikosen-Kompott: Man halbiere und entferne ein Dutzend schöne, nicht überreife Aprikosen, tue sie in einen Sirup aus 180 Gramm Zucker, ¼ Liter Wasser und dem Saft einer Zitrone, lasse sie ein paar Mal aufkochen, schäume sie ab und richte sie gehäuft an, koche den Saft kurz ein und gieße ihn darüber.

Oder man lege die, wie oben vorbereiteten aber recht reifen Aprikosen, die Haut nach oben, in eine Schale, welche das Feuer erträgt, schäle vier der Kerne, hacke sie gröblich und streue sie, nebst ⅛ Kilo gestoßenem Zucker über die Aprikosen, gieße ein halbes Glas Wasser darüber und stelle sie eine Viertelstunde lang in einen nicht zu warmen Backofen.

13. Pfirsich-Kompott: Man lege acht bis zehn halbierte und entkernte schöne, reife Pfirsiche eine Minute in kochendes Wasser, hebe dann jede einzeln mit dem Schaumlöffel heraus, ziehe die Haut ab und gebe sie neben einander in ein flaches Geschirr, streue 180 Gramm Zucker darüber, gieße etwas Wasser darauf, stelle sie in den Backofen, bis sie in ihrem Saft weich geworden sind und richte sie, ohne den Saft, in einer Kompottschale an, klopfe die Kerne auf, schäle und halbiere sie und lege je einen halben Kern in die Mitte eines jeden halben Pfirsichs, koche den Saft noch etwas ein und seihe ihn über den Kompott.

Man kann denselben auch wie den Aprikosen-Kompott, erstes Rezept bereiten; es muss den Früchten dann aber auch die Haut abgezogen werden und sie dürfen nicht zu reif sein und man nimmt wohl, statt Wasser, weißen Wein und etwas mehr Zucker.

14. Zwetschgen-Kompott: Man gebe die halb voneinander geschnittenen und entkernten, recht reifen Zwetschgen, in eine irdene Kasserolle und stecke in die Mitte derselben, ein Stück, in Wasser getauchtes Zucker (60 Gramm für ½ Kilo Früchte), schwenke sie gut um und stelle sie auf die Herdplatte, bis sie Saft ziehen, und man sie nun, unter öfterem Schwenken, gar kochen aber nicht zerkochen lässt, dann herausnimmt und den Saft noch etwas einkocht, ehe man ihn über die Zwetschgen gießt.

Oder man übergieße schöne, reife, aber noch feste Zwetschgen mit kochendem Wasser, schäle sie und schneide die Kerne heraus, koche auf ½ Kilo Zwetschgen, 60–75 Gramm Zucker zum Faden, tue die Zwetschgen hinein, schwenke sie um und dämpfe sie weich, ohne dass sie zerfahren; den Saft kann man hernach auch noch etwas einkochen lassen.

15. Kirschen-Kompott: Man kerne schöne Kirschen aus, setze sie mit einem in Wasser getauchten Stück Zucker zu Feuer und koche sie, zuerst langsam, dann stärker, schäumt sie ab und richte sie auf einer Schale an. Den beim Auskernen ausgeflossenen Saft hat man mit den im Mörser zerstoßenen Kernen aufgekocht, durch ein Sieb gegossen, dick eingekocht und gibt ihn nun über die angerichteten Kirschen.

16. Erdbeer-Kompott: Man bereite aus 125 Gramm Zucker und einem Glas Wasser einen Sirup, schäume ihn wohl und setze ihn ab, tue dann schöne große, nicht überreife Erdbeeren hinein, lasse sie einen Augenblick darin weichen und nun über dem Feuer einmal aufkochen.

17. Johannisbeer-Kompott: Man nehme zu ½ Kilo abgebeerte Johannisbeeren (durch eine silberne Gabel gezogen) ⅜ Kilo sehr fein gestoßenen Zucker, gebe sie damit Lagenweise in eine Kasserolle, hebe sie dann und wann mit einem silbernen Löffel behutsam auf und schwenke die Kasserolle und wenn der Zucker ganz zerschmolzen ist, so nehme man die Beeren heraus, lasse den Saft noch etwas einkochen, dann erkalten und mische ihn nun erst unter die Beeren.

Oder kalt bereitet, gebe man ½ Kilo abgebeerte rote Johannisbeeren oder halb rote, halb weiße, mit 180 Gramm gesiebtem Zucker und vier Esslöffeln Wasser in ein Porzellangefäß, schwinge sie so lange, bis der Zucker ganz geschmolzen ist und lasse sie ein paar Stunden stehen, wo sich dann, wenn sie gehörig geschwungen worden, der Saft zur Gelee gebildet haben wird.

18. Himbeer-Kompott: Man bereite ihn mit ¼ Kilo Zucker für ½ Kilo ausgesucht schöne Himbeeren, wie den Erdbeer-Kompott.

Oder kalt bereitet, vermische man ¾ Liter Himbeeren oder noch wohlschmeckender, halb Himbeeren halb Johannisbeeren, mit 60–90 Gramm gestoßenem hellen Kandiszucker und ein wenig gestoßenem Zimt und schwinge es leicht untereinander.

19. Brombeer-Kompott: Man koche für 1 Liter schöne große Brombeeren, aus ⅜ Kilo Zucker einen Sirup, tue die Beeren hinein und lasse es zusammen einige Minuten kochen, hebe die Beeren dann heraus, koche den Saft noch etwas ein und vermische ihn mit den Beeren, wenn Beides kalt ist.

20. Heidelbeer-Kompott: Man bereite für ½ Kilo Heidelbeeren, aus 120–180 Gramm Zucker Sirup, koche die Beeren weich ,aber nicht zu weich darin und verfahre übrigens wie bei dem Brombeer-Kompott

Oder man gebe die Heidelbeeren, mit dem Zucker und etwas Zimt durchstreut, in einen Topf von Steingut, decke sie mit einem Porzellanteller zu und setze den Topf in kochendes Wasser, welches auch fortwährend kochen muss, bis die Beeren weich sind, worauf man sie anrichtet.

21. Preiselbeer-Kompott: Man tue die ausgelesenen, gewaschenen und abgelaufenen Preiselbeeren in eine, wo möglich, messingene Kasserolle, hebe sie anfangs einige Mal vom Boden auf und lasse sie sich dann ruhig erhitzen und an der Seite ein wenig kochen, schiebe hierauf die Kasserolle, zehn Minuten lang, etwas hin und her, gieße nun die Beeren auf und stelle sie zum Erkalten hin. Abends vor dem Gebrauch vermische man sie alsdann mit so viel fein gesiebtem Zucker, dass sie ziemlich trocken erscheinen und gebe sie in die Kompottschale, wo sie andern Tages wie eine Sulz sein werden.

Nach Belieben kann man sie eben vor dem Servieren noch mit ¼ Liter süßem Rahm vermischen.

22. Melonen Kompott: Man gebe die geschälte und in beliebige Stücke geschnittene, noch feste Melone in eine Terrine, träufle den Saft von ein bis zwei Zitronen darüber, lege ⅜ Kilo Zucker, in großen Stücken und die, zu feinen Streifchen geschnittene Schale einer halben Zitrone darauf und lasse es so bis den andern Tag stehen. Es wird sich dann Saft gebildet haben, den man abgießt, kurz einkocht und die Melonenstücke darin weich kocht, sie nun herausnimmt, den Saft noch ein wenig einkochen lässt und darüber anrichtet.

23. Ananas-Kompott: Man schäle die Ananas, schneide sie zu Scheiben, lege sie in eine Kompottschale und bestreue sie mit fein gesiebtem Zucker, presse dann den Saft von zwei Apfelsinen aus, vermische ihn mit der gleichen Menge Wasser und einigen Esslöffeln Zucker, koche und schäume es und gieße es über die Ananas.

24. Apfelsinen-Kompott: Man schäle vier schöne Apfelsinen, schabe die weiße Haut so rein wie möglich ab und teile jede in acht Teile, ohne die zarte Haut dazwischen zu beschädigen, tue sie dann mit dem Saft einer Apfelsine und ⅛ Kilo gestoßenem Zucker in eine Kasserolle, lasse sie über dem Feuer, bis der Sirup sich an die Apfelsinenstücke anhängt und lege sie nach dem Erkalten, kranzförmig in die Kompottschale.

Oder kalt bereitet, schneide man vier schöne, feinschalige Apfelsinen quer durch in Scheiben, doppelt so dick wie ein Taler, bilde davon in einer Schale einen Kranz, jede Scheibe halb auf der andern ruhend, streue 60 Gramm gesiebten Zucker darauf und gieße ein paar Esslöffel Liquer-Wein oder feinen Liqueur darüber, besonders Xeres oder Marasquino oder Rheinwein oder *Maiwein.* Hübsch ist, wenn man Scheiben von roten Apfelsinen zwischen die andern legt.

25. Gemischter Kompott (Macedoine): Man nehme so vielerlei Früchte, als man nur auf einmal bekommen kann, Erdbeeren, rote und weiße Johannisbeeren, Himbeeren, Kirschen, Trauben, Zwetschgen, Reineclauden, Mirabellen, Birnen, Melonen, usw. Wenn möglich, sollen Pfirsiche, Johannisbeeren und Himbeeren vorherrschen.

Die Trauben und Johannisbeeren werden abgebeert, Pfirsiche und Birnen geschält und in Stücke geschnitten, geschälte Melonenscheiben in Stücke geteilt, Aprikosen, Zwetschgen, Mirabellen und Reineclauden, halbiert und entsteint, dann die Früchte in ein Gefäß gelegt und jede Lage reichlich mit geriebenem Zucker bestreut, der Saft von zwei bis drei Apfelsinen darüber gegeben und das Ganze nun in eine große weite Kompottschale getan, dass sich die verschiedenen Früchte gut zeigen, einige Stunden in den Keller und, wo möglich, in Eis gestellt und mit feinem Backwerk oder einer Torte dabei serviert.

Oder einfach, vermische man Erdbeeren, Himbeeren und Johannisbeeren in gleicher Menge reichlich mit geriebenem Zucker, schwinge es durcheinander und richte nach einer Weile an.

26. Marmelade: Um sie von *Äpfeln* zu bereiten, schäle man die Äpfel, schneide die Kernhäuser aus und wenn es 1 Liter ist, so schütte man sie in ½ Liter stark kochendes Wasser, lasse sie stark kochen, bis sie weich sind und rühre sie kräftig durch, ziehe sie mit einem Teelöffel Kartoffelmehl ab, treibe es gleich, noch heiß, durch ein Sieb, gebe nach Geschmack gestoßenen Zucker darunter und richte an.

Zu *Aprikosen-Marmelade*, halbiere man ein paar Dutzend recht reife Aprikosen, dämpfe sie nach dem Aussteinen mit etwas ungesalzener, recht frischer Butter, dem nötigen Zucker und einem halben Glas weißem Wein weich und streiche sie durch ein Haarsieb.

Zu *Pfirsich-Marmelade*, werden zehn gewöhnliche und acht Blutpfirsich ausgesteint, mit etwas weißem Wein, Zitrone und Zucker weich gekocht und durch das Haarsieb gestrichen.

Zu *Zwetschgen-Marmelade*, koche man etwa drei Dutzend sehr reife, ausgesteinte Zwetschgen mit einem Glas weißem Wein und Zucker weich und treibe sie durch ein Haarsieb, röste zwei Milchbrötchen in Butter und koche sie mit der Marmelade, nebst etwas Zimt und Gewürznelken noch einige Mal auf.

Diese Marmeladen eignen sich auch gut, um sie als *Mehlspeisen* zu geben und man umlegt sie dann mit feinem Backwerk, Zwieback oder in Butter gerösteten Weißbrotschnitten.

27. Kompott von Backobst: Man wasche es mehrmals in viel lauwarmem Wasser und rechne dann auf ½ Kilo getrocknetes Obst, welcher Art es auch sei, 120 Gramm Zucker, etwas Zitronenschale, ein

Stückchen Zimt (bei Zwetschgen auch ein paar Gewürznelken) und ½ Liter Wasser, womit man es langsam kocht und, wenn es weich ist, in seinem Saft kalt werden lässt. Nach Belieben kann man auch noch etwas Wein und Johannisbeer- oder Himbeer-Gelee beifügen.

28. Gemischtes Kompott von Trockenobst: Man nehme getrocknete Äpfel, Birnen und Zwetschgen und wasche, jedes für sich in lauwarmem Wasser, gebe sie dann auch jedes für sich, mit einem Stück Zucker, einem Stückchen Zimt und Zitronenschale in irdenes Geschirr, übergieße es mit lauwarmen Wasser, dass es drei Querfinger darüber steht und stelle es über Nacht in den etwa noch lauwarmen Backofen (Röhre). Am andern Tage wird es dann, abermals jedes für sich, ein bis zwei Stunden gekocht, nach Bedarf noch Wasser zugegossen, zugedeckt erkalten gelassen und nun alles untereinander angerichtet.

29. Kompott von getrocknet Zwetschgen, auf Wiener Art (Zwetschgen-Röster): Man wasche die Zwetschgen und dämpfe sie mit so viel Wasser, dass es eben darüber geht, Zucker, Zimt, Gewürznelken und Zitronenschale weich, löse dann die Kerne aus, schneide die Zwetschgen fein und gebe etwas von ihrer Brühe und etwas Rum daran.

30. Kompott von getrockneten, geschälten Zwetschgen (Brünellen): Man tue sie in lauwarmes Wasser und bringe für ½ Kilo derselben, 120 Gramm Zucker mit Wasser zu Feuer und schäume ihn ab, gebe dann die wohl abgetropften Brünellen hinein und koche sie auf gelindem Feuer so lange, bis sie recht aufgequollen sind, gieße nun ein paar Glas guten Rotwein oder ein Glas Malaga daran, lasse sie wieder kochen und lege sie in die Kompottschale; den Saft koche man mit etwas Zitronenschale und Zitronensaft noch etwas ein, nehme dann die Zitronenschale wieder heraus und gieße ihn, erkaltet, über die Brünellen.

31. Kompott von getrockneten Mirabellen: Man gebe die (ausgesteint getrockneten, *S. Mirabellen-Torte*) Mirabellen, mit ¼ Liter Wasser, eben so viel Wein, der Schale einer Zitrone und 60 Gramm Zucker (für ½ Kilo Frucht) in eine Kasserolle, lasse sie langsam kochen und nehme, wenn sie erkaltet sind, die Zitronenschale heraus.

32. Kompott von getrockneten Aprikosen: Man weiche sie den Abend vor dem Gebrauche in Wasser ein, koche sie dann mit beigefügtem Zucker zu Kompott und gebe ihn kalt oder warm.

Da das *Trocknen* von *Aprikosen* nicht allgemein üblich, aber besonders auf dem Lande, oft recht nützlich ist und sie einen sehr guten Kompott geben, so will ich hier eine gute, aus Frankreich stammende Methode, mitteilen: Die Aprikosen müssen recht reif sein und werden nicht ausgeschnitten, sondern man drückt den Kern von der Seite heraus und die Aprikose dann mit den Fingern etwas breit, legt sie auf Horden und trocknet sie bei mäßiger Hitze, die besonders zu Anfang ganz gelinde sein muss; kann mann sie an der Sonne trocknen, so ist es noch besser, oder man lasse sie wenigstens im Backofen nicht ganz trocken werden (keinesfalls im Ofen erkalten), sondern an der Sonne vollends abtrocknen. Übrigens kann man sie in jeder Weise wie getrocknete Zwetschgen benutzen, besonders auch zu Fülle in Torten oder sie unter anderes Backobst mischen, muss sie aber immer Tages vorher einweichen.

33. Kompott von getrockneten Äpfeln: Man gebe sie, wenn gewaschen sind, in etwas heiße frische Butter, füge halb weißen Wein hinzu und wenn sie bald weich sind, etwas Zucker, Zimt und Korinthen; man darf nicht darin rühren.

34. Kompott von getrockneten Kirschen: Man tue die in lauwarmem Wasser gewaschenen Kirschen in einen tiefen, irdenen Topf, übergieße sie mit so viel lauwarmem Wasser, dass es reichlich darüber steht und stelle sie vier und zwanzig Stunden lang, an einen warmen Ort, rühre sie bisweilen um und gieße, wenn nötig, immer etwas lauwarmes Wasser daran, gebe nun, für ½ Kilo Kirschen, 90–120 Gramm Zucker, dünn abgeschälte Zitronenschale und etwas weißen Wein hinzu und lasse es ganz langsam kochen. Sollte, wenn die Kirschen weich sind, die Brühe noch zu dünn sein, so nehme man die

Früchte mit dem Schaumlöffel heraus und lasse die Brühe noch etwas einkochen.

35. Kompott von getrockneten Hagebutten: Man wasche getrocknete Hagebutten und koche sie mit Wasser und etwas Zucker, gebe dann gewaschene Rosinen und Zitronenschale dazu und lasse es kurz einkochen.

36. Kompott von getrockneten Heidelbeeren: Man koche sie mit Wasser und Zucker, lege dann einige geröstete Weißbrotschnitten in die Kompottschale, die Heidelbeeren darauf und überstreue sie mit Zucker.

XVII. Salat

1. Garten-Salat: Darunter verstehe ich sowohl den ersten, sogenannten *Blätter-* oder *Stech-Salat* als den *Kopf-Salat*.
Auf die einfachste und nach meiner Ansicht beste Art, weil der Salat seinen eigentümlichen Wohlgeschmack und seine erquickende Frische behält, verrühre man zum Anmengen desselben in der Salatschale fünf bis sechs Salatlöffel feinstes Öl, zwei bis drei Löffel Essig und etwas Salz und menge damit den Salat gut aber vorsichtig durcheinander, dass er nicht zerdrückt oder matschig werde. Ist es Kopf-Salat, so gieße man in jedes Herzchen etwas von der Salatsauce, ehe man das Ganze anmengt. Zerschnittene junge Zwiebel ist sehr angenehm unter dem Salat und man umlegt ihn meistens mit halbweich gekochten Eiern.

Sehr zu empfehlen ist der *amerikanische Pflück-Salat*, der große Stauden bildet und in der Weise des Blattkohls gepflückt, den ganzen Sommer den zartesten Salat, bis zum letzten ist Blatt, liefert.

Man kann am Öl sparen, wenn man den Salat zuerst mit dem Öl durchmengt und dann erst mit dem Essig, weil das Öl dann mehr meistert und auch kann man anstatt Öl, sauren Rahm nehmen, welches ebenso wohlschmeckend als gesund ist.

Eine Hauptsache bei allem Salat ist, dass er nach dem Waschen, recht ausgetrocknet werde, welches durch kräftiges Schnellen in einer Serviette oder in einem lose geflochtenen Körbchen (Salatkörbchen) geschehen muss, nicht mit der Hand, und Kopf-Salat sollte gar nicht gewaschen werden.

Auf *französische* Art, wo jeder Portion Salat immer gleich grüne Kräutchen (Fourniture) beigelegt werden, nehme man, nachdem man den Kopf-Salat, je nach seiner Größe in 4–6–8. Teile zerschnitten hat, auf eine mittelgroße Schale solchen Salates, zwei Löffel Estragon, einen Löffel Kerbel, einen Löffel Pimpinelle, alles gröblich überschnitten, einen Löffel Salz (alles Esslöffel) und einen Teelöffel grob gestoßenen weißen Pfeffer, bestreue damit den Salat, übergieße ihn mit vier Esslöffeln Essig und sechs Esslöffel feinem Öl, vermenge ihn wohl und umlege ihn mit zu Viertel geschnittenen hartgekochten Eiern.

Oder man zerdrücke zu Salat für sechs Personen, zwei bis drei hart gekochte Eidotter in der Salatschale, verrühre sie mit ein paar Esslöffeln Senf, Salz und Pfeffer, sechs Salatlöffeln Öl, zwei bis drei voll Essig und mit fein gehackten grünen Kräutchen, als Estragon, Pimpinelle, Kerbel, Petersilie, Kresse, Schnittlauch, Schalotten, Zwiebel, Pfefferkraut (Lepidium latifolium), was man gerade hat, menge den Salat damit an und setze zuletzt noch etwas roten Wein zu.

2. Schnittlauch-Salat: Man schneide oder schabe einige schöne feste Kopfsalat-Köpfe, wie man Sauerkraut einschneidet, verrühre dann fünf bis sechs Salatlöffel feines Öl, zwei bis drei Löffel Essig und etwas Salz, menge den Salat damit an und richte ihn gehäuft in einer Schale an.

Hat man keine festen Köpfe, so muss man die Blätter des Kopf-Salates auf einem Brettchen fein schneiden. Will man den geschnittenen Salat feiner haben, so füge man noch gehackte, hartgekochte Eier, klein würfelig geschnittene rote Rüben und Sardellen, Kapern und Senf hinzu und er eignet sich so besonders zu *gebratenem Fische*.

3. Feld-Salat: Man vermische den Salat mit fein geschnittener Zwiebel, klein geschnittenen Kartoffeln, Pfeffer und Salz und mache ihn dann folgendermaßen an: Man zerlasse Gänsefett in einem Pfännchen, gieße, wenn es etwas abgekühlt ist, Essig (am besten Kräuteressig) daran, mache es wieder kochend heiß, menge den Salat damit an und lasse ihn gleich auftragen. Auf jede Person wird ein Salatlöffel Fett und eben so viel Essig gerechnet, wenn dieser nicht sehr scharf ist, sonst etwas weniger.

Auf diese Art angemacht, ist der, sonst fast immer etwas raue Feldsalat, besonders mild und gut, und ein Zusatz von Chicorée-Salat und abgekochtem Sellerie, letzterer in ganz feine Streifchen geschnitten, verbessert ihn noch.

Um ihn auf gewöhnliche Art kalt anzumachen, vermische man ihn wie oben und menge ihn dann, wie den *Garten-Salat*, mit Essig, Öl und Salz, auch anstatt Öl mit saurem Rahm, an.

4. Endivien-Salat: Man vermische ihn mit Kartoffeln und roten Rüben, beides zu Würfeln oder feinen Streifen geschnitten und mache ihn wie den Garten-Salat Nr. 1 an.

Gut und hübsch ist er auch, zu gleichen Teilen mit Brunnenkresse oder kleinblätterigen Feldsalat und zu kleinen Würfeln geschnittenen, roten Rüben vermischt.

5. Salat von Brunnenkresse: Man macht ihn gewöhnlich ganz einfach, nur mit Essig, Öl, Pfeffer und Salz an doch lieben Einige einen Zusatz von ganz fein geschnitzelten Äpfeln und Zucker.

6. Chicorée-Salat (Chichorium Intybus): Man vermischt diesen, im Winter, wo er im Keller oder in Kästen getrieben wird, so angenehmen Salat, der aber etwas bitter ist, gern mit Feldsalat oder Brunnenkresse, ein paar zerdrückten Kartoffeln, fein geschnittenem Zwiebel und würfelig geschnittenen roten Rüben; dann zerdrücke man zwei hartgekochte Eier und verrühre sie mit ein paar Salatlöffeln Essig gebe etwa vier Salatlöffel Öl, Pfeffer, Salz und Senf dazu und menge den Salat damit an, kann ihn aber auch, ebenfalls mit Feldsalat vermischt, wie den warmen Feldsalat bereiten.

Die *wilde Chicorée*, auch Löwenzahn oder Kuhblume benannt (*Leontodon Taraxacum*), die überall wild wächst, gibt auch, bei ihrem ersten Erscheinen im Frühjahr, einen sehr beliebten und gesunden Salat, den man wie die andere Chicorée anmengt, oder auch bloß mit Essig, Öl, Pfeffer und Salz, und besonders gut sind die Pflänzchen, die sich unter Maulwurfhaufen finden, weil sie gebleicht und viel zarter als die andern sind.

7. Rübstiel-Salat: Man schneide das für Gemüse gesäte Rübkraut ab, wenn es noch ganz kleine Pflänzchen sind oder auch sonst ganz junges Rübkraut, wasche und putze es rein, überbrühe es mit kochendem Wasser, drücke es schnell aus und durchschneide es dann mit dem Wiegemesser einige Mal gröblich, lasse nun 60 Gramm Butter braun werden, gebe einen halben Esslöffel Mehl und, wenn dies hellgelb geworden, ½ Liter sauren Rahm, mit vier Esslöffeln Essig gut verklopft, daran, koche es, unter beständigem Rühren, auf und dämpfe den Rübstiel ein wenig darin, richte ihn recht heiß an und umlege den Salat mit hartgekochten Enten- oder Truthuhneiern.

8. Hopfen-Salat: Man binde die jungen Hopfen-Stängelchen zusammen wie Spargel, koche sie in gesalzenem Wasser langsam weich und tue sie auf einen Seiher und, wenn sie gut abgelaufen und völlig erkaltet sind in eine runde Schale, die Köpfchen nach innen, löse die Bändchen auf und rücke sie auseinander, dass die Schale rund gefüllt ist, verrühre nun Essig und Öl (zwei Teile Öl, ein Teil Essig) etwas Salz und reichlichen Pfeffer oder statt des Öls, sauren Rahm und gieße es darüber.

9. Spargel-Salat: Man schneide die Spargeln (meistens sogenannten Suppen- oder Brechspargel) in passende Stückchen, koche sie in reichlich Wasser gar und gebe erst ganz zuletzt, das nötige Salz hinzu, gieße sie in einen Seiher, kaltes Wasser darüber, lege sie zum Abtrocknen auf ein Tuch und mache sie mit Essig, Öl, Salz, Pfeffer und fein gehackter Petersilie an, oder auch bloß mit Essig, Öl und etwas Cayennepfeffer.

Ein Kranz von, in gesalzenem Wasser abgekochten Blumenkohlröschen, um den, gehäuft angerichteten Salat gelegt, macht sich sehr gut und wird mit ein wenig Essig und Öl übergossen.

10. Salat von grünen Erbsen: Man koche die Erbsen in gesalzenem Wasser ab, gieße sie auf einen Seiher und wenn sie gut abgelaufen und kalt geworden sind, so vermische man sie mit, zu kleinen Würfelchen geschnittenen Kartoffeln und etwas fein geschnittene Zwiebel, mache sie mit Öl, Essig, Pfeffer und Salz an und umlege sie mit hartgekochten Eier-Vierteln.

11. Blumenkohl-Salat: Man teile den, in gesalzenem Wasser abgekochten und erkalteten Blumenkohl in schöne Röschen, vermische ihn mit geriebenem Parmesankäse oder Schweizerkäse und Krebsschweifchen, menge ihn mit Essig, Öl, Pfeffer und Salz an und garniere ihn mit Vierteln von hartgekochten Eiern.

Oder man koche einige Rosen von schönem, weißem Blumenkohl in gesalzenem Wasser mit etwas ganz frischer Butter, vorsichtig ab, dass er ganz bleibe (*S. Gemüse*) und wenn sie kalt geworden und auf einem Tuch gut abgetropft sind, so lege man sie nebeneinander in eine Schale, sodass sie wie *einen großen* Blumenkohl bilden und gieße nachstehende Sauce darüber.

Das Gelbe von vier hartgekochten Eiern, wird durch ein Sieb getrieben, mit fünf Esslöffeln feinem Öl fein abgerührt, mit eben so viel gutem Essig, Salz, weißem Pfeffer und einem Esslöffel fein geschnittener Petersilie vermischt und gut verrührt.

12. Gurken-Salat: Man eifert zwar von vielen Seiten gegen das Einsalzen der Gurken bei der Salat-Bereitung, aber fast allgemein werden sie doch eingesalzen, nämlich, wenn sie geschält und so fein geschnitten sind, eine Stunde lang etwa, doch nicht zu stark, gesalzen, dann leicht ausgedrückt und mit zu feinen Scheiben geschnittenem Zwiebel, fein gehackter Petersilie, nach Belieben auch noch andern grünen Kräutchen, Öl, Essig und mit ziemlich viel grob gestoßenem weißen Pfeffer angemacht und gleich zu Tisch gegeben, bisweilen auch mit zu Scheiben geschnittenen Kartoffeln vermischt, welches sie gesünder machen solle.

Man tut wohl die Gurken von der Spitze an, nach dem Stiel hin zu schälen und die Spitze wegzuschneiden, da sie sonst leicht bitter schmecken.

Auf *Französische* Art, lege man die fein geschnittenen Gurken, mit Salz, Pfeffer und Kräuteressig, in eine Schale und lasse sie so vier Stunden stehen, gieße dann einen Teil des Essigs ab, gebe das nötige Öl an den Salat und mische ihn leicht untereinander.

Auf *Wiener* Art, übergieße man die fein geschnittenen, nicht gesalzenen Gurken zuerst mit dem Öl und mische sie damit gut untereinander, füge dann Salz und Essig nach Geschmack hinzu und bestreue sie mit geriebenem Meerrettich.

Auf *Schwäbische* Art, werden die geschälten Gurken, der Länge nach, rundum bis auf das Kernhaus, fein abgeschnitten und diese Scheiben, dann zu ganz feinen, etwa kleinfingerlangen Streifen, welche man einsalzt und ausdrückt, wie zu anderm Gurken-Salat; hierauf schneidet man eine gleiche Portion Hering auch in ähnliche Streifen, tue sie zu den Gurken und mache es zusammen mit Essig, Öl und Pfeffer an.

Warmer Gurken-Salat: Man übergieße die, wie gewöhnlich geschnittenen, nicht gesalzenen Gurken, mit der beim Rübstiel-Salat angegebenen, kochenden Sauce, vermenge sie rasch damit und serviere gleich, kann die Gurken in der Sauce aber auch ein wenig dämpfen.

Salzgurken-Salat: Man schäle sie fein ab, schneide sie zu feinen Scheiben und mache sie mit Öl, grob gestoßenem weißen Pfeffer, reichlich gehackter Petersilie, und, wenn die Gurken nicht sehr sauer sind, auch ein wenig Essig an und vermische sie auch, nach Belieben, mit Kartoffeln.

13. Artischocken-Salat mit grünen Erbsen: Man dämpfe ein Dutzend, schöne, gleich große Artischockenböden mit Zitronensaft, Wasser, Salz und einem Stück Butter weich und stelle sie kalt, blanchiere auch 1 Liter grüne Erbsen, kühle sie mit Wasser ab und mache sie mit Öl, Essig, Pfeffer und Salz zu Salat an. Dann, nehme man die Artischockenböden aus ihrer Brühe, mische sie rein ab, lege sie eine halbe Stunde in Essig und Öl und fülle sie nun gehäuft mit den Erbsen an, wonach man sie pyramidenförmig in einer schönen flachen Schale, am besten mit Fuß, anrichtet und noch etwas Essig und Öl darüber träufelt.

Anstatt der Artischockenböden, kann man zu diesem so sehr hübschen und guten Salat auch die Jerusalem-Artischocken (Erdbirnen, Topinambours) benutzen, indem man den untern Teil derselben, wenn sie geschält sind, in der Form der Artischockenböden zuschneidet und aushöhlt und übrigens ganz wie diese zubereitet.

14. Champignon-Salat: Man dämpfe die geputzten Champignons in feinem Öl, bis die Feuchtigkeit verdampft ist, mische, nach dem Erkalten, Essig und ein wenig Pfeffer darunter und verziere den Salat mit Kapern und Sardellen, die aber auch weg bleiben können.

Sehr gut zu gebratenem und gebackenem Fisch.

15. Salat von rohen Champignons: Dieser Salat, der so berühmten *Böhmischen Küche* angehörig (das Rezept stammt aus Prag) wird am schönsten, wenn man lauter kleine, noch geschlossene und ganz gleiche Champignons dazu nehmen kann, sonst muss man die großen eben in recht nette, gleiche Stückchen zerschneiden. Jedenfalls werden sie sehr sorgfältig geputzt und immer *gleich,* einer nach dem andern, in Wasser mit Essig geworfen, damit sie weiß bleiben. Sind nun alle geputzt, so wäscht man sie aus dem Wasser, legt sie in eine Marinade aus Essig (am besten Kräuteressig), Salz und weißem Pfeffer, die sie ganz bedecken muss und lasse sie darin vier Stunden stehen, wonach man den Essig abgießt und den Salat mit feinstem Öl, Zitronensaft und aufs feinste gehacktem Estragon anmengt.

Wird meistens vor der Suppe in Coquilles gegeben.

16. Tomaten-Salat: Man schneide die reifen, jedoch nicht überreifen Tomaten (Liebesäpfel) in Scheiben und lege sie zwei Stunden lang in eine Marinade aus Salz, Pfeffer, ein wenig Cayennepfeffer und Öl. Dann verrühre man das Gelbe von zwei rohen und einem hartgekochten Ei, Pfeffer, Salz, Senf, ein wenig Essig und, nach Belieben, sehr wenig Knoblauch, zu einer Sauce und menge die aus ihrer Marinade genommenen Tomaten damit an.

Oder man bereite den Salat, wie den Gurken-Salat auf Französische Art, schäle die Tomaten aber nicht.

17. Warmer Kraut-Salat: Man schneide Weißkohl (weißen Kappus) sehr fein, wie zu Sauerkraut, salze es und klopfe es wohl mit einem Fleischhammer, überbrühe es mit kochendem Wasser und drücke es gleich aus, bereite dann die Sauce, wie bei dem *Rübstiel-Salat* und mache den Salat damit an, oder wenn man ihn weicher wünscht, so kann man ihn auch in der Sauce ein wenig dämpfen, bis er zusammen fällt.

18. Kalter Kraut-Salat: Man kann dazu sowohl weißen als roten Kohl gebrauchen und behandelt ihn gerade, wie zu dem warmen Salat, nur dass man keine Sauce dazu bereitet, sondern ihn nach dem Überbrühen und Ausdrücken, mit Essig, Öl und Pfeffer anmengt.

19. Gemischter Kraut-Salat: Man nehme dazu Weißkohl und Rotkohl (weißen und roten Kappus), zu gleichen Teilen, schneide oder schabe jeden für sich recht fein, als wie zu Sauerkraut, und übergieße den weißen mit kochendem Wasser, den roten mit kochendem Essig, decke es zu und lasse es abkühlen, wonach man es aus ein Sieb schüttet und rein ablaufen lässt, sollte es dann aber noch nicht mürbe genug erscheinen, so müsste das Überbrühen wiederholt werden. Ist der Kohl nun rein abgelaufen, so mengt man beide untereinander und macht ihn mit Essig, Öl, Salz, Pfeffer und etwas Zucker an, kann nach Belieben auch noch ganz feine kleine Apfelscheibchen hinzufügen und auch kann man diesen Salat, wie den warmen Feld-Salat anmachen.

20. Russischer Sauerkraut-Salat: Man drücke feines, rohes Sauerkraut in einem Tuch wohl aus, überschneide es einige Mal, menge es, wie andern Salat mit Öl, Essig, wenig Salz und viel grob gestoßenem weißen Pfeffer und gebe ihn zu gebackenem Fisch, besonders zu Karpfen oder vor der Suppe in Coquilles oder Untertassen.

21. Kohlsprossen-Salat: Man koche die im Frühjahr treibenden Sprossen von Winterkohl in gesalzenem Wasser, jedoch nicht zu weich, gieße das Wasser ab, kaltes darauf und mache sie, wenn sie abgelaufen sind, mit Essig, Öl, Salz, etwas geriebenem Weißbrot und fein gehackter, vorher mit kochendem Wasser überbrühter Zwiebel an.

22. Salat von Gemüse: Man koche verschiedene junge Gemüte, als grüne Erbsen, Möhrchen, Spargeln, Blumenkohlröschen, grüne und weiße Böhnchen, kleine Zwiebelchen, was man gerade haben kann, zusammen in gesalzenem Wasser oder, noch besser, in Bouillon ab, tue sie, wenn sie gut abgelaufen und erkaltet sind, in eine Schale und gieße eine Mayonnaise-Sauce darüber.

Man kann aber auch aus Gemüse-Resten einen wohlschmeckenden Salat bereiten, wenn man sie mit Essig, Öl und Pfeffer anmacht, so dicke Bohnen, grüne, weiße und Salatbohnen, Spargelerbsen, die aber, auch bloß in Salzwasser abgekocht, einen sehr guten Salat geben, Linsen, Schwarzwurzeln.

23. Fisch-Salat: Man schäle etwa acht hartgekochte Eier, schneide unten ein kleines Stückchen weg, damit sie besser stehen, und die Eier selbst in Viertel, mache auf die zum Anrichten bestimmte Schüssel, ein wenig vom Rande entfernt, einen ganz flachen, dünnen Rand von Butter und stelle über denselben die Eier, dicht nebeneinander, das Gelbe nach außen oder abwechselnd ein gelbes und ein weißes Stück. Dann zerlege man abgekochten oder gebratenen Fisch (man benutzt meistens Reste), nachdem man Haut und Gräten entfernt, in kleine Stückchen und bereite die Sauce, zu der man ein rohes Eigelb, einen halben Teelöffel gehackte Schalotten, einen Teelöffel gehackte Petersilie, Kerbel oder Estragon, einen Teelöffel Zucker und 7 Gramm Salz, in eine Schale tut und, nach und nach und mit einem hölzernen Löffel, mit vier Esslöffeln feinem Öl und nach diesem mit zwei Esslöffeln feinem Essig, wohl verrührt und, wenn man es nicht gleich gebrauchen kann, auf Eis oder an einen kühlen Ort stellt; unmittelbar vor dem Anrichten, schlage man dann ⅛ Liter Rahm zu Schaum und mische ihn leicht darunter und habe endlich Salat, wie die Jahreszeit oder das Mistbeet ihn liefert, bereit: von diesem gibt man nun eine Lage in die mit den Eiern eingefasste Schüssel, darüber die Hälfte des Fisches und einen Teil der Sauce, dann wieder Salat, wieder Fisch (die schönsten Stückchen) und den Rest der Sauce.

Dieser sehr gute Salat, kann fast von jedem Fisch bereitet werden, auch von verschiedenen Sorten zusammen, wo sich dann *kleine Reste*, sehr gut verwenden lassen.

Oder mit *Kartoffeln*, tue man zu ½ Kilo Fisch, ¼ Kilo kalte, in nette Stücke geschnittene Kartoffeln in die Salatschale und menge es mit einem Teelöffel Salz, halb so viel Pfeffer, zwei Esslöffeln Weinessig und fünf Esslöffeln feinem Baumöl an.

Oder mit *jungen Gemüsen*, koche man Spargelköpfe, Möhrchen, Salatböhnchen, Röschen von Blumenkohl und, in vier Teile geschnittene, ganz kleine Herzchen von Savoyer Kohl, in gesalzenem Wasser weich, lasse es erkalten und gut abtropfen, lege dann abgekochten Fisch, beliebiger Art, auch mehrere Sorten untereinander, gehäuft in die Mitte einer Schale, die Gemüse im Kranz oder auch in kleinen Häufchen rund herum und gieße irgendeine Salat- oder Mayonnaise-Sauce darüber.

24. Italienischer Fisch-Salat: Man schneide abgekochten, erkalteten Fisch, namentlich Salm, Hecht, Forellen oder Schleihen, nachdem man Haut und Gräten sorgfältig entfernt hat, in 3 Zentimeter lange, strohhalmbreite Streifen und vermische sie mit Mayonnaise-Sauce, richte es in einer Schale an und umlege den Salat mit hartgekochten, zu Viertel geschnittenen Eiern.

Wird gern vor der Suppe gegeben und hierzu auch wohl in Ragoutmuscheln (Coquilles), wo man dann ein Eiviertel oder eine dicke Eierscheibe oben darauf legt.

25. Gestürzter Fisch-Salat: Man bedarf dazu Aal, geräucherten Lachs, Sardellen, Sardinen, Kaviar und grünen Salat, am besten Brunnenkresse, doch kann man auch kleinblätterigen Feldsalat nehmen. Der Aal wird, nachdem er gereinigt und dir Haut abgezogen worden, in Stücke geschnitten, in Wasser mit einem Drittel Essig, Salz, einem Lorbeerblatt, ein paar Zitronenscheiben und etlichen weißen Pfefferkörnern abgekocht und kalt gestellt; der geräucherte Lachs in heißes Wasser gelegt, bis man die Haut abziehen kann und in Scheiben geschnitten; die Sardellen werden gewaschen, gereinigt, gespalten, entgrätet und über den Finger gerollt; der Salat muss, nach dem Waschen, wieder vollkommen trocken geworden sein.

Nun gebe man etwas Aspik eine Form und lege, wenn er steif geworden ist, die Aalstücke und Sardellen darauf, doch nicht zu nahe an den Rand; danach kommt eine Lage Salat, hierauf der Lachs und Sardellen, wieder Salat, nun Sardinen und Kaviar und zuletzt nochmals Salat, *immer mit Aspik zwischen jede Lage,* der natürlich jedes Mal fest geworden sein muss, ehe man wieder etwas einlegt und oben muss ebenfalls Aspik sein.

Beim Gebrauch wird es gestürzt und mit Essig, Öl und Senf serviert oder man gibt eine pikante Sauce dazu.

26. Salat von Steinbutt oder Turbot: Man bereitet ihn meistens aus Resten, die man in nicht gar zu kleine Stücke zerlegt. Dann verrühre man Aspik mit feinem Öl (auf drei Esslöffel Aspik, etwa vier Esslöffel Öl) und füge dann so viel Essig und weißen Wein hinzu, dass es eine etwas gebundene, jedoch nicht zu dicke Sauce gebe, die man nun mit weißem Pfeffer und Salz würzt und fein gehackte Petersilie, Estragon und Schalotten, in feine Streifchen geschnittene Sardellen (nach Belieben auch eingelegte Champignons und Krebsschweifchen, ebenfalls zu Streifchen geschnitten) und Kapern hinzufügt und zuletzt den Fisch vorsichtig darunter mengt, den Salat in einer Schale gehäuft anrichtet und mit Aspik, kleinen Pfeffergurken und roten Rüben hübsch garniert.

Sollte man keinen Aspik zur Hand haben, so kann man auch eine einfache Mayonnaise-Sauce machen und sie nur etwas dünner als gewöhnlich halten, indem man etwas weißen Wein zusetzt und auch kann man, wenn die Reste vielleicht nicht sehr reichlich wären, bloß gut angemachten Blättersalat und zu Viertel geschnittene, hart gekochte Eier um den Fischsalat legen, oder Brunnenkresse oder kleinblätterigen Feldsalat mit Chicorée-Salat und roten Rüben vermischt und auch geben die zarten Sprossen von eingekellerten roten Rüben und Sellerie, einen hübschen und feinen Salat und übrigens kann solcher Fischsalat von jedem feinen Fisch bereitet werden, besonders von Salm, Sander, Hecht usw.

27. Hering-Salat: Man nehme dazu zwei Heringe, die gleiche Portion Kartoffeln, zwei mittelgroße Äpfel, einen halben Sellerie, vier große Essiggurken, reichlich Zwiebel, und rote Rüben nach Belieben. Die Kartoffeln werden mit der Schale gekocht und erst geschnitten, wenn sie kalt sind; auch den Sellerie kann man halbweich kochen oder muss ihn, wenn roh, sehr fein schneiden und wenn nun alles in feine Würfel geschnitten ist, so verrühre man ein rohes Eigelb, einen Teelöffel Senf, Pfeffer und Salz mit zwei Salatlöffeln Essig, rühre hierauf drei Salatlöffel Öl dazu und gieße es über den Salat, vermenge es wohl, gebe dann noch drei Salatlöffel Rotwein darüber und menge es nochmals.

Oder man schäle drei schöne Äpfel, am besten Borsdorfer und schneide sie zu kleinen Würfeln; ebenso eine mittelgroße Zwiebel, und dann zwei Heringe, nebst ihren Milchnern oder Rognern, überquer auf fingerbreite Streifen und mache es mit Essig, Öl und Pfeffer an.

Oder man spalte drei gewässerte und rein geputzte Milchner-Heringe, entgräte sie und schneide die Hälften, nachdem Kopf und Schwanz entfernt worden, der Länge nach noch einmal durch, rolle sie auf und stelle sie im Kranz auf einen Teller. Dann hacke man von zwei hartgekochten Eiern, das Weiße und das Gelbe, jedes besonders; ebenso Petersilie, Zwiebeln und rote Rüben und fülle die aufgerollten Heringe, in abwechselnder Farbe mit dem Gehackten. Die Milchner zerdrücke man mit einem Löffel, verrühre sie wohl mit Öl und Essig (doppelt so viel Öl als Essig) zu einer dicklichen Sauce, würze mit etwas Pfeffer, treibe sie durch ein Sieb und gieße sie in die Mitte des Heringkranzes.

28. Sardellen-Salat: Man nehme dazu Sardellen, welche vorherrschen müssen, Essiggurken, rote Rüben, Äpfel, rohen Sellerie, Kartoffeln, Salat, roten und weißen Kohl (Kappus), schneide alles zu 3–4 Zentimeter langen und strohhalmdicken Streifchen, mit Ausnahme des Kohls, den man wie Sauerkraut schneidet, und mache es mit Essig, Öl, Senf und Kapern an.

29. Neunaugen-Salat: Man schabe die Neunaugen, welche man eingelegt erhält, ein wenig ab und schneide sie zu kleinen Stückchen, spalte und entgräte ⅛ Kilo gewässerte und gereinigte Sardellen, rolle jede Hälfte über den Finger auf und stelle davon einen Ring auf einen Teller, lege dann einen Ring von den Neunaugen, wieder einen Ring Sardellen und schließe in der Mitte mit Neunaugen, hacke nun ein wenig Petersilie, Zwiebel und Kapern, jedes besonders, und fülle es in die aufgerollten Sardellen, immer damit abwechselnd, vermische alsdann ein wenig feines Öl und Essig und gieße es über den Salat.

30. Schnecken-Salat: Man lege die abgekochten und erkalteten Schnecken (*S. Schneckensuppe*), gehäuft auf eine kleine Schüssel und umgebe sie zuerst mit einem Kranze von fein geschnittenem Zwiebel, dann mit einem Kranze aus Endivien, Brunnenkresse und roten Rüben und stelle dazwischen gespaltene, über den Finger gerollte Sardellen auf, verrühre nun Essig, Öl, Pfeffer und Salz und gieße es über das Ganze, kann sie aber auch bloß mit geschnittenem Zwiebel, Salz, Pfeffer, zwei Teilen Öl und einem Teil Essig anmengen.

Oder man schneide die Schnecken, mit Sardellen, Zwiebeln und hartgekochten Eiern ganz fein und mache es mit Essig, Öl, Pfeffer und Salz an.

Diese Mischung eignet sich auch sehr für die *Mayonnaisen-Brötchen* (*S. 3. Abschnitt*).

31. Muscheln-Salat: Man nehme die Muscheln, wenn sie abgekocht (*S. Fische*) und kalt geworden sind, aus den Schalen und mache sie mit fein geschnittenem Zwiebel, Essig, Öl, Salz, Pfeffer, auch, wenn gerade zur Hand, etwas gehacktem Hering oder Sardellen an. Noch besser wird er, mit der Sauce der Kartoffel-Mayonnaise, Nr.36 angemengt und mit einem Kranze von Salat aus Brunnenkresse, Feldsalat oder Chicorée umlegt.

32. Hummer-Salat: Man schneide das in möglichst großen Stücken ausgelöste Fleisch, in schöne gleichmäßige Stückchen und mariniert sie mit Salz, feinem Öl und Zitronensaft eine Stunde, vermische sie dann mit Mayonnaise-Sauce und gebe sie in eine Schale, umstelle sie mit hartgekochten, halbierten Eiern, eins neben dem andern, das Gelbe nach außen und verziere ihn übrigens, nach Geschmack, noch mit gerollten Sardellen, Oliven, Krebsschweifchen oder Kapern, welch' letztere, über den Salat gestreut, sich sehr hübsch ausnehmen, alles aber auch wegbleiben kann.

Hatte der Hummer Eier, so werden sie mit feinem Öl verrührt, durch ein Sieb gegeben und der Mayonnaise beigemischt.

Oder ganz *einfach* und besonders aus *Resten* zu bereiten, vermischt man die Hummerstückchen, ohne sie zu marinieren, mit irgendeinem Salat und macht es mit einem Teelöffel Salz, einer Prise Pfeffer, einem Teelöffel gehacktem Estragon, Petersilie oder Kerbel, vier Esslöffeln Öl und zwei Esslöffeln Essig an.

Sehr zu empfehlen sind die in Büchsen eingelegten Hummer, die man nur in Stücke zu schneiden, mit Mayonnaise- oder Remoulade-Sauce zu übergießen hat und dann, nach Geschmack und Belieben, verziert.

33. Schwarzwurzel-Salat: Man rühre einen halben Esslöffel Mehl mit etwas kaltem Wasser glatt an und gieße dann noch 1 Liter Wasser und ein halbes Glas Essig dazu. Die Wurzeln werden rein abgeschabt, die dickern gespalten, dann alle in halbfingerlange Stückchen geschnitten und immer gleich in das Mehlwasser gelegt, damit sie nicht schwarz werden, hierauf rein gewaschen, in gesalzenem Wasser weich gekocht und zum Abtropfen auf ein Tuch gelegt, wonach man sie, auf eine gewöhnliche Salatschale voll, mit fünf Esslöffeln Öl, eben so viel Essig, einer Messerspitze Salz und etwas Pfeffer, anmengt, gehäuft anrichtet und mit rund ausgestochenen roten Rüben garniert.

34. Kartoffel-Salat: Man nehme lange, nicht zu dicke, Kartoffeln, am besten die sogenannten roten Mäuse, koche sie in gesalzenem Wasser weich, schäle sie gleich und schneide sie, noch warm, in Scheiben, gieße eine Tasse kochendes Wasser darüber und decke sie zu, bis die Sauce fertig ist.

Zu dieser nehme man, für sechs Personen, sechs Salatlöffel feines Öl, eben so viel roten Wein, vier bis sechs Löffel Essig, je nachdem er scharf ist und, bei sehr scharfem Essig, auch noch kochendes Wasser, denn der Kartoffel-Salat verträgt sehr viel Sauce, gehörig Pfeffer und Salz und, nach Belieben, auch etwas Senf und fein geschnittene Zwiebel. Dann gebe man eine Lage Kartoffeln in die Salatschale, einige Löffel Sauce darüber und so fort, bis alle Kartoffeln gut angefeuchtet sind. Vorher habe man etliche schöne Scheiben in die Sauce getaucht und lege sie über den angerichteten Salat.

Zu *warmem Kartoffel-Salat*, bereite man eine Sauce wie zu dem Rübstiel-Salat, schäle die Kartoffeln und schneide sie so warm wie möglich, übergieße sie gleich mit der kochenden, sehr reichlichen Sauce, menge rasch untereinander und lasse sofort auftragen.

35. Wiener Kartoffel-Salat: Man koche Kartoffeln mit der Schale in gesalzenem Wasser, schäle sie gleich, lasse sie erkalten und schneide sie in kleine Würfel, so groß wie ein Pfennig etwa. Dann treibe man das Gelbe von einem hartgekochten Ei durch ein Haarsieb in eine Schale, füge zwei rohe Eidotter und ein wenig Pfeffer und Salz hinzu und mische, mit einem hölzernen Löffel, alles wohl untereinander, gieße nun, unter beständigem Rühren, sehr langsam feines Öl hinein, bis es ganz dick wird, hierauf ein wenig Essig und wieder Öl, bis von diesem ungefähr ½ Liter darin ist, gibt noch einen halben Teelöffel sehr fein gehackte Schalotten, zwei Esslöffel Senf, ein wenig Cayennepfeffer, Zucker, Salz, wenn nötig, und ein paar Esslöffel Kapern hinzu und menge den Salat damit an.

Man gibt diesen Salat gern in Coquilles vor der Suppe oder auch als Unterlage zu *Hummerstücken.*

36. Kartoffel-Mayonnaise: Man schäle die mit der Schale gekochten Kartoffeln, schneide sie, noch warm, zu Scheiben und übergieße sie mit fettloser, durch ein Tuch gegossener Bouillon (auf einen gehäuften Suppenteller Kartoffeln, etwa zwei Tassen), schwenke sie einige Mal mit der Schüssel um und lasse sie so erkalten. Dann bereite man aus zwei rohen Eigelb, ⅛ Kilo Öl, fünf bis sechs Esslöffeln Essig, etwas kalter Bouillon, weißem Pfeffer und fünf bis sechs Esslöffeln süßem oder saurem Rahm eine Mayonnaise-Sauce und vermische die Hälfte davon mit den Kartoffeln, welche man in Bergform anrichtet, mit dem Reste der Mayonnaise-Sauce überstreicht und mit Mixed Pickles verziert. Die Sauce muss etwas flüssiger gehalten werden als die gewöhnliche Mayonnaise-Sauce, damit die Mayonnaise recht saftig wird.

XVIII. Getränke

1. Kaffee: Die Kaffee-Bereitung ist so verschieden, dass sich nicht viel darüber sagen lässt, oder man müsste gar zu viel darüber sagen. In *Wien*, wo man so vortrefflichen Kaffee trinkt, will man, dass er *jedes Mal* frisch gebrannt sei und ebenso

in der Türkei, die ja auch wegen ihres Kaffees so berühmt ist, gegen den, sagt ein Reisender, jeder andere wie *doppeltkohlensaure Chicorée* schmeckt; Andere aber verwerfen dies gänzlich; ebenso ist es mit dem Kochen, Aufgießen und den verschiedenen Maschinen, und ich will mich daher nur im Allgemeinen, auf einen kleinen Rath beschränken, dass man,

Erstens, den Kaffee, nachdem man ihn sorgfältigst ausgelesen, vor dem Brennen wasche (zumal, wo jetzt alles verfälscht wird), indem man ihn, in kaltem Wasser, mit den Händen durchreibt, auf einen Seiher schüttet und Wasser nachgießt, dann in einem groben, sehr reinen Tuch gehörig abreibt und an einem warmen Ort trocken werden lässt,

Zweitens, ihn nicht zu stark brenne,

Drittens, das Wasser, frisch vom Brunnen geholt, nicht lange vorher kochen lasse,

Viertens, nach der Bereitung gleich serviere und zwar, wenn er nicht schwarz getrunken werden soll, mit gutem, ungekochtem Rahm oder, in dessen Ermangelung, mit dem, in den *Wiener Kaffeehäusern* üblichen, folgenden *Surrogat*:

Man rühre ganz frische Milch, bis sie kocht, setze sie dann ab, verrühre ein bis zwei ganz frische Eigelb mit etlichen Tropfen kalten Wassers und gebe, immerfort rührend, die kochende Milch nach und nach daran, rühre es noch eine Weile, damit sich keine Haut bilde und lasse es kalt werden.

In *Amerika* ersetzt man den Rahm, durch eine Mischung des feinsten Maismehls (Maisflower) mit Milch; man löst dazu zwei Teelöffel von dem Mehl in etwas kalter Milch auf, rührt dann 1¼ Liter sehr gute Milch dazu, oder ¾ Liter, falls sie abgerahmt wäre und lässt es, unter beständigem Rühren, einige Minuten kochen.

Bekannt ist der Kaffee mit *Cognac,* wo man die Hälfte oder zwei Drittel einer Tasse, mit sehr gutem und wohl gezuckertem Kaffee und dann vollends mit altem Cognac füllt, den man vorsichtig über den Rücken eines Teelöffels gießt, um Kaffee und Cognac nicht zu vermischen, den Cognac nun anzündet und, wenn er ausgebrannt ist, alles untereinander rührt, aber weniger bekannt dürfte der *Norwegische Kaffee* sein, dem man anstatt Zuckers, ein Gläschen süßen Liqueurs zusetzt.

2. Tee: Die Tee-Bereitung dagegen ist so allgemein bekannt und auch meistens so gleichförmig, dass man vielleicht nur mit einer ausländischen, etwas Neues zu sagen vermöchte, nämlich der *russischen,* die als sehr vorzüglich anerkannt ist. Es wird dort der Tee immer aus Extrakt gemacht, zu dem man den Tee, in eine kleine flache, mit kochendem Wasser wohl ausgespülte Teekanne gibt, mit kochendem Wasser übergießt (auf 15 Gramm Tee, eine gewöhnliche Obertasse Wasser) und dies fünf Minuten über dem *Samowar* (der russischen Teemaschine) ziehen lässt. Hiervon nun gießt man nach Geschmack in das Glas (in Russland wird der Tee bekanntlich aus Gläsern getrunken) und füllt es mit kochendem Wasser aus dem Samowar an.

Recht angenehm und erfrischend ist eine, in Russland sehr beliebte Mischung, aus einem Glas (¼ Liter etwa) Tee, einer Scheibe Zitrone und zwei Esslöffeln Rum oder Arrak; doch fügen wir gewöhnlich etwas Zucker hinzu.

Auch bloß Zitronensaft in eine Tasse Tee gedrückt, ist sehr wohlschmeckend.

Ferner ist ganz heller Kandiszucker zum Tee zu empfehlen, sowie geschlagner Rahm.

Sehr angenehm und dabei heilsam, ist auch der Tee von *Frauenhaar* (Bavaroise): Man gebe davon so viel, als man zwischen zwei Fingern nehmen kann, in eine kleine Teekanne, übergieße es mit zwei Tassen kochendem Wasser und lasse es einige Minuten stehen; dann fülle man drei Gläser, jedes ¼ Liter haltend, zum vierten Teil mit gehacktem Zucker an und verteile den Tee in dieselben und wenn der Zucker aufgelöst ist, so werden die Gläser mit lauwarmer, aber zuvor abgekochter, heißer Milch voll gegossen und man gibt mürbes Brot oder Backwerk dazu.

3. Schokolade: Man rechnet 15–30 Gramm auf die Tasse, zerschneidet die Schokolade gröblich, tut etwas Milch oder auch Wasser hinzu und rührt sie auf dem Feuer zu einem feinen Brei, gießt die übrige Milch daran und kocht es einige Minuten, gibt es dann in die Kanne, lässt die Schokolade eine Minute ruhig stehen, sprudelt sie nun schaumig und serviert sie gleich in Tassen, nebst geröstetem Weißbrot oder mürbem Backwerk, häufig auch noch mit geschlagenem Rahm, von dem man dann, nach Belieben, in die Tasse nimmt. Auch bereitet man die Schokolade oft mit halb Milch, halb Wasser oder bloß mit Wasser.

Sehr fein ist die Schaum-Schokolade, zu der man auf die Tasse 30 Gramm Schokolade nimmt, die Schokolade nach dem Kochen kräftig sprudelt und den Schaum in die Tassen einteilt, bis diese gehäuft voll sind, worauf man ein glühendes Schäufelchen über die Tassen hält. Um die Schokolade recht schaumig zu erhalten, muss man einen hohen Topf oder Kanne und einen hölzernen Sprudel (Quirl) haben.

4. Glühwein: Man vermische, auf dem Feuer, 4½ Flaschen guten roten Tischwein, ¾ Kilo Zucker (in Stücken), etwas Zimt und ein Fläschchen Bischofessenz, welches 2½ Esslöffel hält und lasse es bis vors Kochen kommen, aber nicht kochen.

5. Weinpunsch: Man nehme auf vier Flaschen leichten Moselwein, eine Flasche Arrak-Punschessenz und etwas Zucker nach Geschmack, lasse den Wein mit dem Zucker bis vors Kochen kommen, gieße die Essenz in die vorher erwärmte Terrine, den Wein dazu, rühre es rasch um und decke die Terrine zu.

6. Feiner Weinpunsch: Man nehme auf 2 Liter Wasser, den Saft von drei Zitronen, 1–1½ Flaschen guten Rheinwein, ⅜–½ Kilo Zucker,

1 Flasche Arrak, bringe es zu Feuer und füge, wenn es den Siedepunkt erreicht hat, eine Tasse starken Tee hinzu.

Man kann ihn warm oder kalt geben, doch ist er besser kalt und am besten, frappiert.

7. Russischer Eierpunsch: Man verklopfe zwölf frische Eidotter mit ½ Kilo fein gestoßenem Zucker, einer Prise Zimt und einer halben geriebenen Muskatnuss (etwas viel für deutschen Geschmack), gebe nach und nach eine Flasche Rum, Arrak oder Cognac und danach 1 Liter dicken süßen Rahm hinzu, klopfe es zehn Minuten mit der Schneerute und gieße es dann durch ein Sieb.

8. Krampampoli: Man lege auf einen starken, breiten, irdenen Topf zwei bis drei flache Eisenstäbchen und über diese 1 Kilo Zucker, den man mit einer Flasche Rum begießt und sogleich mit einem recht langen Fidibus in Brand steckt und wenn der Rum ganz ausgebrannt und der Zucker in den Topf getropft ist, so gieße man zwei Flaschen guten weißen Tischwein, 1 Liter Wasser oder Tee, nebst dem Saft einer Zitrone und einer Apfelsine dazu und stelle den Topf wenigstens zwei Stunden lang in die warme, nicht heiße Röhre, rühre ihn dann gut um und halte ihn während des Servierens fortwährend heiß, kann ihn aber auch kalt geben.

9. Milchpunsch: Man gebe ⅜ Kilo Zucker, den Saft und die fein abgeriebene Schale von zwei Zitronen, eine Flasche heiße Milch, eine Flasche heißes Wasser, etwas Vanille, geriebene Muskatnuss und eine Flasche Arrak, in der hier angegebenen Reihenfolge, in einen Topf, decke ihn wohl zu und lasse die Masse über Nacht stehen; sie gerinnt, wird andern Tages durch Flanell gegossen, in Flaschen gefüllt und kalt gegeben; er hält sich lange.

Als *Beigabe* zu allen Sorten von Punsch sind auf dem Roste geröstete Weißbrotschnitten zu empfehlen, mit ungesalzener Butter bestrichen und mit feinem Salz bestreut.

10. Punsch-Extrakt: Man nehme auf 12 Liter kochendes Wasser, 2 Kilo Zucker, gieße, wenn dieser ganz aufgelöst ist, 16 Liter feinsten, echten Arrak hinzu, setze den Kessel aufs Feuer und lasse ihn so lange darauf, bis sich die Flüssigkeit, welche man beständig aufziehen muss (das heißt, mit einem großen Löffel aufnehmen und wieder zurückgießen), zu einer Sirup ähnlichen Masse gebildet hat, die man in Porzellangefäße schüttet, nach dem Abkühlen in Flaschen füllt und in den Keller legt. Er wird je älter, je besser.

Beim Gebrauch verdünnt man ihn mit leichtem Wein, mit Champagner oder auch mit Mineralwasser, besonders *Roisdorfer* Wasser, und nimmt meistens ein Drittel Extrakt und zwei Drittel andere Flüssigkeit.

11. Warmer Eierwein (Chaudeau): Man nehme auf je ¼ Liter weißen Wein, drei ganze Eier, 60 Gramm Zucker, auf einer halben Zitrone abgerieben und den Saft einer halben Zitrone, tue alles zusammen in einen engen hohen Topf, decke es zu und lasse es eine Stunde stehen. Der Zucker wird dann aufgelöst sein und man quirlt oder klopft dies einige Minuten, stellt dann den Topf in eine Kasserolle mit kochendem Wasser und quirlt oder schlägt (mit der Schneerute) die Masse beständig, während das Wasser stets stark kochen muss, bis sich auf dem Chaudeau keine große Blasen zeigen, gieße es dann gleich in Tassen und serviere mit kleinem Backwerk.

Man kann leichten Wein, Rheinwein oder sonst guten Wein dazu nehmen; am besten ist das Chaudeau von Champagner und ebenso der folgende kalte Eierwein.

12. Kalter Eierwein: Man verrühre zu je ¼ Liter weißem Wein, wie oben, zwei ganz frische Eidotter, mit einem Esslöffel fein geriebenem Zucker, recht schaumig, gebe nach und nach den Wein dazu und serviere in großen Gläsern.

13. Warmbier: Man tue ¾ Liter gutes Weißbier, ¼ Kanne weißen Wein, ⅛ Kilo Zucker, die Schale einer halben Zitrone, sehr fein abgeschält, und ein fingerlanges Stückchen feinsten Zimt in einen irdenen Topf und lasse es aufkochen, verrühre dann einen halben Esslöffel Kartoffelmehl mit ein wenig kaltem Bier und gieße das kochende Bier, unter stetem Quirlen, dazu.

Oder auf *feiner Art*, koche man 1 Liter gutes Weißbier, mit ¼ Kilo Zucker und einem Stückchen Zimt und Zitronenschale, gieße dann ¼ Liter guten weißen Wein dazu und legiere es mit sechs Eidottern, die man mit etwas Rahm verrührt hat, gebe den Saft einer Zitrone hinein und zuletzt eine halbe Tasse Marasquino, sprudle alles zusammen, noch über gelindem Feuer und serviere in Tassen.

14. Kaltes Eierbier: Man bereite es, wie den *kalten Eierwein*, nehme jedoch auf das ¼ Liter nur ein Eigelb und zwei Teelöffel Zucker.

15. Echter Rheinischer Maitrank: Man nehme zu 6 Flaschen Moselwein oder leichtem Rheinwein, 2 Handvoll Blätter von schwarzen Johannisbeeren, ¼ Handvoll edle Melisse, 10 Blätter Krauseminze, 4 Blätter Pfefferminze, 1 Prise Eberraute, 1 Prise edlen Salbei, ½–1 Zitrone, zu Scheiben geschnitten, ½ Kilo weißen Zucker, lasse es eine Stunde ziehen und streue einige Apfelblüten darauf.

16. Erdbeer-Cardinal: Man bestreue einen gehäuften Suppenteller voll Erdbeeren reichlich mit Zucker, lasse sie so, wenn tunlich, mehrere Stunden zugedeckt stehen und füge dann vier Flaschen weißen Wein, nach Belieben auch eine halbe Flasche Rotwein und, nach Geschmack, Zucker hinzu.

17. Pfirsich-Cardinal: Man gebe ½ Kilo gestoßenen Zucker in die Bowle, lege fünf bis sechs, geschälte und zu feinen Scheibchen geschnittene Pfirsiche darüber, decke es zu und lasse es so mehrere Stunden, wenigstens aber eine Stunde, stehen. Kurz vor dem Gebrauch gieße man dann zwei Flaschen guten Weißwein und eine Flasche Rotwein hinein und stelle die Bowle kalt, entweder auf Eis oder in sehr kaltes Wasser.

18. Pfirsich-Cardinal mit Erdbeeren: Man nehme 1½–2 Liter frisch gepflückte, immer tragende Erdbeeren, suche, mittelst einer großen Nadel, die schönsten aus (etwa ½–¾ Liter), bestäube sie mit fein gestoßenem Zucker und stelle sie, zugedeckt, an einen kühlen Ort. Dann bereite man ¼ Liter Zuckersirup, gieße ihn heiß über den

Rest der Erdbeeren, decke sie zu und lasse dies eine Stunde, ebenfalls zugedeckt, stehen, wonach man es, durch eine geruchlose Serviette, in die Bowle seiht, ¼ Kilo gestoßenen Zucker dazu tut und drei bis vier Flaschen Moselwein daran gießt, wohl verrührt und zwei bis drei Stunden recht kalt stellt, am besten in Eis. Auch habe man drei bis vier schöne Pfirsiche geschält und in, nicht zu feine, Scheiben geschnitten, mit Zucker bestreut und eine Stunde stehen gelassen, bereit, und kurz vor dem Gebrauch gebe man nun sowohl die Pfirsiche als die eingezuckerten Erdbeeren in die Bowle. Will man eine Flasche Champagner hinzufügen, so gieße man ihn, eben vor dem Servieren, recht kalt hinein und lasse eine Flasche Moselwein weg und nur aus *Champagner* bereitet, ist diese Bowle sehr köstlich, doch darf er dann auch natürlich erst beim Servieren eingegossen werden und man gibt zu den Erdbeeren nur so viel Moselwein, als zum Auflösen des Zuckers nötig ist.

X. Saucen

Warme

1. Braune Vorratsauce: Man röste in ¼ Kilo zerlassener Butter acht Esslöffel Mehl schön kastanienbraun, gieße so viel kalte Bouillon daran, dass es eine flüssige Sauce gibt und rühre sie so lange, bis sie kocht, stelle sie dann zur Seite, dass sie nur langsam kochen könne und lasse sie zwei Stunden kochen, fette sie ab, seihe sie durch ein Haarsieb und rühre sie noch so lange, bis sie erkaltet ist; sie muss schön glatt und weder zu dick noch zu dünn sein und kann als Grundsauce zu allen braunen Saucen gebraucht werden, wo man ihr Geschmack, Gewürz und sonstige Zutat, dann erst beim Gebrauch gibt. Im Winter lässt sie sich lange aufbewahren, besonders wenn man sie einmal aufkocht, wodurch sie nur noch feiner und besser wird.

2. Weiße Vorratsauce: Man bereitet und benutzt sie wie die braune, nur muss sie schön weiß sein und man darf daher das Mehl nur weiß dämpfen.

3. Braune Sauce: Man röste einen Esslöffel Mehl in einem eigroßen Stück Butter oder gutem Fett braun und gieße, unter beständigem Rühren, so viel Bouillon daran, bis es dickflüssig ist, gebe dann, wenn es kocht, Salz, Lorbeerblatt und etwas weißen Wein oder zwei Esslöffel Weinessig daran und koche es eine Stunde, nehme dann das Fett ab, seihe die Sauce durch ein feines Sieb und füge, nach Geschmack, noch feinen weißen Pfeffer und Zitronensaft hinzu.

4. Béchamelsauce: Man lasse in einer Kasserolle ein gutes Stück Butter zergehen, gebe eine kleine, mit einer Gewürznelke besteckte

Zwiebel, ein halbes Lorbeerblatt und einen Esslöffel feines Mehl daran und dämpfe alles zusammen ganz weiß, fülle es dann mit ¾ Liter süßem Rahm oder Milch auf und koche es, unter stetem Umrühren, auf die Hälfte ein, würze mit Salz, Muskatnuss und sehr wenig weißem Pfeffer und streiche es durch ein Sieb.

5. Buttersauce: Man vermische 60 Gramm nicht zu harte Butter mit einem Esslöffel Mehl zu einem weichen Teig, gebe ihn mit stark ¼ Liter Wasser, einem kleinen Teelöffel Salz, einer Prise Pfeffer und etwas Muskatnuss in eine Kasserolle und rühre es auf dem Feuer fortwährend um, bis es aufkochen will, wonach man es absetzt, einen Teelöffel Weinessig und noch 30 Gramm gebröckelte Butter daran tut und gut umrührt, bis die Butter geschmolzen ist. Die Sauce darf erst auf das Feuer kommen, wenn sie gerade gebraucht werden soll und weder kochen, noch aufgewärmt werden.

Oder besonders zu *abgekochtem Fisch* mit *Kartoffeln*, wende man die Hälfte der zur Sauce bestimmten Butter in etwas Mehl um und lasse sie mit einem Teil des Fischwassers aufkochen, gebe dann die andere Hälfte der Butter dazu und ziehe die Sauce mit einem Eigelb ab.

6. Holländische Sauce: Man gebe 120 Gramm Butter, einen kleinen Esslöffel Mehl und drei Eidotter in eine Kasserolle, mische alles mit einem Holzlöffel gut untereinander, füge Salz, eine Prise Pfeffer, etwas geriebene Muskatnuss, den Saft einer halben Zitrone und ⅛ Liter Wasser oder Fischwasser hinzu, setze die Kasserolle kurz vor dem Anrichten über Feuer und rühre gut, bis die Sauce aufkochen will, nehme sie dann ab und rühre sie noch einige Minuten lang.

7. Holländische Zitronensauce: Man nehme so viel Bouillon, als man Sauce machen will, koche sie mit 60 Gramm Butter und ein bis zwei, zu Scheiben geschnittenen Zitronen eine Weile, füge dann fein gehackte Schalotten oder Zwiebel, eine Tasse Kapern, ein paar Esslöffel Essiggurken, beides ganz klein geschnitten, und etwas Salz dazu, lasse dies alles gut durchkochen und mache die Sauce noch mit fein geriebenem Weißbrot oder einigen Eidottern etwas dicklich.

Diese Sauce, sehr gut sowohl zu *abgekochtem* als *gebackenem Fisch*, ist auch sehr dienlich, um *Reste* von *Fisch* darin aufzuwärmen.

8. Südfranzösische Sauce: Man verrühre vier bis fünf Eier auf dem Feuer, gebe die gleiche Menge Jus hinzu, lasse es aber nicht kochen, dann den Saft von zwei Zitronen und von acht Schalotten, welche man reibt und durch den Zipfel eines Tuches presst, und zuletzt ein klein wenig Essig

9. Rahmsauce: Man rühre 60 Gramm frische Butter mit einem Esslöffel Mehl wohl ab, gieße süßen Rahm daran und lasse es aufkochen, füge noch 30 Gramm Butter hinzu, die auch noch aufkochen muss und zuletzt sechs, wohl verklopfte Eier.

10. Eiersauce: Man vermische ¼ Liter Wasser nach Geschmack mit Essig, rühre damit drei Eidotter oder zwei ganze Eier und einen Teelöffel Mehl an, gebe 30 Gramm Butter und etwas Muskatnuss hinzu und lasse die Sauce, unter beständigem Schlagen mit einem kleinen Besen, bis vors Kochen kommen, setze sie dann schnell ab und rühre sie noch einige Augenblicke, während dem man noch 30 Gramm Butter, in kleinen Stückchen, beifügt.

Oder man schneide sechs hartgekochte, erkaltete Eier in würfelgroße Stücke, tue sie mit ⅜ Liter Buttersauce, noch 30 Gramm Butter, Salz und Pfeffer in eine Kasserolle und schüttele sie über dem Feuer, bis es heiß ist. – Zu *Laberdan* und *Schellfisch*.

11. Pfeffersauce: Man koche einen starken Teelöffel grob gestoßenen Pfeffer in zwei Esslöffeln Weinessig auf und vermische dies mit brauner Sauce Nr.3.

Oder man gebe in braune Vorratsauce Nr.1 vier Esslöffel Weinessig und zwei Messerspitzen Cayennepfeffer, lasse es eine halbe Stunde langsam kochen und seihe es durch ein Haarsieb.

12. Senfsauce: Man koche halb Wasser, halb Essig mit 60 Gramm Butter und wenn es kocht, so nehme man es vom Feuer und rühre nach Geschmack, Senf hinein.

Oder man rühre ¼ Kilo Butter und ⅛ Kilo Senf, auf dem Feuer, bis nahe vor dem Kochen und füge das nötige Salz hinzu.

Oder man gebe in braune Vorratsauce Nr.1 zwei Esslöffel Senf, etwas roten Wein und Gewürz und lasse es aufkochen.

Oder man vermische Buttersauce Nr.5 mit einem Esslöffel Senf.

13. Braune Kapernsauce: Man übergieße vier Esslöffel Kapern mit der braunen Sauce Nr.3 und koche es zusammen fünf Minuten lang.

14. Weiße Kapernsauce: Man füge der Holländischen Sauce Nr.6, die man mit dem Saft einer ganzen Zitrone vermischt hat, vor dem Aufsetzen noch zwei Esslöffel Kapern bei.

Oder kann auch zwei Esslöffel Kapern, in die Buttersauce Nr.5 erstes Rezept, zugleich mit der gebröckelten Butter tun.

15. Madeirasauce: Man lasse in brauner Vorratsauce Nr.1, nach Geschmack, Madeira, etwa ein Glas, aufkochen und gebe, ebenfalls nach Geschmack, Currypulver (ein bis zwei Esslöffel auf 1 Liter Sauce) und ein wenig Cayennepfeffer hinzu.

16. Weinsauce: Man gebe zu brauner Vorratsauce Nr.1 zwei bis drei Glas guten Rotwein, je schwerer, je besser, lasse es etwas einkochen und verdicke es mit etwas Gelatine.

17. Essigsauce: Man lasse 60 Gramm Butter braun werden und, nachdem man sie ausgegossen, kalt werden, gebe dann gekochten Essig, Pfeffer und Salz daran und mache es zusammen heiß.

Oder man setze Wasser mit etwas Essig, reichlich Butter und sehr wenig Mehl, zusammen kalt auf und bringe es, unter beständigem Rühren, zum Kochen oder man vermische auch nur Butter mit Essig und mache es heiß.

18. Salatsauce: Man nehme halb Butter, halb Essig, lasse beides, unter beständigem Klopfen mit einem kleinen Besen, kochen, verklopfe drei bis vier Eidotter mit etwas Essig, rühre es darunter und menge damit den Salat an.

19. Salatbohnensauce: Man lasse zwei Teile sauren Rahm und einen Teil Butter zusammen kochen und gieße so viel Essig daran, dass es eine angenehme Säure erhält.

Oder man verrühre zwei Eidotter mit einer Messerspitze Mehl, gebe nach Geschmack Essig, dann etwas sauren Rahm, zuletzt ein gutes Stück Butter daran und lasse es unter kräftigem Klopfen mit einem kleinen Besen eben aufkochen.

S. auch *Kartoffelsauce.*

20. Spargelsauce: Man rühre einen Esslöffel feines Mehl mit kaltem Wasser fein ab, gebe dann ⅛ Kilo recht frische, in Stückchen gebröckelte Butter, das Gelbe von sechs Eiern, etwas Muskatnuss und eine Messerspitze Zucker daran, gieße von dem Spargelwasser dazu und rühre hiervon auf dem Feuer, eine dickflüssige Sauce, welche aber ja nicht kochen darf, und drücke den Saft einer halben Zitrone daran.

Oder man verklopfe sechs Eidotter, ⅛ Kilo ungesalzene Butter, zwei Esslöffel Mehl und ½ Liter sauren Rahm stark untereinander, fülle einige Esslöffel Spargelwasser dazu, stelle den Topf ins Bain-Marie, schlage die Sauce, bis sie heiß und schaumig ist, und richte gleich an.

Oder man gebe 60 Gramm Butter in eine Kasserolle, füge halb Essig, halb Spargelwasser, Pfeffer, Salz, Muskatnuss und ein wenig Mehl hinzu und lasse es durchkochen.

21. Holländische Kräutersauce: Man verrühre in ⅛ Kilo Butter, drei Esslöffel Mehl, 60–90 Gramm Zucker und etwas Weinessig, füge dünn abgeschälte Zitronenschale, einige, mit Gewürznelken besteckte Zwiebeln, etwas Pfeffer und halb Brühe von dem Fisch, wozu die Sauce gegeben werden soll, und halb Wasser hinzu, lasse es, unter immerwährendem Rühren, durchkochen und ziehe es mit vier Eidottern und etwas Butter ab. Dann koche man Schnittlauch, Kerbel, Estragon, Petersilie und junges Selleriekraut in Wasser weich, drücke es aus und stoße es mit einigen Sardellen, etwas Butter und Senf in einem Mörser, streiche es durch ein Sieb und mische es unter die Sauce. – Hauptsächlich zu *Steinbutt, Turbot* und *Kabeljau.*

22. Französische Sauce (à la Jardinière): Man rühre einige Esslöffel Mehl mit Wasser an, schlage vier Eidotter hinzu, verdünne es mit Bouillon und koche es mit 60 Gramm Butter zu einer dickflüssigen Sauce, der man dann Spargelspitzen, Blumenkohlröschen, grüne Erbsen und Perlzwiebelchen, alles in gesalzenem Wasser vorher abgekocht, beifügt und hat man gerade Krebse, so kann man auch einige zu Würfelchen geschnittene Krebsschweife und Scheren hinzutun. – Zu *Laberdan* und allem, etwas *derben* Fisch, besonders auch *Stör*.

23. Gehäckelte Sauce: Man hacke vier hartgekochte Eidotter, Champignons, Kapern, Sardellen und Essiggurken recht fein, dämpfe einen Teelöffel Mehl in 60 Gramm Butter, rühre es mit etwas Bratenjus oder Fleischextrakt, einem Glas Wein, einem Esslöffel Essig und der nötigen Bouillon an, füge das Gehackte hinzu und lasse alles zusammen heiß werden, aber nicht kochen.

24. Petersiliensauce: Man gebe einige Esslöffel junge, zarte Petersilienblättchen (nicht gehackt) in kochendes Salzwasser, lasse sie einmal aufkochen und, nachdem man sie mit kaltem Wasser in einem Seiher übergossen, ablaufen, gebe sie dann nebst einem nussgroßen Stückchen sehr frischer Butter in heiße, weiße Vorratsauce und ziehe sie darin auf.
Oder man rühre 30 Gramm Mehl mit ⅛ Liter Wasser an, gebe ¼ Kilo Butter und gehackte Petersilie dazu und lasse es, unter beständigem Rühren, aufkochen.

25. Sauerampfersauce: Man wasche zwei Handvoll Sauerampfer, hacke ihn gröblich, röste einen kleinen Esslöffel Mehl in 45 Gramm Butter gelb und dämpfe den Sauerampfer darin, tue dann einen Schöpflöffel Bouillon, ein Stückchen Zucker und einen halben Esslöffel Essig daran, lasse es ein wenig durchkochen und ziehe es mit zwei Eigelb ab. – Zu *abgekochtem Fisch*.

26. Braune Zwiebelsauce (Sauce Robert): Man röste vier Esslöffel fein gehackte Zwiebeln in ⅛ Kilo Butter mit vier Esslöffeln Mehl, schön kastanienbraun, rühre sie mit ⅜ Liter Bouillon und vier Esslöffeln Essig an und würze mit vier Gewürznelken, sechs Pfefferkörnern, einem Lorbeerblatt und zwei Zitronenscheiben, koche es eine Viertelstunde, treibe es durch ein Haarsieb und gebe noch zwei Esslöffel Senf hinein.

27. Weiße Zwiebelsauce (Soubise): Man schale acht schöne, weiße Zwiebeln, schneide sie zu feinen Scheiben und dämpfe sie in ⅛ Kilo Butter sehr weich, aber weiß, lasse dann 60 Gramm Butter heiß werden und drei Esslöffel Mehl blassgelb darin rösten, rühre es nach und nach mit 1 Liter süßem Rahm und ½ Liter Bouillon an, tue die Zwiebeln dazu und koche nun das Ganze, auf mäßigem Feuer und bei sehr vorsichtigem Rühren, bis über die Hälfte, zu dickflüssiger Sauce ein, streicht sie durch ein Haarsieb und gibt noch Salz und eine Prise feinen weißen Pfeffer, dazu. – Besonders zu *gebackenem Fisch* und namentlich zu *Karpfen;* man richtet die Fischstücke kranzförmig an und gießt die Sauce in die Mitte.

28. Niederrheinische Zwiebelsauce: Man dämpfe drei bis vier zu feinen Scheiben geschnittene Zwiebeln mit einem Stück Butter in einer flachen Pfanne, rühre so viel sauren Rahm daran, dass es eine dickflüssige Sauce wird und gebe sie, wie die vorhergehende, zu *gebackenem Fisch* und zu *Stockfisch.*

29. Perlzwiebelsauce: Man tue drei Esslöffel besten Zuckersirup auf einen flachen Teller und verrühre so viel feines Mehl damit recht glatt, als er annimmt, gebe ihn dann mit einigen Tassen heißer Bouillon, zwei bis drei Esslöffeln eingemachten, abgewaschenen und abgelaufenen Perlzwiebeln und Salz in eine Kasserolle und lasse es gut aufkochen. – Zu *abgekochtem Karpfen* doch kann man auch *Reste von Fisch* darin aufwärmen und *Kartoffeln, Kartoffelnudeln* oder *dergleichen,* dazu geben.

30. Champignonsauce: Man schneide die gereinigten Champignons in Stückchen, tue sie mit einem Stückchen Butter in eine Kasserolle, streue einen halben Esslöffel Mehl darüber, füge klein geschnittene Petersilie, Muskatnuss und Salz hinzu und lasse sie so eine Weile dämpfen, gieße dann die nötige Bouillon daran und koche sie noch etwas.

31. Trüffelsauce: Man gebe zu brauner Vorratsauce Nr.1 ein wenig Zitronensaft, etwas Jus oder Fleischextrakt und ein paar Glas guten roten Wein, verkoche dies wohl, tue dann zu Scheibchen geschnittene Trüffeln hinein und lasse die Sauce aufkochen.

32. Tomatensauce: Man schneide ein Dutzend sehr reife Tomaten (Liebesäpfel) entzwei und drücke den Samen und das Wässerige heraus, dämpfe das Übrige mit 30 Gramm Butter, einem Lorbeerblatt, zwei Gewürznelken, sechs Pfefferkörnern und einigen Schalotten eine Stunde und treibe es durch ein Sieb, röste nun einen Esslöffel Mehl in einem Stückchen Butter gelb, rühre es, nebst der nötigen Bouillon an die Tomaten, lasse es noch eine halbe Stunde kochen und gebe beim Anrichten Zitronensaft daran.

33. Zwiebelsauce: Man röste einen Esslöffel Mehl mit einer Handvoll fein gehackten Zwiebeln in Butter hellgelb, rühre ⅛ Kilo abgekochte, geriebene und durch ein Haarsieb getriebene Kartoffeln dazu, verdünne die Sauce mit Wasser (oder Bouillon) und Essig, würze mit Salz und Pfeffer und gebe sie in einer Sauciere, meistens zu *Salatbohnen.*

34. Austernsauce: Man nehme drei bis vier Dutzend Austern aus ihren Schalen, bärte sie ab und gebe sie mit ihrem Wasser und einem Glas gutem weißen Wein in eine Kasserolle, lasse sie eben steif werden und setze sie ab. Den Wein mische man unter weiße Vorratsauce Nr.2 und mache sie ganz heiß, würze mit Zitronensaft, ziehe sie mit einigen Eidottern ab und füge die Austern, nebst einem nussgroßen Stückchen Butter hinzu.

35. Muschelsauce: Man rühre ⅛ Kilo frische Butter zu Schaum, dann acht Eidotter, nach und nach hinein, und hierauf drei gereinigte Sardellen, die Schale einer halben Zitrone und einige Muscheln, alles fein gehackt, zwei Esslöffel feines Mehl, einen Teelöffel Zucker, ¼ Liter weißen Wein und reichlich eben so viel Bouillon, verklopfe es kräftig und streiche es durch ein Sieb in einen breiten Topf, stelle diesen ins Bain-Marie, schlage die Sauce mit der Schneerute heiß, dick und schaumig, lasse sie aber ja nicht kochen, und gieße sie gleich, über drei bis vier Dutzend schöne, abgebärtete Muscheln, in eine erwärmte Kompottschale. – Zu *abgekochtem Fisch*, auch zu *Kartoffeln*, sehr gut.

36. Hummersauce: Man schneide das Fleisch eines kleinen Hummers in Würfel, und wenn er Eier hat, so mache man davon ⅛ Kilo Hummerbutter, indem man die Eier in einem Mörser fein zerstößt, mit frischer Butter gut vermischt und durch ein feines Haarsieb treibt. Dann tue man 60 Gramm nicht zu harte Butter und einen Esslöffel Mehl in eine Kasserolle, menge beides mit einem hölzernen Löffel wohl untereinander zu einem weichen Teige und füge ¼ Liter Wasser, eine Prise weißen Pfeffer und etwas geriebene Muskatnuss hinzu, stelle die Kasserolle jetzt übers Feuer und rühre die Sauce, bis zum Augenblick des Aufkochens, fortwährend um, gebe nun die Hummerbutter oder, in deren Ermangelung, etwas frische Butter hinein und rühre so lange, bis die Butter geschmolzen ist, wonach man etwas Sardellen-Essenz oder Sardellenbutter, den Saft einer halben Zitrone, ein wenig Cayennepfeffer und zuletzt das Hummerfleisch dazu gibt und gleich anrichtet, man kann auch die Sauce, ehe das Fleisch hineinkommt, durch ein feines Sieb geben – Besonders beliebt zu *Lachs, Steinbutt, Turbot*.

37. Krebssauce: Man koche zwei Dutzend Krebse, breche die Schweife aus und stoße die Schalen mit 15 Gramm Butter fein, dämpfe sie in 60 Gramm Butter, gebe ein geschnittenes Weißbrötchen und Bouillon dazu und lasse es kochen, presse es dann durch ein Sieb und tue die klein geschnittenen Schweife und etwas Muskatnuss und zuletzt vier Eidotter daran.

Oder man bereite aus fünfzehn kleinen Krebsen und ⅛ Kilo Butter eine Krebsbutter und füge, während sie bratet, eine kleine Zwiebel hinzu, die aber nicht braun werden darf und so wie sie anfängt gelb zu werden, herausgenommen werden muss. Wenn die Butter schön rot ist, so dämpfe man einen gehäuften Esslöffel Mehl kurze Zeit darin, gieße ½ Liter Bouillon daran, lasse es langsam durchkochen, indem man alles gut vom Boden auf und unter einander rührt, streiche es durch ein Sieb und würze mit einer Prise weißem Pfeffer.

Die Krebssauce, erstes Rezept, ist auch sehr gut zu *Pudding* und *dergleichen*, wenn man zum Kochen derselben Milch nimmt und Zucker hinzufügt.

38. Garnelensauce: Man gebe einen guten Teil recht frische Garnelen in weiße Vorratsauce Nr.2, die man mit etwas Zitronensaft gewürzt hat, und lasse sie darin heiß werden, aber nicht kochen.

39. Sardellensauce: Man röste zwei kleine Esslöffel Mehl in einem Stück Butter gelb, hacke 120 Gramm gewässerte und gereinigte Sardellen und eine kleine Zwiebel fein, dämpfe dies in dem gerösteten Mehl, gieße Bouillon und ein wenig Essig daran und lasse es aufkochen.

Oder man vermische ½ Liter weiße Vorratsauce Nr.2 mit 60 Gramm Sardellenbutter und ziehe es mit etwas weißem Wein, einem Teelöffel Zucker und ein paar Eidottern ab.

40. Heiße Sardellenbutter: Man zerlasse 180 Gramm frische Butter, gebe zehn große Sardellen, gewaschen, entgrätet und fein gehackt, hinein und brate sie härtlich darin, doch dürfen sie nicht braun werden, sondern nur hochgelb. – Sie ist, recht heiß in einer Sauciere gegeben, zu *allen Fischen* passend, auch kann man sie über *abgekochte Kartoffeln* gießen.

41. Heringsauce: Man bereite sie wie Sardellensauce und nehme beim zweiten Rezept, Heringbutter und, nach Belieben, statt weißer, braune Vorratsauce und etwas Rotwein oder Essig und lasse Eier und Zucker weg.

42. Weiße und braune Einbrenn: Man lasse zur *weißen*, 30 Gramm Butter auf dem Feuer zergehen, tue vier Esslöffel feines Mehl dazu und dämpfe es über ganz schwachem Feuer, unter beständigem Umrühren, so lange, bis das Mehl Farbe nehmen will, welches aber nicht geschehen darf, da sie weiß bleiben muss. Die *braune Einbrenn* wird ebenso bereitet, aber man nimmt nur drei Esslöffel Mehl und röstet sie schön hellbraun. In einem irdenen Geschirr halten sich die Einbrenn mehrere Tage.

Kalte Saucen

43. Gewöhnliche Mayonnaise-Sauce: Man verrühre drei rohe Eigelb und rühre nach und nach, tropfenweise, neun Salatlöffel feines Öl hinein, indem man das Öl in den Löffel tut und so einträufelt; dann kommen zwei Salatlöffel Essig, am besten Kräuteressig dazu, Pfeffer und Salz.

Oder man rühre drei hartgekochte und drei rohe Eidotter mit drei Salatlöffeln Provencer Öl recht kräftig und füge Salz, Pfeffer, nach Geschmack Kräuteressig, und zwei, in Essig aufgelöste Täfelchen Gelatine hinzu.

Oder man nehme 120 Gramm frische, ungesalzene Butter, zwei hartgekochte Eidotter, vier Salatlöffel Öl und eben so viel Essig, rühre die Butter zu Schaum und gebe abwechselnd einen Löffel Öl und einen Löffel Essig, immer gut rührend, hinein; die Eidotter werden durch ein Sieb getrieben, welches man umdreht und mit ein wenig Essig verrührt, und kommen zuletzt, mit ein paar Messerspitzen sehr fein gemahlenem weißen Pfeffer und etwas Salz, an die Sauce.

44. Mayonnaise-Sauce mit Rahm: Man gebe in eine Schüssel einen halben Teelöffel gehackte Schalotten, einen Teelöffel gehackte Petersilie, Estragon oder Kerbel, einen Teelöffel gestoßenen Zucker, 8 Gramm Salz und das Gelbe von einem Ei, rühre nach und nach, mit einem hölzernen Löffel, vier Esslöffel Öl und zwei Esslöffel feinen Essig hinein und, eben vor dem Anrichten, ⅛ Liter geschlagenen Rahm. – *Sehr gut.*

45. Mayonnaise-Sauce mit Aspik: Man schlage ⅛ Liter aufgelösten Aspik, mit einer Schneerute zu einem weißen Schaum, gieße, unter fortwährendem Schlagen, nach und nach, ¼ Liter feines Öl und nach diesem sechs Esslöffel Estragon-Essig hinzu und fahre mit dem Schlagen fort, bis sich eine glatte, weiße, Creme-artige Sauce gebildet, der man nun noch einen Teelöffel Salz, eine Prise weißen Pfeffer und ein wenig Zucker zusetzt und es noch ein Weilchen schlägt.

46. Mayonnaise-Sauce mit Estragon: Man verrühre vier Esslöffel feines Öl und zwei Esslöffel Estragon-Essig, füge Salz, weißen Pfeffer, zwei Teelöffel *sehr fein* gehackten Estragon, einen Teelöffel ebenso gehackte Schalotten und drei Esslöffel Aspik oder, dementsprechend, in Essig afgelöste Gelatine hinzu und rühre es wohl, bis es sich bindet.

47. Mayonnaise-Sauce mit Hering oder Sardellen: Man verklopfe vier rohe Eigelb und rühre einen Teelöffel feinstes Öl hinein und jedes Mal so lange, bis von dem Öl nichts mehr zu sehen ist, und fahre mit diesem Einrühren so fort, dass ein fester Teig entsteht, der sich, wie ein Brandteig, von der Schüssel löst, gebe dann etwas mehr Öl dazu, so wie den Saft einer Zitrone, Essig und Senf nach Geschmack und zuletzt einen zu Mus gehackten Hering oder Sardellen.

48. Grüne Mayonnaise-Sauce: Man nehme eine Handvoll abgezupfte Estragonblätter, eine Handvoll Kerbel, den vierten Teil so viel Petersilie und so viel Pimpinelle als Petersilie und koche es in kochendem Wasser, mit einer halben Handvoll Salz eine Viertelstunde lang rasch ab, gieße es ab, übergieße es mit frischem Wasser, presse es fest aus und stoße es fein, vermische es dann mit zwei Esslöffeln Öl und streiche es durch ein Haarsieb, wonach man es mit einem rohen Eigelb in eine Schüssel tut, nach und nach ¼ Liter feinstes Öl daran rührt, Essig nach Geschmack und zuletzt so viel Spinatgrün, als nötig, um die, Sauce schön grün zu färben.

Zu dem Spinatgrün blanchiert man ein paar Handvoll frischen Spinat und etwas Petersilie, kühlt es mit frischem Wasser ab, drückt es leicht aus und presst es durch ein feines Haarsieb, tut es in eine Tasse, gießt einen Esslöffel frisches Wasser darüber, und stellt es bis zum Gebrauch, an einen kühlen Ort.

49. Remoulade-Sauce: Man hacke einen Esslöffel Petersilie, eben so viel Estragonblätter, zwei Zwiebeln oder acht Schalotten, sechs hartgekochte Eidotter, acht gut abgewaschene und entgrätete Sardellen und zwei Esslöffel Kapern, mit ein wenig Essig so fein als möglich, streiche es durch ein Haarsieb und vermische es mit vier Esslöffeln feinem Öl, zwei Esslöffeln feinem Essig, einer Prise Salz, zwei Prisen Pfeffer, ein wenig Zucker und so viel Essig, dass es eine dickliche Sauce ist.

50. Kräuter-Sauce: Man nehme Petersilie, Schnittlauch, Estragon, Pimpinelle, Zwiebelchen, Borrage und Pfefferkraut (dreiblätterige Kresse, Lepidium latifolium), hacke, jedes für sich, fein und gebe von jedem einen Esslöffel voll in eine Schale, füge einen Esslöffel Senf, einen Esslöffel Zucker, vier rohe Eidotter, vier Esslöffel Öl, Salz und Pfeffer hinzu und rühre dies alles mit Essig zu einer dicken Sauce an.

51. Roggen-Sauce: Man kann diese sehr schmackhafte Sauce nur im März bereiten, weil der Roggen nur dann dazu tauglich ist. Man nehme eine gute Handvoll davon, so grün wie man ihn nur finden kann, wasche ihn und stoße ihn im Mörser, dann schneide man ein Weißbrötchen in Scheiben, röste es, weiche es in Essig, dass es eben durchzieht, tut es zu dem Roggen und stößt es mit diesem zusammen noch etwas, gebe 8 Gramm Zucker, etwas Pfeffer und Salz hinzu und streiche es durch ein Haarsieb. – Zu *gebackenem Fisch*.

52. Meerrettich-Sauce: Man verrühre eine Tasse dicken süßen Rahm und eine halbe Tasse Essig mit Salz und Zucker und mische so viel frisch geriebenen Meerrettich darunter, dass es eine dicke Sauce gibt.

Oder man vermische drei geschälte, aus dem Reibeisen geriebene Borsdorfer Äpfel, einen Esslöffel Zucker, einen Esslöffel Öl, einige Teelöffel weißen Wein, einige Tropfen Weinessig und Salz mit frisch geriebenem Meerrettich und forme daraus einen kleinen Berg, den man mittelst der Messerspitze verziert, indem man mit derselben, wie in Butter, einen kleinen Eindruck macht und so der Reihe nach, von Oben bis Unten, punktierte Linien bildet. – Zu *abgekochtem Fisch*, mit *zerlassener* oder *brauner Butter* dabei.

53. Senfsauce: Man verrühre acht hartgekochte, fein geriebene Eidotter mit ⅛ Kilo Öl, vermische es nach Geschmack mit Senf und Essig und würze mit Pfeffer und Salz.

54. Heringsauce: Man nehme einen Hering, der ein Milchner sein muss, wasche, enthäute und entgräte ihn und hacke ihn, nachdem der Milchner herausgenommen, mit drei hartgekochten Eidottern, einem zerschnittenen Apfel und einigen Schalotten, zuerst etwas, stoße ihn dann fein und treibe es durch ein Sieb, gebe den Milchner, ebenfalls durch das Sieb, hinzu und rühre es mit Essig und Öl zur dicklichen Sauce.

55. Zitronensauce: Man schäle drei Zitronen, sodass auch alles Weiße entfernt ist, schneide sie dann in Scheiben und diese in vier Teile, vermische sie mit Salz, grob gestoßenem weißen Pfeffer, etwas Cayennepfeffer, einer Handvoll gehackter Petersilie, etwas Estragon, ein wenig Knoblauch und ein wenig Essig und Öl. – Zu *gebackenem Fisch,* besonders zu *Aal.*

56. Sauce zu Hummer: Man hacke sechs ganz hart gekochte Eier, 60 Gramm Sardellen und etwas Schalotten und menge es mit Essig und feinem Öl an. – Sowohl zu *kaltem* wie zu *warmem Hummer.*

57. Sauce zu Sülze (à la Diable): Man hacke zwei Dutzend Wachholderbeeren ganz fein, gebe vier hart gekochte, durch ein Haarsieb gestrichene Eidotter, einen Esslöffel Zucker, drei Esslöffel guten Senf sechs Esslöffel feines Öl, drei Esslöffel Weinessig, und ein halbes Glas roten Wein dazu und rühre es zu einer dicken Sauce. Die Wachholderbeeren können auch wegbleiben.

Oder (Cumberland Sauce): Man verrühre vier Esslöffel Johannisbeer-Gelee mit einem Esslöffel Senf, an Zucker abgeriebener Schale und Saft einer Zitrone, Salz und Pfeffer und ⅛ Liter gutem Rot- oder Portwein.

Angenehm zu Sülze ist auch eine Sauce aus einem Esslöffel Senf, zwei Esslöffeln Öl und drei Teelöffeln Zucker oder nur feinstes Öl, nach Geschmack mit Zitronensaft vermischt und überhaupt die meisten kalten Saucen.

58. Gerührte Butter: Man koche gehackte Petersilie einige Minuten in ein wenig kochendem Wasser, seihe sie ab und lasse sie erkalten, rühre dann ½ Kilo recht frische feine Butter zu Schaum, gebe die erkaltete Petersilie darunter und serviere diese Butter so kalt zu *abgekochtem Fisch*.

Süsse Saucen

59. Milchsauce: Man dämpfe einen kleinen Esslöffel Mehl in 60 Gramm sehr frischer Butter, rühre ½ Liter Milch daran und lasse es mit Zucker und ein wenig Salz kochen, kann sie auch mit einem Eidotter abziehen.

60. Eierrahmsauce: Man verklopfe ½ Liter Milch oder süßen Rahm mit sechs Eidottern und 90–120 Gramm fein gestoßenem Zucker, gebe ein Stück Zimt oder Vanille dazu und schlage es auf dem Feuer bis vors Kochen. Statt Zimt oder Vanille hinein zu tun, kann man Milch oder Rahm und Zucker allein aufkochen, die Eidotter mit einem Glas Madeira, Xeres oder dergleichen verklopfen, dies zu der Sauce geben und wohl damit verrühren.

61. Vanillesauce: Man lasse ½ Liter Milch mit 120 Gramm Zucker und einer halben Stange Vanille aufkochen und stelle es zugedeckt bei Seite; dann wird ein halber Esslöffel feines Mehl mit etwas kalter Milch fein abgerührt und man schlägt vier Eidotter dazu, verrührt auch diese wieder, gießt nun nach und nach die Vanillemilch hinein und rührt die Sauce auf gelindem Feuer, bis sie aufkochen will.

62. Schokoladensauce: Man erwärme ⅛ Kilo feine Schokolade in einer irdenen Kasserolle, zerdrücke sie, wenn sie erweicht ist, mit einem Löffel und verdünne sie nach und nach mit heißem Wasser zu ½ Liter, klopfe sie kräftig und stelle sie ins Bain-Marie, verklopfe dann in einer Tasse Wasser, drei Eidotter und eine Messer-spitze Kartoffelmehl, ziehe die Sauce damit ab und gebe nach Geschmack Zucker hinzu. Statt Wasser kann auch Milch genommen werden.

Oder man verrühre in einer Kasserolle 60 Gramm sehr frische Butter mit vier Eidottern und ½ Kilo geriebener Schokolade, gieße weißen Wein und ein wenig Wasser daran, koche es zu dickflüssiger Sauce und füge, nach Geschmack, Zucker dazu.

63. Weiße Weinsauce (Chaudeau): Man verklopfe in einem so großen irdenen Topf, dass er nur halb voll wird, eine große Obertasse weißen Wein, drei Eier, 90 Gramm Zucker, an dem die Schale einer Zitrone abgerieben worden, den Saft der Zitrone und eine Messerspitze Kartoffelmehl und lasse es eine Viertelstunde stehen, klopfe es nun abermals und stelle es ins Bain-Marie, wo das Wasser bis an die Hälfte des Topfes reichen muss, klopfe es noch so lange, bis es keine großen Blasen mehr wirft, und gieße es dann so rasch wie möglich in die Sauciere.

64. Rote Weinsauce: Man koche ½ Liter roten Wein mit einem Stückchen Zimt, sechs bis acht Gewürznelken und 90 Gramm Zucker und ziehe es dann mit einem gestrichenen, in ein wenig Wasser abgerührten Kartoffelmehl ab.

65. Angekochte Weinsauce: Man verrühre zwei Gläser roten Wein mit zwei Esslöffeln fein gesiebtem Zucker und zwei Esslöffeln Johannisbeer- oder Himbeer-Gelee, so lange bis es sich etwas bindet. – *Sehr gut.*

66. Marosquinosauce: Man schlage acht Eidotter mit einem Teelöffel Stärkemehl, 60 Gramm Zucker und 1 Liter süßem Rahm mit einer Schneerute so lange über dem Feuer, bis die Sauce, eben vor dem Kochen, dicklich wird, nehme sie dann vom Feuer und rühre ein kleines Weinglas Marosquino darunter.

67. Rumsauce: Man koche in 30 Gramm heißer frischer Butter 30 Gramm feines Mehl einige Minuten, gebe nach und nach eine Viertelflasche weißen Wein und ein Glas Rum und hierauf ⅛ Kilo Zucker dazu, lasse es vier Minuten kochen und presse den Saft einer halben Zitrone daran.

68. Erdbeersauce: Man streiche 1 Liter Erdbeeren durch ein feines Haarsieb, rühre ⅛ Kilo fein gesiebten Zucker darunter und verdünne es mit etwas weißem Wein oder Wasser.

69. Himbeersauce: Man bereite sie wie die vorige, verdünne sie aber nur mit Wasser und nehme auf 1½ Liter Beeren, ¼ Kilo, Zucker.

70. Johannisbeersauce: Man presse recht reife, jedoch nicht überreife, welche keine schöne Farbe haben, rote Johannisbeeren und rühre, kurz vor dem Gebrauch, ½ Liter davon mit ¼ Kilo fein gesiebtem Zucker eine Viertelstunde. – *Sehr fein und von schönster Farbe.*

71. Kirschensauce: Man stoße ¼ Kilo getrocknete Kirschen im Mörser, koche sie mit ½ Liter Wasser, einem Stückchen Zimt und einem halben Weißbrötchen recht weich und treibe sie durch ein Sieb, gebe nach Geschmack Zucker hinzu und auch wohl etwas Wein oder ein paar Esslöffel Kirschengeist, Cognac oder dergleichen.

Von frischen Kirschen nehme man ½ Kilo, am besten halb süße halb saure, stoße sie ebenfalls oder kerne sie aus und stoße nur die Kerne, röste dann einen halben Esslöffel Mehl in ein wenig Butter gelb, dämpfe Kirschen und Kerne darin, gieße anderthalb Glas Wasser und anderthalb Glas weißen Wein daran und lasse es eine Weile kochen, treibe sie durch ein Sieb, füge Zucker, Zimt, fein geschnittene Zitronenschale und eine gestoßene Gewürznelke hinzu und koche es noch einmal auf.

72. Aprikosensauce: Man koche sechs, gut reife, geschälte und ausgesteinte Aprikosen mit einem Glas weißem Wein, zwei Gläsern Wasser und einem Stück Zucker, schäume während des Kochens ab, treibe es durch ein Sieb und gebe die Sauce kalt.

73. Hagebuttensauce: Man bringe ¼ Liter frische oder getrocknete Hagebutten (letztere müssen mehrmals aus warmem Wasser gewaschen werden) mit ½ Liter Wasser zu Feuer und treibe sie mit ihrem Wasser und ⅛ Liter weißem Wein durch ein Haarsieb, setze sie dann wieder aufs Feuer, röste ein paar Messerspitzen Mehl in ein wenig

Butter gelb, tue dies nebst Zucker geschnittener Zitronenschale und gestoßenem Zimt an die Sauce und lasse sie noch etwas kochen.

74. Apfelsauce: Man schäle saure Äpfel und schneide sie in vier Teile, koche sie, wenn es ein Suppenteller voll ist, mit ½ Liter Wasser, ein paar Zitronenscheiben, einem wallnussgroßen Stückchen Butter und etwas Zucker, recht weich und treibe die Sauce dann durch ein Sieb.

75. Pflaumenmussauce: Man weiche ¼ Kilo Pflaumenmus in ½ Liter Wasser, koche es dann mit Zimt, Gewürznelken und Zitronenschale, verrühre es wohl, schlage es durch ein Sieb kund kann dem Wasser auch etwas weißen Wein beimischen.

76. Fruchtsaftsauce: Man presse den Saft von Johannis oder Himbeeren aus, rühre zu ½ Liter davon vier wohl verklopfte Eier, zwei Teelöffel Mehl und Zucker und schlage es, über dem Feuer, mit dem Schaumbesen, bis es steigt, nicht kocht. Will man die Sauce von eingekochtem Saft machen, so mischt man ein Drittel weißen Wein oder Wasser dazu und braucht meistens keinen Zucker.

Oder kalt bereitet, vermische man eingekochten, süßen Fruchtsaft, namentlich von Erdbeeren, Himbeeren oder Kirschen, nach Geschmack, mit leichtem weißen Wein und Zucker und verrühre es gut.

XX. Brühen

1. Fleischbrühe (Boullion): Man setze das Ochsenfleisch mit kaltem Wasser zu, auf je 1 Kilo, 2 Liter Wasser, schäume sorgfältig und nehme immer das Fett ab, gebe dann für 3 Kilo Fleisch, eine gelbe Rübe, einen Porree, eine Petersilienwurzel und einen halben Sellerie dazu und lasse es *langsam* kochen, bis das Fleisch gar ist; eine Viertelstunde vorher tut man noch ein Sträußchen Petersilie und einen halben Esslöffel Salz hinein und seiht die Brühe durch. Es verbessert die Brühe sehr, wenn man eine gebratene Zwiebel oder ein Beefsteak hinzufügt: Die Zwiebel bratet man in der Asche oder selbst im Feuer schwarzbraun, nimmt die verbrannten Schalen ab und gibt die Zwiebel mit dem andern Wurzelwerk in die Brühe. Zu dem Beefsteak behält man ein Stückchen von dem Ochsenfleisch zurück, bratet es wie Beefsteak und legt es ganz heiß in die Brühe, wenn diese zur Hälfte fertig gekocht ist.

Wünscht man besonders kräftige Bouillon, um sie in Tassen zu geben, so lässt man sie, nachdem sie durchgeseiht ist, zu der gewünschten Stärke einkochen.

2. Braune Kraftbrühe (Jus): Man bestreiche den Boden einer Kasserolle, die etwa 3 Liter hält, mit ⅛ Kilo Butter oder belegt ihn mit eben so viel klein geschnittenem Nierenfett, schneidet vier Zwiebeln in dicke Scheiben und legt 1½ Kilo zu dünnen Scheiben geschnittenes Rindfleisch darauf, gießt ¼ Liter kaltes Wasser darüber und lässt es hellbraun anbraten, aber ja nicht anbrennen, füllt die Kasserolle dann mit kaltem Wasser an, schäumt die Brühe vorsichtig ab, salzt sie, gibt eine gelbe Rübe, eine kleine Petersilienwurzel, ein Stück Sellerie und ein paar Gewürznelken hinein und kocht sie langsam zwei bis drei Stunden lang, währenddessen man Schaum und Fett sehr rein abnimmt, denn es darf durchaus kein Fett darauf sein, und sie zuletzt durch ein Sieb gießt. Kann man etwas zerstücktes, rohes Geflügel, eine alte Taube oder ein altes Huhn dem Fleische beifügen, so verbessert es die Jus sehr.

3. Fleischextrakt: Man koche 1 Liter Wasser mit dem nötigen Salz und einem haselnussgroßen Stückchen Butter oder Suppenfett und lasse einen Teelöffel Fleischextrakt gut durchkochen.

Besser ist jedoch, wenn man statt Wasser Knochenbrühe nimmt, in der man, wie in Fleischbrühe, Suppengrün gekocht hat.

4. Knochenbrühe: Man nehme Knochen von gekochtem oder gebratenem Fleisch, z.B. von einem Kalbsschlegel oder was man sonst noch gerade hätte oder auch rohe Knochen, zerhaue sie kreuzweise, bringe sie mit Wasser zu Feuer und lasse sie tüchtig aufkochen, wobei man die Brühe abschäumt und abfettet und dann durch ein Sieb gießt.

5. Fastenbrühe: Man tue etwa 2 Kilo trockene Erbsen mit Wurzelwerk (gelbe Rübe, Sellerie, Petersilienwurzel, Porree, Zwiebel), Salz und kaltem Wasser in einen großen Topf und lasse es kochen, bis die Erbsen weich sind, während dem man durch Nachgießen kochenden Wassers, den Topf immer voll erhält, darf aber nicht darin rühren, weil die Brühe sonst nicht hell wird. Wenn die Erbsen weich sind, so setzt man den Topf ab, gießt die Brühe durch ein Sieb und bewahrt sie in einem irdenen Gefäß.

6. Erbsen-Absud: Man bringe 1 Liter trockene, rein gewaschene Erbsen, mit kaltem Wasser und etwas Salz zu Feuer und rasch zum Kochen, koche sie ganz weich, gebe sie durch ein Sieb und verdünne sie mit Wasser.

XXI. Teige

1. Blätterteig: Man knete ½ Kilo Butter mit ⅛ Kilo Mehl gut untereinander, drücke es in der Größe eines Tellers auseinander und stelle es an einen kühlen Ort, nehme dann ⅜ Kilo Mehl, einen halben Esslöffel Salz, drei Esslöffel weißen Wein, ein großes Ei und, nach und nach, ein Glas Wasser, mache daraus einen Teig in der Steife, dass, wenn man mit dem Finger darauf drückt, das Grübchen von selbst wieder vergeht und arbeite ihn kräftig, bestäube das Backbrett so fein wie möglich mit Mehl und rolle den Teig in der Größe einer gewöhnlichen Schüssel auseinander, lege die Butter darauf, schlage den Teig darüber, rolle ihn so fein wie möglich aus und wiederhole dies Zusammenschlagen und Ausrollen (das *Schlagen* des Teiges, wie man es in der Küchensprache nennt) noch drei Mal, lasse ihn aber zwischen jedem Schlagen fünf Minuten ruhen und es ist auch gut, wenn man ihn den Abend vor dem Gebrauch machen kann, wiewohl dieser sehr gute Blätterteig, wegen der mit Mehl durchkneteten Butter, sich leichter als andere bereiten lässt.

2. Englischer Blätterteig: Man tue ½ Kilo Mehl mit 60 Gramm Butter auf das Backbrett und reibe es mit den Händen gut zusammen, mache eine Grube in die Mitte, gebe einen Eidotter, eine Prise Salz und den Saft einer Zitrone hinein und mische es mit kaltem Wasser, mittelst der rechten Hand, zu einem zarten biegsamen Teige, knete ihn mit ein wenig Mehl, bis er sich gut von dem Brett ablöst, jedoch nicht länger und lege ihn auf eine mit Mehl bestreute reine Stelle des Brettes, rolle ihn etwas dünn aus, gebe ¼ Kilo wohl durchknetete und etwas auseinander gedrückte Butter darauf und verfahre übrigens wie bei dem Blätterteige Nr. 1, außer dass er fünf Mal geschlagen wird und man ihn nach dem zweiten Schlagen über ein mit Mehl bestreutes Tuch auf ein Backblech legt und eine halbe Stunde ruhen lässt und ebenso nach dem vierten Schlagen, eine Viertelstunde.

3. Mürber Teig zu Pasteten: Man mache in ½ Kilo Mehl, welches man auf das Backbrett getan hat, eine leichte Grube, gebe ¼ Kilo Butter in Stückchen, drei ganze Eier, einen halben Teelöffel Salz und ein Glas Wasser hinein und arbeite dies mit den Fingerspitzen der rechten Hand durcheinander, schiebe nach und nach das Mehl dazu und menge es rasch zum Teige.

Dieser *Teig, so wie der folgende, hält sich ungebacken wochenlang,* wenn man ihn rund zusammen ballt und zugedeckt an einen kühlen, trockenen Ort stellt.

4. Mürber Teig zu Obstkuchen: Man nehme 180 Gramm Mehl, 120 Gramm Butter, 60 Gramm Zucker und ein Ei und verfahre wie bei Nr.3.

5. Nudelteig: Man gebe ¼ Kilo gutes Mehl auf das Backbrett, streiche es auf einen Haufen und mache in die Mitte eine Grube, tue drei ganze Eier und etwas Salz hinein und schlage die Eier mit einem Messer nach und nach in das Mehl, bis es einen flockigen Teig bildet, den man nun zu einem festen Teig knetet, in vier Teile teilt und jeden Teil zu einem runden und ganz dünnen Kuchen ausrollt, die man etwas abtrocknen lässt und dann, je nach den Rezepten verwendet.

Sollen Schneidnudeln daraus gemacht werden, so rolle man die Kuchen, nachdem sie eine Viertelstunde lang abgetrocknet sind, zusammen, schneide sie und streue sie dann auseinander.

6. Gebrühter Teig: Man gieße ⅜ Liter Milch in eine Kasserolle und rühre, wenn sie kocht, so viel feines Mehl hinein, bis es ein fester glatter Teig ist, gebe ein eigroßes Stück Butter dazu und arbeite es mit dem Kochlöffel so lange, bis sich der Teig von der Kasserolle löst, tut ihn nun in eine Schüssel und rührt, wenn er abgekühlt ist, nach und nach sieben Eier und das nötige Salz hinein.

7. Backteig: Man verrühre vier Esslöffel Mehl mit vier Esslöffeln Bier, zwei Esslöffeln feinem Öl, etwas Salz und zwei zu Schnee geschlagenen Eiweiß.

XXII. Verschiedenes

1. Sardellenbutter: Man stoße ⅛ Kilo rein gewaschene und ausgegrätete Sardellen mit eben so viel frischer Butter fein und streiche sie durch ein feines Sieb. Statt von Sardellen kann man sie auch von Heringsmilchnern machen, wo sie fast noch feiner wird.

2. Heringsbutter: Man hacke zwei gut ausgewässerte, gereinigte und sorgfältig abgetrocknete Heringe sehr fein, verknete sie mit ¼ Kilo frischer Butter, so lange bis Beides gehörig vermengt ist und eine gleichmäßig aussehende Buttermasse bildet und treibe sie dann durch ein Haarsieb. – Sehr gut zu mit der *Schale gebratenen* oder *gekochten Kartoffeln.*

3. Englische Butter: Man rühre 60 Gramm frische Butter mit einem Teelöffel voll sehr fein geschnittener Petersilie, ebenso viel Schalotten, etwas Salz und dem Saft einer halben Zitrone gut ab und benutzt sie meistens, um sie in haselnussgroßen Stückchen, *unter oder über gebacken* oder *gebratenen Fisch* zu legen.

4. Senfbutter: Man verarbeite ⅛ Kilo frische Butter mit zwei hart gekochten Eidottern, gebe es dann durch ein feines Sieb, verrühre es mit drei Esslöffeln Senf und würze mit Salz und fein gestoßenem weißen Pfeffer, –Bestens zu *belegtem Butterbrot* gebraucht.

5. Krebsbutter: Man tue kleine Krebse, sogenannte *Suppenkrebse,* in einen Topf, gieße scharf kochendes Wasser darüber, sodass sie ganz bedeckt sind, koche sie eine Viertelstunde und gieße das Wasser ab, breche die Nasen aus und werfe die grauen Körper weg, nachdem man die roten Beinchen abgeschnitten hat; die Schweife werden geschält, das Fleisch derselben bewahrt, und nun sämtliche Schalen und die Beinchen in einem Mörser zuerst etwas zerstoßen und dann mit ungesalzener Butter (zu zwanzig Krebsen, ¼ Kilo) sehr fein gestoßen. Diese Masse stelle man über gelindes Feuer und lasse sie, unter öfterm, vorsichtigem Umrühren, eine Viertelstunde lang sanft dämpfen, sodass die Butter eine schöne rote Farbe erhält, gieße einige Tassen heißes Wasser darüber, koche es zusammen auf, gieße die Masse schnell durch ein Haarsieb und stelle sie kalt, wo sich dann die Krebsbutter oben in einer Scheibe gebildet hat und abgenommen wird.

6. Krebsmatten: Man überbrühe die Krebse, um sie zu töten, recht rasch mit sehr stark kochendem Wasser und schütte es dann gleich wieder ab, breche die Nasen aus, entferne die Galle und stoße die Krebse in einem Mörser recht fein, gebe zu einem oder anderthalb Dutzend derselben, ½ Liter Rahm und drei ganze Eier, verklopfe es wohl und lasse es eine halbe Stunde stehen, presse es nun durch ein Tuch, füge einige Tropfen Zitronensaft hinzu, setze es aufs Feuer, bis es gerinnt und gieße es auf ein Haarsieb, dass die Molken ablaufen.

Die Krebse *lebendig* zu stoßen, wie es leider in den meisten Küchen zu geschehen pflegt, ist ganz *unnötig* und daher eine *doppelt* verwerfliche *Tierquälerei*.

7. Essigbeize (Marinade): Man schneide eine große Zwiebel, eine kleine gelbe Rübe und ein Zitronenviertel in Scheiben und koche dies mit zwei Lorbeerblättern, einem Sträußchen Petersilie, etwas Thymian, einem Esslöffel Pfefferkörnern, einem halben Esslöffel Gewürznelken und 1 Liter Essig eine Viertelstunde, kann sie aber auch ungekocht anwenden, doch hat sie dann keinen so feinen Geschmack.

8. Fleurons: Man rolle Blätterteig federkieldick aus, steche ihn mit einer Form oder einem Glase zu kleinen runden Stücken und bestreiche sie mit verklopftem Ei, klappe sie dann halbmondförmig zusammen, bestreiche die obere Seite wieder mit Ei und backe sie im Ofen schön gelb. Man kann sie aber auch nur einfach zu länglichen Stückchen schneiden oder zu beliebigen Formen ausstechen, ohne sie zusammen zu klappen, oben mit Ei bestreichen und backen.

9. Vanillezucker: Man schneide eine Stange Vanille in Stückchen, trockne sie langsam auf weißem Papier, stoße sie mit 60 Gramm Zucker und siebe sie durch, stoße das Zurückgebliebene dann nochmals mit 30 Gramm Zucker, siebe es auch durch und bewahre den Zucker in gut verpfropften Glasfläschchen. –Zum *Bestreuen* von *Kuchen* und *Obst*, namentlich *Erdbeeren*.

10. Überzuckerte Johannisbeeren: Man suche die schönsten größten Träubchen aus, sowohl von roten, weißen als auch schwarzen Johannisbeeren, welch' letztere zwar wenig beliebt sind, sich aber zur Abwechselung hübsch machen; sehr schön ist die *Kirsch-Johannisbeere*. Man tut dann ein Eiweiß in eine Obertasse, taucht ein Träubchen hinein, lässt es abtropfen und überzuckert es, indem man es in geriebenem, *nicht* gesiebtem Zucker, teils umwendet, teils hin und wieder Zucker darüber streut und so fortfährt, bis die nötige Portion fertig ist; sie werden auf eine Porzellanschüssel gelegt und an der Sonne oder auch bloß an der Luft etwas abgetrocknet, welches nicht lange ansteht. Beim Servieren steckt man kleine, natürliche Johannisbeerblättchen dazwischen und gibt sie als ein sehr beliebtes *Dessert* oder als *Verzierung* um *Torten* und *Puddings*.

XXIII. Eingemachte Gemüse

Um eingemachte Gemüse gut zu bereiten, muss man zunächst für gute, frische Gemüse sorgen, welches sich ja eigentlich von selbst verstehen sollte, aber nur zu häufig nicht befolgt wird, auch, wo man das Gemüse nicht selbst zieht, meistens nicht befolgt werden kann. Also, das Gemüse muss von bester, richtiger Beschaffenheit und, wenn irgend möglich, denselben Tag erst gepflückt sein, aufs sorgfältigste ausgelesen und gereinigt werden und so rasch wie nur tunlich, auch in die Büchsen kommen, zu gelötet und gekocht werden.

Sind die Büchsen von einem erfahrenen Meister nun vorsichtig gelötet, so stellt man sie in einen Kessel mit kochendem Wasser, welches über die Büchsen gehen muss und lässt sie, außer Spargel, der nur anderthalb Stunden zu kochen braucht, ununterbrochen, jedoch nicht zu stark, zwei Stunden lang kochen, während dem man sie, wenigstens eine Viertelstunde lang, genau beobachtet, ob keine Luftbläschen aussteigen, denn steigen solche auf, so ist nicht gut gelötet und der Klempner muss nachlöten. Nach dem Kochen, lässt man die Büchsen im Wasser erkalten und untersucht sie, ob sich etwa ein Deckel nach oben gebogen, wo dann ebenfalls die Lötung nicht gut war und die Büchse aufs Neue gelötet und gekocht werden muss und auch später versäume man nicht, bisweilen nachzusehen, und hätte sich ein Deckel nach oben gebogen, so muss das Gemüse gleich verbraucht werden.

Wenn die Büchsen erkaltet sind, so werden sie aus dem Kessel genommen, rein abgetrocknet, mit Zetteln versehen, worauf Inhalt und Jahrgang verzeichnet worden und in einer kühlen, trockenen Vorratskammer aufgestellt. Sie halten sich Jahre lang in gleicher Güte und sind, auf die hier angegebene Weise pünktlich behandelt, von frischen Gemüsen kaum zu unterscheiden.

Man findet jetzt häufig Büchsen angezeigt und empfohlen, die nicht zugelötet zu werden brauchen, aber die Versuche, welche wir damit angestellt haben, sind alle unglücklich abgelaufen und wir immer wieder zum Löten zurückgekehrt, obgleich es, besonders auf dem Lande, sehr lästig ist.

1. Grüne Erbsen: Es taugt zum Einmachen nur die Markerbse und ganz besonders die grüne Markerbse, sie dürfen nicht gar zu jung, indessen auch nicht ausgewachsen sein und müssen beim Ausschoten genau ausgesucht werden, dass keine zu dicke oder gar verdorbene darunter kommen. Man lässt dann die Erbsen in kochendem Wasser (nicht zu viel Wasser, weil sie sonst an der Süße verlieren) einen *Augenblick* auskochen, gießt sie gleich durch ein Sieb und füllt sie möglichst schnell in die Büchsen, bis kleinfingerbreit unter den Rand, gießt, auch möglichst heiß, von dem Wasser, worin die Erbsen ausgekocht worden, darüber, bis einen starken Strohhalm breit vom Rande und legt gleich den Deckel auf, damit keine Luft daran komme.

2. Grüne Bohnen: Sowohl die *Schneidebohnen* als die *Brechbohnen*, welche in ganz gleiche Stückchen, so lang wie ein Fingerglied, geschnitten werden, und *Salatbohnen*, behandelt man ganz wie die Erbsen nur nimmt man in das Wasser zum Aufkochen etwas Salz, aber nicht zu viel. Zu den *Schneidebohnen* nehme man zarte *Flaschenbohnen*, zu den *Brechbohnen* durchaus *Speckbohne*.

3. Gelbe Rüben (Möhrchen), wie die Bohnen: Man nehme die rote holländische und in der Größe, wie man die ersten Möhrchen zu verspeisen pflegt, natürlich nicht zerschnitten und möglichst von gleicher Größe.

4. Blumenkohl: Wird in Röschen zerteilt und wie die gelben Rüben eingemacht.

5. Spargeln: Muss recht schön, recht frisch und so viel wie möglich von gleicher Stärke sein; man stellt sie, die Köpfe nach oben, roh, ganz dicht in die Büchsen, streut einen Esslöffel Salz darauf, gießt Brunnenwasser, eben vom Brunnen geholt, darüber und kocht sie anderthalb Stunden

6. Dicke Bohnen: Sie müssen recht jung und zart sein und man nimmt auf zwei Teile Bohnen, einen Teil feines Salz, vermischt dies gut zusammen und füllt es in sehr reine, trockene Flaschen, welche man bisweilen aus einem zusammen gelegten Tuch aufstößt, damit die Bohnen sich setzen, pfropft sie mit *neuen* Stopfen recht sorgfältig zu und bindet Schweinsblase darüber und so sind sie fertig und werden *stehend* in einer luftigen, trockenen, frostfreien Vorratskammer aufbewahrt.

Zum Einmachen in *Büchsen* eignen sich die dicken Bohnen nicht, weil sie so leicht schwarz werden, aber in Flaschen eingemacht sind sie vorzüglich, halten sich auch Jahre lang und werden zu Anfang der Saison oft für frische gegessen.

7. Brechspargel: Man schneide dünnen Spargel, sogenannten Brechspargel oder Suppenspargel, wenn er geputzt ist, in Stückchen und behandle ihn gerade wie die dicken Bohnen. Ungleich andern eingemachten Gemüsen, halten diese so sehr guten Spargel sich auch, wenn die Flasche geöffnet und ein Teil herausgenommen worden ist; die Brühe, welche beim Herausschütteln des Spargels mit herausgegossen ist, muss man in die Flasche zurückgießen und diese wieder gut zu machen.

8. Grüne Erbsen: Man nehme auf 4 Liter Erbsen, vier gute Handvoll Salz und einen halben Teelöffel Salpeter, vermische es gut, lasse es einige Stunden stehen und verfahre übrigens wie bei den dicken Bohnen.

Diese Erbsen sind bei weitem nicht so fein wie die Büchsen-Erbsen aber doch gut und wegen der so leichten Bereitung zu empfehlen.

Speisezettel für alle Fest- und Abstinenz-Tage der Jahres

(Die Zahlen gelten für die Freitage)

1. *Mittags:* Schellfisch-Suppe (man bewahre die Schwänze für den Abend), Eingemachte Schneidbohnen mit Hering-Klops, Makkaroni mit Käse. – *Abends*: Warmer Feld-Salat mit gebackenen Schellfischschwänzen.
2. *Mittags:* Kartoffel-Suppe, Rosenkohl mit falschen Beefsteaks, Kalter Reis-Pudding. – *Abends*: Muscheln-Ragout mit gebratenen Kartoffeln.
3. *Mittags:* Erbsen-Suppe mit Hering, Stockfisch mit Kartoffeln und gelben Rüben, Wiener Mehlschmarrn mit Zwetschgen-Röster. – Abends: Bayerisch Kraut mit Stockfisch-Schnitten.
4. *Mittags:* Kaviar, Fleischextrakt-Suppe, Grüne (in Büchsen eingemachte) Erbsen mit gebackenen Muscheln, Gebratener Hecht, Apfel-Charlotte, Amerikanischer Kuchen (Hasty Cake). – *Abends:* Feiner Kartoffel-Salat mit Hecht-Croquetten (aus *Resten* von Mittag und der *Leber*)
5. *Mittags:* Winter-Suppe, Rotkohl mit gebratenen Heringen, Dampfnudeln. – *Abends:* Kartoffeln mit Schalotte, und Salzgurken dabei.
6. *Mittags:* Gersten-Suppe, Sauerkraut mit Weißbrot-Klößen, Schokoladen-Auflauf. – *Abends:* Chicorée-Salat mit ausgebackenen Klößen.

Aschermittwoch. *Mittags:* Sauerkraut-Salat oder Kaviar, Braune Mehlsuppe (Gebrannte Suppe), Abgekochte Kartoffeln mit heißer Sardellenbutter übergossen, Eine Fondue. – *Abends:* Braune Kraftbrühe (Jus), mit starkem Rotwein vermischt, in Tassen mit geröstetem Weißbrot, oder starke Bouillon in Tassen, mit Käsecroutons, Hering-Salat.

Donnerstag. *Abends:* Bierkarpfen mit Schneidnudeln (Größere Portion Nudeln für *Samstag* mit).
7. *Mittags:* Zwiebelsuppe, Gelbe oder graue Erbsen, mit Klößen von geräuchertem Fisch, Weißbrot-Kuchen mit Äpfeln. – *Abends:* Muscheln-Salat, mit gebackenen Weißbrotschnitten oder Reibkuchen.
Samstag. *Abends:* Kaffee mit Schwäbischen Fastnacht-Küchlein oder Kölner Fastnacht-Mutzen. *Oder:* Gedünstete Schneidnudeln (Reste von Donnerstag) mit eingemachten Preiselbeeren oder sonstigen Kompott Früchten.
Montag. *Abends:* Möhren (in Büchsen eingemachte oder eingekellerte) mit Kartoffel-Küchlein.
Dienstag. *Abends:* Carthäuser Brötchen.
Mittwoch. *Abends:* Apfelsuppe. *Oder:* Butterbrot mit verlorenen Eiern (*S. Eierspeisen Nr.8*).
Donnerstag. *Abends:* Bückinge mit Reis.
8. *Mittags:* Grünkern-Suppe, Wiener Schnitten (Pofesen), Kabeljau mit Kartoffeln, Mandel-Creme, Kalte Pastete, Mirabellen-Torte. – *Abends:* Kabeljau-Salat, Makkaroni-Auflauf mit Jus-Sauce
Samstag. *Abends:* Russischer Tee mit Blinni und Kaviar. *Oder:* Schwarzwurzeln mit farciertem Pfannkuchen.
Montag. *Abends:* Salatbohnen (in Büchsen eingemachte) mit Kartoffeln und Heringklößchen.
Dienstag. *Abends:* Verlorene Eier in Rahmsauce, mit gebackenen Weißbrotschnitten.
Mittwoch. *Abends:* Maismehl-Suppe. *Oder:* Englisches Butterbrot mit aufgeschnittener Pastete (vom Freitag).
Donnerstag. *Abends:* Schellfisch mit Kartoffeln. (Man bewahre die Kartoffelbrühe und einen *Rest Schellfisch* für *Freitag.*)
9. *Mittags:* Suppe von Kartoffelbrühe, Sauerkraut, mit Schellfisch aufgezogen, Zwieback-Pudding. – *Abends:* Salzgurken-Salat, mit Spätzlein.
Samstag. *Abends:* Schokolade mit Milchbrötchen oder Zwieback-Waffeln. *Oder:* Mit Hering gebratene Kartoffeln, Pfannkuchen mit Äpfeln.

Montag. *Abends:* Reibkuchen mit Roh-Bückingen.
Dienstag. *Abends:* Hefen-Klöße oder Mehl-Klöße mit Kompott von Backobst.
Mittwoch. *Abends:* Berg-Suppe. *Oder:* Butterbrot mit marinierten Heringen.
Donnerstag. *Abends*: Reis-Püree oder Carolina-Reis, mit gebratenem Aal.
10. *Mittags:* Linsen-Suppe, Laberdan mit Kartoffeln (Man bewahre etwas *Laberdan* für *Samstag*), Fisch-Pudding, mit Mixed Pickles oder dergleichen umlegt. – *Abends:* Weiche Eier, Kartoffel-Salat.
Samstag. *Abends:* Kaffee mit Potkuchen oder Kugelhupf. *Oder:* Weiße Bohnen mit Laberdan-Croquetten.
Montag. *Abends:* Gedämpfte Chicorée mit Croutons und ausgebackenen Eiern.
Dienstag. *Abends:* Pell-Kartoffeln mit Hering.
Mittwoch. *Abends:* Bier-Suppe in Tassen mit den aufgebackenen *Resten* des Backwerks vom *Samstag* (in Scheiben geschnitten, in mit Milch verklopftes Ei getaucht und mit Butter in flacher Pfanne gebacken). *Oder:* Butterbrot mit Käse.
Donnerstag. *Abends:* Fische auf Holländische Art (Watervisch).
11. *Mittags:* Schwarzbrot-Suppe, Linsen mit Bückingen, Makkaroni-Auflauf oder Schaumkuchen. – *Abends:* Salat von Löwenzahn (Leontodon Taraxacum) oder Brunnenkresse, mit Kartoffeln auf Bergische Art, oder frischer Stech-Salat am Eier.
Samstag. *Abends:* Tee mit weichen Eiern, oder in der Schale gebratenen Kartoffeln nebst frischer Butter, Heringsbutter oder dergleichen (*S. Verschiedenes.*). *Oder:* Kohlsprossen mit Kieler Sprotten.
Montag. *Abends:* Kartoffeln auf Englische Art mit Pfannkuchen oder Schwäbischen Flädlein.
Dienstag. *Abends*: Gefüllter Grünkohl.
Mittwoch. *Abends:* Wein-Suppe. *Oder:* Salzstangen, oder geröstete Weißbrot-Schnitten (Toasts), mit ungesalzener Butter bestrichen und mit Salz bestreut, mit Radieschen und Bayerischem Bier.
Donnerstag. *Abends:* Fisch-Sülze oder Marinierte Fische, mit in der Schale gebratenen Kartoffeln, Salzgurken und Sauce Nr.57.

12. *Mittags:* Naunaugen-Salat in Coquilles, Boullion mit Garbüre, Eingemachte dicke Bohnen mit geräuchertem Fisch (*Reste* für *Samstag* bewahren), Blätterteig-Pasteten (Vol-au-Vent), mit Eiern gefüllt, Kartoffelmehl-Torte. – *Abends:* Bouillon in Tassen mit Sardellen-Pastetchen, Stech-Salat mit Eiern und gebackenem Fisch.
Samstag. *Abends:* Kaffee mit Buchweizen-, Weizen- oder Mais-Küchlein, mit Butter, Apfelkraut oder Honig, *Oder:* Salat von dicken Bohnen (*Rest* von Freitag, mit Essig, Öl, Salz, Pfeffer, Petersilie angemacht), mit Omelette, mit den Resten des geräucherten Fisches.
Montag. *Abends:* Brechbohnen (in Büchsen eingemachte) mit Spiegeleier-Bückingen.
Dienstag. *Abends:* Kartoffel-Kuchen mit Kompott von getrockneten Äpfeln.
Mittwoch. *Abends:* Kartoffelmehl-Suppe. *Oder:* Butterbrot mit gefülltem Aal.
Gründonnerstag. *Mittags:* Schnittlauch-Brötchen, Kerbel-Suppe, Hopfen als Gemüse (oder Spinat) mit gebackenem Fisch, Frühlings-Omelette. – *Abends:* verlorene Eier in Sauerampfer-Sauce, Kartoffeln mit Petersilie (à la Maître d'Hôtel).
Karfreitag. *Mittags:* Fastenpanadel, Stockfisch mit Hering (Man bewahre von Beidem etwas für Samstag), Gebackene Apfel-Brötchen. – *Abends:* Tee oder Kaffee mit Butterbrot.
Karsamstag. *Mittags:* Reis-Suppe, gefüllte Kartoffeln und Zwiebeln (die Zwiebeln mit Stockfisch, die Kartoffeln mit Hering gefüllt), Grieß-Nocken. – *Abends:* Tee mit rheinischen Fladen, frischem Weck, Butter und Oster-Eiern. *Oder:* Kopf-Salat mit Oster-Eiern und abgekochten Schleihen.
14. *Mittags:* Fisch-Suppe, Butterkohl (Ewiger Kohl) oder Rhabarber mit Eier-Schnitten, Zwetschgen-Strudel. – *Abends:* Hopfen (wie Spargel) mit Spiegel-Eiern.
15. *Mittags:* Pfannkuchen-Suppe, Eingemachte Bohnen mit Bückingen, Creme von Kartoffelmehl. – *Abends:* Hopfen-Salat mit einfachem Weißbrot-Kuchen.
16. *Mittags:* Einfache Jus-Suppe mit Schneeballen, Truthuhneier, Spargel mit geräuchertem Lachs, Blau abgekochte Forellen, Zitro-

nen-Auflauf, Auflege-Kuchen. – *Abends:* Geräucherter Lachs in Coquilles, Omelette mit Rhabarber-Kompott.
17. *Mittags:* Bohnen-Suppe, Sauerkraut mit Hecht, Gebackene Igel. – *Abends:* Spargeln mit Rührei und Croutons.
18. *Mittags:* Suppe von Spargelwasser, Rübstiel mit Fisch-Klößchen, Butterbrot-Pudding. – *Abends:* Abgekochte Maifische, mit geschnittenem Salat, Maitrank mit Rollkuchen dabei.
19. *Mittags:* Rahm-Suppe, Spinat, mit Eierwürstchen(Etwas *Spinat* bewahren), Mehl-Auflauf. – *Abends:* Spinat-Strudel (aus *Resten* vom *Mittag*).
20. *Mittags:* Sardellen-Brötchen, Sauerampfer-Suppe, Abgekochter Maifisch (warm) mit Kartoffeln und Kapern-Sauce, Apfelsinen-Pudding, Linzer Torte. – *Abends:* Spargel-Salat mit Croquetten aus *Maifisch-Resten*.
Vigilie h. Pfingstfest. *Mittags:* Suppe von grünen Erbsen, Kohlrabi mit gebackenen Weißbrot-Schnitten, Reis-Kuchen mit Obstsauce. – *Abends:* Spinat-Kuchen mit Spiegeleiern, eins in die Mitte gelegt, die andern rund herum.
Mittwoch. Quatember. *Abends:* Berchtesgadener Kartoffeln, Krebse (Man bewahre *einige* für *Freitag.*)
21. *Mittags:* Spargel-Suppe, Blumenkohl mit Krebsen, Rahmstrudel. – *Abends:* Rübstiel-Salat mit hartgekochten Enteneiern.
Samstag. Quatember. *Abends:* Spargeln mit Möhrchen, mit Croutons.
22. *Mittags:* Hafergrütz-Supper, Mairüben mit geräucherten Maifischen, Erdbeer-Omelette. – *Abends:* Schoten von dicken Bohnen (können auch wie *Salatbohnen* bereitet werden) mit Klößen von geräuchertem Maifisch.
23. *Mittags:* Suppe von roten Rüben, Möhrchen mit farciertem Pfannkuchen, Grießmehl-Creme. – *Abends:* Gurken-Salat mit Kartoffel-Küchlein.
24. *Mittags:* Aal-Suppe, Spiegeleier mit Gemüse, Hecht mit Petersilienbutter und neuen Kartoffeln, Stärkemehl-Pudding mit Erdbeersauce, Blitzkuchen. – *Abends:* Kirschen-Suppe, Grüne Erbsen mit Möhrchen, mit Aal-Croquetten.

25. *Mittags:* Jus-Suppe mit Reisring, Gedämpfte Endivien mit Großeiern (ohne Sauce), Johannisbeer-Creme. – *Abends:* Neue Kartoffeln mit brauner Butter, zu Kopf-Salat und Pfannkuchen. (Niederrheinisches Lieblingsgericht.)
Vigilie St. Peter und Paul. *Abends:* Grüne Erbsen, mit Brandteig-Küchlein.
26. *Mittags:* Nudel-Suppe, Dicke Bohnen mit geräuchertem Aal, Spinat-Charlotte. – *Abends:* Nudel-Kuchen mit Kirschen-Kompott oder anderm frischen Obst-Kompott.
27. *Mittags:* Buttermilch-Kaltschale, Nr. 92, Zuckererbsen mit Klößchen darin, Rahmkuchen (*S. Mehlspeisen*). – *Abends:* Gebratene Kartoffeln, mit gesulzten oder marinierten Fischen.
28. *Mittags:* Krebs-Suppe, Gekochte Pastetchen, Schneidbohnen mit neuen Heringen, Schokoladen-Pudding mit geschlagenem Rahm, Johannisbeer-Kuchen (*S. Torten und Kuchen*). – *Abends:* Blumenkohl-Salat mit gebackenen Grundeln.
29. *Mittags:* Suppe mit Kräpfchen, Gurken als Gemüse, mit Fischklops, Rote Grütze (Ròdgròd). – *Abends:* Salatbohnen mit abgekochten Kartoffeln und Sauce (*S. Saucen*).
30. *Mittags:* Sommer-Suppe, Spargelerbsen mit Heringklößchen, Kirschen-Kuchen (*S. Mehlspeisen*). – *Abends:* Salat von grünen Erbsen, mit Schwäbischen Flädlein oder gebackenem Fisch.
31. *Mittags:* Aprikosen-Suppe, Blumenkohl, mit Carthäuser Würstchen, Grießmehl-Auflauf. – *Abends:* Himbeer-Kaltschale mit Hohlhlippen.
32. *Mittags:* Mayonnaise-Brötchen, Blumenkohl-Suppe, Brechbohnen, mit gebackenen Sardellen, Reisring mit eingemachten Früchten, Himbeer-Kuchen. – *Abends:* Champignons-Salat, Abgekochter Aal mit Kartoffeln.
33. *Mittags:* Weißbrot-Suppe, Jerusalem-Artischocken, Nudel-Pudding. – *Abends:* Zwetschgen-Kaltschale mit Laubhütten-Küchlein.
34. *Mittags:* Heidelbeer-Suppe Gedämpfter Savoyer Kohl, mit Duckenten, Apfel-Kuchen. – *Abends:* Gedämpfte Kartoffeln, mit kalter Duckente.
35. *Mittags:* Champignons-Suppe; Hecht auf Französische Art,

Wein-Creme. – *Abends:* Endivien-Salat mit Hechtleber-Schnitten.

36. *Mittags:* Feine Gemüse-Suppe, Ramequins, Körbelrüben, mit Böhmischen Croquetten, Englische Aal-Pastete, Melonen-Torte. – *Abends:* Bouillon mit verlorenen Eiern, Reis mit Champignons.

37. *Mittags:* Suppe mit Mehl-Klößchen, Spinat mit Pfannkuchen-Scheiben umlegt, Obst-Pudding. – *Abends:* Kartoffel-Püree mit Spinat-Schnitten.

38. *Mittags:* Braune Fisch-Suppe, Gemischtes Gemüse (Macedoine), Kaiser-Schmarrn mit Preiselbeer-Kompott. – *Abends:* Champignons als Gemüse, mit marinierten Heringen (Tomatensauce).

Samstag. Quatember. *Abends:* Karpfen auf Norddeutsche Art.

39. *Mittags:* Tomaten-Suppe, Weiße Rüben mit falschen Beefsteaks, Nudeln mit Guss. – *Abends:* Kartoffel-Rouladen mit Birn-Kompott.

40. *Mittags:* Suppe mit Reis-Klößchen, Rotkohl mit Kastanien, mit gefüllten Heringen, Sardellen-Sülze mit Sauce, Aprikosen-Auflauf, Rahmkuchen (*S. Torten und Kuchen*). – *Abends:* Grundeln auf Englische Art mit Brunnenkresse-Salat, Schokoladen-Creme.

41. *Mittags:* Suppe von Pflaumen-Mus, Speise-Kürbis mit Croquetten oder Klops, Weißbrot-Speise. – *Abends:* Erbsen-Püree mit gefüllten Zwiebeln umlegt.

42. *Mittags:* Herbst-Suppe, Weiße Rüben mit Kastanien, mit Bückingen, Zwetschgen-Kuchen. – *Abends:* Eier in Sulz mit Tomatenmark

43. *Mittags:* Suppe von Buchweizen-Grütze mit Fisch, Gefüllter Sellerie, Omelette mit Eingemachtem. – *Abends:* Apfel-Speise.

Vigilie Allerheiligen. *Abends:* Warmer Kraut-Salat, Gebratene Kastanien.

44. *Mittags:* Suppe mit Eier-Klößchen, Aal-Pastetchen, Rosenkohl mit Kastanien, mit Wasserhühnchen, Englische Stockfisch-Pastete, Englischer Kuchen. – *Abends:* Abgekochte Muscheln mit frischem Weißbrot und Butter, Apfel-Kuchen.

45. *Mittags:* Kastanien-Suppe, Sauerampfer als Gemüse mit Eiern (halbweich gekocht und halbiert) belegt, Fisch-Kuchen mit warmer, pikanter Sauce. – *Abends:* Kastanien als Gemüse mit Kieler Sprotten oder Roh-Bückingen.

46. *Mittags:* Suppe mit (in Flaschen) eingemachten Spargeln, Laberdan mit Kartoffeln und weißen Rüben, Nudel-Kuchen mit Kastanien-Kompott. (Nudeln für den Abend mitbereiten.) – *Abends:* Laberdans-Reste in Sauce, mit Schneidnudeln.

47. Mittags: Muscheln-Suppe, Gebackene Schwarzwurzeln mit Hering-Schnitten, Reis-Klöße mit Sauce. – *Abends:* Kaviar, Savoyer-Kohl oder Weißkohl mit Kastanien gefüllt.

48. *Mittags:* Jus-Suppe mit aufgezogenen Makkaroni, Pastetchen mit Karpfenmilchnern, Sauerkraut mit Karpfen-Ragout, Kastanien-Pudding, Quitten-Torte. – *Abends:* Abgekochte Seezungen (wie *Steinbutt* zu geben), Käse-Auflauf.

49. *Mittags:* Mirabellen-Suppe, Sellerie mit Kartoffeln, mit gebackenem Stockfisch, Schwarzbrot-Kuchen. – *Abends:* Gemischter Salat, Fische auf Südfranzösische Art.

50. *Mittags:* Bouillon mit Wiener Suppenpfanzel, Schellfisch mit Kartoffeln, Omelette von Kartoffelmehl, mit Apfel-Kompott. – *Abends:* Bohnen-Püree mit Salz- oder Essiggurken.

Mittwoch.Quatember. *Abends:* Kartoffel-Auflauf mit Muschel-Sauce.

51. *Mittags:* Schnecken-Suppe, Getrocknete Erbsen mit gebackenem Stockfisch, Guss-Brötchen – *Abends:* Fisch in Mayonnaise mit Feldsalat.

Samstag. Quatember. *Abends:* Gerstenschleim in Tassem mit geröstetem Weißbrot, Gerührte Eier mit (in Flaschen) eingemachten Spargeln.

Vigilie h. Christfest. *Mittags:* Grießmehl-Suppe, Blumenkohl (in Büchsen eingemacht), mit farciertem Pfannkuchen, Kastanien-Speise mit Äpfeln. – *Abends:* Weihnachts-Stollen mit Tee oder Punsch.

52. *Mittags:* Neunaugen, Bouillon mit Tapioka, Teltower Rüben mit geräuchertem Lachs, Brot-Pudding, Wein-Gelee, Englischer Weihnachts-Kuchen (Christmas Cake). – *Abends:* Eingemachte dicke Bohnen mit Croquetten von geräuchertem Lachs, gefüllter Karpfen mit Salat oder Aal in Madeira-Sauce.

Speisezettel für Festtage, welche auf einen Freitag fallen

Neujahr. *Mittags:* Kaviar, Feine Fisch-Suppe (Potage à la Reine), Sauerkraut mit Fisch und Austern, Kartoffelmehl-Auflauf, Terrassen-Torte. (Man halte von dem, zur Suppe bestimmten Fisch, ein schönes Stück für das Sauerkraut zurück.) – *Abends:* Gebratene Seezungen mit Kartoffeln, Gemischte Speise von getrocknetem Obst (Macedoine) mit Rheinischen Neujahrs-Bretzeln.

H. Drei-König. *Mittags:* Jus-Suppe mit Eierkäse, Gebackene Pastetchen, Steinbutt oder Turbot mit Kartoffeln, Reiskuchen mit Aprikosen, Zwieback-Torte. – *Abends:* Rosenkohl mit Kastanien-Würstchen, Salat von Turbot oder Steinbutt, Apfel-Küchlein. (In Frankreich, wo der H. Drei-König-Tag stets sehr festlich begangen wird, herrscht vielfach die schöne Sitte, dass von allen Speisen der Fest-Mahlzeit, ein Teil – der Gottes-Anteil „la Part du bon Dieu" – an Arme gegeben wird, und befindet sich die *Bohne* in dem Gottes-Anteil, so wird dieser unter den Anwesenden, auch zum Besten der Armen, an den Meistbietenden versteigert. Statt eines großen Kuchens werden in Frankreich auch wohl so viel kleine Kuchen gebacken, als Tischgenossen sind, welche dann der Jüngste der Gesellschaft verteilt. So früher am Hof der Bourbonen, wo im Jahre 1830 der Graf von Chambord Bohnenkönig wurde und die Herzogin Amalie von Orleans zur Königin wählte!)

Mariä Lichtmess. Mittags Sago-Suppe, Kaiser-Pastetchen, mit gehacktem geräucherten Lachs und Petersilie bestreut, Eingemachte Spargeln mit geräuchertem Lachs, Kartoffel-Pudding, Blätterteig-Torte. – *Abends:* Geräucherter Lachs (Reste von Mittag) in Coquilles, Kabeljau-Kopf mit Kartoffeln, geschmolzener Butter und Senfsauce.

Mariä Verkündigung. *Mittags:* Suppe mit Spinat-Klößchen, Hering-Schnitten, Frische Morcheln mit Fischfrikandeaus, Himbeer-Schnee, Marmor-Torte. (Man nehme von einem schönen Fisch etwa ½–¾ Kilo zu den Frikandeaus und koche das Übrige für die Fisch-Sülze blau ab.) – *Abends:* Eier in Bechern, mit geröstetem Weißbrot, Fisch-Sülze mit frischem Salat.

St. Peter und Paul. *Mittags:* Frühlings-Suppe, Krebs-Pastetchen, Warmer Salm mit Kartoffeln, Rahm-Pudding, mit Johannisbeer-Gelee gefüllt und mit überzuckerten Johannisbeeren umlegt, Kirschen-Kuchen (*S. Torten und Kuche*). – *Abends:* Grüne Erbsen, Nr. 18, statt der Küchlein mit Salm-Croquetten, Blumenkohl-Salat.

Mariä Heimsuchung. *Mittags:* Sardellen-Brötchen, Krebs-Suppe, Blumenkohl mit grünen Erbsen und Parmesankäse, Englische Hecht-Pastete, Blumen-Törtchen (Jardinière de Nice). – *Abends:* Karpfen auf Böhmische Art mit Kartoffel-Nudeln, Schwarzwälder-Kuchen mit Kirschen-Kompott.

Mariä Himmelfahrt. *Mittags:* Reis-Suppe mit Krebsschweifchen, Parmesan-Schnitten, Artischocken, Lachsforelle mit Salat und Krebsen, Tapioka-Pudding oder Kabinetts-Pudding, Aprikosen-Kuchen. – *Abends:* Grüne Bohnen mit Käse, mit gefüllten oder neuen Heringe, Italienischer Salat oder Mayonnaise von den Resten der Lachsforelle.

Mariä Geburt. *Mittags:* Gefüllte Salzgurken, Garnelen-Suppe, Champignons als Gemüse mit Böhmischen Croquetten, Aal in Blätterteig, Pfirsich-Charlotte, Wiener Torte. – *Abends:* Garnelen-Brötchen, Schneidnudeln mit Madeira.

Allerheiligen. *Mittags:* Carthäuser Suppe, Hummer (warm) mit Butter und Zitrone, Teltower Rüben mit Kastanien, mit geräuchertem Aal, Punsch-Auflauf, Biskuit-Kuchen. – *Abends:* Fische auf Französische Art (Matelote), Gestürzter Salat.

St. Hubertus. *Mittags:* Fasten-Kaninchen-Suppe, Englische Pastete von Wasserhühnchen, Spinat à la St. Hubert, Duckenten mit Quitten-Kompott, Plumpudding, Pfund-Kuchen (*Spinat à la St. Hubert*, der *Altfranzösischen* Küche angehörig, hat anstatt der gewöhnlichen Croutons allerlei von Weißbrot ausgeschnittene und in Butter geröstete Jagdfiguren, Wild, Hunde, Jäger usw., welche man auf einer großen Schüssel, die mit zu Berg und Tal geformtem Spinat gefüllt ist, ausstellt.) – *Abends*: Jagd-Warmbier, Carthäuser Kartoffeln, Jagd-Pastete, Reste des Puddings, mit brennendem Rum.

Maria Empfängnis. *Mittags:* Austern-Suppe, Römische Pastetchen, Karpfen auf Russische Art, Kastanien mit Rahmschnee (Surprise de Marrons), Wiener Torte. – *Abends*: Schokoladen-Strudel, Apfel-Kompott mit Guss.

St. Stephan. *Mittags:* Roher Sander, Makkaroni-Suppe, Sander mit Hummer-Sauce, Körbel-Rüben mit Fischleber-Schnitten (von der Sander-Leber), Kastanienauflauf, Kartoffeltorte – *Abends:* Hummer-Salat, Curry von Sander mit Reis.

Register

Aal
  gefüllt, kalt zu geben............79
  abgekocht, kalt zu geben........74
  abgekochter, auf nieder-
    rheinische Art 74
  -Frikassee 77
  gebraten mit Polenta...............75
  gebraten mit Salbei 75
  gefüllt, mit Blätterteig............76
  geräuchert zuzubereiten 80
  grün...74
  in Aspik 78
  in Aspikreif 79
  in brauner Sauce 79
  in Madeirasauce.....................76
  in Makkaroni oder Reis 78
  Maletote 77
  mariniert 79
  -Mayonnaise...........................78
  mit Hering 76
Aal-Brötchen 46
Aal-Pastetchen 55
Aalraupen
  abgekocht...............................80
  gebacken 81
  gebraten..................................81
  gedämpft 81
Aalsuppe 16, 17
Amerikanischer Kuchen 234
Ananas-Kompott...................... 267
Anis-Brötchen.......................... 254
Anis-Kuchen 231
Äpfel mit Guss 261

Apfel-Brötchen................173, 253
Apfel-Creme............................. 211
Apfel-Kompott......................... 260
  mit Sauce............................... 260
  warm 261
Apfel-Kuchen mit Quitten 228
Apfel-Küchlein......................... 252
Apfel-Marmelade 261
Apfelsauce................................ 311
Apfelsinen-Creme.................... 210
Apfelsinen-Kompott................ 267
Apfelsinen-Pudding................. 199
Apfel-Speise 171
Apfelsuppe.................................31
Aprikosen-Auflauf................... 203
Aprikosen-Creme 210
Aprikosen-Kaltschale................35
Aprikosen-Kompott 264
Aprikosen-Kuchen................... 228
Aprikosensauce 310
Artischocken............................ 117
Artischocken-Salat.................. 277
Aufgebackene Klöße 159
Auflege-Kuchen....................... 232
Austern.......................................44
Austernsauce........................... 301
Austernsuppe.............................17
Backteig.................................... 315
Barben, abgekocht....................84
Barsche
  abgekocht................................82

auf holländische Art	82
gebacken	82
gebacken, kalt zu geben	82
Bayerisch Kraut	126
Béchamelsauce	294
Bergsuppe	29
Berliner Plätzchen	254
Bier-Kaltschale	34
Biersuppe	28
Birnen-Kompott	262
Birnsuppe	32
Biskuit-Kuchen	236
Biskuit-Roulade	236
Blätterteig	314
englisch	314
-Pastetchen	52
-Pastete	219
-Törtchen	246
-Torte	229
Blitz-Kuchen	232
Blumenkohl	111
eingemacht	320
in Büchsen eingemacht	137
mit grünen Erbsen und Parmesankäse	112
mit Krebsen	111
Blumenkohl-Salat	275
Blumenkohlsuppe	24
Blumen-Törtchen	247
Böhmische Croquetten	139
Böhmische Karpfen-Kuchen	74
Bohnensuppe	27
Brachsen (Blei) in Weinsauce	84
Brandteig-Auflauf	204
Braune Mehlsuppe	12
Braune Sauce	294
Braune Schnitten mit Äpfeln	172
Braunkohl	113
Brechbohnen, eingemacht	136
Brechspargel, eingemacht	321
Brennnesseln als Gemüse	105
Bretzeln, klein	250
Brombeer-Kompott	266
Brotkrusten	56
Brot-Pudding	196
Buchweizen-Küchlein	251
Bückinge	
gebraten	93
maskiert	93
mit Reis	93
Butter, gerührt	307
Butterbrot-Pudding	195
Butterkohl	113
Buttersauce	295
Carthäuser Brötchen	173
Carthäuser Suppe	13
Carthäuser Würstchen	141
Champagner-Creme	212
Champignons als Gemüse	119
Champignons in Coquilles	50
Champignon-Salat	277
Champignonsauce	300
Champignonsuppe, braun	24
Charlotte	173
Chicorée	123
Chicorée-Salat	274
Creme	
von Gerstenmehl	207
von Grießmehl	208
von Kartoffelmehl	207
von Reismehl	207
Croutons	42
Dampfnudeln	160
Dicke Bohnen	120
eingemacht	320
in Flaschen eingemacht	137

Duckenten 145	Einbrenn, weiß und braun 303
Echt Schwäbisches Hutzelbrot..256	Endivien 123
Echter Rheinischer Maitrank...292	Endivien-Salat 274
Eier	Englische Butter 316
ausgebacken 187	Englische Käse-Törtchen 247
eingemacht 191	Englische Obst-Creme 211
gebacken 186	Englische Pastete
gebraten 186	vom Aal 215
gefüllt 48	vom Hecht 216
gerührt 189	vom Hering 215
große Eier 192	vom Karpfen 217
halbweich gekocht 186	vom Seefisch 214
hart gekocht 186	vom Stockfisch 214
hart gekocht, in Sauce 189	von Duckenten 218
in Bechern 191	von Fisch 213
Kiebitz-Eier 191	von Fischresten mit
mit Butter 191	Kartoffeln 217
Oster-Eier 192	von Wasserhühnchen 218
Perlhühner-Eier 191	Englische Pfefferkuchen 258
rot 191	Englische Törtchen 246
sauer 190	Englischer Kuchen 232
Truthuhneier 191	Englischer Rhabarber-Kuchen..228
verlorene 187,	Englischer Weihnachts-
verlorene, in Bouillon 188	Kuchen 231
verlorene, in Sauce 188	Englisches Butterbrot 258
verlorene, in Sulz 188	Erbsen (getrocknet) 125
weich gekocht 186	Erbsen-Absud 313
Eierbier, kalt 292	Erbsen-Püree 131
Eier-Brötchen 47	Erbsensuppe mit Hering 27
Eier-Creme 209	Erdbeer-Cardinal 292
Eierkäse 40	Erdbeer-Kaltschale 34
Eierklößchen 38	Erdbeer-Kompott 265
Eiernudeln 192	Erdbeer-Küchlein 252
Eierpunsch, auf russische Art 290	Erdbeersauce 310
Eierrahmsauce 308	Essigbeize 317
Eiersauce 296	Essigsauce 297
Eierschnitten 144	Falsche Austern 50
Eierwein, kalt 291	Falsche Beefsteaks 143
Eierwein, warm 291	
Eier-Würstchen 142	

Falsche Schokoladensuppe 30
Fastenbrühe 313
Fastensuppe von Kaninchen 14
Feiner Weinpunsch 289
Feld-Salat 273
Fisch in Coquilles 49
Fisch-Auflauf 205
Fischbrühe 101
Fisch-Croquetten 138
Fische im Allgemeinen
   abgekocht 58
   auf englische Art 62
   auf französische Art 61
   auf holländische Art 60
   auf indische Art 61
   auf spanische Art 63
   auf südfranzösische Art 62
   Bierfische 60
   gebacken 58
   gesulzt 59
   in Mayonnaise 64
   in Sauce 64
   mariniert 59
   mit Guss 60
Fisch-Frikandeaus 141
Fisch-Klops 141
Fischklößchen 38, 140
Fisch-Klöße 156
Fischkuchen 156
Fischleberschnitten 144
Fisch-Pastetchen 54
Fisch-Pastete, kalt 220
Fisch-Pudding 200
Fisch-Rouladen 143
Fisch-Salat 280
   gestürzt 281
   italienisch 281
Fisch-Sülze 99
Fischsuppe 15
   braun 15
   fein 16
Fisch-Torte 221
Fischwurst 100
Fleischbrühe 312
Fleischextrakt 313
Fleurons 317
Fondue 164
Forelle
   blau, abgekocht 66
   gebacken 67
   gespiegelt 67
   mariniert 67
Französische Brötchen 249
Französische Sauce 299
Französische Törtchen 246
Frische Morcheln als Gemüse 108
Froschschenkelsuppe 19
Fruchtsaftsauce 311
Frühlingsuppe 20
Garnelen 97
Garnelen-Brötchen 47
Garnelensauce 303
Garnelensuppe 18
Garten-Salat 272
Gebackene Igel 173
Gebackene Schnitten 172
Gebrühte Küchlein 243
Gebrühter Teig 315
Gedünstete Schneidnudeln 162
Gehäckelte Sauce 299
Gelbe Rüben, eingemacht 320
Gemüse, gemischt 116
Gemüsesuppe, fein 19
Gerstenschleim 11
Gerstensuppe 11
Glühwein 289
Graue Erbsen 125

Grießmehl-Auflauf	202
Grießmehl-Klöße	159
Grießmehl-Pudding	177
mit Creme	178
warm	197
Grießmehlsuppe	13
Grundeln	
auf englische Art	87
gebacken	86
mariniert	86
Grüne Bohnen	121
eingemacht	320
mit Käse	122
Grüne Erbsen	109
eingemacht in Büchsen	320
eingemacht	321
in Büchsen eingemacht zu verarbeiten	136
in Flaschen eingemacht zu verarbeiten	137
mit Brandteig-Küchlein	109
mit Brötchen	110
mit Möhren	110
mit Reis	110
Grünkernsuppe	9
Grünkohl	112
Grünkohl, gefüllt	115
Gurken als Gemüse	119
Gurken-Salat	276
Guss-Brötchen	248
Guss-Pastete	222
Hafergrützsuppe	29
Haferschleim, auf englische Art	12
Hagebuttensauce	310
Hagebuttensuppe	32
Haidegrütze mit Rahmschnee	181
Hecht	
abgekocht	68
angeschlagen	68
auf englische Art	70
auf flämändische Art	70
auf französische Art	69
auf italienische Art	69
auf russische Art	70
gebraten	68
mit Petersilienbutter	69
Salzhecht	71
Schüssel-Hecht	70
Hecht-Koteletten	139
Hefen-Klöße	157
Heidelbeer-Kaltschale	35
Heidelbeer-Kompott	266
Heidelbeersuppe	31
Herbstsuppe	21
Heringe	
gebraten	95
gefüllt	95
mariniert	94
mit kalter Senfsauce	95
Hering-Klops	140
Heringklößchen	140
Hering-Rouladen	95
Hering-Salat	282
Heringsauce	303, 307
Heringsbutter	316
Heringsschnitten	46
Himbeer-Creme	210
Himbeer-Kaltschale	34
Himbeer-Kompott	266
Himbeer-Kuchen	226
Himbeersauce	310
Himbeer-Schnee	183
Hippen	240
Hohlhippen	241
Holländische Kräutersauce	298
Holländische Sauce	295
Holländische Zitronensauce	295

Hopfen als Gemüse	105
Hopfen wie Spargel	105
Hopfen-Salat	275
Hummer	96
Hummer-Salat	284
Hummersauce	302
Ingwer-Pudding	195
Italienische Wein-Creme	212
Jagd-Pastete	221
Jerusalem-Artischocken	117
Johannisbeer-Creme	210
Johannisbeeren, überzuckert	318
Johannisbeer-Kaltschale	34
Johannisbeer-Kompott	265
Johannisbeer-Kuchen	153, 226
Johannisbeersauce	310
Johannisbeersuppe	31
Jussuppe, einfach mit Schneeballen	14
Kabeljau	90
Kabeljau-Kopf mit Kartoffeln	90
Kabinets-Pudding	180
Kaffee	287
Kaffee-Creme	209
Kaffeecreme-Kuchen	235
Kaffee-Pudding	179
Kaiser-Pastetchen	50
Kaiser-Schmarrn	151
Kapernsauce, braun	297
Kapernsauce, weiß	297
Karauschen	
abgekocht	84
auf holländische Art	85
gebacken	85
Karpfen	
abgekocht, kalt zu geben	71
auf böhmische Art	72
auf norddeutsche Art	73
auf polnische Art	72
auf russische Art	72
Bier-Karpfen	73
blau abgekocht	71
gefüllt	72
mit Gurken-Salat	73
Karpfenmilchner-Pastetchen	54
Karpfen-Sülze	99
Kartoffel-Auflauf	205
Kartoffelklößchen	37
Kartoffel-Klöße	159
Kartoffel-Kuchen	155
Kartoffel-Küchlein	142
Kartoffel-Mayonnaise	286
Kartoffelmehl-Auflauf	201
Kartoffelmehl-Pudding	197
Kartoffelmehl-Pudding, rot	178
Kartoffelmehlsuppe	29
Kartoffelmehl-Torte	233
Kartoffeln	
abgekocht	131
auf bergische Art	135
auf englische Art	135
Berchtesgardner Kartoffeln	134
gebraten	132
gedämpft	134
gefüllt	134
mit Äpfeln	135
mit Petersilie	134
mit Schalotte	134
mit Sellerie	135
Kartoffel-Nudeln	163
Kartoffel-Pudding	198
Kartoffel-Püree	130
Kartoffel-Salat	285
Kartoffelsuppe	25
Kartoffel-Torte	233
Käse-Auflauf	204
Käse-Kuchen	226

Kastanien
  als Gemüse 119
  mit Rahmschnee 182
  zu braten 120
  zu Gemüsen 120
Kastanien-Auflauf 203
Kastanien-Kompott 264
Kastanien-Pudding 199
Kastanien-Püree 130
Kastaniensuppe 33
Kastanien-Würstchen 142
Kaviar 45
Kerbelsuppe 22
Kirschäpfelchen-Kompott 263
Kirschen-Kaltschale 35
Kirschen-Kompott 265
Kirschen-Kuchen 153, 227
Kirschensauce 310
Kirschen-Speise 171
Kirschensuppe 31
Klein-Ragout von Fisch 57
Klöße von geräuchertem Fisch..156
Knochenbrühe 313
Kohlrabi 117
Kohlsprossen 116
Kohlsprossen-Salat 279
Kölner Fastnacht-Mutzen 244
Kompott
  gemischt 267
  von Backobst 268
  von gemischtem Trocken-
    obst 269
  von getrocknet Zwetschgen,
    auf Wiener Art 269
  von getrockneten Äpfeln ... 270
  von getrockneten Aprikosen..270
  von getrockneten Hage-
    butten 271
  von getrockneten Heidel-
    beeren 271
  von getrockneten Kirschen..270
  von getrockneten Mira-
    bellen 269
  von getrockneten, geschälten
    Zwetschgen 269
Kopfsalat als Gemüse 104
Körbelrüben 124
Kraftbrühe, braun 312
Krampampoli 290
Kränzchen 251
Kranz-Pastete 222
Kräpfchen 40
Kräpflein 252
Kräuter-Sauce 306
Kraut-Salat
  gemischt 279
  kalt 278
  warm 278
Krebsbutter 316
Krebse 96
Krebsklößchen 39
Krebs-Koteletten 139
Krebsmatten 317
Krebs-Pastetchen 53
Krebssauce 302
Krebssuppe 17
Krebs-Würstchen 141
Kuchen, schnell bereitet 154
Küchlein, schnell bereitet 245
Laberdan 89
Lachs
  abgekocht, kalt zu geben 64
  abgekocht, mit Kartoffeln 64
  geräuchert 65
  in Coquilles, geräuchert 49
  in Mayonnaise 64
  mit Eiern, geräuchert 49
Lachs-Forelle 65

Lachs-Forelle mit Brunnenkresse und Krebsen 65
Laubhütten-Küchlein 253
Linsen 125
Linsensuppe 28
Linzer-Torte 234
Liqueur-Creme 212
Liqueur-Gelee 185
Madeirasauce 297
Maifische
   abgekocht 85
   abgekocht, warm zu geben ... 85
   mariniert 85
Mairüben 123
Mais-Küchlein 252
Maismehlsuppe 12, 30
Maiwein-Gelee 184
Makkaroni mit Käse 163
Makkaroni, aufgezogen 42
Makkaroni-Auflauf 204
Makkaroni-Auflauf mit Jus-sauce 204
Makkaroni-Pastete 218
Makkaronisuppe 9
Makronen, gekocht 255
Makronen-Creme 208
Mandel-Creme 208
Mandelmilch-Creme 208
Mandel-Roulade 236
Maräne 66
Marmelade 268
Marmor-Torte 231
Marosquinosauce 309
Mayonnaise-Brötchen 47
Mayonnaise-Sauce 304
   grün 305
   mit Aspik 304
   mit Estragon 305
   mit Hering oder Sardellen. 305
   mit Rahm 304
Meerrettich-Sauce 306
Mehlklößchen 38
Mehl-Klöße 158
Mehl-Pudding 197
Melonen Kompott 267
Melonen-Torte 229
Milch-Brötchen 249
Milch-Kaltschale 36
Milchpunsch 290
Milchsauce 308
Milchsuppe 30
Mirabellensuppe 32
Mirabellen-Torte 229
Möhrchen, in Büchsen eingemacht 136
Möhren 108
Moos-Biskuit 256
Mürber Teig zu Obstkuchen .. 315
Mürber Teig zu Pasteten 315
Muschelklößchen 39
Muscheln
   abgekocht 97
   gebacken 98
   in Coquille 49
   kalt 44
   mariniert 98
   -Ragout 98
   -Salat 284
Muschelsauce 301
Muschelsuppe 17
Neunaugen 46
Neunaugen-Salat 283
Nudel-Kuchen 152
Nudeln mit Guss 162
Nudeln mit Madeira und Parmesankäse 163

Nudel-Pudding	198	Pfund-Kuchen	232
Nudelsuppe	9	Plinzen	252
Nudelteig	315	Plumpudding	194
Oblaten	241	Pomeranzen-Brötchen	254
Obst-Kruste	175	Potkuchen	238
Obstkuchen	224	Preiselbeer-Kompott	266
englische Art	228	Punsch-Auflauf	202
fein	224	Punsch-Extrakt	290
Obst-Küchlein	253	Punsch-Gelee	185
Obst-Pudding	180	Quitten-Baisers	255
Obst-Pudding, warm	199	Quitten-Kompott	262
Obst-Speise mit Guss	172	Quitten-Kuchen	227
Omelette	148	Quittensuppe	32
Frühlings-Omelett	149	Ragout	98
gefüllt	148	von Froschschenkeln	98
klein und gefüllt	148	von Garnelen	98
mit Eingemachtem	149	von Muscheln	98
Schaum-Omelette	149	von Schnecken	99
süß	149	Rahm-Auflauf	204
von Kartoffelmehl	150	Rahm-Kuchen	154
Omeletten-Auflauf	201	Rahm-Pudding	179
Parmesan-Schnitten	55	Rahmsauce	296
Pastetchen, gebacken	52	Rahmschnee	182
Pastetchen, gekocht	51	Rahmsuppe	29
Perlzwiebelsauce	300	Rahm-Torte	226
Petersiliensauce	299	Ramequins	56
Pfannkuchen	147	Reibkuchen	155
farciert	143	Reis	164
fein	147	auf Südamerikanische Art	164
mit Äpfeln	151	Italienischer Reis	177
Pfannkuchensuppe	8	mit Aprikosen	164
Pfefferkuchen	258	mit Kastanien	165
Pfeffersauce	296	Russischer Reis	177
Pfirsich-Cardinal	292	Spanischer Reis	177
Pfirsich-Kaltschale	35	Reisberg	176
Pfirsich-Kompott	264	Reisklößchen	37
Pfirsich-Pudding	181	Reis-Klöße	159
Pflaumenmussauce	311	Reis-Kuchen	153, 235

Reismehl-Auflauf 202
Reismehl-Pudding 178
Reis-Pastete 219
Reis-Pudding 176
Reis-Püree 131
Reisring 42
Reisring mit eingemachten Früchten 176
Reissuppe 10
Reissuppe mit Krebsschweifchen 10
Remoulade-Sauce 305
Rettich-Brötchen 47
Rhabarber als Gemüse 104
Rhabarber-Kompott 263
Rhabarbersuppe 21
Rheinische Fladen 225
Rheinische Neujahrs-Bretzel . 238
Rheinwein-Gelee 184
Roggen-Sauce 306
Rohbückinge 93
Rollkuchen 236
Römische Pastetchen 51
Rosenkohl 112
Rote Grütze (Ròdgròd) 181
Rotkohl (roter Kappus) 113
  gedämpft, mit Kastanien 113
  gefüllt 114
Rübstiel 103
Rübstiel-Salat 274
Rumsauce 309
Sagosuppe 9
Salat
  von Brunnenkresse 274
  von Gemüse 279
  von grünen Erbsen 275
  von rohen Champignons ... 278
  von Steinbutt oder Turbot 281

Salatbohnen 122
Salatbohnen, in Büchsen eingemacht 136
Salatbohnensauce 298
Salatsauce 297
Salm
  abgekocht, kalt zu geben 64
  abgekocht, mit Kartoffeln 64
  geräuchert 65
  in Mayonnaise 64
Salzgurken, gefüllt 48
Salzstangen 253
Sander
  abgekocht 66
  gedämpft 66
  roh 45
Sardellen, gebacken 145
Sardellen-Brötchen 46
Sardellenbutter 303, 316
Sardellenpastetchen 53
Sardellen-Salat 283
Sardellensauce 303
Sardellen-Sülze 100
Sardinen 45
Sauce zu Hummer 307
Sauce zu Sülze 307
Sauerampfer 104
Sauerampfer-Püree 130
Sauerampfersauce 299
Sauerampfersuppe 21
Sauerkraut 126
  mit Aal 128
  mit Austern und Hecht 129
  mit Fisch 127
  mit Karpfen-Ragout 129
  mit Stockfisch und Hering 128
Sauerkraut-Salat, russisch 279
Savoyer Kohl 114
  gedämpft 114

gefüllt 114	Schwarzwälder Kuchen 154
mit Kastanien gefüllt 115	Schwarzwurzeln 122
Schellfisch 90	Schwarzwurzeln, gebacken 122
Schellfischschwänze, gebacken .. 91	Schwarzwurzel-Salat 284
Schellfischsuppe 15	Seezungen, abgekocht 92
Schleihen, abgekocht 83	Seezungen, gebraten, mit
Schleihen, gebacken 83	Kartoffeln 92
Schnecken in ihren Häuschen .. 57	Sellerie, gefüllt 118
Schnecken, gebacken 145	Senfbutter 316
Schnecken-Salat 283	Senfsauce, kalt 306
Schneckensuppe 18	Senfsauce, warm 296
Schneidbohnen, eingemacht . 135	Sommersuppe 20
Schneidbohnen, in Büchsen	Spargelerbsen 111
eingemacht 136	Spargeln 105
Schneidnudeln 161	gebacken 106
Schnittlauch-Brötchen 47	gedämpft 106
Schnittlauch-Salat 273	kalt zu geben 108
Schokolade 289	mit Eiern 107
Schokoladen-Auflauf 203	mit Möhrchen 107
Schokoladen-Creme in Tassen .. 209	eingemacht 320
Schokoladen-Creme 208	in Büchsen eingemacht 137
Schokoladen-Plätzchen 255	in Flaschen eingemacht 137
Schokoladen-Pudding mit	Spargel-Salat 275
Rahmschnee 179	Spargelsauce 298
Schokoladen-Pudding 195	Spargelsuppe 22
Schokoladensauce 308	Späzlein 165
Schokoladen-Strudel 167	Speise von gemischtem getrock-
Schokoladensuppe 30	netem Obst 170
Schokoladen-Torte 234	Speise-Kürbis 118
Schwäbische Fastnacht-	Spekelazien 258
Küchlein 242	Spiegel 255
Schwäbische Flädlein 147	Spiegeleier mit Gemüse 56
Schwäbische Lebkuchen 257	Spinat 103
Schwäbischer Kugelhupf 237	Spinat-Charlotte 169
Schwarzbrot-Auflauf 202	Spinat-Kuchen 156
Schwarzbrot-Kuchen 155	Spinat-Rouladen 169
Schwarzbrotkuchen mit Äpfeln .. 152	Spinatschnitten 144
Schwarzbrotsuppe 8	Spinat-Strudel 168

Spritz-Küchlein	243	Vanillezucker	318
Stärkemehl-Pudding	179	Vorratsauce, braun	294
Steinbutt	91	Vorratsauce, weiß	294
Stockfisch	87	Waffeln	240
gebacken	145	Warmbier	291
gefüllt	89	Wasserhühner	146
mit Hering	89	Wasser-Kaltschale	34
Stockfisch-Schnitten	144	Weihnachts-Stollen	238
Stör	87	Wein-Creme	211
Störkopf	87	Wein-Gelee	184
Südfranzösische Sauce	296	Wein-Kaltschale	34
Suppe mit Spinatklößchen	22	Weinpunsch	289
Suppe		Weinsauce	297
von Backobst	33	süß angekocht	309
von Buchweizengrütze mit Fisch	10	rot	309
		weiß	309
von Erbsenhülsen	24		
von Fleischextrakt	13	Weinsuppe	28
von grünen Erbsen	23	Weißbrot, aufgezogen	41
von Kartoffelbrühe	26	Weißbrotklößchen	38
von Pflaumen-Mus	33	Weißbrot-Klöße	158
von roten Rüben	27	Weißbrot-Kuchen mit Äpfeln	151
von Spargelwasser	23	Weißbrot-Kuchen, einfach	152
von Zuckererbsen	24	Weißbrotschnitten, gebacken	144
Tapioka-Pudding	198	Weißbrot-Speise	170
Tausendjahr-Küchlein	253	Weißbrotsuppe	8
Tee	288	Weiße Bohnen	126
Tee-Creme in Tassen	209	Weiße Rüben	124
Teltower Rüben	124	Weiße Rüben mit Kastanien	124
Terrassen-Torte	230	Weißkohl	114
Tomaten-Salat	278	Weizen-Küchlein	252
Tomatensauce	301	Wickel-Kuchen	237
Tomatensuppe	25	Wiener Brötchen	254
Trüffelsauce	301	Wiener Fasten-Pastetchen	52
Truthuhneier	48	Wiener Kartoffel-Salat	285
Turbot	92	Wiener Kipfel	255
Vanille-Creme	208	Wiener Mehlschmarrn	150
Vanille-Kuchen	231	Wiener Schnitten	55
Vanillesauce	308		

Wiener Suppenpfanzel 40
Wiener-Torte 233
Wiesbadener Kaffee-Küchlein .. 245
Windbeutel 244
Wintersuppe 21
Zitronenauflauf 203
Zitronen-Creme 210
Zitronen-Pudding 181
Zitronensauce 307
Zuckererbsen 110
Zuckererbsen mit Klößchen .. 111
Zwetschgen-Kaltschale 35
Zwetschgen-Kompott 264
Zwetschgen-Kuchen 153
Zwetschgen-Strudel 168
Zwetschgensuppe 32
Zwieback 248
Zwieback-Pudding 197
Zwieback-Speise 170
Zwieback-Suppe 29
Zwieback-Torte 232
Zwieback-Waffeln 242
Zwiebeln, gefüllt 118
Zwiebelsauce 301
    braun 299
    niederrheinisch 300
    weiß 300
Zwiebelsuppe 26

Irma Lindekam

Vegetarische Zeitreise

Severus Verlag Hamburg 2017
68 Seiten, 12x19 cm

26,90 € (HC)
ISBN: 978-3-95801-637-8

19,90 € (PB)
ISBN: 978-3-95801-638-5

Dass gutbürgerliche Küche und vegetarische Ernährung zueinander passen, zeigt Irma Lindekam in ihrem Buch „Vegetarische Zeitreise – traditionelle Rezepte mit regionalen Zutaten".

Geschrieben zu Beginn der vegetarischen Bewegung in Deutschland, gibt es eine große Vielfalt an Rezepten für Brot, Suppen, Salat, Saucen, etc. für Einsteiger und Leute, die kochen wollen, wie zu Omas Zeiten–nur ohne Fleisch.

Eigens für das Buch angefertigte Illustrationen runden dieses Basiswerk aus dem 20. Jahrhundert ab und geben Inspirationen für eine gesunde Lebensweise.

Friederike Louise Löffler

Neues Stuttgarter Kochbuch

Severus Verlag Hamburg 2017
468 Seiten, 14,8x21 cm

22,00 € (HC)
ISBN: 978-3-95801-396-4

18,00 € (PB)
ISBN: 978-3-95801-397-1

Von der Bombe à la Fürst Pückler, über Fischauflauf bis hin zu Kalbsleber-Ragout – in dem „Neuen Stuttgarter Kochbuch" sind die unterschiedlichsten Speisen versammelt. Egal ob Fleisch oder Gemüse, Herzhaftes oder Süßes: Friederike Luise Löffler erklärt im vorliegenden Band umfassend die klassische Zubereitung deutscher Gerichte. Cremes, Soßen und Gelees gehören zu diesem Repertoire genauso dazu wie Säfte, Eingemachtes und Backwerk.

Ein Kochbuch-Klassiker für alle, die nicht genug bekommen können vom Duft wie aus Omas Küche…

Louise Seleskowitz

Wiener Kochbuch

Severus Verlag Hamburg 2017
700 Seiten, 15,5x23 cm

27,00 € (HC)
ISBN: 978-3-95801-394-0

22,00 € (PB)
ISBN: 978-3-95801-395-7

Eine genussvolle Ess- und Trinkkultur gehört traditionell zu Wien wie seine Musikgeschichte oder seine Theater: Dieser Kochklassiker aus dem Jahr 1879 hält eine Vielzahl traditioneller Wiener Rezepte bereit. Von gefüllten Kapaunen bis zur Schildkrötensuppe lässt die Sammlung nichts aus, was den Gaumen erfreut und das Wiener Herz höher schlagen lässt. Strudel, Golatschen und Palatschinken finden sich hier neben dem Wiener Schnitzel und dem Tafelspitz. Wer wirklich originale Gerichte aus alten Zeiten nachkochen möchte, liegt mit dieser Rezeptsammlung genau richtig.

Die Wiener Kauffrau Louise Seleskowitz machte sich mit einem Kochlehrinstitut selbständig und führte eine eigene Delikatess- und Weinhandlung in Wien. Ihr Kochbuch verkaufte sich nach Erstveröffentlichung so erfolgreich, dass es mit renommierten Auszeichnungen bedacht wurde.